21世纪经济与管理应用型本科规划教材

会计学系列

会计制度设计

Design of Accounting System

唐立新　主编

肖　丹　刘高常　副主编
刘红梅　刘勋章

北京大学出版社
PEKING UNIVERSITY PRESS

图书在版编目(CIP)数据

会计制度设计/唐立新主编. —北京:北京大学出版社,2012.3
(21 世纪经济与管理应用型本科规划教材·会计学系列)
ISBN 978-7-301-19920-6

Ⅰ.①会… Ⅱ.①唐… Ⅲ.①会计制度—设计—高等学校—教材 Ⅳ.①F233

中国版本图书馆 CIP 数据核字(2011)第 260359 号

书 名:	会计制度设计
著作责任者:	唐立新 主编 肖 丹 刘高常 刘红梅 刘勋章 副主编
责 任 编 辑:	叶 楠
标 准 书 号:	ISBN 978-7-301-19920-6/F·3000
出 版 发 行:	北京大学出版社
地 址:	北京市海淀区成府路 205 号 100871
网 址:	http://www.pup.cn
电 子 信 箱:	em@pup.cn QQ:552063295
新 浪 微 博:	@北京大学出版社 @北京大学出版社经管图书
电 话:	邮购部 62752015 发行部 62750672 编辑部 62752926 出版部 62754962
印 刷 者:	北京鑫海金澳胶印有限公司
经 销 者:	新华书店
	787 毫米×1092 毫米 16 开本 19.5 印张 422 千字
	2012 年 3 月第 1 版 2015 年 12 月第 3 次印刷
印 数:	6001—9000 册
定 价:	39.00 元

未经许可,不得以任何方式复制或抄袭本书之部分或全部内容。
版权所有,侵权必究
举报电话:010-62752024 电子邮箱:fd@pup.pku.edu.cn

作者简介

唐立新,男,1967年2月生于江西省安远县。1990年毕业于江西财经学院,2007年获武汉大学硕士学位。

先供职于江西省赣州市财政局,后任江西赣州会计师事务所所长,赣州正信会计师事务所董事长,获注册会计师、资产评估师、高级会计师等资质并从事相关工作,曾任江西省注册会计师协会理事。

现为江西理工大学经济管理学院副教授,会计学、MBA及技术经济与管理硕士生导师,中国会计学会会员,赣州市会计学会常务理事;一直从事可行性报告编制、司法会计及资产评估鉴定、企业财务顾问及内训工作,主要研究方向企业财务管理与会计;主持或参与各类相关课题20余项,公开发表论文40余篇,其中以第一作者身份在《财会月刊》、《会计之友》、《财会通讯》、《财会研究》、《商业会计》、《中国钨业》等北大核心期刊发表论文10余篇,在EI、ISTP等高层次会议上发表论文6篇;出版专著1部,教材3部。

丛书出版前言

《国家中长期教育改革和发展规划纲要(2010—2020年)》指出,目前我国高等教育还不能完全适应国家经济社会发展的要求,学生适应社会和就业创业能力不强,创新型、实用型、复合型人才紧缺。所以,在此背景下,北京大学出版社响应教育部号召,在整合和优化课程、推进课程精品化与网络化的基础上,积极构建与实践接轨、与研究生教育接轨、与国际接轨的本科教材体系,特策划出版"21世纪经济与管理应用型本科规划教材"。

"21世纪经济与管理应用型本科规划教材"注重系统性与综合性,注重加强学生分析能力、人文素养及应用性技能的培养。本系列包含三类课程教材:通识课程教材,如《大学生创业指导》等,着重于提高学生的全面素质;基础课程教材,如《经济学原理》、《管理学基础》等,着重于培养学生建立宽厚的学科知识基础;专业课程教材,如《组织行为学》、《市场营销学》等,着重于培养学生扎实的学科专业知识以及动手能力和创新意识。

本系列教材在编写中注重增加相关内容以支持教师在课堂中使用先进的教学手段和多元化的教学方法,如用课堂讨论资料帮助教师进行启发式教学,增加案例及相关资料引发学生的学习兴趣等;并坚持用精品课程建设的标准来要求各门课程教材的编写,力求配套多元的教辅资料,如电子课件、习题答案和案例分析要点等。

为使本系列教材具有持续的生命力,我们每隔三年左右会对教材进行一次修订。我们欢迎所有使用本系列教材的师生给我们提出宝贵的意见和建议(我们的电子邮箱是em@ pup. cn),您的关注就是我们不断进取的动力。

在此,感谢所有参与编写和为我们出谋划策、提供帮助的专家学者,以及广大使用本系列教材的师生,希望本系列教材能够为我国高等院校经管专业的教育贡献绵薄之力。

北京大学出版社
经济与管理图书事业部

前　言

　　随着我国经济的发展和经济全球化进程的加快,会计作为国际通用的商业语言,其在经济生活中的重要性日益凸显。会计制度设计是在掌握会计、财务管理等知识的基础上设置的一门专业课程,是针对实践教学的专业训练和设计;是高等院校会计、财务管理等专业的必修和主干课程,也是工商管理等专业的选修课程。通过该课程,可以使学生掌握企业会计制度设计的理论和方法,能创造性地完成某一企业全部或部分会计制度的设计任务,从而培养学生的实践能力、综合能力和创新能力。

　　结合工科院校会计专业的培养目标,本教材着眼于培养具有国际视野的应用型会计人才,以企业会计准则和审计准则为指南,以通俗易懂的实例来介绍会计制度设计的基本概念、理念、方法和技能,结合形势发展和工科院校背景对设计概论和总体设计进行较大的创新:以各类案例为载体(既增加了信息量,又把理论与实践紧密联系起来),并把程序性的设计揉合在会计事务处理设计中,使整体结构既紧凑又完整。

　　本教材在总体设计中增加了实务性很强的设计调查和总体设计报告两部分内容。设计调查以新设设计、修改设计为基础,考虑企业规模、性质和具体工艺流程等因素设计相关调查事项,并以直观的表格进行描述。总体设计报告则对内容、撰写的要求及应注意的事项进行论述。在章节形式方面,每章在正文之前设有本章结构图、知识目标和能力目标、导入案例,以便学生在学习之前对本章内容和结构有一大致了解;在正文之后,则有选择性地安排阅读案例,并编写了每章的复习题和思考设计题,部分重点章节还安排了实验题。在案例设计方面,所选案例注重院校行业特色,如与有色冶金行业的采矿、选矿和冶炼等工艺流程结合起来,通过系列案例的安排,使学生对有色冶金行业会计的特点有所了解,增加就业竞争力。每个案例都精选几个重要知识点融入其中,并根据知识点提出相关问题,引导学生关注,增加学生的学习兴趣。

　　鉴于会计是一门实务性很强的学科,本教材除主要用于会计、审计、财务管理专业本科生、专科生及 MBA、CPA 专门化教学外,也为广大实务工作者特别是有色冶金行业的会计、审计人员提供有益的参考。

本教材感谢江西理工大学2011年度质量工程项目的资助。本教材由实务经验丰富的江西理工大学经济管理学院唐立新副教授任主编,江西理工大学软件学院肖丹副教授、江西理工大学经济管理学院刘高常讲师、南昌大学刘红梅副教授、江西理工大学应用科学学院刘勋章讲师任副主编。编写人员分工如下:第一、二、三章由唐立新执笔,第四章由江西理工大学财务处陈申万执笔,第五、六章由刘勋章执笔,第七、八章由刘高常执笔,第九、十章由刘红梅执笔,第十一章由肖丹执笔。唐立新对全书进行了总体设计,并撰写了案例、设计思考题及实验题;南昌大学饶庆林副教授对案例、设计思考题及实验题提出了有益的建议;肖丹还参与了第五、十章的编写及部分校对工作;刘高常还参与了第六章的编写及部分校对工作;刘红梅和刘勋章还参与了部分校对工作;陈申万除参与了部分校对工作外,还参与了部分案例、复习题的编写;江西理工大学继续教育学院刘洪庆老师参与了第五章的编写;江西理工大学财务处谢晓聪老师参与了第三章的编写。另外,江西理工大学2008会计专业学生黄风玲、2009金融专业学生邝宏燕及唐立新指导的MBA何美玲、杨赣萍也做了不少基础工作。应特别指出的是,在教材编写的最后阶段,江西理工大学教务处领导就案例编写、参考文献的引用等方面提出了有益的建议。

在本书的编写中,编写组多次对内容、案例等问题进行探讨,编写人员尽量把实务中的新鲜元素融入书中。初稿完成后,又进行了多次校对、修改及补充,付出了艰辛的劳动。但终因时间较紧,内容繁多,加之水平所限,书中难免还有疏漏、不当之处,恳请各位专家、同仁及各方读者指正。

编者

2012年1月于江西赣州

目 录

第一章 概述 ··· 1
 第一节 会计制度与会计制度设计 ··· 3
 第二节 会计制度设计的任务 ··· 9
 第三节 会计制度设计的原则 ·· 11
 第四节 会计制度设计的程序和方法 ·· 13

第二章 会计制度总体设计 ·· 17
 第一节 总体设计概述 ·· 20
 第二节 设计调查 ·· 21
 第三节 总体设计内容 ·· 26

第三章 会计科目设计 ·· 32
 第一节 会计科目设计概述 ·· 35
 第二节 会计科目设计的步骤与方法 ·· 38
 第三节 会计科目编号设计 ·· 45

第四章 会计凭证及会计核算程序设计 ·· 56
 第一节 原始凭证设计 ·· 59
 第二节 记账凭证设计 ·· 71
 第三节 账务处理程序设计 ·· 76

第五章　账簿设计 ······ 89
　　第一节　账簿设计概述 ······ 93
　　第二节　日记账簿设计 ······ 96
　　第三节　分类账簿设计 ······ 106

第六章　财务会计报告设计 ······ 116
　　第一节　财务会计报告设计概述 ······ 118
　　第二节　对外会计报告设计 ······ 122
　　第三节　对内会计报表设计 ······ 134

第七章　成本核算制度设计 ······ 145
　　第一节　成本核算制度设计概述 ······ 147
　　第二节　成本开支范围设计 ······ 149
　　第三节　生产费用归集与分配设计 ······ 150
　　第四节　产品成本计算与结转设计 ······ 154
　　第五节　标准成本核算方法设计 ······ 161

第八章　内部控制制度设计 ······ 176
　　第一节　内部控制制度设计概述 ······ 179
　　第二节　货币资产业务内部控制设计 ······ 185
　　第三节　采购业务内部控制设计 ······ 192
　　第四节　盘存业务内部控制设计 ······ 196
　　第五节　销售业务内部控制设计 ······ 198

第九章　会计工作组织设计 ······ 208
　　第一节　会计机构设计 ······ 211
　　第二节　会计人员及其职责设置 ······ 215
　　第三节　其他会计工作组织设计 ······ 220

第十章　会计电算化制度设计 ······ 226
　　第一节　会计电算化与会计电算化制度 ······ 228
　　第二节　会计电算化制度设计的依据及原则 ······ 232

第三节　会计电算化内部控制系统设计 ··· 236
　　第四节　会计电算化信息系统维护与管理设计 ································ 243

第十一章　内部稽核设计 ·· 248
　　第一节　内部稽核职责与范围 ·· 250
　　第二节　内部稽核程序与方法 ·· 254
　　第三节　会计错误与会计舞弊的稽核 ·· 258
　　第四节　销货及收款循环的稽核 ·· 264
　　第五节　采购及付款循环的稽核 ·· 266
　　第六节　生产循环的稽核 ·· 268
　　第七节　工资循环的稽核 ·· 271
　　第八节　融资循环的稽核 ·· 275
　　第九节　投资循环的稽核 ·· 283
　　第十节　固定资产循环的稽核 ··· 284

主要参考资料 ··· 296

第一章 概述

【本章导航】

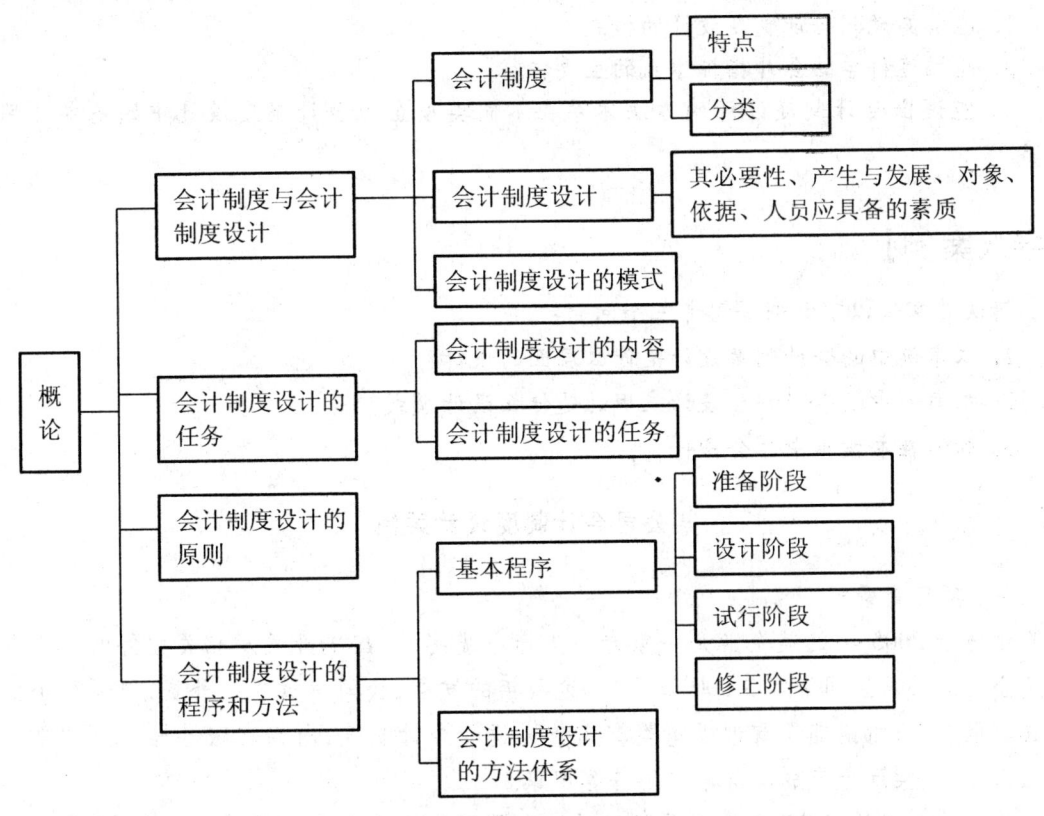

【知识目标】

1. 了解会计制度和会计制度设计的概况。
2. 明确会计制度设计的任务和原则。
3. 熟悉会计制度设计程序和方法。

【能力目标】

1. 能举例说明会计制度设计的模式。
2. 能描述科学的会计指标体系的主要特征。
3. 能说出会计制度设计的方法体系在不同类型企业会计制度设计中的基本应用策略。

【导入案例】

请认真阅读以下案例并思考三个问题：
1. 本案例中的会计制度设计是什么层面的设计？
2. 本案例中的会计制度设计采用的是什么设计模式？
3. 你能在本案例中体会出什么？

某公司会计制度设计案例

一、项目背景

创始于 2005 年的某企业是一家专门生产电缆终端、配电开关及相关配件的中小型制造企业。公司注册资本 3 000 万元,经过两年的发展,公司意欲吸引外资,与国外企业合作。但是,公司前期没有形成一整套完整合适的会计制度,所以在账务操作上常常出现账务混乱、实际生产成本与账务不符等现象。

为了改善现状,2007 年公司委托优爱财务管理咨询公司为其设计会计制度,优化内部控制制度。

二、设计程序

1. 优爱财务管理咨询公司项目组进行会计制度设计的第一步是作设计调查。通过调查,进一步了解企业的基本情况和业务程序。经过分析研究,确定了账务处理中可以简化和应当改进的工作,并对会计事务的处理及会计科目、凭证、账表形成了初步的构想。同时,发现该公司账务最大问题出在企业销售业务内部控制制度与核算系统设计,企业费用、成本业务内部控制制度与核算系统设计两个方面,由此造成了企业账实不符、存货管理混乱等现象。

2. 基于调查,优爱财务管理咨询公司开始拟定该公司财务会计制度的总体规划,确

定制度的基本目的、指导思想和任务及其所应遵循的原则,并且主要从以下几个方面具体实施:

(1) 根据企业的实际情况和内部管理的需求及其他方面的要求,确定企业会计报表的详细内容,规定各种报表,包括报表的种类、项目、指标、格式、份数、编报日期。

(2) 根据国家统一会计制度规定的会计科目、企业会计事项的经济内容和会计报表要求的指标,确定会计科目,起草会计科目表。

(3) 根据企业发生的经济业务、对经济业务的控制制度和财务处理程序,确定会计核算的记录方法,包括账簿、凭证和辅助记录。

(4) 根据会计工作和会计人员自身条件、采用的记账方法及单位的经济与设备条件,确定满足核算要求的账簿体系,包括凭证、账簿和会计报表的格式。

(5) 确定会计业务处理程序,制定会计核算形式。

(6) 确定内部监督制度职权划分、控制流程、制约方式及关系等。

3. 由于在销售及成本控制方面该公司有重大问题,故对这两方面进行重点分析并进行制度设计。

(1) 销售业务内部控制制度设计

分别对现销业务和赊销业务的内部控制制度进行了设计,完善销货控制流程,明确了审核批准制。在赊销中,严格订货单制度,强化销售合同作用,并要求定期与欠款单位对账,确保双方账目相符。

(2) 成本费用内部控制制度设计

① 生产费用控制设计。设置了定额、计划、审批、签发、审核、记账等几个控制点,并制定了相应的控制措施。

② 生产成本核算设计。设置了归集、清查、分配、复核、结转、审签等重要控制点,并制定了相应的控制措施。

4. 根据试行效果,不断修改完善。

三、项目成果

1. 企业会计制度;

2. 会计制度说明文件。

资料来源:http://www.uafinance.com.cn。

第一节　会计制度与会计制度设计

《企业会计准则》的颁布实施,体现了我国计划导向会计模式向市场导向会计模式的转变。在市场导向会计模式中,各单位必须根据市场经济体制下企业行为自主化和管理科学化、制度化的要求,自己设计或委托社会会计服务机构设计符合会计规范要求,能满足宏观调控需要,适应本单位特点,能指导具体操作的具有约束力的会计制度。因此,应认真研究会计制度及其设计的理论和方法,以便做好会计制度设计工作。

一、会计制度

会计制度就是进行会计工作应遵循的准则和规范。当然,准则和规范的一般含义,都是人们进行某种活动应遵循的行为标准,但准则更具有强制性,将两者并提,就是要便于区分会计制度中所包含的两种含义的标准。会计人员在进行会计工作中还需要遵循其他一些准则和规范,例如国家颁布的各种法律,但这些法律不是会计制度。会计制度特指在进行会计工作、处理会计业务中所要遵循的准则和规范。

(一) 会计制度的特点

会计制度作为特定主体会计工作实务的规范,具有以下特点:

1. 整体性

会计制度是由会计记录、会计计量和会计报告构成的制度化的有机整体。因此,在认识和设计会计制度时,必须从整体性出发,全面考虑问题,从记录、计量和报告的相互关系中探求制度整体的本质和规律;同时,也可将会计记录、会计计量和会计报告分别作为一个独立的系统进行研究,并使各系统结构合理、系统内外协同作用增强,以提高制度设计的整体效益。

2. 目的性

会计制度的目的很明确,就是规范特定主体的会计实务工作,并通过会计记录、会计计量和会计报告工作,帮助管理当局制订行动计划,决策财务政策,提高管理水平和特定主体的经济效益。

3. 实践性

各层级会计制度尽管是由人设计的,但并不是人们主观想象出来的,是人们通过"实践—认识—再实践—再认识"的途径,从丰富的会计实践经验中提炼、总结出来的。

4. 强制性

会计制度作为对会计工作实务所作出的规程系统,一般由特定主体自行设计或委托社会会计服务机构设计,必须贯彻国家的有关法令和法规,由特定主体管理当局颁布实施,在特定主体范围内具有强制性。《中华人民共和国会计法》(以下简称《会计法》)第十三条明确规定,"会计凭证、会计账簿、财务会计报告和其他会计资料,必须符合国家统一的会计制度的规定"。"使用电子计算机进行会计核算的,其软件及其生成的会计凭证、会计账簿、财务会计报告和其他会计资料,也必须符合国家统一的会计制度的规定。"

(二) 会计制度的分类

1. 按设计会计制度的单位分类

按设计会计制度的单位分类,有企业自己设计的会计制度;有企业主管部门或中央各部门或地方财政部门组织设计的示范性会计制度;也有企业委托社会会计服务机构(如会计师事务所)设计的会计制度。

2. 按单位的性质分类

按单位的性质可分为预算单位会计制度和企业会计制度,本教材主要研究企业会计制度。企业会计制度又可依据其规模、行业特征等分为上市公司、大中型企业、小企业会计制度;从行业特征看,还可分为商品流通企业、施工企业、金融企业等会计制度。

3. 按会计制度的内容分类

按会计制度的内容分类,可分为财务会计制度、管理成本会计制度和会计工作机构和人员方面的制度。

(1) 财务会计制度。即特定主体为外部利害关系人服务所必须遵循的规则、方法和程序之总和,是处理特定主体财务会计事务的规范和准绳。通常包括财务报表制度、会计科目制度、会计凭证制度、会计账簿制度、账务处理程序制度和财务会计事务处理制度等内容。

(2) 管理成本会计制度。即特定主体为加强内部管理,侧重于为其管理当局服务所制定的会计制度。通常包括制造成本会计制度、销售成本会计制度、标准成本会计制度、责任会计制度和质量会计制度等内容。

(3) 会计工作机构和人员方面的制度。包括会计机构的设置、会计人员的任免、配备及其职责等。

二、会计制度设计

设计,是指在某项工作开始之前,根据一定的目的要求,预先筹谋划策,制定方案、图样等。

会计制度设计,就是根据一定的理论、原则并结合实际,运用文字、图表等形式对全部会计事务和会计处理手续以及会计人员的职责进行系统规划的工作。它是会计管理的重要组成部分。根据会计学的基本理论、原则和科学的程序,对各项会计制度的具体规划,就是会计制度设计的具体内容。

(一) 会计制度设计的必要性

会计制度设计是进行会计工作的前提。制度设计的优劣,不仅直接影响今后的会计工作,而且影响财经法规的贯彻实施。

1. 企业会计制度设计,是市场经济的客观要求

市场经济具有强烈的竞争性和法制性,客观上要求各企业对其生产经营活动实行严格管理,对资金运动的轨迹进行严密的、连续的、系统的核算和监督,用尽可能少的耗费获得尽可能多的经济效益,实现企业利润最大化的目标管理,而这些都依赖于会计工作。因此,作为会计工作规范和准绳的会计制度的设计,就显得尤为重要。只有设计合理的、科学的会计制度,才能充分发挥会计管理的作用。

国家制定的《会计法》和《企业会计准则》,主要是从市场经济的共性角度,对企业会计提出要求,但却无法从个性的角度满足企业各自的、特殊的经济责任制度的需要。因此,企业必须在保证执行国家统一的会计规范的前提下,对企业财务会计制度、管理成本会计制度及会计管理制度等,根据本企业的特点进行科学设计,使会计工作更好地适应本企业发展的要求。

本教材的侧重点就是对基层企业会计制度的设计。

2. 企业会计制度设计,是企业建立科学信息处理系统的要求

经济信息是进行计划决策的依据,是企业对生产经营过程进行有效控制的手段。会计信息是企业最主要的经济信息之一。因此,企业建立科学的经济信息系统,就必须根

据本企业的经营特点和管理要求建立一套完整的、科学的会计信息反馈系统。而会计信息反馈系统的建立需要有一个切合实际的会计制度作为保证。

由于国民经济是非常复杂的统一体,各地区、各单位的情况千差万别,作为国家统一的会计规范不可能包罗万象,也不可能都提出规范性的意见。只能根据市场经济中加强国家调控的需要和一些共性问题,由国家颁布《会计法》和《企业会计准则》。而企业从产品的设计、试制到成批生产,从材料采购到产品销售,都处于不断变化之中。企业的这种复杂多变的特点,客观上就要求要有一套适合企业需要的、科学的会计信息系统。所以,企业必须加强自身会计制度的设计工作,为现代化管理提供科学的信息资料。

3. 企业会计制度设计,是健全企业内部控制制度和加强会计监督的客观要求

内部会计控制制度是企业内部的领导人员和有关职能人员在处理一系列有关联的业务时,既相互协作又相互制约的分工责任制度。从会计制度的角度来说,主要运用复式记账平衡原理、账户的统驭关系,核对各项原始凭证或相互的外来项目,以及实地盘点与清查各项财产物资等,做到账实相符,账账相符,以保证会计资料的真实可靠,实行严格的会计监督。这些主要是通过企业的内部组织分工、合理的办事程序,以及会计凭证的编制、审核、传递和登记来实现的。像这样的业务程序,作为国家统一的会计规范就不可能制定得如此详细。所以,就需要企业在遵守国家统一会计规范的前提下,根据自身的特点,设计出符合本单位实际的最佳会计制度。

4. 企业会计制度设计,是完善现代企业管理制度,加强企业管理,提高经济效益的客观要求

现代企业管理制度的核心是以提高经济效益为目的,以经济责任为中心,贯彻责权利相结合的原则。贯彻责权利相结合的原则,就要将各种指标和责任层层分解落实到企业内部各单位和个人;同时,各部门有了一定财权以后,内部往来更加密切。加强企业会计制度设计,可用会计管理的形式严格考核责任成果,协调企业内部各种经济关系,维护其正当利益,确保企业管理制度的贯彻和完善。

(二) 会计制度设计的产生与发展

会计制度设计是会计实践发展到一定时期的产物。具体地说,会计制度设计是从账簿设置开始的。在会计工作初期,账簿是记录经济业务的唯一方式和方法。在原始社会末期的会计萌芽阶段,当时的计量行为还只是结绳记事、树上刻记等极其简陋的原始计量方式,因而无所谓会计制度设计。到了奴隶社会,会计有了一些发展。例如,我国西周王朝,在账簿设置方面,把以叙述式的单一流水账逐步发展为"三账",并有了"日成"、"月要"和"岁会"之类的文字性报告,还设置了专管钱粮赋税的机构和官员。可以说,账簿的设置、会计机构的出现是会计制度设计的开端。

随着经济日益发展、经济业务的不断增多,在单一流水账的基础上,出于对经济业务归类和总结的需要,账簿由一种发展成多种,有单流、细账、总账之分,且有了一定的格式。在记账方法方面,我国西汉时期就开始用"入"、"出"等记账符号来记账,用"入－出＝余"这一平衡公式来结算账户余额。记账符号的出现,使账簿格式也有改进,成为上收下付式。我国唐宋以后,相继出现的"四柱结算"、"龙门账"、"四脚账"等方法都是会计制度设计

方面的可喜成果。然而这些方法仍然是按照单式记账法设计的,而作为会计制度设计两大支柱的会计科目和会计报表还缺乏完整性、系统性和科学性。

当西方封建社会开始解体,资本主义生产关系萌芽和兴起时,为适应海上贸易的发展和借贷资本的需要,15世纪末借贷复式记账法应运而生。它的发明,是会计发展史上的第一个里程碑,也对会计制度设计产生重大影响。这时,会计账户由人名账户逐步扩展到非人名账户,这些人名和非人名账户在后来演变成现代会计中的会计科目。

企业会计是随着以企业为生产单位的资本主义生产方式而出现的。为了考核企业的生产经营成果、计算产品成本和利润,就要设计能核算和监督企业经济活动的会计科目和成本计算方法,确定固定资产折旧方法和存货估价方法,规划企业财务报表的内容和格式等,所有这些成为会计制度设计的主要内容,使会计制度设计进入了一个新的阶段。这时,账簿体系更为完善,不仅有序时账簿,还有分类账簿,分类账簿中又有总分类账簿和明细分类账簿;以账簿体系为核心的会计账务处理程序,也在日记账、分录账和总账三种简单的账务处理程序基础上,发展成为"凭证—账簿—报表"这种基本模式。大约到了20世纪三四十年代,成本会计制度的设计已日趋完善。此后,西方出现了以加强企业内部经营管理、提高经济效益和效率为目的的管理会计。它可以不以凭证为依据,也没有规定格式的账簿和报表,而是根据管理的需要,以会计人员搜集的各种资料为依据,用灵活多样的内部报表作为成本控制的主要工具和为企业管理当局提供会计信息,因而内部报表的设计成为会计制度设计的重要课题。

总之,会计制度设计这门学科的实践早已有之,只是到了20世纪四五十年代才逐步被会计学者所总结而上升为理论,成为会计学科体系中一门独立的新兴学科,且由于企业规模及组织形式变化巨大,其实用性大大加强。

(三) 会计制度设计的对象

会计制度设计是为进行会计工作制定出更可行的规范。为此,就必须针对现实的或即将发生的会计工作中存在的问题,提出解决的原则或办法,并以制度的形式固定下来,作为日常会计工作的依据。所以,会计制度设计作为一种实践活动,其具体对象是会计工作过程。会计工作过程就是运用会计方法对经济活动进行反映和控制,提供会计信息的过程。正因为如此,会计制度设计可以理解为特定会计主体以国家统一会计规范为依据,研究会计师事务的处理办法、会计核算体系和会计监督工作程序的一项行为设计活动。

(四) 会计制度设计的依据

会计制度设计的依据是:政府法规、内部控制的要求、经济发展情况、企业政策和管理需要、会计特征和会计技术水平。

1. 政府法规

在我国,对会计制度设计有影响的政府法规有三类:

(1) 对会计制度有直接影响的法规。主要有《会计法》、《中华人民共和国注册会计师法》、《企业会计准则》、《企业财务通则》、《会计人员职权条例》、《会计人员工作规则》和《会计档案管理办法》等。

(2) 对企业会计记录、计量和报告有重大影响的法规。如《中华人民共和国计量法》、《中华人民共和国统计法》、各种税收法律制度和各种金融法律制度等。

（3）与会计制度设计相关的其他法规。如企业法律制度、经济合同法律制度等。

因此,企业在进行会计制度设计时,必须熟知上述法规,使其所设计的会计制度符合政府有关法规的要求。

2. 内部控制的要求

在设计企业会计事务处理流程中,必须采用内部控制的方法,并在会计制度中作适当的规定,以便达到管理的目的。有关内部控制的内容将在本书后面有关章节加以阐述。

3. 经济发展情况

社会经济发展情况对会计制度设计的产生和发展起着非常重要的作用。经济发展情况包括:国家的经济状况和发展水平;国家的经济体制;企业的组织结构和经济活动;币值稳定状况等。

4. 企业政策和管理需要

企业会计制度的制定、执行、控制与考核,经常需要各种业务活动和经营成果的报告,而这些报告大部分需经过会计制度的规定来完成。会计制度中规定企业处理各项经济业务的办法,使各种作业有适当的程序和规则。其目的是简化工作,提高效率,防止弊端,并随时提供资料,协助管理,加强控制。因此,会计制度设计,要以企业政策和管理需要为依据。

5. 会计特征和会计技术水平

会计制度设计,除上述四个因素外,还受到会计特征和会计技术水平的限制。

（1）会计特征。随着客观环境发生变化,会计理论与实践一直经历着局部的、程度不等的变化。但同时,会计在某些方面又表现出相对稳定性,使会计在一定时间和空间范围内具有某些基本特征。例如,在现代,会计输出信息主要是用货币计量的;会计的空间范围一般只限于特定主体;企业会计以持续经营为会计计量的前提;会计报告必须定期;会计信息的计算近似值性质;等等。所有这些无需证明便为人们所接受,是设计会计制度的前提条件之一。

（2）会计技术水平。会计制度设计要受到会计在一定时期所达到的技术水平的影响。一般来说,会计技术水平高,人们所期望设计的会计制度就能提供更多的信息,以满足管理决策与控制的要求;反之,会计技术水平不高,使用者的部分信息需求可能一时无法满足。会计技术水平取决于会计研究水平、会计人员所掌握的技能和会计技术手段。

此外,会计制度设计还应考虑社会主义市场经济对会计制度的基本要求,具体包括:会计制度能满足国家宏观调控的需要;能满足有关各方了解企业财务状况的经营成果的需要;能满足企业内部经营管理的需要。

（五）会计制度设计人员应具备的素质

会计制度设计是一项政策性和技术性都很强的工作。为了做好设计工作,设计人员应具备以下素质:

（1）能理解马克思主义政治经济学、哲学的基本原理,并在实践中能够加以运用。

（2）能全面了解和领会国家有关财经方针、政策、法令和制度的精神实质。

（3）通晓会计原理和各门专业会计知识。

（4）懂得企业管理方面的知识,有关部门、单位经济活动的特点,以及生产技术、工艺流程方面的有关知识。

（5）有一定的语言文字修养和对事物的观察分析能力。

（6）精通会计制度设计的理论和方法。

（7）善于听取各方面的意见和具有对新事物的探索精神。

（8）掌握审计工作的知识。

三、会计制度设计的模式

根据我国市场经济体制的特点,会计规范体系分为三个层次：

第一层次是会计法规。它包括会计法律（即《会计法》）、会计行政法规和会计规章三个部分。

第二层次是《企业会计准则》及其具体准则,由财政部制定,以财政部部长令的形式颁布实施。

第三层次是企业会计制度,由企业自行制定或委托社会会计机构制定,以企业管理当局令的形式颁布实施。

第一、第二层次为会计制度的宏观管理,对全国的会计制度有约束力；第三层次为会计制度的微观管理,仅对具体使用单位有约束力。需要说明的是：目前财政部会同其他主管部门以《企业会计准则》为基础,分行业不分所有制形式制定的行业会计制度,只是规范各行各业会计工作的过渡措施。今后,行业会计制度将会失去约束力,只具有示范性和引导性。

根据会计制度管理体制和今后的发展趋势,会计制度设计的模式有以下三种：

1. 会计制度完全设计

是指为新建单位设计一套完整的会计制度。

2. 会计制度重新设计

是指在原有会计制度的基础上为单位重新设计一套会计制度。

3. 会计制度修改设计

是指对单位原有会计制度作适当的修改补充后设计的会计制度。

会计制度设计采用哪一种模式,应根据企业的实际情况和管理的要求来决定。

第二节 会计制度设计的任务

一、会计制度设计的内容

会计制度设计的内容,具体来说,应包括以下几项：

1. 财务会计制度设计

具体包括:会计科目设计;会计凭证设计;会计账簿设计;会计报表设计;会计核算程序设计。

2. 成本会计制度设计

具体包括:成本会计凭证设计;制造成本方法体系设计;制造成本会计事务处理程序设计。

3. 内部控制制度设计

内部控制制度的重要性因21世纪初美国"安然事件"而陡然增加,其诊断、设计显得特别重要。

4. 管理成本会计制度设计

具体包括:标准成本会计制度设计;责任会计制度设计等。

5. 会计工作组织设计

具体包括:会计机构设置设计;会计人员的任免、配备和责任制度设计;会计制度实施。

会计制度设计的上述内容,将在本书后面有关章节中详细介绍。

二、会计制度设计的任务

(一) 明确会计机构的设置和会计人员的职责

会计工作要对企业生产经营活动进行核算和监督。为了能够独立地行使会计基本职能,不受其他业务部门的干扰,会计机构应具有一定的独立性。企业应根据本身的生产经营规模、企业的内部管理体制及其业务量的多少等,确定会计机构的设置、人员的配备及其内部的分工,为有组织、有领导地进行会计工作,建立会计工作的正常程序,充分发挥会计人员的积极性,提高会计工作的效率提供可能。

(二) 设计一套科学的会计核算制度

任何单位的经济业务都在频繁地发生着。为了把这些经济业务资料整理、加工成符合管理所需的会计资料(即会计信息),就需要采取科学的程序和方法,并通过会计凭证、会计科目、会计账簿及会计报表等形式,对各项经济业务资料进行整理、分类、登记、分配、计算和汇总等。所有这些内容就构成会计核算制度的内容。一个科学的会计核算制度,在考虑企业发展战略对企业会计或经济信息需求的前提下,既能简化会计核算手续,又能全面、及时、准确地提供管理所需的资料,还有利于会计对各项经济业务的管理。会计制度设计的任务之一,就是要设计出一套科学的会计核算制度,为进行日常会计核算工作提供依据。由于会计工作可以是手工操作,也可以是电算化,会计核算制度应根据使用的不同核算工具作出设计。

(三) 设计一套科学的会计指标体系

会计指标是会计制度设计的关键,是确定会计报告的种类和项目、设置会计科目、设置账户、进行会计分析的依据。企业在进行会计制度设计时,应当充分考虑以下会计指标:

（1）为国家宏观调控提供服务的综合性指标，以便国家根据国民经济各行业汇总的综合信息，决定国家的宏观经济政策。

（2）为企业的所有者、债权者、供应者、潜在的投资者和信贷者、职工、财务分析和咨询人员、经纪人、证券承揽人、律师、证券交易所及社会民众提供服务的指标。这些指标的作用，就在于向企业外部的利害关系人提供有关投资和信贷决策方面的信息、对估量现金流通量前景有用的信息，以及关于企业在资财、资本上的权利及其变动情况的信息。

（3）为企业管理当局决策服务的指标。为了搞活企业，加强企业内部经营管理，提高效率，实现企业利润最大化目标，会计制度设计应提供有助于企业管理当局作出经营决策和理财决策所必需的财务信息及与之相关的其他经济信息。随着企业间竞争方式及程度的改变，会计指标体系应在更多方面为各层级企业管理当局提供针对性的服务。

上述指标相互联系、相互补充，形成会计指标体系。

（四）建立严密的监督制度，为加强会计管理制定规划

会计监督包括事前、事中和事后的监督，内容是比较广泛的。

首先，会计必须监督各项经济活动不违反国家有关法令、政策和各项财经制度，完成各项计划或预算，保护各项财产物资的安全和完整等。为此，就需要设计必要的规章制度。如审核报销制度、各项开支的控制制度等，以便在日常的工作中有所依循，使会计监督工作形成制度化和经常化。

其次，为了便于管理，应着重设计与企业密切相关的微观经济管理所需要的指标，以便据以计划、核算和考核。

最后，为了充分发挥会计在经济管理中的作用，会计还要参与对经济活动前景的预测，参与制订计划，参与考核、分析财务计划的执行情况等。为了便于做好这些工作，应在会计对各项经济业务的管理制度中，对这些工作内容作出具体的规划，以便据以执行。如为了做好对经济前景预测的工作，就需要在管理制度中设计定期和不定期进行预测的内容、应采取的方法，以及预测工作的分工等，这样才能有目的、有计划地按期进行预测工作，提供各种预测资料。

总之，建立起一定的会计机构，明确会计人员的职责，并在此基础上，设计出一套科学的会计指标体系、严密的会计信息系统和有效的会计控制系统，作为日常进行会计工作的依据。这既是会计工作的任务，也是会计制度设计的任务。

第三节　会计制度设计的原则

我国会计制度设计的指导思想是：在不断总结我国会计实践的基础上，充分研究和借鉴国际会计惯例，按照符合我国社会主义市场经济体制的要求，有利于增强企业核心竞争力，加快市场体系培育的思路，设计有利于深化分配制度和与企业管理相匹配的会计制度。

一、符合《会计法》、《企业会计准则》等会计法规的要求

《会计法》是我国会计工作的根本大法,是居于最高层次的规范,是我们处理会计事务依据的基本法。《企业会计准则》是企业进行会计核算工作的规范,是企业会计工作自由度和统一度相平衡的标准。会计制度设计,必须符合基本准则中一般原则的规定,符合会计要素确认、计量的规定,并与具体会计准则相协调。

二、要与国家其他有关法规相协调

我国实行的是社会主义市场经济,国家主要通过法律、经济的手段来进行间接管理。其中包括通过统一汇总的会计资料,作为管理经济的基础和依据。这就要求企业经营的全过程,除了按照国家规定的会计政策、会计方法,编制统一可比的会计报告外,还必须使企业采用的会计政策、会计方法符合财务、税收、金融、环保等方面的国家法规。

三、充分借鉴国际会计惯例

尽管我国的会计准则已基本与国际趋同,但在实际运用及会计在企业中的作用效果来看,与国际相比,仍有相当大的距离。因此,要求企业按国际标准和国际惯例来管理。企业在进行会计制度设计时,在总结我国会计实践基本经验的基础上,对企业会计政策的规定、会计方法的选择、会计报告体系的设计,必须充分借鉴国际会计惯例,注意与国际会计准则相协调,以适应改革开放与企业参与世界大市场竞争的需要。

四、保证会计信息的一致性和可比性

一致性是指企业设计的会计制度所使用的会计政策、程序和方法在不同时期应当是相同的,即企业会计处理方法前后各期应当一致,不得随意变更。一致性是会计信息的质量特征之一,如果一个企业的会计信息能和本企业其他期间或其他时点的类似信息相比较的话,其信息的有用性将大大提高。变更会计处理方法会对企业的会计信息数据产生一系列影响。所以,企业在设计会计制度时,应当注明变更会计处理方法的原因,并分析其产生的影响。而可比性是指设计的制度应当按照规定的会计处理方法进行,会计指标应当口径一致,相互可比,既便于根据企业提供的会计信息进行比较、分析和汇总,进行间接的宏观调控;也便于企业利害关系人进行企业间横向比较,作出有效的决策。可比性也是会计信息的质量特征。关于可比性,我们不应当将其混同于单纯的统一性。因此,设计企业会计制度应在可比性的前提下,根据企业所处的环境和经营业务的特点,灵活应用会计程序和会计方法。

五、有利于加强管理,提高经济效益

会计制度是企业进行会计管理的章程,这就决定了会计制度设计一定要从企业的生产实际出发,针对企业的实际情况来进行。如成本会计制度,就必须根据企业所生产产品的工艺流程和生产组织方式等特点来设计,只有这样,才能及时正确地反映各项资金

的使用和物资消耗,并及时披露脱离计划的偏差,促使其改善生产经营管理,提高经济效益。特别应当指出的是,会计制度设计要与企业内部控制制度相适应。内部控制制度是企业为加强岗位责任、保护资本安全、确保会计记录正确可靠,在企业内部组织分工、业务处理、凭证手续和程序等方面所规定的既相互联系又相互制约的一系列管理制度。

六、既要简便易行,又要能提供充分而正确的会计信息

会计制度简便易行,是要求企业所拟定的会计制度手续简化,便于执行,以提高工作效率。但手续简化并不是越简化越好,而是在能提供充分而正确的信息的前提下简化。为了提供充分而正确的会计信息,发挥会计工作的管理作用,设计会计制度时,还要体现管理的会计要求,采用适合本企业特点的灵活多样的方式方法,侧重于为企业内部的经营管理服务。

七、管理权限相对集中,保持制度的相对稳定性

会计制度不是一成不变的,应随着市场经济客观形势的发展变化不断改进。因此,会计制度设计也不是一劳永逸的。但因为与会计制度密切相关的财务管理具有综合性,若变更过于频繁,管理权限过于分散,将给会计工作带来不便,甚至造成企业的财务混乱。因而企业在设计会计制度时,应将制度管理的权限集中于管理决策的高层,不宜分散;同时,应注意保持会计制度的相对稳定性,除非特殊情况,一般在一个会计年度内不宜作较大的变动,以降低制度变动成本。

八、与使用的核算工具相适应,与其他的经济核算的口径相一致

尽管会计核算使用不同的核算工具(有的采用手工作业,有的采用电子计算机),但一般不会因此而改变会计工作的基本方法。但是,不同的核算工具计入账簿的方法则有所不同。例如,在采用通用财务软件或自行研发的相关软件的条件下,其具体的设计会有所不同。

第四节　会计制度设计的程序和方法

一、基本程序

根据历史经验,会计制度的设计工作一般分为准备、设计、试行和修正四个阶段。

(一) 准备阶段

准备阶段是会计制度设计基本程序的第一个环节,其主要任务是选用心思缜密的会计人员、聘用注册会计师或相关科研院所的会计专家充当顾问,归集相关资料。这一阶段由设计调查、分析研究和提出设计思路及建议三个步骤组成。

(二) 设计阶段

在做好上述准备工作后,就进入会计制度的设计阶段。设计阶段的工作一般分为总

体设计和具体设计两个步骤。

在这一阶段,设计者一般会提出会计制度设计报告。会计制度设计报告应至少包括设计说明和会计制度两个部分。会计制度设计报告应当做到:报告内容简明易懂;尽量符合管理当局的期望;报告应持乐观态度。

(三) 试行阶段

会计制度草案设计就绪后,应当组织相关人员讨论,征求意见,并运用历史资料进行反复测算,以验证制度的可行性,然后付诸试行。

(四) 修正阶段

对新制度实施过程中发生的问题应随时注意并予以详细记录,特别应注意实施效果是否达到原定目标,并根据实施过程中发现的问题,采取针对性强的办法予以修正。

二、会计制度设计的方法体系

(一) 设计调查

设计会计制度,就是为规范会计工作提出解决办法,是会计制度设计的基础。不经过设计调查,就不了解存在的矛盾是什么,其规律性如何,也就不可能提出切合实际的办法。在进行设计调查之前,应先明确设计制度的内容是什么、应达到什么目的以及有何要求等,以便有针对性地进行。在进行设计调查中,应了解该单位或该项经济业务的历史和现状,以便根据已确定的目的和要求,有针对性地提出解决的办法。

(二) 由总体设计到具体设计

总体设计,是对所要设计的会计制度内容和会计制度设计工作作出全面的规划;具体设计,是在总体设计的基础上,采取具体的办法和程序来完成总体设计的要求,并用文字或表格等形式作出具体的规定。概言之,总体设计是纲,具体设计是目。

(三) 总结经验,不断创新和完善

会计实务工作在长期的实践中,积累了丰富的经验。因此,在进行会计制度设计时,必须充分运用这些经验。无论是新建立会计制度设计,还是对已有的会计制度进行补充、修改,都要根据单位的生产、经济业务的特点和管理要求,认真进行研究,采用先进的办法,使所设计的制度更加完善,更有利于完成会计任务。

(四) 按照单元制度进行设计,并使之同步协调

会计制度的内容较多,可以划分为若干相对独立的部分。为了便于进行会计制度的设计工作,应按照构成会计制度的每一单元(即每一部分)分别进行设计,如分别设计会计科目、账簿及报表等。但必须使这些内容同步协调,形成一个整体。例如,在会计报表中,要求填报什么资料,就需要设置相应的会计科目(包括明细科目)进行核算;有的资料还需要设计出特定的账簿格式进行登记,才便于提供所需的资料。如果这些内容彼此不协调,就难以满足编制报表的要求。会计制度与其他管理制度也有千丝万缕的联系,彼此之间也需要同步协调,否则,所设计的制度也难以执行,或者不能满足其他管理的需要。本部分工作是技术含量较高的,也是最重要的。

(五) 重点问题作详细说明,一般问题作原则规定

这就是通常所采用的"重点突出,照顾一般"的工作方法。如对某种比较复杂,又不

为人们所熟悉的核算方法,就需要作详细的说明,才便于执行者理解和贯彻执行;反之,对一些常用的工作程序和方法,则可作原则规定,或者只提出要求,明确所采用的方法即可。

设计会计制度,是由感性认识到理性认识的阶段,它是否正确地反映了客观外界的规律,还必须通过实践的检验。对于那些在实践中证明还不完善或根本行不通的,应进行修改、补充,然后再作为正式制度颁布执行;或者,先作为草案公布并试行,在今后的实践中,还需要进行补充、修改,使之更加完善。

上述各种方法,共同构成一个完整的方法体系。这一方法体系是符合人们的认识规律的,也是符合一般工作程序的。在实际工作中,还可能采用其他的一些具体方法,但上述这些方法是主要的、基本的,也是必须采用的。

【延伸阅读】

请认真阅读本案例并思考以下问题:
1. 甲认为 AC 公司的会计制度有不少问题的原因有哪些?
2. 你认为 AC 公司的会计制度应设计的程度或性质怎样?
3. 在目前 AC 公司财务部人员现状下能否进行会计制度设计?
4. 事业部技术工艺不尽相同可能对成本核算有何影响?

AC 公司会计制度设计的选择

AC 公司是一家大型的集团公司,总公司设在上海,有七个事业部和二十余个省级分公司。2010 年 8 月,从美国归来的甲接任 AC 公司的 CFO。经过几个月的了解,甲认为 AC 公司的会计制度有不少问题,于是召集财务部骨干开了个座谈会。

会上的主要观点有:(1)有人认为目前公司的会计制度是按财政部最新的相关规定制定的,而且大家都习惯了,因而公司的会计制度没有大问题。有人认为与甲在美国曾工作过的某大公司的会计制度相差甚远,因而应按照美国大公司的会计制度进行大幅度的修改。有人的意见则介于两者之间。(2)目前公司的规模正在扩大,会计人员本身工作就满负荷,没有这么多精力设计会计制度,更不用说既有理论又有实践经验的复合型人才了。(3)总公司下属的事业部技术工艺不尽相同,更不用说这么多的省级分公司了,仅成本核算部分的工作量就十分惊人。

会后,信心满满的甲沉思良久。

资料来源:唐立新.工科院校会计专业《会计制度设计》特色教材建设的思考[J].中国乡镇企业会计,2011(9).

【复习题】

1. 什么是会计制度?其特点有哪些?
2. 会计制度怎样分类?

3. 什么是会计制度设计？为什么要进行会计制度设计？
4. 会计制度设计是怎样产生和发展的？
5. 会计制度设计的对象、性质和依据是什么？
6. 谈谈会计制度设计人员应具备的素质。
7. 简述会计规范体系的层次。
8. 会计制度设计的内容有哪些？
9. 会计制度设计的任务有哪些？
10. 简述会计制度设计的原则。
11. 会计制度设计的基本程序有哪些？
12. 试阐述会计制度设计的方法体系。

【思考设计题】

1. A 曾在美国一家大公司工作多年，2011 年转到上海某大公司 B 任 CFO，上任后 A 了解到 B 公司原有会计制度存在不少缺陷，但 B 公司财务部人手少，特别是理论水平高的财会人员少，请代 A 思考处理此事的思路。

A 经接洽后与某会计师事务所甲签订了会计制度设计合同，且把其在美国工作时的相关会计制度留给会计师事务所甲的法人代表、主任会计师乙并要求参照之，乙又派其职员部门经理丙作为项目负责人。请你代丙妥善处理之，并说明理由。

乙在审核会计制度设计报告时发现以下情况，请你代乙提出处理意见，并说明理由：
(1) 在报告开头有"在……下"等语言达到 500 多字；
(2) 制度条款中存在大量的交易、事项等专业术语；
(3) 报告中有对制度肯定的语气表述。

2. 试论会计制度设计、财务制度设计与财务会计制度设计的异同点。

第二章 会计制度总体设计

【本章导航】

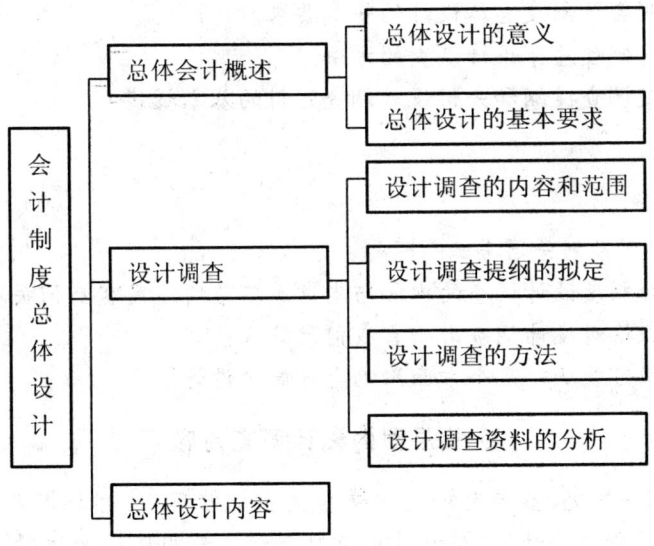

【知识目标】

1. 了解会计制度的总体设计的意义和基本要求。
2. 明确设计调查的内容和范围。
3. 熟悉会计制度总体设计的内容。

【能力目标】

1. 能举例说明会计制度总体设计的基本要求。
2. 能描述会计制度总体设计调查的方法。
3. 能掌握拟定调查提纲和分析设计调查资料的基本技能。

【导入案例】

请认真阅读以下案例并思考三个问题:
1. 案例中会计制度设计调查的内容与本章第二节所述内容有何关联?
2. 案例中的表格对设计调查者而言有何优缺点?
3. 所有权结构可能从哪几个方面影响会计制度设计?

企业层面的设计调查内容

企业层面的相关情况,主要有被设计单位的行业状况、法律环境与监管环境以及其他外部因素;被设计单位的性质;被设计单位对会计政策的选择和运用;被设计单位的目标、战略以及相关经营风险;被设计单位财务业绩的衡量和评价等。

1. 调查行业状况、法律环境与监管环境以及其他外部因素

(1) 行业状况:行业状况调查可见表 2A-1。该表的特色是对调查内容可以作详细评价以利于在设计中予以关注,并对调查者认为重要的其他事项在备注栏中记录,为下一步设计打好基础。

表 2A-1 行业状况

项目	评价	备注
1. 被设计单位所处行业?		
2. 行业的总体发展趋势(如起步、快速增长、成熟、停滞、萎缩)?		
3. 相对于行业的发展趋势,单位的发展趋势如何(如快、慢于行业发展)?		
4. 行业的竞争情况?		
5. 行业是否受经济周期的影响?影响程度如何?		
6. 行业生产经营和销售是否受季节影响?		
7. 行业是否受特定生产技术的影响?		
8. 行业是否对能源有较高的依赖程度?		
9. 行业是否有特定的关键指标?		

(2) 法律环境与监管环境:对被设计单位经营活动产生重大影响的法律法规及监管环境;现行的倾向政策、财政政策、关税和贸易限制、税务法规对被设计单位经营活动、投资活动及筹资活动是否产生重大影响? 所涉及的主要税种有哪些? 税率如何? 是否享受税收优惠政策? 税务部门、行业主管部门等有关部门近期是否对单位进行过检查?

(3) 其他外部因素:当前的宏观经济景气度对被设计单位所处行业及其经营活动产生的重大影响;当前的利率水平对被设计单位的经营活动、投资活动及筹资活动产生的重大影响;当前的通货膨胀水平对被设计单位的销售和采购价格产生的影响;当前的汇率波动对被设计单位生产经营产生的影响。

2. 被设计单位的性质

(1) 所有权结构:被设计单位的所有权结构性质;股权结构;子公司情况;关联方及可能的关联交易。

(2) 治理结构及组织结构:被设计单位的治理结构情况;股东会、董事会(执行董事)的构成情况;股东会、董事会的运作情况;股东对单位经营活动的参与程度;组织结构与业务的匹配程序。

(3) 经营活动:被设计单位销售的产品或提供的服务;与生产产品或提供服务相关的信息,如主要客户、合同条款、定价政策、付款条件、利润率等;业务开展情况,如业务分部的设立情况、产品和服务的交付情况等;联盟、合营与外包情况;从事电子商务的情况;业务的地域分布情况;主要客户对关键客户的依赖程度;重要供应商对关键供应商的依赖程度;雇员数量、薪酬水平、劳动力供应、劳动法规对单位的影响;单位为雇员缴纳社会保险的情况;单位重大的研究开发活动及其影响。

(4) 投资活动:被设计单位的投资活动,如证券投资、债权投资、股权投资、其他投资及投资的处置情况;重大的资本性开支及计划情况;未纳入合并范围的投资。

(5) 筹资活动:被设计单位的筹资活动,如银行借款、关联方借款、经营租赁、融资租赁、票据贴现等;筹资活动导致的抵押、质押等担保情况;筹资合同中的限制性条款及其影响;出资人与实际受益人是否一致。

3. 被设计单位对会计政策的选择和运用

在采用内部控制评价的百分制法设计调查中,在被设计单位对会计政策的选择和运用方面的主要内容有:

(1) 重要的会计政策。包括存货发出的成本计价方法;生产成本的核算方法;制造费用的分配方法;低值易耗品的摊销方法;应收账款减值准备的计提方法;固定资产的初始计量;折旧方法;可使用年限及残值率、无形资产的摊销方法等。

(2) 重要的会计政策变更。包括原会计政策、变更后的会计政策、变更日期、变更原因、对变更的处理等。

4. 被设计单位的目标、战略以及相关经营风险

被设计单位的目标、战略;被设计单位实现目标和实施战略面临的风险及应对措施;新颁布的会计法规导致的风险及应对措施;监管要求导致的风险及应对措施;融资风险

及应对措施；信息技术导致的风险及应对措施。

5. 被设计单位财务业绩的衡量和评价

包括股东评价管理层业绩采用的关键指标；管理层评价公司业绩采用的关键指标；评价员工业绩采用的关键指标；关键指标的监控措施。

资料来源：唐立新. 企业内部控制评价百分制法[M]. 北京：冶金工业出版社，2011.

会计制度的设计一般可分为总体设计和具体设计两大步骤。总体设计是具体设计的基础，具体设计应在总体设计的规划指导下进行。本章讨论总体设计，以后各章讨论具体设计。

第一节　总体设计概述

一、总体设计的意义

总体设计是对所设计的会计制度内容及其设计工作作出全面规划。不难看出，总体设计要解决两个方面的问题，一是对所设计的会计制度内容，拟定出总体的规划；二是对会计制度设计的工作过程，作出全面安排。

总体设计确定了会计制度设计的基本内容，提出了初步意见或方案，勾画出了会计制度设计的大概轮廓。通过总体设计，可以起到以下一些作用：

（一）总体设计是进行具体设计的基础

从总体到具体，从一般到个别，这是会计制度设计的科学程序，总体设计是会计制度设计的起点。通过总体设计，对所设计的会计制度内容已经作出了规划，在进行具体设计过程中，就可以根据这些规划设计出具体的会计制度。如果不经过总体设计的过程，按照制度设计的主观设想直接作出具体设计，就难以保证所设计的制度的完整性，而且将来发现不妥之处，返工的工作量太大。

（二）总体设计是各项制度之间同步协调的保证

会计制度设计是一个系统工程，就整个管理制度体系而言，会计制度与其他有关的管理制度密切关联；就会计制度本身而言，它又是由若干项具体制度构成的，各项具体制度相互配合。由于在总体设计中同时考虑了有关制度的内容，必然就要对其相互关联之处采取协调一致的方法。这样就使各项规章制度有机地联系起来，共同构成一个完整的制度体系。因而总体设计是各项制度之间同步协调的保证和基础。

（三）总体设计是会计制度设计工作顺利进行的前提

会计制度设计是一项涉及面广、技术性强的复杂工作，要使会计制度设计工作顺利进行，必须有一个行动方案作指导。在总体设计中，对会计制度中各个部分的基本内容和相互的关联，都已作出了规定或提出了要求，并对所需人力和时间进度等作出了安排，是整个设计中的纲。这就有利于设计工作的分工合作，按照既定的目标、原则、方法和要求进行设计，并按照规定的时间进度完成设计任务。

二、总体设计的基本要求

会计制度设计的目标是建立与市场经济相适应的会计制度体系。这就要求在进行总体设计时,从市场经济对会计工作的要求出发,使所设计的会计制度不仅符合国家宏观调控的需要,还要满足企业经营管理的需要,也要满足投资者、债权人和其他有关方面的需要。

(一) 要满足国家宏观调控的需要

市场经济的有效运行离不开国家对经济的宏观调控。宏观调控所需要的信息,会计虽然不能直接地全部提供,但是会计信息是宏观调控所需资料的基础。因此,会计制度的总体设计,首先要考虑国家宏观调控的要求和整个社会的利益,使所设计的会计制度要能为整个国民经济管理服务,为加强财政、信贷、税务和审计监督提供方便。

(二) 要满足企业经营管理的需要

企业是市场经济的主体,企业要在市场竞争中处于不败之地,必须加强内部经营管理,努力提高经济效益。会计在企业内部管理中起着极其重要的作用。因此,要针对企业生产经营的特点和经营管理的要求,进行会计制度的总体设计。通过总体设计,使会计制度成为内部管理制度的总体设计和内部管理制度的有机组成部分,使会计所提供的信息为内部经营决策服务。这是设计者首先要考虑,也是最需要考虑的。

(三) 要满足有关各方了解企业财务状况和经营成果的需要

在市场经济条件下,企业不是孤立存在的,它必然要与外界各方发生各种各样的联系,进行信息交流。例如,企业的投资者和债权人出于对其投入资金的安全完整以及能否在投资上获得相应效益的需要,而关心企业的财务状况和赢利状况,需要利用会计信息进行有关经济决策。因此,在进行会计制度总体设计时,要考虑外界各方的要求,使所设计的会计制度能够为他们提供对决策有用的会计信息。

第二节 设计调查

一、设计调查的内容和范围

设计调查是为进行会计制度的总体设计和具体设计而进行的调查研究,是会计制度总体设计的初始阶段。设计人员只有通过调查研究,才能熟悉情况,做到心中有数,才能设计出切合实际的、适用性强的会计制度。

设计调查的内容和范围取决于设计的种类和方式。就设计的种类而言,包括全面设计、局部设计和修订性设计。其中,全面设计内容复杂、涉及面广,需要调查被设计单位与会计工作有关的所有内容;局部设计和修订性设计一般内容较单一、涉及面较小,不需要对被设计单位进行通盘的完整调查。就设计的方式而言,可分成自行设计和委托设计等方式。其中,自行设计是由本单位的设计人员进行的设计,由于设计人员比较了解自己所在单位的情况,需要调查的内容和范围相对较少;委托设计是由会计师事务所进行的设计,由于设计人员对被设计单位的情况不甚了解或者被设计单位财会人员因故不太配合,需要调查的内容和范围就相对要多一些。

企业对会计制度进行全面设计时,调查的内容一般包括以下四个方面:

（一）企业一般情况的调查

会计制度是在一定的经济环境和客观条件下实行的,随着环境和条件的变化,必然要引起会计制度的废、改、立。企业一般情况的调查,就是要搞清楚企业内部与会计制度设计有关的一切情况。调查内容至少包括:(1)企业发展的历史;(2)企业生产的产品和经营范围;(3)企业的经营方针和经营政策;(4)企业的隶属关系和所有制形式;(5)企业的组织形式和组织机构;(6)企业的规模;(7)企业的资产、负债及所有者权益构成状况;(8)企业的远期规划和近期目标。

（二）企业经营管理情况的调查

会计是企业经营管理的重要组成部分,会计信息应满足企业管理的各方面需要。企业经营管理情况的调查,就是要了解会计制度与企业各分项管理制度的相互联系,了解企业各方面管理对会计工作的要求。调查内容主要包括:(1)企业组织结构的类型;(2)职能部门的设置及其职责权限;(3)各职能部门相关的管理制度;(4)各职能部门与财会部门的关系;(5)各职能部门对会计工作的要求;(6)企业管理人员的业务水平和工作能力;(7)企业的办公条件包括自动化水平;(8)统计情况;(9)生产管理情况;(10)销售管理情况;(11)各职能模块管理情况。

（三）企业会计工作情况的调查

会计制度设计,有的是对新建企业会计制度的首次设计,也有的是对老企业会计制度的重新设计。对于后者,就需要对企业现行会计工作情况进行调查,通过调查,总结经验,发现问题,在此基础上设计新的会计制度。调查内容一般包括:(1)现行的会计制度及其执行情况;(2)会计机构的设置和人员配备情况;(3)会计人员的素质情况,含年龄、学历、专业阅历、性别结构等;(4)会计工作在企业经营管理中发挥作用的情况;(5)电子计算机在会计上的应用程度;(6)现行会计事务的处理方法,例如资金筹划的处理、采购业务的处理、收入业务的处理等。

（四）同行业通行会计实务的调查

以上几个方面的内容都是关于企业内部情况的调查。行业是企业所属的、关系最密切的外部环境,行业通行的会计实务处理规划必然制约和影响企业具体的会计业务。因此,在进行企业内部各项内容调查的同时,还要进行行业通行会计实务的调查,通过这方面的调查,来把握行业的特点和规律性。

二、设计调查提纲的拟定

由于设计调查的内容较多,范围较广,为避免调查时的疏忽和遗漏,调查人员应在调查前拟定调查提纲,列出需要调查的事项,依次进行调查和记录。调查提纲的拟定需要注意以下几个方面:

第一,调查提纲中只列入会计制度设计所必需的项目,可有可无的项目不要列入,必需的项目也不要遗漏。

第二,列入调查提纲的项目,提法要具体、明确,并对项目进行必要的分类,以便于调查人员对调查资料的分析整理。

第三,调查提纲可以用文字形式进行表达,也可以用列表方法进行反映,还可以根据不同的调查内容同时使用这两种方式。

下面列举一份关于供产销业务处理情况的调查提纲。

1. 采购业务的处理

(1) 是否有正规、独立的采购部门;订单由谁负责签订,怎样签订;是否有必要组建一个采购部门。

(2) 是否采用书面订单形式;正在使用的订单格式有多少联,怎样使用、是否合理。

(3) 大宗购货的批准权限由何人掌握,各个部门如何填制请购单;购货是否在数量上或金额上有固定数额。

(4) 对于采购业务设有哪些激励,对这些激励如何检查;收到购货发票后是否通过采购部门检查,由哪几方面的人员共同负责。

(5) 是否有专职验收人员,他们的责任是什么,货物收进、验收证明有哪些手续和记录。

(6) 各种材料、商品到货后是否全部集中在仓库,是否有直接送到各个使用和销售部门的情况,有无寄存在外单位的商品、材料。

(7) 对货物运输保管中发生的损失有哪些追究办法,对短缺、损坏的货物如何处理。

(8) 货物是如何储存的,是否设有独立的仓库部门;存货业务属于哪一部门领导管理。

(9) 仓库管理员的职责是怎样划分的,材料收发记录与实物管理是否分开;物资领发手续是否健全。

(10) 仓库对于各种材料或商品是否定有最高和最低储备额。

(11) 材料或商品采用何种计价方法,该种方法与企业情况是否相适应。

(12) 仓库或存货多长时间进行一次实物盘点,如何进行盘点,由何人监督执行这项工作。

(13) 材料、商品是采用永续盘存制,还是采用定期盘存法;如采用永续盘存制,能否保持账物、账账经常相符。

(14) 该单位的永续盘存制是只反映数量或金额,还是数量、金额都能反映。

(15) 材料、商品明细分类账和盘存记录一般设在何处。

2. 生产业务的处理

(1) 如何记录直接生产工人的考勤和工作时间,由何人对此进行检查并负责,如何记录管理人员工作的时间。

（2）对于原材料、辅助材料、燃料、低值易耗品的领用有无合适的记录，在执行原有制度的情况下，上述物品的耗用是否经常超过预算、定额，其原因何在，与制度是否有关。

（3）主要材料与其他材料的领用、记录有无区别，对于已领未使用的材料有无退库处理手续和记录格式，是否实行限额领料制。

（4）通知各车间进行生产的业务凭证（生产通知单）如何开出，与成本计算有无联系。

（5）在连续加工生产企业中，加工件结转下一车间或工序的交接手续是否健全，有无半成品库。

（6）机器使用的效率如何，是否充分发挥其作用，有无管理检修制度，设备保养的责任制度如何。

（7）企业生产工艺属于何种类型，是分步骤连续生产还是单件小批生产；企业现采用的成本方法与生产工艺类型是否相适应；生产的产品是标准系列产品，还是接受特殊订货的产品，或两者兼而有之。

（8）产品制成后交库有何手续，其格式如何。

（9）产品或零部件是否有委托外加工情况，对外协件的成本如何管理。

（10）在会计部门中是否设有单独的成本组或专职成本员，有几名成本会计人员，他们怎样分工。

（11）采用何种成本计算制度，该制度是否适应企业的情况。

（12）企业治理层或管理层对成本资料有何特殊要求，用何种方法提供所需资料。

（13）企业有无班组等基层核算的基础，核算的方法如何。

（14）企业的生产费用如何分类，如何控制，有何特殊项目，管理是否合理。

（15）企业有几种费用分配标准，每一种标准的确定根据和条件是什么。

（16）用何种方法计算总成本和单位成本，使用它们的理由是否充分，条件是否具备，有无改进的必要。

（17）成本计算所用的账册表格有哪些，如何使用它们，有无过繁或过简的现象。

（18）是否采用定额或计划成本管理方法，如何处理成本差异，企业管理负责人对此法有无意见。

3. 销售业务的处理

（1）企业主要是现销业务还是赊销业务，现销和赊销的比例各占多少，现销和赊销在价格上有无差异，企业有无分期付款业务和代销业务。

（2）企业年销售量和销售额是多少。

（3）企业的销售和生产是否属于季节性的，若是，在什么时间。

（4）是否有独立的赊销管理部门，其职责是什么，其是属于销售部门还是财务部门，其在批准赊销和收回欠款方面的处理手续是什么。

（5）是否有必要建立单独催收欠款制度，有无对账报告单，或是只有发货票而无其他手续。

（6）有无销售分支机构,其如何由主管部门进行控制。

（7）销售量是否分商品部、门市部,销售部门如何划分。

（8）制造企业是否有单独的销售部门,其基本状况如何。

（9）销售业务如何报告,销售部门所用的账簿、表格、单据如何,什么时候开出发票,怎样开出发票。

（10）分期付款期限和价格确定的权力由何部门、何人掌握。

（11）销售坏账损失如何,赊账是否过多。

（12）销售费用是否单独计算,其内容是否合理。

三、设计调查的方法

确定了调查的内容和范围以及调查提纲之后,就要采用一定的方法进行深入的调查研究。调查方法一般有以下几种：

1. 查阅和收集有关制度的文件

在调查的最初阶段,要充分利用现成资料及信息。当然,现成材料往往不能反映企业的全面情况,其中会有许多不真实的内容需要剔除。

2. 座谈会

调查人员可邀请被调查单位的知情人士参加座谈、讨论。他们或者具有特殊地位,或者了解企业的历史,或者曾尝试解决某一问题,等等。请他们提出自己的见解,对会计制度的设计是很有益的。

3. 个别谈话

这种方式简便、灵活、深入。谈话的有效与否,不仅取决于个人的素养和经验,也取决于谈话的方式、方法。即便是一个富有经验的调查人员,也要拟订谈话计划,重视谈话的技巧和原则。

4. 发调查表

通过调查表,可以广泛地获取人们的意见、态度等资料。设计调查表之前,必须明确调查的目的和所需获取的资料;设计调查表时,必须对所调查的问题和供选择的答案进行分类排队,做到繁简适宜,既能达到目的,又便于操作。

5. 现场调查

调查人员对认为重要且不甚了解的内容可以进行现场调查。例如,到生产车间了解生产工艺流程,到仓库了解财产物资保管情况,到财务部门查看有关资料,等等。现场调查可以获得直接的第一手材料。

四、设计调查资料的分析

获得大量调查资料后,应对其加以整理和分析。具体步骤如下：

1. 资料取舍

即分析所调查的资料哪些对设计会计制度是有用的,哪些是无用的。应剔除那些与会计制度设计无关的资料。

2. 资料分类

即分清哪些资料是反映企业一般情况的,哪些是反映经营管理情况的,哪些是反映企业会计工作情况的。应该指出,资料分类整理在调查一开始就应着手进行,即当时鉴别、及时整理,这是在调查过程中整理思路、推进调查所必须做的工作。但在调查结束后,有必要对已经归纳整理的资料按新的分类标准和分析要求进行调整。

3. 资料分析

资料分析的过程也就是会计制度总体设计的初步构思过程。例如,根据企业的规模、组织形式和经济业务情况,初步设想企业应运用哪些总账科目。

第三节 总体设计内容

经过设计调查,并对提出资料加以分析之后,即可进行总体设计。总体设计是提出解决问题的方案、原则或办法。企业会计制度的全面设计,一般在总体设计中应包括以下几项内容:

一、提出改善有关经营管理工作的建议

在设计提纲中,已经提到要对企业经营管理情况进行调查,这是因为会计是企业经营管理的重要组成部分;会计制度应与企业的各项管理制度尤其是财务制度相互联系。因此,会计制度设计者,应根据调查了解的企业在经营管理工作中存在的问题,提出改进的建议,以便在此基础上设计会计制度,使所设计的会计制度与整个企业的经营管理情况相适应。例如,各项定额、原始记录等基础工作,若尚不健全,就需要提出改进的意见,以便新的会计制度能够顺利执行。

二、对设计的会计制度内容和要求提出意见

如果是委托设计,一般首先由委托单位提出拟设计会计制度的内容和要求。受托单位在进行调查研究之后,要对委托单位提出的内容和要求进行审查,检查其是否符合企业的实际情况,是否符合国家的财经法规、政策以及企业会计准则,进而提出增加、删减或修改的意见,这项任务应该在总体设计中完成。

三、提供管理所需的各项资料

会计所提供的资料应满足国家宏观管理、企业外部各个方面和企业内部经营管理的需要。对于国家宏观管理和企业外部各个方面所需要的会计资料,《会计法》及《企业会计准则》是有规定的,总体设计时应遵照执行。至于企业内部经营管理所需的会计资料,则应根据企业实际情况加以确定。例如,进行经济预测、决策所需的会计资料,生产管理所需的会计资料,销售管理所需的会计资料,等等,这些资料都应在总体设计中分级、分部门逐一列出。

四、确定所采用的会计核算程序

会计核算程序是指从填制凭证到编制会计报表的整个过程。会计凭证、会计账簿和会计报表并不是孤立存在的，必须采用一定的方式，按照一定的顺序进行科学合理的组织，形成规范的核算程序（也称作"证、账、表一体化"），才能完成会计核算的任务。这就是说，在总体设计中首先要确定所采用的会计核算程序，再按核算程序的要求进行各项具体设计。

五、确定所使用的会计处理方法

会计核算包括很多的环节，每个环节都有几种不同的处理方法。在总体设计中应对所要选择的会计方法加以确定。例如，存货计价是采用先进先出法，还是加权平均法；坏账损失处理是采用备抵法，还是直接转销法；成本核算是采用品种法、分批法，还是分步法；等等。

六、提出拟设计的会计科目

会计科目体系，是建立和产生各种会计记录和报告的基础，会计科目在整个会计制度中起到"支柱"的作用。设计会计科目是会计制度设计的内容，所以在总体设计中，要根据企业规模等特点，提出拟设置的会计科目。

七、提出拟设计的财务报告

会计报表是根据账簿记录等日常核算资料编制的，为管理提供资料的主要形式。财务报告的设计是会计制度设计的中心课题之一，会计科目和会计账簿的设计，都要符合会计报表的要求。因此，总体设计中要提出拟设计的会计报表，包括对外报表和对内报表。对外报表根据国家的统一规定设置；对内报表根据企业经营管理的需要设计，是企业会计报表设计的重点。财务报告的设计还包括会计报表附注和财务状况说明书等。

八、对会计要素的核算与控制方面提出意见

会计要素包括资产、负债、所有者权益、收入、费用和利润，各项要素互相影响，密切联系。总体设计中要依据会计准则，结合企业的具体情况，确定各会计要素的具体范围、核算与控制的基本要点，以此指导各会计要素的核算与控制的具体设计工作。例如，资产的增减变动核算程序、资产的收发、保管控制制度等。

九、确定会计工作组织的基本框架

会计工作组织是会计制度贯彻执行的重要保证，在总体设计中，要对会计工作组织的基本框架进行设计。例如，会计机构与财务机构是分设还是合设；会计组织形式是集中核算还是非集中核算。

【延伸阅读】

请认真阅读本案例并思考以下问题：
1. 会计制度总说明是否属于会计制度的一部分？
2. 如何认识企业会计制度总说明的重要性？
3. 小企业会计制度总说明和会计制度的其他说明有何关系？

小企业会计制度总说明

（一）为了规范小企业的会计核算，提高小企业会计制度会计信息质量，根据《会计法》、《企业财务会计报告条例》及其他有关法律和法规，制定本制度。

（二）本制度适用于在中华人民共和国境内设立的不对外筹集资金、经营规模较小的企业。

本制度中所称"不对外筹集资金、经营规模较小的企业"，是指不公开发行股票或债券，符合原国家经济贸易委员会、原国家发展计划委员会、财政部、国家统计局2003年制定的《中小企业标准暂行规定》(国经贸中小企[2003]143号)中界定的小企业，不包括以个人独资及合伙形式设立的小企业。

（三）符合本制度规定的小企业可以按照本制度进行核算，也可以选择执行《企业会计制度》。

1. 按照本制度进行核算的小企业，不能在执行本制度的同时，选择执行《企业会计制度》的有关规定；选择执行《企业会计制度》的小企业，不能在执行《企业会计制度》的同时，选择执行本制度的有关规定。

2. 集团公司内部母子公司分属不同规模的情况下，为统一会计政策及合并报表等目的，集团内小企业应执行《企业会计制度》。

3. 按照本制度进行核算的小企业，如果需要公开发行股票或债券等，应转为执行《企业会计制度》；如果因经营规模的变化导致连续三年不符合小企业标准的，应转为执行《企业会计制度》。

（四）小企业可以根据有关会计法律、法规和本制度的规定，在不违反本制度规定的前提下，结合本企业的实际情况，制定适用于本企业的具体会计核算办法。

（五）小企业应当根据会计业务的需要设置会计机构，或者在有关机构中设置会计人员并指定会计主管人员；不具备设置条件的，应当委托经批准设立从事会计代理记账业务的中介机构代理记账。

（六）小企业填制会计凭证、登记会计账簿、管理会计档案等，应按照《会计基础工作规范》和《会计档案管理办法》的规定执行。

（七）小企业的会计核算应当以持续、正常的生产经营活动为前提。会计核算应当划分会计期间，分期结算账目，会计期末编制财务会计报告。

本制度所称的会计期间分为年度和月度，年度和月度均按公历起讫日期确定。会计期末，是指月末和年末。

（八）小企业的会计核算以人民币为记账本位币。

业务收支以人民币以外的货币为主的小企业，可以选定其中一种货币作为记账本位币，但编报的财务会计报告应当折算为人民币。

小企业发生外币业务时，应当将有关外币金额折合为记账本位币金额记账。除另有规定外，所有与外币业务有关的账户，应当采用业务发生时的汇率或业务发生当期期初的汇率折合。

期末，小企业的各种外币账户的外币余额应当按照期末汇率折合为记账本位币。

（九）小企业的会计记账采用借贷记账法。

（十）小企业会计记录的文字应当使用中文。在民族自治地方，会计记录可以同时使用当地通用的一种民族文字。

（十一）小企业在会计核算时，应当遵循以下基本原则：

1. 小企业的会计核算应当以实际发生的交易或事项为依据，如实反映其财务状况和经营成果。

2. 小企业应当按照交易或事项的经济实质进行会计核算，而不应仅以法律形式作为会计核算的依据。

3. 小企业提供的会计信息应当能够满足会计信息使用者的需要。

4. 小企业的会计核算方法前后各期应当保持一致，不得随意变更。如有必要变更，应将变更的内容和理由、变更的累积影响数，或累积影响数不能合理确定的理由等，在会计报表附注中予以说明。

5. 小企业的会计核算应当按照规定的会计处理方法进行，会计指标应当口径一致、相互可比。

6. 小企业的会计核算应当及时进行，不得提前或延后。

7. 小企业的会计核算和编制的财务会计报告应当清晰明了，便于理解和运用。

8. 小企业的会计核算应当以权责发生制为基础。凡在当期已经实现的收入和已经发生或应当负担的费用，不论款项是否收付，都应作为当期的收入和费用；凡是不属于当期的收入和费用，即使款项已在当期收付，也不应作为当期的收入和费用。

9. 小企业在进行会计核算时，收入与其成本、费用应当相互配比，同一会计期间内的各项收入与其相关的成本、费用，应当在该会计期间内确认。

10. 小企业的各项资产在取得时应当按照实际成本计量。其后，各项资产账面价值的调整，应按照本制度的规定执行。除法律、法规和国家统一会计制度另有规定外，企业不得自行调整其账面价值。

11. 小企业的会计核算应当合理划分收益性支出与资本性支出的界限。凡支出的效益仅及于本年度（或一个营业周期）的，应当作为收益性支出；凡支出的效益及于几个会计年度（或几个营业周期）的，应当作为资本性支出。

12. 小企业在进行会计核算时，应当遵循谨慎性原则。

13. 小企业的会计核算应当遵循重要性原则，在会计核算过程中对交易或事项应当区别其重要性程度，采用不同的核算方法。

（十二）小企业如发生非货币性交易,应按以下原则处理：

1. 以换出资产的账面价值,加上应支付的相关税费,作为换入资产的入账价值。

2. 非货币性交易中如果发生补价,应区分不同情况处理：

（1）支付补价的小企业,应以换出资产的账面价值加上补价和应支付的相关税费,作为换入资产的入账价值。

（2）收到补价的小企业,应按以下公式确定换入资产的入账价值和应确认的损益：

换入资产入账价值＝换出资产账面价值－（补价÷换出资产公允价值）×换出资产账面价值－（补价÷换出资产公允价值）×应交的税金及教育费附加＋应支付的相关税费

应确认的损益＝补价×[1－（换出资产账面价值＋应交的税金及教育费附加）÷换出资产公允价值]

3. 在非货币性交易中,如果同时换入多项资产,应按换入各项资产的公允价值占换入资产公允价值总额的比例,对换出资产的账面价值总额和应支付的相关税费等进行分配,以确定各项换入资产的入账价值。

（十三）小企业如发生债务重组事项,应按以下规定处理：

1. 以低于债务账面价值的现金清偿某项债务的,债务人应将重组债务的账面价值与支付的现金之间的差额,确认为资本公积;债权人应将重组债权的账面价值与收到的现金之间的差额,确认为当期损失。

2. 以非现金资产清偿债务的,债务人应将重组债务的账面价值与转让的非现金资产账面价值和相关税费之和的差额,确认为资本公积或当期损失;债权人应将重组债权的账面价值作为受让的非现金资产的入账价值。

如果债务人以多项非现金资产清偿债务的,债权人应按取得的各项非现金资产的公允价值占非现金资产公允价值总额的比例,对重组应收债权的账面价值和应支付的相关税费之和进行分配,按分配后的价值作为各项非现金资产的入账价值。

3. 以债务转为资本的,债务人应将重组债务的账面价值与债权人因放弃债权而享有的股权的账面价值之间的差额确认为资本公积;债权人应将重组债权的账面价值作为受让的股权的入账价值。

4. 以修改其他债务条件进行债务重组的,应区分不同情况处理：

（1）作为债务人,如果重组债务的账面价值大于将来应付金额,应将重组债务的账面价值减记至将来应付金额,减记的金额确认为资本公积;如果重组债务的账面价值等于或小于将来应付金额,则不作账务处理。

（2）作为债权人,如果重组债权的账面价值大于将来应收金额,应将重组债权的账面价值减记至将来应收金额,减记的金额确认为当期损失;如果重组债权的账面余额等于或小于将来应收金额,则不作账务处理。

（十四）本制度中所称的账面余额,是指某科目的账面实际余额,不扣除作为该科目的备抵项目(如坏账准备等);账面价值,是指某科目的账面余额减去相关的备抵项目后的金额。

（十五）小企业应按照本制度的规定，设置和使用会计科目：

1. 在不影响对外提供统一财务会计报告的前提下，可以根据实际情况自行增设或减少某些会计科目。

2. 明细科目的设置，除本制度已有规定外，在不违反本制度统一要求的前提下，可以根据需要自行确定。

3. 本制度统一规定会计科目的编号，以便于编制会计凭证，登记账簿，查阅账目，实行会计电算化。企业不应随意打乱重编。某些会计科目之间留有空号，供增设会计科目之用。

（十六）小企业年度财务会计报告，除应当包括本制度规定的基本会计报表外，还应提供会计报表附注的内容。本制度中规定的基本会计报表是指资产负债表和利润表。企业也可以根据需要编制现金流量表。

小企业应按照本制度的规定，对外提供真实、完整的财务会计报告。企业不得违反规定，随意改变财务会计报告的编制基础、编制依据、编制原则和方法，不得随意改变本制度规定的财务会计报告有关数据的会计口径。

（十七）执行本制度的小企业，转为执行《企业会计制度》时，应按会计政策及其变更的相关规定进行处理。

资料来源：中华人民共和国财政部.小企业会计制度.北京：经济科学出版社，2004.

【复习题】

1. 什么是总体设计？为什么设计会计制度必须要经过总体设计阶段？
2. 设计会计制度时为什么必须进行设计调查？
3. 设计会计制度时一般应调查哪些内容？
4. 拟定设计调查提纲时应注意哪些问题？
5. 简述设计调查的方法。
6. 为什么要对设计调查资料进行分析？怎样进行分析？
7. 简述总体设计应包含的内容。
8. 在总体设计中，为什么必须提出改善有关经营管理工作的建议？

【思考设计题】

1. （续第一章思考设计题）某会计师事务所甲的项目负责人丙到 B 公司进行设计调查时发现，要求调查的内容繁多，但项目组成员人少，且时间紧迫，请代丙提出解决此问题的思路。

2. 试论会计制度总体设计与具体设计的异同。

第三章 会计科目设计

【本章导航】

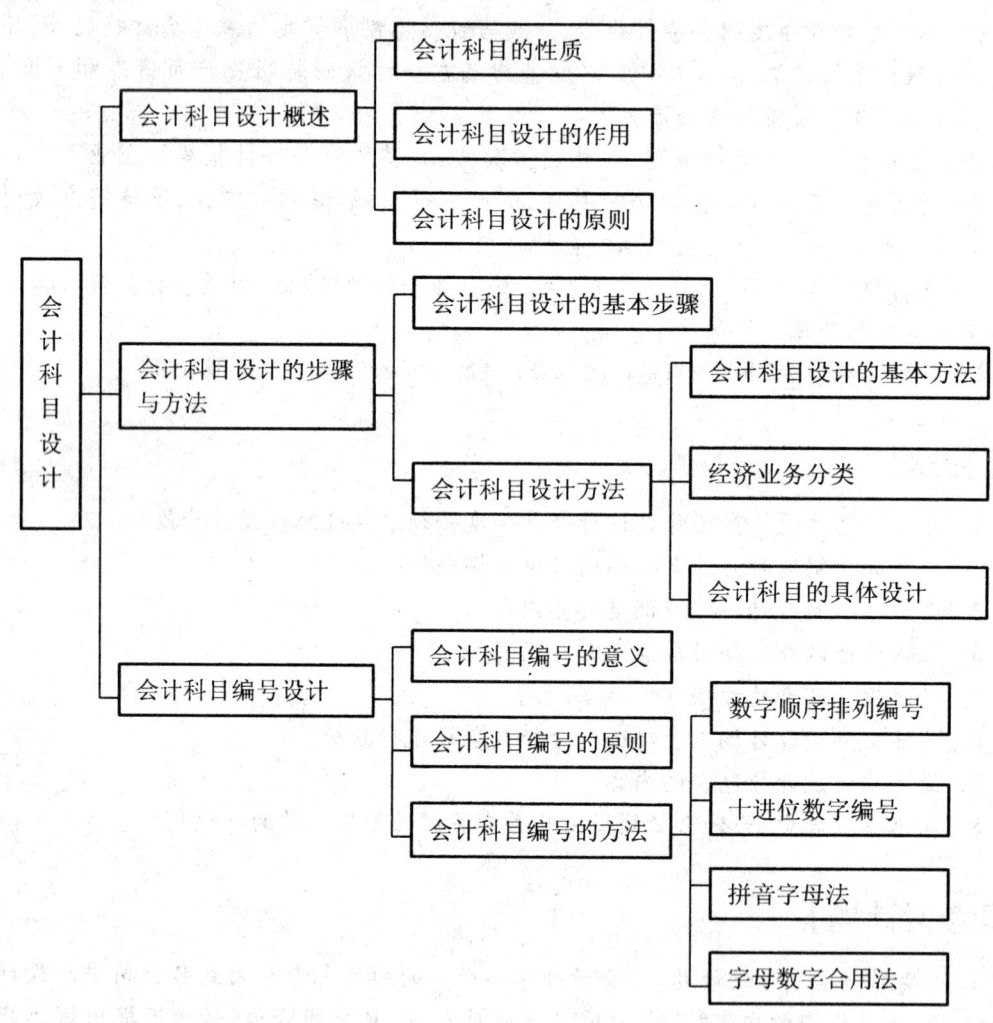

第三章 会计科目设计

【知识目标】

1. 了解会计科目的性质、作用。
2. 明确会计科目设计原则。
3. 熟悉会计科目设计的基本步骤。

【能力目标】

1. 能掌握会计科目设计的基本技能。
2. 能设计小型目标企业的会计科目表及其说明。
3. 掌握会计科目编号尤其是次级科目编号的设计。

【导入案例】

请认真阅读以下案例并思考三个问题：
1. 会计制度中会计科目表后的主要账务处理的主要内容是什么？
2. 主要账务处理的会计科目详解对学好会计有何作用？
3. 如何理解会计科目设计的全部内容？

主要账务处理

资产类

1001　库存现金

一、本科目核算企业的库存现金。企业有内部周转使用备用金的，可以单独设置"备用金"科目。

二、企业增加库存现金，借记本科目，贷记"银行存款"等科目；减少库存现金作相反的会计分录。

三、企业应当设置"现金日记账"，根据收付款凭证，按照业务发生顺序逐笔登记。每日终了，应当计算当日的现金收入合计额、现金支出合计额和结余额，将结余额与实际库存额核对，做到账款相符。

四、本科目期末借方余额，反映企业持有的库存现金。

1002　银行存款

一、本科目核算企业存入银行或其他金融机构的各种款项。银行汇票存款、银行本票存款、信用卡存款、信用证保证金存款、存出投资款、外埠存款等，在"其他货币资金"科目核算。

二、企业增加银行存款，借记本科目，贷记"库存现金"、"应收账款"等科目；减少银行存款作相反的会计分录。

三、企业可按开户银行和其他金融机构、存款种类等设置"银行存款日记账"，根据收付款凭证,按照业务的发生顺序逐笔登记。每日终了,应结出余额。"银行存款日记账"应定期与"银行对账单"核对,至少每月核对一次。企业银行存款账面余额与银行对账单余额之间如有差额,应编制"银行存款余额调节表"调节相符。

四、本科目期末借方余额,反映企业存在银行或其他金融机构的各种款项。

1003　存放中央银行款项

一、本科目核算企业(银行)存放于中国人民银行(以下简称"中央银行")的各种款项,包括业务资金的调拨、办理同城票据交换和异地跨系统资金汇划、提取或缴存现金等。企业(银行)按规定缴存的法定准备金和超额准备金存款,也通过本科目核算。

二、本科目可按存放款项的性质进行明细核算。

三、企业增加在中央银行的存款,借记本科目,贷记"吸收存款"、"清算资金往来"等科目;减少在中央银行的存款作相反的会计分录。

四、本科目期末借方余额,反映企业(银行)存放在中央银行的各种款项。

1011　存放同业

一、本科目核算企业(银行)存放于境内、境外银行和非银行金融机构的款项。企业(银行)存放中央银行的款项,在"存放中央银行款项"科目核算。

二、本科目可按存放款项的性质和存放的金融机构进行明细核算。

三、企业增加在同业的存款,借记本科目,贷记"存放中央银行款项"等科目;减少在同业的存款作相反的会计分录。

四、本科目期末借方余额,反映企业(银行)存放在同业的各种款项。

1012　其他货币资金

一、本科目核算企业的银行汇票存款、银行本票存款、信用卡存款、信用证保证金存款、存出投资款、外埠存款等其他货币资金。

二、企业增加其他货币资金,借记本科目,贷记"银行存款"科目;减少其他货币资金,借记有关科目,贷记本科目。

三、本科目可按银行汇票或本票、信用证的收款单位,外埠存款的开户银行,分别以"银行汇票"、"银行本票"、"信用卡"、"信用证保证金"、"存出投资款"、"外埠存款"等进行明细核算。

四、本科目期末借方余额,反映企业持有的其他货币资金。

1021　结算备付金

一、本科目核算企业(证券)为证券交易的资金清算与交收而存入指定清算代理机构的款项。企业(证券)向客户收取的结算手续费、向证券交易所支付的结算手续费,也通过本科目核算。企业(证券)因证券交易与清算代理机构办理资金清算的款项等,可以单独设置"证券清算款"科目。

二、本科目可按清算代理机构,分别以"自有"、"客户"等进行明细核算。

三、结算备付金的主要账务处理:

(一)企业将款项存入清算代理机构,借记本科目,贷记"银行存款"等科目;从清算代理机构划回资金作相反的会计分录。

（二）接受客户委托，买入证券成交总额大于卖出证券成交总额的，应按买卖证券成交价的差额加上代扣代交的相关税费和应向客户收取的佣金等之和，借记"代理买卖证券款"等科目，贷记本科目（客户）、"银行存款"等科目。按企业应负担的交易费用，借记"手续费及佣金支出"科目，按应向客户收取的手续费及佣金，贷记"手续费及佣金收入"科目，按其差额，借记本科目（自有）、"银行存款"等科目。

接受客户委托，卖出证券成交总额大于买入证券成交总额的，应按买卖证券成交价的差额减去代扣代交的相关税费和应向客户收取的佣金等后的余额，借记本科目（客户）、"银行存款"等科目，贷记"代理买卖证券款"等科目。按企业应负担的交易费用，借记"手续费及佣金支出"科目，按应向客户收取的手续费及佣金，贷记"手续费及佣金收入"科目，按其差额，借记本科目（自有）、"银行存款"等科目。

（三）在证券交易所进行自营证券交易的，应在取得时根据持有证券的意图等对其进行分类，比照"交易性金融资产"、"持有至到期投资"、"可供出售金融资产"等科目的相关规定进行处理。

四、本科目期末借方余额，反映企业存在指定清算代理机构的款项。

1031　存出保证金

一、本科目核算企业（金融）因办理业务需要存出或缴纳的各种保证金款项。

二、本科目可按保证金的类别以及存放单位或交易场所进行明细核算。

三、企业存出保证金，借记本科目，贷记"银行存款"、"存放中央银行款项"、"结算备付金"、"应收分保账款"等科目；减少或收回保证金时作相反的会计分录。

四、本科目期末借方余额，反映企业存出或缴纳的各种保证金余额。

资料来源：中华人民共和国财政部.企业会计准则（2006）.北京：经济科学出版社，2006.

会计科目是会计制度的重要组成部分，设计会计科目是为了确定会计核算内容的分类体系，并为会计记录、会计报表的设计奠定基础。会计科目的设计是会计制度具体设计的首要环节与基本内容。

第一节　会计科目设计概述

一、会计科目的性质

会计科目是在会计核算的内容按性质划分为会计要素的基础上对其进一步进行具体分类的标志。会计账户是对会计核算内容信息数据进行分类核算的载体或形式，会计账户的开设以会计科目为依据，并以会计科目作为它的名称。

会计科目设计就是对会计核算内容即会计要素的具体内容作出科学的分类，确定每一类经济业务的名称及相互之间的关系，使其形成完整的会计科目体系。在会计科目设计时，既要明确规定每个会计科目所反映的特定经济内容及其所属类别，又要考虑各个科目之间的相互联系，使其设计的会计科目能完整、全面地反映企业、单位经济活动的全貌。同时，鉴于我国经济管理中国家宏观调控的需要，会计科目设计既要体现会计科目对会计核算内容分类的方法性，也要体现在某一个特定时期宏观调控的政策性。这也是我国会计制度与其他国家会计制度的区别之一。

二、会计科目设计的作用

会计科目设计具有以下作用：

1. 会计科目是对会计核算内容具体分类的方法

会计核算系统性特点主要体现于会计分类。会计核算内容的分类首先按其性质分为六大类，即资产、负债、所有者权益、收入、费用、利润，而会计科目是对会计要素内容所作的进一步分类。因此，设计会计科目是对经济业务分类，连续核算的一种方法。

2. 会计科目是编制整理会计凭证的依据

首先取得原始凭证时要根据会计科目对其进行分类整理，其次按规定的会计科目编制分录凭证即记账凭证，最后记账凭证要按会计科目进行归类、整理。

3. 会计科目是开设账簿的依据

会计科目是总分类账和明细分类账开设的依据，有多少会计科目就要开设多少分类账户。企业、单位会计科目体系是建立其账簿体系的基础。

4. 会计科目是编制会计报表的基础

会计报表的信息主要来自会计科目分类汇总的资料，会计科目往往又成为报表上的指标项目。会计报表所反映的企业财务状况与经营成果，就是根据会计科目开设的账户的余额与发生额在会计报表上的综合反映。

三、会计科目设计的原则

会计科目设计要遵循以下六个原则：

1. 要有规范性与通用性

目前我国会计核算正逐步与国际会计接轨。要使其真正成为一种"商业语言"，会计制度设计要注意国际性、通用性、规范性。因此，会计科目设计要尽可能做到在内容划分、名称规定上具有规范性与通用性，避免由于内容分类与名称使用上的差异造成对外交往与交流中的误解。

2. 要满足国家宏观调控的需要

从微观管理上企业有较多的灵活性与自主性，企业可以根据自身需要设计会计制度，确定企业会计科目。但国家对企业还要从一定程度上进行宏观调控，企业所提供的核算指标要能满足国家宏观调控的需要。因此，会计科目的设计还要满足宏观调控需要。

3. 要有周延性与互斥性

周延性是指集合全部一级科目能全面、完整地反映本单位会计核算内容，能全面覆盖本单位的所有经济业务，发生任何一项经济业务都有相应的一个科目可以适用。周延性对二级科目或明细科目是指对设有二级科目和明细科目的一级科目而言，集合它的全部二级科目，能包括这个一级科目的全部内容，集合某个二级科目的明细科目能包括这个二级科目的全部内容。互斥性是指每个科目(包括一级、二级的明细科目)的核算内容都有明确的范围,各个科目之间界限分明,发生任何一项经济业务只能有一个科目可以适用,不致混乱。

4. 合理地进行总括分类和明细分类

即指一级科目与明细科目设计数量适当。若科目数量过多,给凭证汇总与结账工作带来较大的工作量;但若分类过于笼统,一级科目过少,则分类数据指标难以准确反映客观情况。

从会计发展的历史来看,初期分类账户很多是按明细科目开设的,尤其是按债权债务、费用等项目开设的分类账户,这种分类账户随着经济的发展越来越多,核算工作越来越不方便,于是人们就把性质相同而数量较多的账户从原来的分类账户中划出,单独设立明细分类账户。同时在原分类账户中设置一个总括性账户,登记所划出的性质相同的明细账户的总数,这就产生了一级账户和一级科目,以后又逐步形成二级账户和二级科目。一级科目成为统制账户,明细账户成为被统制账户。至于二级账户,它既是被统制账户又是统制账户,它被一级账户统制,又统制三级账户。

由于一级账户和二级账户都可以发挥统制账户的作用,因而一级科目和二级科目可以在一定范围和一定情况下互相转化,如把几个一级科目都降为二级科目,合并设置一个一级科目,或把某些二级科目提升为一级科目。在会计科目设计中,可以利用这种分割组合的方式伸缩一级科目的数量。

但科目的合并与伸缩应遵循一定的规律:

(1)科目之间性质上是对等的,可以合也可以分。如各大类材料在性质上是对等关系,可以作为二级科目,合并设置"原材料"一级科目,也可以将某些大类分设一级科目。

(2)科目之间是从属关系的有两种情况。一种虽属从属关系,但相互不发生转账关系,可合可分。如"材料成本差异"、"低值易耗品摊销"可作为一级科目,也可作为二级科目设置。另一种既是从属关系,也存在转账关系。如"基本生产成本"、"辅助生产成本"则不宜合并为一个一级科目,否则表面上似乎减少了一级科目,但增加了一级科目内容的转账环节,核算既不简化,也带来使用上的麻烦。

(3)不同性质的科目,不应合并设置一级科目。如"待摊费用"与"预提费用","其他应收款"与"其他应付款",都是性质截然不同的科目,如果合并设置一个一级科目,合设"待摊与预提费用"科目及"其他应收应付款"科目,不仅余额数字无法反映确切的含义,也不利于管理。一级科目设置数量的多少,还取决于企业规模大小和业务繁简程度。

5. 会计科目的设置要素要与编制会计报表的要求相适应

即指会计科目体系中一级科目、明细科目的设置必须满足报表指标项目的需要,包括对外报表、对内报表编制的需要。

6. 会计科目名称要确切、简明、通俗

确切是指能准确表达所代表的核算内容;简明是指名称设计要扼要,便于记忆、书写,避免过于冗长,如曾经使用过的"已收分期收款发出商品销售贷款"就令初学者难以记忆;通俗是指科目名称的设计要符合一般人的语言习惯,便于使用者了解其含义。

第二节　会计科目设计的步骤与方法

一、会计科目设计的基本步骤

（一）对经济业务进行科学分类

会计科目设计之前，首先必须了解被设计单位经济业务的全部内容，包括经营活动的特点，财产物资的增减、货币项目的收付、往来款项的结算、资本金的构成以及对外投资情况等基本业务，并根据经营管理与会计核算的要求，进行科学分类。

（二）按经济业务性质确定会计科目名称

对经济业务进行分类后，必须根据每一类经济业务的性质确定其名称，使每一类业务都有一个适当的符合即会计科目，以便进行分类核算与管理。如对银行借款，根据期限长短将其划分为"短期借款"与"长期借款"。"短期借款"核算期限在一年以内的借款，"长期借款"核算期限在一年及一年以上的借款。作此分类可以根据借款期限计划安排还款资金。再如对企业的劳动资料，按其价值大小、使用年限长短可以划分为两大类，对使用年限超过一年、单位价值在规定限额以上的劳动资料取名为"固定资产"，不同时具备上述两个条件的劳动资料取名为"低值易耗品"。作此分类区分了不同劳动资料的重要性与核算要求。

（三）对会计科目进行编号

为了更好地了解、使用会计科目，掌握会计科目的分类并按会计科目开设账户，进行日常核算与编制会计报表，还需对会计科目进行分类排列，编制出会计科目的号码，按顺序组成会计科目表，建立分类有序的会计科目体系。

（四）编写会计科目使用说明

会计科目的使用说明是对会计科目的核算内容、明细科目的设置、根据科目开设的账户用途及不同记账方法下账户结构的特点、科目的主要经济事项及账务处理等所作的说明。会计科目使用说明是使用会计科目的标准，也是衡量会计科目设计是否成功的尺度。

（五）试行和修订会计科目

要保证会计科目设计质量，会计科目设计后必须经过试行与修订阶段，对试行中发现的问题及时进行修订与调整。通过修订，使会计科目体系逐步趋于严密与完善。

二、会计科目设计方法

（一）会计科目设计的基本方法

采用什么方法设计会计科目，主要取决于会计科目的适用范围、设计目标和被设计单位的现状。会计科目设计的基本方法主要有：

1. 参照设计法

亦称借鉴设计法。它适用于为新成立的企业、单位设计会计科目。其特点是：根据本企业、本单位经济业务的具体内容,参考相关企业、单位的会计科目进行设计。如为一家新成立的股份制企业进行会计科目设计,除了根据会计准则的有关要求,还要参照同类型股份制企业在会计科目设计中的优点,以达到不同企业会计科目通用化、标准化的目的,同时又可减少设计工作量,节约设计成本。但借鉴与创新应有机统一,切忌盲目抄袭或仅是形式上的改头换面。

2. 补充修订法

该方法主要运用于现行会计科目的修订与补充,一般在经济业务有新的变化或经营管理有新的要求情况下采用。使用该方法分析、研究现有会计科目的运用情况,了解哪些会计科目可以继续留用,哪些会计科目应予以取消,哪些会计科目的核算内容或使用方法需适当变动,在原有的基础上通过局部变动设计出适应新情况的会计科目体系。如将所得税改为费用后,在损益类科目中增设"所得税"科目,取消"利润分配"科目中"应交所得税"明细科目。同时在负债类科目中增设"递延税款"科目,核算受税前会计利润与纳税所得之间差异影响的纳税金额。通过局部变动,使会计科目体系适应新的财税体制要求。补充修订法是保证会计科目能及时反映不同时期会计核算内容、核算要求变化,并节省设计时间、设计成本的有效方法。

3. 归纳合并法

该方法适用于为合并或兼并的企业、单位设计会计科目。其设计特点是在分析各企业、单位原有会计科目体系的基础上,对相同或相近的会计科目加以归类合并,重新设计能覆盖其核算内容的新的会计科目。使用该种方法主要是将核算内容一致而名称不一的会计科目统一起来,而非对会计科目的简单"拼凑"。

(二) 经济业务分类

经济业务分类是会计科目设计的前提。由于各单位经济性质、经营方式、经济活动范围、产权关系不尽相同,经济业务的具体内容也不一致。因此,设计会计科目之前必须先对其经济业务进行分类。根据经济业务的性质及国际惯例,一般可先将其划分为企业、单位财务状况与经营过程两大类业务。对企业、单位的财务状况可以从资产的取得及增减变化、债务的形成与偿还、资本的投入与增减变动方面将其划分为资产类经济业务、负债类经济业务、资本类经济业务。对企业的经营过程可以从资金的耗费及费用成本的产生、资金的收回及利润形成将其划分为成本费用类经济业务和收入、利润类经济业务。然后,再根据各单位的具体情况,将各类经济业务按其特点进一步分类,直至划分到设计会计科目的类别。

(三) 会计科目的具体设计

会计科目的具体设计包括:

1. 会计科目类别分组设计

会计科目可以从三个方面进行分类研究,即按其所反映的经济业务的内容、按其与会计报表的编制关系、按其在会计核算中的地位及相互之间的关系。

(1) 按其所反映的经济内容分类。按会计科目反映的经济内容分类,首先把会计科目划分为核算经营过程的科目与核算财务状况的科目。核算经营过程的科目要根据企业经营活动的特点进行设计。如对制造企业,可以设计反映采购过程的科目"材料采购";反映生产过程的科目"生产成本"、"制造费用";反映销售过程的科目"产品销售收入";反映分配过程的科目"利润分配"等。而核算财务状况的科目则首先可以根据筹资渠道设计反映投资者投入资本及资本增值额类科目"实收资本"、"资本公积"等,其次设计各种作为资本补充的负债类科目"长期借款"、"应付债券"等,最后设计资产类账户反映企业、单位的各类资产构成与使用情况。

(2)按其与会计报表的编制关系分类。按会计科目与会计报表的编制关系设计会计科目,可以将会计科目分为表内科目与表外科目两类。表内科目又可分为资产负债表科目与损益表科目。表外科目则核算不属于企业而由企业代管的财产物资,如"委托代销商品"、"租入固定资产"等科目。

(3)按其在会计核算中的地位及相互之间的关系分类。根据会计科目在核算中的地位及相互关系,可以将会计科目分为基本会计科目、从属性会计科目、过渡性会计科目三类。基本会计科目是核算财务状况、经营成果的主要科目。从属性会计科目是核算对某些科目调整数字的科目。过渡性会计科目是为费用跨期摊配及资产待处理而设置的科目。

2. 基本会计科目的设计

根据对经济业务内容的分类,基本会计科目的设计分为以下类别:

(1)筹资业务会计科目的设计。企业筹集资金的渠道有接受投资者投资、向银行贷款、发行股票和债券等。不同筹资途径形成的资金性质不同,需设置不同的会计科目进行核算。

① 投资者投入资金的会计科目设计。不同性质的企业投资者投资的特点不同。股份制股东是以购买企业股票的形式向企业投资,其他企业投资者可以现金也可以实物资产或无形资产对企业投资。根据投资特点的不同,可以考虑对股份制企业设置"股本"科目核算投入资本,而对其他企业设置"实收资本"科目核算投入资本,投入资本的溢价增值额属投资者所有,可以理解为投资额的附加值,设置"资本公积"科目核算。同时由于投资主体的多元化,有国家投资、法人投资、个人投资、外商投资等,"实收资本"、"股本"科目还需按投资者进行明细核算,设置有关明细科目。

② 银行借入资金的会计科目设计。银行借款是企业取得资金的重要渠道。根据借款偿还的期限长短,可分别设置"短期借款"与"长期借款"科目,对银行借款业务进行核算。对于具体的借款项目可以在"短期借款"与"长期借款"科目下设置明细科目核算。

(2)采购业务会计科目的设计。采购业务会计科目的设计主要考虑两个问题:一是设不设"材料(商品)采购"科目。购入材料或商品,是通过"采购"类科目核算,还是直接在有关材料或商品科目中核算。"采购"类科目的作用主要是确定采购成本,通过这个科目,可以全面考核企业储备资金的使用情况,同时控制在途材料。以制造企业为例,设不设"材料采购"科目,还要看企业对材料采用的计价形式。对采用计划价格核算的企业,设置"材料采购"科目,可以考核购入材料的计划成本和实际成本,核算采购成果。但是要正确确定材料成本核算对象、合理划分材料类别,并将"材料采购"、"原材料"、"材料成本差异"等科目的材料类别划分统一起来,保证核算口径一致,使购入时正确计算材料差异,耗用时正确分配材料差异。对采用实际价格核算的企业,可以设置"材料采购"科目,也可以不设置"材料采购"科目。若设置"材料采购"科目,除可以用于归集材料的买价、运杂费确定材料的采购成本,还可以用于确定在途材料成本。若不设"材料采购"科目,则要另设"在途材料"科目,对于已付款未能及时到货的材料,通过"在途材料"科目核算。但是这样处理,不能全面反映材料采购过程。而商品流通企业采购成本按进价计算,商品采购成本即商业进货价格。因此,可以设置也可以不设置"商品采购"科目。若设置"商品采购"科目,可以利用该科目核算在途商品。若不设置"商品采购"科目,则可考虑设置"在途商品"科目。

二是采购费用的核算问题。采购费用的核算取决于采购成本的计算范围。制造企业的材料采购成本不包括采购人员差旅费、专设采购机构经费、企业供应部门和仓库经费,材料运杂费发生时直接或按比例摊入有关材料,故可不设材料采购费科目。施工企业材料的采购成本,包括供应部门和工地仓库的采购保管费,可以设置"采购保管费"科目归集材料的采购保管费。月终,再将其分配计入材料物资的采购成本。商品流通企业采购费用作为物流费计入经营费用科目,因此,不必设材料(商品)采购费用科目。

(3) 生产经营过程会计科目的设计。核算生产经营过程的会计科目可以分为两大类:第一类是核算生产成本的会计科目,第二类是核算各种费用的会计科目。这部分科目设计的主要问题有:科目设置多少? 有关科目如何合并并分割?

① 生产成本的会计科目设计。如在制造企业一般可以设置"生产成本"、"制造费用"科目。"生产成本"科目核算生产车间为制造产品或提供劳务而发生的各种直接费用与间接费用。如果企业还设有辅助性生产车间,可以在"生产成本"下面分设"基本生产成本"、"辅助生产成本"二级科目,分别核算基本生产车间或辅助生产车间为制造产品或提供劳务而发生的成本。如果企业规模较大,也可以直接设置"基本生产成本"、"辅助生产成本"两个一级科目,直接设置这两个一级科目可以避免二级科目之间转账造成的麻烦。"制造费用"科目核算生产车间制造产品而发生的直接费用和间接费用。如果企业规模较小,还可以将"生产成本"、"制造费用"合并设置"生产费用"科目。"生产成本"一般按成本计算对象进行明细核算。产品生产过程中根据管理需要也可以设置"自制半成品"科目,并增设"废品损失"、"停工损失"科目。

② 各种费用的会计科目设计。除上述各类为计算生产成本而设置的会计科目,生产经营过程中还有一些为组织管理生产而发生的间接费用需要设置会计科目进行核算。由于这类费用的发生多半与某个会计期间有关,通常被称为期间费用。期间费用按性质划分,可以分为行政管理方面的费用、销售方面的费用、财务方面的费用。因此,可以按费用的性质分别设置"管理费用"、"营业费用"、"财务费用"科目进行核算。企业的生产费用,有些是为若干会计期间受益而发生的,按照权责发生制原则,应由各个会计期间的产品成本合理分摊。这类费用可以采用先支付后分摊计入成本的方法,也可以采用预先提取记入成本而后集中支付的方法。为此,可以按其性质分别设置"待摊费用"和"预提费用"科目。"待摊费用"核算企业已经支付但应分期摊入当月和以后各月产品成本的费

用,如预付报刊费等。"预提费用"核算企业从成本中预先提取但尚未支付的费用,如银行按季结算的借款利息。采用收付实现制处理经济业务时,则不必设置这两个科目。

(4) 销售过程会计科目的设计。设计销售过程会计科目要解决的问题有:用什么科目核算销售过程？产品(商品)销售、非产品(商品)销售的科目如何划分？其他有关销售业务的会计科目如何设置？

① 销售收入的会计科目设计。不同行业销售过程所反映的内容不同,因此,可以设置不同的科目。如除"主营业务收入"外,制造企业可以设置"产品销售收入"科目,商品流通企业则可以设置"商品销售收入"科目。

② 产品(商品)销售和非产品(商品)销售核算科目的划分。产品(商品)销售收入是企业收入的主要来源,为了便于分析考核,提高经营管理水平,必须把产品(商品)销售与非产品(商品)销售划分清楚,分别核算。企业的非产品(商品)销售业务一般包括:材料销售、包装物出租、对外修理业务、运输劳务收入等,可以设置覆盖面广的收入科目对其加以概括,如"其他业务收入"科目。

③ 其他有关销售业务的会计科目设置。销售过程对已售产品(商品)劳务要确定其成本,以便正确计算销售利润,针对不同行业可以设置"产品销售成本"、"商品销售成本"、"主营业务成本"、"工程结算成本"等科目。对于销售环节应缴纳的消费税、营业税、城市维护建设税、资源税、教育费附加等应设置有关税金及附加类科目核算,由于行业性质不同可以分别设置"产品销售税金及附加"、"商品销售税金及附加"、"营运税金及附加"、"工程结算税金及附加"等科目。企业在赊销的情况下,为了推销商品和尽早收回销货款,往往给予购货方一定的折扣。同时,商品发运后,若商品的品种、质量不符合购货方要求,企业还要给予购货方额外的折让。销售中产生的这些折扣与折让会减少销售收入,作为企业销货收入的抵扣数,可以设置"销售折扣与折让"科目进行核算。

(5) 分配过程会计科目的设计。分配过程会计科目的设计应考虑两个方法:工资分配的会计科目设计;利润分配的会计科目设计。

① 工资分配的会计科目设计。关于工资分配会计科目的设计,曾有两种不同的思路。一种是将工资作为费用理解,设置集合分配性质的"工资"科目核算;另一种是将工资作为对职工的应付款理解,设置负债性质的"应付职工薪酬"科目核算。

② 利润分配的会计科目设计。按现行财务制度规定,企业利润的分配项目有:支付被没收的财务损失及税收滞纳金的罚款;弥补以前年度亏损;提取法定盈余公积;提取公益金;向投资者分配利润。利润分配会计科目设计既要反映这些分配项目,又要反映由此形成的企业积累。为此,利润分配过程可以设置"利润分配"、"盈余公积"科目。"利润分配"按分配项目再设置"提取盈余公积"、"应付利润"、"未分配利润"等二级科目。"盈余公积"也可按用途设置"法定盈余公积"、"任意盈余公积"、"公积金"等二级科目。

(6) 关于长期资产的会计科目设计。长期资产是指使用期限在一年以上的资产,具体有:作为生产经营物资基础的房屋、建筑物、机器、设备;期限在一年以上的对外投资、预付费用;能长期给企业带来利益又不具有实物形态的一些资产。对于生产经营的房屋、建筑物、机器、设备等根据其使用期限长、价值高、实物形态相对固定的特点,可以设置"固定资产"科目核算。由于固定资产反映企业的经营规模与生产能力,因此,在设计时规定了"固定资产"科目只核算原值,不核算折旧和净值。对固定资产的折旧单独设置"累计折旧"科目核算。"累计折旧"是固定资产的备抵科目。大部分固定资产更新前需作拆除处理,处理过程中既会发生拆除费用又会带来拆除后的变价收入,为核算固定资产清理损益可以设置"固定资产清理"科目。对于企业购买的一年以上的股票、债券及对联营企业投资的投资业务可以设置"长期股权投资"科目。企业筹建期间的开办费、租入固定资产改良支出等受益期一年以上的预付费用,根据会计原则需要将其资本化,设置"长期待摊费用"科目核算。企业对拥有的专利、商标、土地使用权等可以按其特点设置"无形资产"科目。

(7) 关于流动资产的会计科目设计。流动资产种类较多,按其性质可划分为货币资产、存货资产、债权资产等。

① 货币资产的会计科目设计。根据国家的现金管理制度及银行结算方式的需要,可以对货币资产分设"现金"、"银行存款"、"其他货币资金"三个科目。

② 存货资产的会计科目设计。根据存货用途可以将其归结为两大类:一类是为耗用而储备的存货,一类是为销售而储备的存货。为耗用而储备的存货,根据企业规模大小和材料管理上的需要可以先将其合并设置"材料"科目,再按材料类别设置二级科目;也可以直接按材料类别设置一级科目。一般小型企业材料种类、数量不多,为核算简便考虑,可以将其合并设置"材料"科目。大中型企业可以按材料类别设置一级科目,但科目划分也可以存在粗细差别。如规模较大的企业,可以划分得细一些,划分的原则是:对于品种多、数量大、占材料资金比重大的材料类别,需要进行单独管理的类别,或核算方式特殊的类别,可单独设置一级科目。辅助材料如果种类很多,可以从"原材料"科目中划分出来设置"辅助材料"一级科目。大量堆放的燃料,也可以单独设置"燃料"一级科目。对库存材料按计划成本核算的企业,还要设置"材料成本差异"科目。如果企业只对部分材料按计划成本核算,"材料成本差异"只能设置为二级科目。企业发出的委托加工材料,可以设置"委托加工材料"科目。

(8) 往来结算会计科目的设计。企业在采购、销售和分配各个环节,形成了各种债券、债务的往来结算关系。企业往来业务按内容可以分为:购销往来、其他往来、分配往来。

① 购销往来的会计科目设计。企业在购货业务中形成的应付货款是一项债务,销售业务中形成的应收货款是一项债权。根据其性质可以分别设置"应收账款"、"应付账款"科目核算。存在预收、预付货款业务的企业,还可以设置"预收账款"、"预付账款"科目。在结算有来有往、债权债务不确定时,企业还可以将应收、应付账款业务合并设置"购货往来"科目。

② 其他往来的会计科目设计。企业对购销业务以外的往来业务形成的债权、债务,可以设置"其他应收款"、"其他应付款"科目核算。再根据业务类型单独设置相应的二

级科目。若某些业务较大,需要加强管理可以单独设置一级科目,如包装物押金金额大,可以单独设置"存入保证金"、"存出保证金"科目核算。如果企业分支机构和内部单位较多,对内部往来与资金拨付还需设置科目核算。对资金拨付业务,总机构与分支机构可以对应设置"拨付所属资金"、"总厂拨入资金"科目。对内部单位结算可以设置"内部往来"科目。

③ 分配往来的会计科目设计。企业应上缴财政的款项有:各种税金、税后利润及规定的一些应交款项。这些款项就是在分配环节中企业对国家的应付款项。对这些应付款项可按性质分别设置"应交税金"、"应付利润"、"其他应交款"等科目核算。

(9) 特殊业务会计科目的设计。除上述八个方面业务的会计科目设计外,企业还有一些特殊业务的会计科目需要设计,如解散清算业务、债务重组业务、租赁业务等。

① 解散清算业务会计科目设计。解散清算是指企业在公司章程规定的经营期限届满或公司经营不善而被依法宣告破产以及其他原因需要解散时,对企业资产、债权、债务的清理、处置过程。解散清算期间可以设置"清算损益"等科目。

② 债务重组业务会计科目设计。债务重组是指在债务人发生财务困难的情况下,债权人按照其与债务人达成的协议或法院的裁定作出让步的事项。债务重组中债权人的重组损失可设置"债务重组损失"科目,债务人的重组收益可设置"债务重组收益"科目。

③ 租赁业务会计科目设计。租赁是指出租人、承租人之间签订契约,出租人将其所拥有的财产的使用权在一定期间内转移给承租人,借以获得租金的一种交易行为。租赁又有一般租赁(即经营性租赁)与融资租赁之分,融资租赁业务可以设置"融资性租赁固定资产"、"融资性租赁负债"、"应收租赁款"、"财产税费用"、"应付财产税"、"应收租赁款"、"出售租赁设备收益"等科目。

3. 次级科目的设计

(1) 按经济业务内容和用途划分次级科目。次级科目是指基本科目下属的各级会计科目,包括二级、三级控制科目和明细科目。不同性质的科目,次级科目的设计方法不同。资产类科目的次级科目应按经济内容和实物种类标准进行明细划分。如"原材料"科目的次级科目可按材料种类设置"原料及主要材料"、"辅助材料"、"外购半成品"等二级科目,每一个二级科目还可按材料品种设置三级和明细科目。如"原料及主要材料"科目还可按品种设置"钢材"、"水泥"等明细科目。对于收入类和费用类科目,次级科目则可按基本科目的各项职能,如收入的来源和支出的用途进行设计。如"管理费用"科目是用于核算为组织全厂生产所发生的各项支出,将这些支出按作用划分为各个明细项目,每一个项目便是一个明细科目,如"管理费用"科目下的"利息费"、"办公费"、"差旅费"等明细科目。又如,"其他业务收入"科目可以按收入来源设置"材料销售"、"技术转让"、"固定资产出租"等明细科目。按业务用途划分科目的方法也可以应用于某些财产类账户。如固定资产的二级科目就可按用途划分为"生产用固定资产"、"非生产用固定资产"、"租出固定资产"、"未使用固定资产"、"不需用固定资产"。二级科目有时需列入会计科目表,据以设立各账户,记入账簿;有时虽有二级明细科目但不专设账户,如"管理费用"科目就不设按项目核算的明细账户。

（2）按业务部门划分次级科目。在大中型企业中，也可以按业务部门划分次级科目。大中型企业由于经营规模较大，经济业务在几个部门中分别进行，因此，次级科目也可以按这种形式划分。例如，"生产成本"科目首先按部门划分为"基本生产成本"、"辅助生产成本"两个二级科目，并把辅助生产和基本生产作严格划分，设计出分配和结转的方法。二级科目下还可按车间或产品设置车间成本或产品成本明细科目。再如，"制造费用"科目也要按车间分设次级科目。按部门设置次级科目，制度设计人员必须对科目划分的目的有清楚的理解。按部门划分次级科目，要求既能满足企业管理的特殊需要，又不致增加太多的核算工作。按部门分设明细科目有很多好处，不仅有助于加强企业经营管理，而且一些内部会计报告和业务报告、统计报告都需借助这些明细记录。

4. 会计科目使用说明的设计

会计科目的使用说明是对每一个会计科目的核算内容、用途、使用方法、主要会计事项的处理办法等作的文字介绍，使用说明设计中应具备以下内容：

（1）各会计科目的核算范围。会计科目的核算范围即核算内容，是每一个会计科目区别于其他会计科目的主要标志。使用说明首先必须说明会计科目的核算范围。如"制造费用"科目核算企业为生产产品和提供劳务而发生的各项费用。企业行政管理部门为组织和管理生产经营活动而发生的管理费用，应作为期间费用，记入"管理费用"科目，不在"制造费用"科目核算。

（2）各会计科目的使用方法。会计科目的具体运用，只能在据此开设的账户中体现出来。因此，使用方法要说明在具体记账方法下账户的结构和用途，并列举主要的经济业务，编制会计分录，说明应当记入科目的借贷方向。如"制造费用"科目在发生制作费用时，借记本科目，贷记"原材料"、"应付工资"、"应付福利费"、"累计折旧"等科目；按成本核算办法规定分配计入有关的成本核算对象，借记"生产成本"科目，贷记本科目。

（3）有关明细科目的设置办法。编写使用说明时，应当表述有关会计科目设置明细科目的要求和方法，并说明这些明细科目的核算内容及使用方法。如"制造费用"应按不同车间、部门设置明细账；"管理费用"应按费用项目设置明细账。

（4）有关会计科目核算内容的计价方式。反映财产物资的会计科目，由于可以采用不同的计价方法，使用说明中应将其表达清楚。如"产成品"科目，产成品在按实际成本进行核算时，对发出和销售产成品可以采用先进先出法、加权平均法、移动平均法、后进先出法或个别计价法等确定其实际成本。在产品种类较多的企业，也可以按计划成本进行核算，其实际成本与计划成本的差额，可以单独设置"产品成本差异"科目进行核算。

第三节　会计科目编号设计

一、会计科目编号的意义

会计科目编号，又叫账户编号或科目代号，是指在会计科目表中对每一个会计科目

(包括各级科目)编列固定号码。会计科目编号从属于会计科目的分类与排列,必须以会计科目的分类排列次序为依据进行编码。

会计科目编号的作用,主要是以编码的形式,体现会计科目的分类和每类中各个科目的排列次序,从而使会计科目体系得到一种系统的、科学的表现形式。具体作用有以下几个方面:

(1) 可以明确各科目所属类别及其在该类别中的位置,从而使设计科目表的工作更加系统严密和具有逻辑性。

(2) 便于按会计科目编号的顺序在账簿中开设账户,为记账、查账及编制会计报表等提供方便。

(3) 有助于简化书写工作,提供会计工作效率。

(4) 使用计算机处理会计事项,以号码代替科目,可以简化程序设计,提高运算效率。

二、会计科目编号的原则

会计科目的编号,应按会计科目表中的分类排列次序编列。编号设计时应考虑下列原则:

(1) 简单明了,便于记忆,使用方便。编号不宜过于复杂,号码位数不宜过多。

(2) 号码编制科学合理。既标出大小类别,又显示排列次序;层次分明,互相关联,能科学体现整个会计科目体系,发挥科目编号的标记作用。

(3) 便于识别。每个编号只表示一种经济业务,只代表一个科目,不能同时又表示其他科目。

(4) 具有伸缩性。会计科目有时因为经济业务的变化会有所增加或减少,合并或分解。编号设计时应留有一定余地,给可能增加的科目保留空号。

三、会计科目编号的方法

会计科目编号的方法很多,常用的方法有以下几种:

(一) 数字顺序排列编号

数字顺序排列编号又称普通数字编号制度,它是对会计科目的各个分组规定一个数字系列,按自然数进行排列。具体又分为两种不同的方法:

1. 数字顺序法

该方法是将所有的基本科目从第一个科目按序号编起到最后一个科目为止。同时,根据经济业务发展的可能,在数字系列中留出一些空号,以备科目增加时使用。留出备用编号的地方,一般是在各科目分组交接处。如"1"固定资产;"2"累计折旧;"3"固定资产清理;"4"在建工程;"7"无形资产;等等。其中,"5"、"6"作为备用号,以便固定资产其他业务发生后,设置相应的会计科目。由于该种方法从编号上反映不出科目类别,看不出科目之间的内在联系,因此适用于业务简单、会计科目数量不多的企事业单位。

2. 数字分组法

该方法是将数分为若干组,自某数起到某数止划分为一组,编为某一类科目的号码。数字的起止数要根据某类科目数量多少确定,并留出一定数目以备新增科目之用。如"100—120"流动资产;"121—160"固定资产;"161—170"其他资产;"171—180"流动负债。

(二)十进位数字编号

这种编号法是由十进位制数字构成的。数字由 0 到 9,用以表示一般科目分组,而基本科目和次级科目可以用它后面的多位数字表示。科目编号的第一位数字表示科目类别,后面的各位数字表示一级科目或次级科目。具体形式有以下三种:

1. 小数点法

用 1 到 9 的整数表示某一科目类别组,用小数表示该分类组中的科目。如:

(1)流动资产

1.1 现金

1.2 银行存款

1.3 其他货币资金

1.4 短期借款

(2)固定资产

2.1 固定资产

2.2 累计折旧

2.3 固定资产清理

用这种方法,科目可以不受限制地增加编号而且不影响编号的顺序;缺点是不便于记忆。

2. 数字横线法

数字横线法原理同小数点法基本相同,只是用一条短横线代替小数点作为科目分组分级的标志。这种方法可以克服小数点法的缺点。它不仅可以用于科目分组和表示基本科目,还可以用于明细科目的编号。如:

1 流动资产

1-1 原材料

1-1-1 原料及主要材料

1-1-2 辅助材料

1-1-3 修理用备件

3. 数字定位排列法

这是对全部会计科目进行分类常用的一种编号方法。即将四位数字联在一起,代表某一具体会计科目。这四位数字的具体作用是:

首位数表示科目的大类,是对全部会计科目所作的分组。如将会计科目分为:1.资产类;2.负债类;3.所有者权益类;4.成本类;5.损益类。

第二位数字表示介于大类和小类的会计科目顺序。如"1001·库存现金";"1101·交易性金融资产";"1201·应收代位追偿款"。

第三、四位数字表示每一小类中各会计科目的顺序,是各会计科目在其所属类别中的位置排列。如"1001·库存现金";"1002·银行存款";"1003·存放中央银行款项";"1011·存放同业"。

这种方法灵活性大,适应性强,科目分类可详可简,便于在每一小类中留出空号,以备增加会计科目。如"1004"至"1010"即留作备用。

采用这种方法,在一级科目编号的基础上,二级科目和明细科目的编号,可以使用加线法(如"1403-1"原料及主要材料,"1403-2"辅助材料),也可以使用数字加点法(如"1403·1"原材料及主要材料,"1403·2"辅助材料),以使一级科目控制明细科目,严密编号体系。

(三)拼音字母法

这种方法是按汉语拼音字母或外文字母作为会计科目代号的一种编号方法。一级科目或明细科目都用科目名称的第一个字母表示。字母反映了科目名称的发音,容易记忆。如:

L——流动资产(Liu dong zi chan)

LB——包装物(Bao zhuang wu)

LBW——库存未用包装物(Wei yong)

LBY——库存已用包装物(Yi yong)

LBZ——出租包装物(Chu zu)

LBJ——出借包装物(Chu jie)

LBT——包装物摊销(Tan xiao)

(四)字母数字合用法

字母数字合用法,是指在科目编号中同时存在字母和数字。这种编号法兼取字母法与数字法的优点,既便于记忆又有清楚明确的顺序。具体运用时,字母和数字又有两种组合方式,一种是用数字表示科目分类和基本科目,用字母表示明细科目;另一种方式相反,用字母表示科目分类,用数字表示基本科目和明细科目。

这种编号方法,在存货核算的业务上十分方便。以材料核算为例,它可以使仓库材料类别划分得井然有序,便于登记与查找。

编号设计时可参考《企业会计准则》中的会计科目表,如表3-1所示。

表3-1 会计科目名称及编号

顺序号	编号	会计科目名称
一、资产类		
1	1001	库存现金
2	1002	银行存款
3	1003	存放中央银行款项
4	1011	存放同业
5	1012	其他货币资金
6	1021	结算备付金
7	1031	存出保证金

（续表）

顺序号	编号	会计科目名称
8	1101	交易性金融资产
9	1111	买入返售金融资产
10	1121	应收票据
11	1122	应收账款
12	1123	预付账款
13	1131	应收股利
14	1132	应收利息
15	1201	应收代位追偿款
16	1211	应收分保账款
17	1212	应收分保合同准备金
18	1221	其他应收款
19	1231	坏账准备
20	1301	贴现资产
21	1302	拆出资金
22	1303	贷款
23	1304	贷款损失准备
24	1311	代理兑付证券
25	1321	代理业务资产
26	1401	材料采购
27	1402	在途物资
28	1403	原材料
29	1404	材料成本差异
30	1405	库存商品
31	1406	发出商品
32	1407	商品进销差价
33	1408	委托加工物资
34	1411	周转材料
35	1421	消耗性生物资产
36	1431	贵金属
37	1441	抵债资产
38	1451	损余物资
39	1461	融资租赁资产
40	1471	存货跌价准备
41	1501	持有至到期投资
42	1502	持有至到期投资减值准备
43	1503	可供出售金融资产
44	1511	长期股权投资
45	1512	长期股权投资减值准备

（续表）

顺序号	编号	会计科目名称
46	1521	投资性房地产
47	1531	长期应收款
48	1532	未实现融资收益
49	1541	存出资本保证金
50	1601	固定资产
51	1602	累计折旧
52	1603	固定资产减值准备
53	1604	在建工程
54	1605	工程物资
55	1606	固定资产清理
56	1611	未担保余值
57	1621	生产性生物资产
58	1622	生产性生物资产累计折旧
59	1623	公益性生物资产
60	1631	油气资产
61	1632	累计折耗
62	1701	无形资产
63	1702	累计摊销
64	1703	无形资产减值准备
65	1711	商誉
66	1801	长期待摊费用
67	1811	递延所得税资产
68	1821	独立账户资产
69	1901	待处理财产损溢
二、负债类		
70	2001	短期借款
71	2002	存入保证金
72	2003	拆入资金
73	2004	向中央银行借款
74	2011	吸收存款
75	2012	同业存放
76	2021	贴现负债
77	2101	交易性金融负债
78	2111	卖出回购金融资产款
79	2201	应付票据
80	2202	应付账款
81	2203	预收账款
82	2211	应付职工薪酬

（续表）

顺序号	编号	会计科目名称
83	2221	应交税费
84	2231	应付利息
85	2232	应付股利
86	2241	其他应付款
87	2251	应付保单红利
88	2261	应付分保账款
89	2311	代理买卖证券款
90	2312	代理承销证券款
91	2313	代理兑付证券款
92	2314	代理业务负债
93	2401	递延收益
94	2501	长期借款
95	2502	应付债券
96	2601	未到期责任准备金
97	2602	保险责任准备金
98	2611	保户储金
99	2621	独立账户负债
100	2701	长期应付款
101	2702	未确认融资费用
102	2711	专项应付款
103	2801	预计负债
104	2901	递延所得税负债
三、共同类		
105	3001	清算资金往来
106	3002	货币兑换
107	3101	衍生工具
108	3201	套期工具
109	3202	被套期项目
四、所有者权益类		
110	4001	实收资本
111	4002	资本公积
112	4101	盈余公积
113	4102	一般风险准备
114	4103	本年利润
115	4104	利润分配
116	4201	库存股

(续表)

顺序号	编号	会计科目名称
五、成本类		
117	5001	生产成本
118	5101	制造费用
119	5201	劳务成本
120	5301	研发支出
121	5401	工程施工
122	5402	工程结算
123	5403	机械作业
六、损益类		
124	6001	主营业务收入
125	6011	利息收入
126	6021	手续费及佣金收入
127	6031	保费收入
128	6041	租赁收入
129	6051	其他业务收入
130	6061	汇兑损益
131	6101	公允价值变动损益
132	6111	投资收益
133	6201	摊回保险责任准备金
134	6202	摊回赔付支出
135	6203	摊回分保费用
136	6301	营业外收入
137	6401	主营业务成本
138	6402	其他业务成本
139	6403	营业税金及附加
140	6411	利息支出
141	6421	手续费及佣金支出
142	6501	提取未到期责任准备金
143	6502	提取保险责任准备金
144	6511	赔付支出
145	6521	保单红利支出
146	6531	退保金
147	6541	分出保费
148	6542	分保费用
149	6601	销售费用
150	6602	管理费用
151	6603	财务费用
152	6604	勘探费用
153	6701	资产减值损失
154	6711	营业外支出
155	6801	所得税费用
156	6901	以前年度损益调整

【复习题】

1. 会计科目设计的作用有哪些?
2. 会计科目设计的基本步骤有哪些?
3. 会计科目设计的基本方法有哪些?
4. 会计科目设计的基本原则有哪些?
5. 按经济内容分类,会计科目可以分为几大类,每一大类又可分为哪些科目?
6. 什么是级次会计科目,级次会计科目可以有哪些分类方法?
7. 会计科目编号的原则是什么?
8. 会计科目编号的方法有几种?

【思考设计题】

1. 某铜铝材料厂实行内部经济核算,将各车间作为一级内部核算单位。在内部经济核算办法中规定:由厂部拨给各车间所需的固定资金和流动资金,按规定的比率收取资金占用费。厂部设置内部银行,为了简化核算,所有内部银行的业务由厂财会部门设置一定的会计科目进行核算。各车间在内部银行开立结算账户,各车间的一切收支都通过内部银行办理结算。各车间流动资金不足时,可向内部银行贷款,按规定的利率支付利息。各车间提供的产品或劳务一律按计划成本计价收款;计划成本与实际成本之差即为车间实现的内部利润。所有车间提存的固定资产折旧和实现的内部利润全数上交厂部,由厂部统一安排使用。根据各车间任务的完成情况,由厂部拨给各车间用于奖励职工的奖金,其中也可由车间提留一部分作为职工福利基金,在内部银行中开立专户存储。

根据以上内部核算办法的规定,分别为该厂及其车间设计出必要的会计科目(包括一级科目和明细科目,但不包括该厂原已使用的会计科目)。对核算内部利润的科目,写出科目使用说明。

为了便于设计,特作如下提示:

(1) 车间支付的贷款利息、资金占用费都在车间实现的利润中。

(2) 车间实现的内部利润实际上是成本降低额。会计部门为了反映产成品的实际成本,应在按计划成本计算的产成品成本中扣除此项内部利润额(包括从利润中支付的内部利息和资金占用费)。对于发生的材料价格差异和各辅助生产车间提供劳务实现的内部利润,应根据各产品耗用金额的比例分配后从产成品成本中扣除。

(3) 由于各车间实行独立核算,应设置能反映各车间资产、负债和所有者权益的会计科目。厂会计部门只设置能总括反映拨给各车间的资金、内部往来以及内部利润等的科目。厂部编报"资产负债表"时,可根据各车间上报的"资产负债表"进行调整合并后编制。

(4) 车间使用的原料,采取随用随领、定期结算的办法,不占用车间的资金,但车间可以储备一定的辅助材料;领用的低值易耗品采用"五五摊销法"。

(5) 车间的产成品采取随产成随即销售(即办理入库手续)的办法,不占用车间的资金,但经常结存有半成品和在产品。

(6) 车间的会计核算实行权责发生制。

2. 小企业会计科目表如表3A-1所示:

表3A-1　小企业会计科目名称和编号简表

顺序号	编号	名称
一、资产类		
1	1001	现金
2	1002	银行存款
3	1009	其他货币资金
4	1101	短期投资
5	1102	短期投资跌价准备
6	1111	应收票据
7	1121	应收股息
8	1131	应收账款
9	1133	其他应收款
10	1141	坏账准备
11	1201	在途物资
12	1211	材料
13	1231	低值易耗品
14	1243	库存商品
15	1244	商品进销差价
16	1251	委托加工物资
17	1261	委托代销商品
18	1281	存货跌价准备
19	1301	待摊费用
20	1401	长期股权投资
21	1402	长期债权投资
22	1501	固定资产
23	1502	累计折旧
24	1601	工程物资
25	1603	在建工程
26	1701	固定资产清理
27	1801	无形资产
28	1901	长期待摊费用
二、负债类		
29	2101	短期借款
30	2111	应付票据
31	2121	应付账款
32	2151	应付工资

（续表）

顺序号	编号	名称
33	2153	应付福利费
34	2161	应付利润
35	2171	应交税金
36	2176	其他应交款
37	2181	其他应付款
38	2191	预提费用
39	2201	待转资产价值
40	2301	长期借款
41	2321	长期应付款
三、所有者权益类		
42	3101	实收资本
43	3111	资本公积
44	3121	盈余公积
45	3131	本年利润
46	3141	利润分配
四、成本类		
47	4101	生产成本
48	4105	制造费用
五、损益类		
49	5101	主营业务收入
50	5102	其他业务收入
51	5201	投资收益
52	5301	营业外收入
53	5401	主营业务成本
54	5402	主营业务税金及附加
55	5405	其他业务支出
56	5501	营业费用
57	5502	管理费用
58	5503	财务费用
59	5601	营业外支出
60	5701	所得税

请思考以下问题：

(1) 小企业会计科目表与企业会计准则中的会计科目表有何异同？
(2) 试对某新办小型商品流通企业的总账科目进行初步设计。
(3) 对小型商品流通企业次级科目的设计有何特殊考虑？
(4) 小型商品流通企业经营费用的二级科目应如何设计？
(5) 本题对相关设计实务有何指导意义？

第四章 会计凭证及会计核算程序设计

【本章导航】

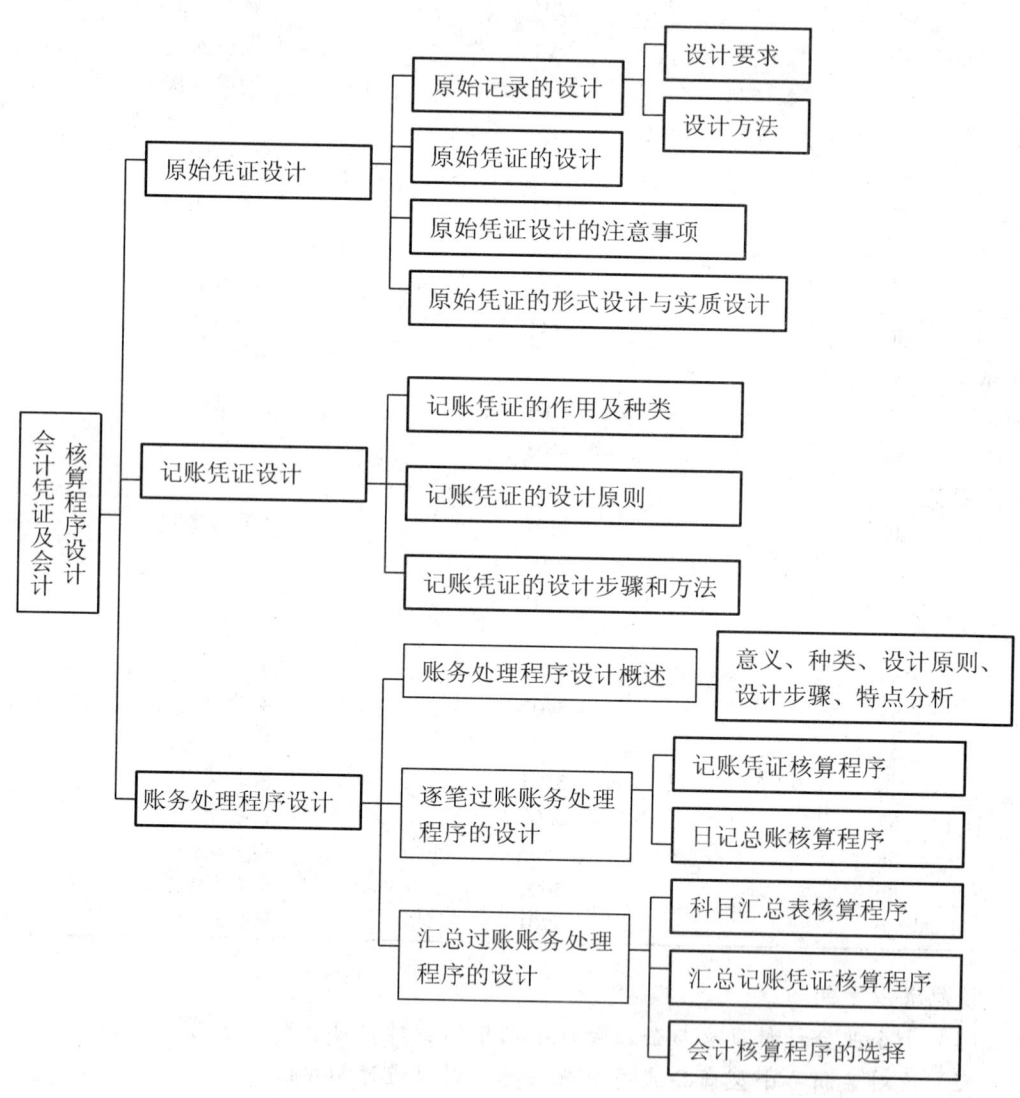

【知识目标】

1. 了解原始记录设计的概况。
2. 明确记账凭证设计的范围和条件。
3. 了解账务处理程序设计的概况。
4. 熟悉各种账务处理程序的特点。

【能力目标】

1. 能根据企业业务流程等条件设计相关原始凭证。
2. 能通过原始凭证的实质设计与会计核算和财务管理联系起来。
3. 能掌握各种账务处理程序的实际应用。

【导入案例】

请认真阅读以下案例并思考三个问题:
1. 商业银行的会计流程与一般工商企业有何不同?
2. 信息技术与金融电子化对传统的商业银行的会计流程有何冲击?
3. 为什么作者认为银行业务流程再造的目的是在成本、质量、服务、速度四个方面得到显著改善?

浅谈商业银行的"会计流程"再造规则(节选)

一、商业银行会计流程存在的问题

银行现行记账方法与流程基本上沿袭着按手工、半手工(指手工先记录再输入计算机系统的处理方式)业务处理设计的原有模式,存在诸多弊端,与信息技术与金融电子化下的银行业务处理还存在不相适应的诸多方面。表现在:

(1)银行现行记账采用的单式记账凭证是按记账人员的账户分工设计的。如一笔贷款业务要填制一式四联的借款凭证,单位存款记账员根据第一联记贷款账;企业存款记账员根据第二联记企业存款账;第三联给借款企业记账;第四联做到期卡,专夹保管。单式记账凭证有利于手工与半手工下的柜员分工、事后复核、总分核算。但应用电子化业务处理后,记账已实行"一记双讫",柜员甚至记住账户代码即可临柜,原有的单式凭证的优点已经失去。

(2)原有会计流程按总账数据取得财务报告信息,造成科目成倍增加。新的计算机技术下完全可以通过进行信息标准化设计,对同一账户中不同信息属性用多维的标准化编码来分析输出财务报告信息。

(3)传统操作方式下的综合、明细两个账务核算系统是相互独立、相互制约的,银行更新大机系统后,对外对内业务已由系统统一生成数据。如定期存款应计利息等业务已由总行统一计提生成信息,不再由经办行操作;综合核算被简化,明细核算得到深化,原有的手工登记均实现了电子化。

(4) 传统方式下,会计期末生成会计信息的报告模式最大的弱点是会计信息的固定期间性、滞后性,全面采用大机系统后,各级管理行则可随时获得动态财务会计报告。

近年来,由于银行信息网络化进程的提速,各家商业银行均引入整合了的省域大机系统,以往耗费时间的交易记录大为减少,成本得到较大幅度降低。这一结果本应促进有限财务资源的重新配置,有效地增加银行自身和客户的公司价值,但由于目前银行基础制度中的科目设置、凭证使用、账务核算形式以及多数会计人员原有会计核算观念等方面滞后于信息网络进程,使改革仍未收到预期效果。大量业务流程再造失败的案例说明,如果只单纯地改造会计流程,而忽视了会计观念再造,势必是行不通的;只有全体会计人员转变了观念,明确会计流程并不是一成不变的,才能全身心地投入会计流程的再造工程,再造后的会计流程才能正常运转,产生预期效益;只有转变了观念,才能重新构建会计流程,并借此推动银行业务系统的整体改革,搭建起以客户为中心的业务处理模式。

二、商业银行会计流程再造的内容设计

银行业务流程再造是对公司业务处理程序与内容的重新设计,其目的是在成本、质量、服务、速度四个方面得到显著改善,使企业最大限度地提升核心竞争力。由于银行的前台客户服务流程和会计处理流程高度合一的特殊性,使银行会计流程决定着业务流程。新的银行会计流程应由会计组织体系、会计核算体系、会计风险控制体系三个核心部分构成。

(1) 会计组织体系要与扁平化管理相适应。新中国成立以来,我国商业银行一直按行政区域设置分支机构,网点众多,核算层次多,财务会计数据层层汇总。在各家银行计算机网络系统尚未形成时,会计数据严重失真。信息质量随着漫长的管理链条,逐环节递减。目前业内专家的观点与现行的做法是:将原"网点—支行—二级分行—省分行—总行"的会计核算体制,改变为"支行—二级分行—省分行—总行"核算体制。由于现在各家银行贷款审批权、定期存款资金等都上收到二级分行,因而会计核算体制还可以再上收,即形成"二级分行—省分行—总行"核算模式。在二级分行辖属的任何相同支行的两个网点或不同支行的两个网点之间的业务往来,均在二级分行同一套账务体系中完成业务处理;各支行只要账实相符即为业务处理正确的标志;账务平衡应该为整个二级分行的账务平衡。如此进行的会计组织的改造必然会使扁平化管理成为现实。

(2) 会计核算体系要体现效率与效益的统一。银行现行的核算体系仍然是内部往来信息数量过于庞大。如在支付与结算业务中,对外服务虽已实现实时清算,但对内仍沿用支行与二级分行(进入总行清算中心的城市清算行)、二级分行与总行及省分行的清算往来关系。支行与二级分行之间仍需通过"待清算辖内往来"等过渡性科目处理,并要进行"总行—城市清算行"、"城市清算行—支行"两级清算。这样的结果必然是占用了宝贵的计算机资源和财务资源,加大了会计业务处理的强度。再造后的会计核算体系,应减少内部核算环节:一是以二级分行作为资金核算基本单位,区县支行不再作为资金基本核算单位,不再进行二级分行与城区(县)支行之间的设户清算;二是取消单式记账凭证,改用复式记账凭证,同时缩短柜面业务处理时间,节约客户时间,提高业务处理效率,形成效益型业务流程。

(3) 会计风险控制体系要适应银行业务创新与发展需要。会计业务属于交易密集型业务,需要在交易自动化和交易辨别方面投入大量的信息技术资源,一些高风险点需要得到有效控制,风险控制应该涵盖业务操作的全方位、全过程。银行网络设计与系统安全、结算票据的技术门槛、支付系统中的电子签名、支付印鉴的数字化、网上银行等都是风险控制的重点。同时,还应加大对银行即将推出的业务创新产品的风险防范措施的研究。如同一清算区域内的跨行票据支付,现仍为"实物"交换,但即将改为正反面的影像识别,在区域以至全国进行试运行支票影像交换系统,把票据节流在票据交换中心,以后则直接节流在接收行。会计风险防范与控制体系的建设需要有前瞻性,要为业务创新保驾护航。

资料来源:刘锦辉.浅谈商业银行的"会计流程"再造规则[J].财会通讯,2009(1).

会计凭证是记录经济业务、明确经济责任的书面证明。以凭证为依据,既是会计工作的一大特点,又是对开展会计工作提出的基本要求。经济业务发生后,取得或填制原始凭证并据此编制记账凭证,是会计核算工作的重要内容和基础环节,也是证明经济业务发生情况的原始资料;同时,通过填制凭证,有利于加强会计监督作用。因此,科学地设计各种类型的原始凭证和记账凭证,建立健全会计凭证体系,并明确规定它们的作用和使用方法,是会计制度设计的重要一环。

第一节 原始凭证设计

一、原始记录的设计

原始记录是会计核算、统计核算和业务核算的基础,是企业进行科学管理的必要条件,是调动职工积极性的重要工具。

(一) 原始记录的设计要求

首先,要适应企业生产经营的特点,满足企业管理和核算的需要。例如,考勤记录、个人或班组生产记录,应与企业不同的工资计算、分配制度的执行要求相符合。

其次,要考虑会计核算、统计核算和业务核算的需要。会计核算、统计核算和业务核算虽然都有其各自的核算特点,但三种核算经常地、大量地依据着共同的原始记录,这就要求设计原始记录的种类和构成时应注意兼顾三种核算的不同要求,尽量避免各搞一套,重复劳动,更不能"数出多门",相互矛盾。

再次,要与各项管理制度相结合。例如,生产设备记录的设计要与设备管理制度和技术操作规程结合好。

最后,原始记录的内容设计要简明扼要,指标设计要明确易懂,记录、核查、整理、汇总和管理的方法设计要简单,程序设计要清晰,责任设计要分明,以利于具体的操作。

(二)原始记录的设计方法

1. 确定记录对象

记录对象,是指需要登记其情况和问题的某种具体事物。每一企业单位需要作出原始记录的对象是不尽相同的,这就需要我们按上述的设计要求加以确定。譬如说,同是生产记录,不同行业的企业在记录对象的确定上是不一样的;产品生产以个人或集体操作为主的轻纺工业或机械工业,大多以生产者为对象设置生产记录。每一原始记录的对象确定后,围绕这一对象的记录范围也就可大致明确下来,从而为记录的具体项目和表格格式的设计铺平了道路。

2. 确定记录项目和格式

记录项目是对记录对象内容的明细分类,即能全面表达记录对象内容、特征、数量、质量等的具体细目。记录格式是各记录对象的记录项目排列组合形成的记录表格的形态。记录对象和范围确定后,就要按照既能使记录对象的内容得到充分的记载和表达,又能满足各种核算的需要的设计原则,设计各记录对象的记录项目,绘制出记录表格的格式。实际工作中,各原始记录的项目和格式的设计并无定式,但一般都要求在记录项目的设计时,应尽量做到项目的详略适当,项目的含义明确易懂;在绘制格式时,应尽量做到上下左右的项目排列合理、主次有序、美观适用。

现列示几种常见的原始记录的参考格式,如表 4-1 至表 4-3 所示。

表 4-1 加工路线单

产品名称: 　　　　开票日期: 　　年　月　日 　　　　编号:

件 号	件 名	每台件数	投产件数		完工入库		仓库签收
			本 批	累 计	日 期	件 数	

工序	工种	机床号	操作者	加工时间				工时定额		实用工时	交验数量	质量情况				检验员
				开工		完工		单件	合计			合格	工废	料 废		
				日期	时间	日期	时间							数量	工时	

生产组长: 　　　　　　　　　　　　　　　　　　计划调度员:

表 4-2 工序施工票

机床号：　　　　　　　　　开票日期：　　　　　　　　　编号：

产品编号	件号	件名	序号	序名	单件定额	每台件数	投入件数		备注
							当批	累计	
日期	班次	工作者姓名	加工时间			完成	检验结果			
			起	止	工时	工时定额	件数	合格	退修	工废	料废	检验员	

生产组长：　　　　　　　　　　　　　　　　计划调度员：

表 4-3 考勤簿

车间：第一车间　　　　　小组：第三小组　　　　　20××年×月份

职别	姓名	工资等级	出勤情况										考勤情况									
			1	2	4	5	…	25	26	27	28	29	30	出勤	公假	工伤	病假	产假	婚假	丧假	事假	迟到早退	夜班次数	加班加点
车工	王芳	3	√	星期休假	√	√	…	√	√	√	√	√	星期休假	20								1		
车工	胡明	4	√	星期休假	√	√	…	√	√	√	√	√	星期休假	21										
车工	孙伟	5	√	星期休假	√	√	…	√	√	√	√	√	星期休假	21										

3. 确定记录人员

各原始记录的记录人员的确定，一般采取岗位记录制，有的在本岗位中指定专人进行记录；有的由工人或经手人员自行记录；有的则由岗位负责人负责记录；等等。各种做法，均有利弊，具体如何确定，应根据企业的具体情况和各记录对象的特点决定。

4. 确定原始记录的检查、审核、整理、汇总、填报和管理的方法、程序、时限和责任

这是为了确保所设计的原始记录的正确使用，真正发挥其应有的作用，即应对原始记录中的记录数据的真实性、正确性进行检查和核实。

二、原始凭证的设计

（一）原始凭证的种类和设计范围

原始凭证是经济业务发生时最初取得或填制的单据式的原始记录，它可直接作为会

计部门进行账务处理的依据。原始凭证可以按照不同的标准进行分类:按其取得来源不同,可分为自制原始凭证和外来原始凭证;按其用途不同,可分为通知凭证、执行凭证、转账手续凭证、联合凭证;按其记录经济业务的次数和时限不同,可分为一次性凭证和累计凭证;等等。对于一个特定的企业单位来说,其原始凭证设计的范围并不是上述各类凭证的全部,而仅为自制原始凭证中可由企业单位自行设计印制的部分。

(二) 原始凭证的设计原则

由于原始凭证具有法律性强、种类繁多、使用范围广、经手人员多的特点,因此,设计时应当遵循以下原则:

1. 全面详细地反映经济业务发生情况

作为业务发生最初书面证明的原始凭证,应把业务发生的时间、地点、内容、有关人员的责任等基本情况详细地提供出来,以便充分发挥原始凭证的作用,并加强原始凭证的管理。

2. 充分满足内部控制制度的要求

在设计原始凭证时,必须根据实际需要,合理确定各种凭证所需要的联次数量,并规定各联的具体用途。既要满足各单位、各部门从事经济管理和核算的要求,加强岗位责任制,又要通过连续编号、复写多联等方式使各部门之间相互制约、相互监督,加强内部控制制度。如反映销货业务的"销货单"(发货票),在大中型企业里,最少应设计四联,由销货单位的销售部门、财会部门和仓库以及购货单位各持一联。销售部门留作存根进行业务核算,财会部门凭以收款并进行会计核算,仓库凭以发货并进行实物核算,购货单位作为付款凭证办理采购业务的会计核算。

3. 有利于加快凭证传递,提高工作效率

凭证如何传递,不仅关系到经办业务的各职能部门如何联系和相互制约,促使它们尽职尽责,积极完成自己承担的任务,而且关系到如何简化凭证传递过程,提高工作效率,防止工作脱节和出现漏洞。这就要求在设计原始凭证时,科学合理地规定每一凭证的传递程序,避免传递过程中的迂回或脱节。具体规定哪些凭证联需要经过哪些部门,在传递过程的哪个环节留归相关部门,各个传递环节的任务,等等。例如,反映领料业务的"领料单",一般由领料单位填制后,交物资供应部门审批,仓库根据审批后的"领料单"发料,并将实发数量填入单内,交给各有关部门。

4. 原始凭证的种类、用途、格式力求标准化和通用化

在企事业单位内部,办理同类性质的经济业务所用的凭证必须统一,并保持稳定,不能经常改变,以方便凭证的填制和审查,同时节约设计和印制费用。有些凭证应尽可能地在部门、系统范围内通用,有条件的还应在地区或全国范围内统一使用,以方便财政、税务和审计等部门的监督工作。

(三) 原始凭证设计的步骤和方法

1. 确定需要设计的原始凭证种类

这是设计原始凭证首先应解决的问题。确定的方法通常采用"排除法",即先明确本企业单位经济业务活动的种类以及各种经济业务活动之间的联系,然后根据各类经济业

务活动的内容确定所需的原始凭证有哪些,最后将所需的原始凭证中属于外来的、由国家有关行政管理部门统一印制管理的排除掉,剩下的应考虑是否在市场上能购买到,然后再确定需要设计的原始凭证的种类。

2. 明确原始凭证的基本要素和用途

各种原始凭证虽然因其反映的经济业务的内容而不同,但它们之间存在着共同的基本要素:(1)凭证名称;(2)填制原始凭证的日期;(3)凭证编号;(4)接受凭证的单位名称(俗称抬头);(5)经济业务的内容,包括经济业务的数量和金额;(6)填制单位和有关经手人签名盖章等。

设计时还应弄清每一原始凭证的具体用途,原始凭证的用途也是由原始凭证所反映的经济业务内容决定的。例如,"发货票"往往是多用途的,不仅要完整地记载发售货物的名称、数量、价格、金额、日期等内容,同时还有据以办理结算、提货、出厂门、存根备查等用途。明确了各种原始凭证在核算及管理上的具体用途,有利于在设计时正确确定各种原始凭证的设计格式、联数和流转路线。

3. 绘制原始凭证的格式

明确了原始凭证的基本要素和用途以后,就可拟定凭证项目,绘制原始凭证的格式。凭证项目的拟定既要充分体现基本要素的内容,又要照顾到凭证所反映的经济内容及管理上的特殊要求,而且要尽可能做到项目数量适中、项目含义表达准确。在具体绘制原始凭证的格式时,应注意考虑如何对所有凭证项目作出科学合理的安排。例如,哪些项目应列于表格之外,哪些项目应列于表格之内;表内的栏次、项目谁先谁后,谁上谁下,方可既突出重点又便于计算和填写;行次设多少为宜,各栏宽窄如何设定;等等。

4. 规定原始凭证的流转程序

原始凭证流转程序,是指凭证从填制或取得起,经审核、办理业务手续、整理,直到会计部门记账、装订、保管等凭证处理和运行的全部过程。规定原始凭证的流转程序,是原始凭证设计中极其重要的一环。只有规定科学、合理的凭证流转程序,才能充分发挥原始凭证在会计核算中的作用。规定原始凭证的流转程序主要包括三项设计内容:(1)设计凭证流转的路线,包括流经的设计凭证在环节的先后顺序;(2)设计凭证在各环节的时限要求,包括凭证在每一环节停留的时间和报送时限;(3)设计各环节之间凭证交接的手续。譬如企业的材料入库业务,由谁负责审核采购凭证并通知有关部门,谁负责提货交库,谁负责检验质量,谁负责验收入库并填制收料单,收料单应由哪些人员签字,何时将收料单送交会计部门及其他有关部门,会计部门中由谁负责对收料单进行审核、整理、记账和保管等所形成的文字性或框图式的说明,就是对材料入库业务的原始凭证的流转程序所作的设计。

应当指出的是,原始凭证的流转程序除结合各次经济业务的业务处理程序和会计处理程序,以文字或图式加以规定和说明外,还应在所设计的原始凭证上标明"人员签章",并在复写凭证上标明各联的用途。

5. 建立原始凭证的保管制度

建立原始凭证的保管制度主要包括两个方面的内容:(1)建立空白凭证的保管制度。对自行印刷的或外购的空白原始凭证应指定专人负责管理。重要的空白凭证(如空白支票、汇票等)都应编号登记,领用和"存根"交回时都应履行必要的手续,以确保其安全、完整。对于交回已使用过的原始凭证"存根",还应建立抽查制度,以核对"存根"中的列示数与实际收、付数是否一致,防止发生弊端。(2)建立已入账的原始凭证的保管制度,即对已入账的原始凭证的归档、保管方法、保管年限、调阅及复制、销毁等方面作出明确规定。

（四）主要原始凭证的设计

前已述及,不同的经济业务需要不同的原始凭证反映,按照经济业务的种类,原始凭证大致可以分为:(1)反映货币资金业务的原始凭证;(2)反映工资业务的原始凭证;(3)反映固定资产业务的原始凭证;(4)反映采购业务的原始凭证;(5)反映存货业务的原始凭证;(6)反映成本核算的原始凭证;(7)反映销售业务的原始凭证;(8)反映其他业务的原始凭证。现以工业企业为例,将各类经济业务所需要的主要原始凭证分别设计如下:

1. 货币资金业务原始凭证的设计

货币资金业务主要指企业的现金、银行存款业务。反映此类业务的原始凭证具有下列特点:既有外来原始凭证,又有自制原始凭证;既有通用凭证,又有专用凭证;从填制手续看都是一次凭证。反映现金业务的原始凭证主要有借款单、收据、差旅费报销单、现金盘点报告表和医药费报销单等。反映银行存款业务的原始凭证有支票、付款委托书、商业汇票等。在我国,银行结算凭证实行专用,不需要自行设计,而反映现金业务的各种原始凭证大多需要自行设计。因此,现金业务凭证是货币资金业务凭证的设计重点。

现将常用的现金业务收、支凭证基本格式和内容设计列示如下,如表4-4、表4-5、表4-6所示。

表4-4　现金收据

年　月　日　　　　　　　　　　　　　字第_____号

交款单位或个人名称	
收款事由	¥_____
人民币(大写)	
注:本收据无单位公章无效	

收款单位　　　　　出纳　　　　　审核　　　　　交款人

表4-5　（企业名称）

出差借款单

年　月　日　　　　　　　　　　　　　字第_____号

借款人姓名		所在单位或部门	
出差地点		出差事由	
往返时间	借款金额	预计还款日期	
人民币(大写)			

审批　　　　　出纳　　　　　借款单位负责人　　　　　借款人

表 4-6　（企业名称）
差旅费报销单
年　　月　　日

报销人姓名		所在单位			出差地点			
出差事由				出差时间	月　日　至　月　日			
费用项目		交通费			住宿费	补助费	其他费用	合计
凭证张数	火车	飞机	船	长途汽车	市内汽车			
金额								
原借款数			报销数			退补数		
人民币(大写)								

审计　　　　　　　　报销单位负责人　　　　　　　　报销人

"现金收据"一般设计一式三联，一联作为存根备查，一联送交付款单位（或个人收执作为报销凭证，并加盖或加印税务部门的签章），另外一联会计凭以记账。

"出差借款单"一般只设计一联，由借款人填写，交其所在单位负责人审核签字，再送财务部门负责人审批后，出纳予以付款并送交会计进行账务处理。

"差旅费报销单"属汇总原始凭证，只设计一联，由报销人和会计主管人员共同填制，经有关人员签章后，会计据此及所附各原始凭证进行账务处理。

"现金盘点报告表"是在对现金进行清查盘点，发现盘盈或盘亏时所使用的一张原始凭证，通常可设计两联，一联由出纳留存，一联送交会计人员审查后编制记账凭证。该凭证在小型企业里可不专门设计。

2. 工资业务原始凭证的设计

工资是以货币形式支付给职工的劳动报酬。工资业务主要包括工资的结算和工资费用的分配。为了保证工资计划的正确实施，防止在工资结算和发放过程中出现弄虚作假、贪污舞弊等行为，必须设计严密的控制程序和完善的凭证体系，建立健全考勤记录和产量记录。反映工资业务的原始凭证，主要有"工资单"、"集体计件工资分配表"和"工资分配汇总表"等，如表 4-7 所示。

表 4-7　（企业名称）
工资单

车间或部门：　　　　　　　年　　月份

工号	姓名	计时工资			计件工资	加班工资	奖金	津贴	应发工资	代扣款项							实发工资	领款人签章
		日工资率	出勤天数	金额						房租	水电费	工会费	借支	幼托费	其他	合计		
合计																		

车间或部门负责人　　　　工资核算员　　　　复核　　　　制单　　　　出纳

"工资单"是由劳资部门和财会部门按车间、职能科室、工段或小组按月编制的记录工资发放情况的原始凭证。通常一式三份,其中两份分别由劳资部门和会计部门存留备查和进行账务处理,另一份按每个职工裁成单条,连同工资(现金)一并发给职工。

3. 固定资产业务原始凭证的设计

固定资产业务,包括固定资产的购买、接受捐赠、工程完工验收、折旧、报废、盘盈和盘亏等,为了分别反映固定资产各项业务的发生或完成情况,需要分别设计"固定资产验收单"、"工程验收决算报告"、"接受捐赠固定资产情况表"、"固定资产报废单"、"固定资产折旧计算表"、"固定资产内部转移单"、"固定资产盘盈盘亏报告表"等。由于固定资产业务不太频繁,该类原始凭证也不经常使用,因此,一般没有固定格式,而多采用书面说明的办法或自行设计专用凭证。但固定资产业务比较复杂,需要在凭证上反映的内容较多,因此设计该类原始凭证又比较麻烦,经常需要与固定资产管理部门共同协商。固定资产报废单的格式、内容设计如表4-8所示。

表4-8 (企业名称)
固定资产报废单

固定资产名称_____ 年 月 日 字第_____号

编号	规格型号	单位	数量	预用年限	已用年限	原始价值	已提折旧	残值	附属设备	备注

固定资产状况及报废原因				
处理意见	使用部门	技术鉴定小组	设备管理部门	主管部门审批

"固定资产报废单"通常设计一式两联,由固定资产管理部门或使用单位提出报废申请,按报废对象填制,详细说明固定资产的技术状况和报废原因,经有关部门审定批准后,送交财会部门一联,作为组织固定资产清理核算的依据;另一联留归固定资产管理部门或使用部门存查,并登记固定资产卡片。"处理意见"栏由各部门审查后加注意见并签章。

4. 采购业务原始凭证的设计

采购业务发生后,必须首先取得供货单位的"发货票"、运输单位的"运单"、银行的结算凭证以及其他有关凭证,在此基础上,进行会计核算。核算的任务一是要计算材料的实际采购成本,二是要反映材料入库的实际情况。由此决定需要设计的原始凭证,一是"材料采购成本计算单",二是"材料入库单"。

下面以材料入库单设计为例进行说明,如表4-9所示。

表4-9 （企业名称）

材料入库单

供货单位　　　　　　　　　　　年　　月　　日　　　　　　　　　入字第_____号
发票编号　　　　　　　　　　　　　　　　　　　　　　　　　　　　收料仓库_____

材料类别	材料名称	规格与型号	计量单位	数量		计划单价	金额	备注
				应收	实收			

仓库负责人　　　　　　　　收料人　　　　　　　　交料人

"材料入库单"一般应设计三联。一联留在仓库登记材料卡片；一联退给交料单位进行业务核算；另一联送交财会部门进行账务处理。

应当指出，材料如果按实际成本计价，"计划单价"栏应按实际成本设计。如果管理需要，金额栏内还应分别设计材料买价和采购费用项目。

5. 存货业务原始凭证的设计

存货是指企业用于销售或生产消耗的各种物品。存货业务的主要内容有存货的收入、存储、发出和盘点等。为了正确反映各种存货的收、发、结存情况，加强存货的管理，应当设计"领料单"、"产品入库单"、"委托加工材料出库单"、"收发料汇总表"和"存货盘点报告表"等。现以限额领料为例进行说明。

"限额领料单"是一种累计领发料凭证，在有效期限（最多为一个月）内，只要领用不超过限额，就可以连续使用。该凭证应在每月开始前，由生产计划部门或供应部门根据生产计划、材料消耗定额等有关资料，按照每种材料的具体用途填制。此单一般设计一式两联，经供应部门审核签章后，一联送交仓库据以发料，一联送交领料单位据以领料。

领料单位领料时，应在单内注明领用数量，并由负责人签章后，持往仓库领料。仓库发料时，应严格按照单内所列的材料品种、用途、数量限额发放，并将累计领用数计算填入单内。领用期限结束时，根据限额与累计领用数计算出结余或超支数填入单内，交会计据以记账。其格式如表4-10所示。

6. 成本核算原始凭证的设计

严格地讲，成本核算所使用的原始凭证包括材料发出、工资费用分配、折旧计提及分配等方面的原始凭证，但这些凭证在前述业务中已分别作了介绍。因此，这里重点介绍"产品成本计算单"，即按照产品名称计算企业各种完工产品成本的原始凭证。在以会计期间作为成本计算期的企业，其格式一般如表4-11所示。

表 4-10　（企业名称）

限额领料单

领料单位_____　　　　　年　　月份　　　　　　字第_____号
材料名称_____　　　　　　　　　　　　　　　　发料仓库_____
用　途_____　　　　　限额_____　　　　　　计量单位_____

| 日期 | 本次领用数 | 累计领用数 | | | 超支 | 结余 | 领料人 | 备注 |
		数量	单价	金额				
合计								

领料单位负责人　　　　　　　发料人　　　　　　　供应部门负责人

表 4-11　（企业名称）

产品成本计算单

年　　月　　日

产品名称：　　　　　　　计量单位：　　　　　　　　字第____号

| 成本项目 | 月初在产品成本 | 本月费用 | 生产费用合计 | 月末在产品成本 | 产成品成本 | | | 备注 |
					数量	总成本	单位成本	
合计								

主管会计　　　　　　　　　　　　　　　　制单

7. 销售业务原始凭证的设计

反映销售业务的原始凭证，最主要的是"销货单"（或称"发货票"）。由于产品销售方式不同，"销货单"的具体内容和名称也不一致，如采用分期收款销售方式与一次收款销售方式下销售凭证的设计就有很大的区别。此外，反映销售业务的凭证，如果代替购货单位垫付运费，还应设计"代垫运费清单"；如果销货退回的业务较多，还应设计"销货退回收货单"。

需要指出，销售凭证不同于材料采购业务和产品生产业务的凭证，它与购货单位发生联系，既是本单位的自制原始凭证，又是购货单位的外来原始凭证。因此设计时，既要注重凭证的内容齐备，又要讲究形式的美观大方；既要满足本单位的需要，又要符合购货单位的要求。工业企业的"销货单"设计如表 4-12 所示。

"销货单"一般应设计一式五联：（1）存根联，由销售部门留存进行业务核算；（2）发票联，交购货人回单位报账；（3）收款联，由财会部门办理收款并进行会计核算；（4）发货联，由仓库保管凭以发货并登记仓库台账；（5）代出门证联，交门卫存查。

表 4-12　（企业名称）

销货单

年　　月　　日　　　　　　　　　　　　　　　　销字第_____号

购货单位或个人　　　　　　　　　　　　　　　　　　　　　发货仓库_____

货号	品名	规格与型号	计量单位	数量	单位	金额	备注
合计（大写金额）							

业务主管　　　　会计　　　　制单　　　　保管　　　　提货人

需要指出，"销货单"发票联必须加盖销货单位的财务专用章，否则无效。而出门证联可以取消，另行开具，办理出门手续。此外，该凭证是将"提货单"（办理产品出库手续）和"发货票"（办理产品销售业务）合并在一起设计的。这样做，有利于简化凭证填制和传递手续，方便会计核算。设计时，可以把二者分开，"提货单"一式两联，由销售单位填制，经办人员签章后，交还销售部门一联，另一联留存仓库记账；"发货票"一式三联，销售部门留一联作为存根备查，另两联会计部门审核后，留一联记账，交购货人一联回单位报账。为防止发票的丢失和伪造，方便查询，销售凭证必须连续编号，并设计大写金额栏。

"代垫运费清单"是采用发货制方式销售产品时，由销货单位代替购货单位向运输单位垫支运费后，再与购货单位结算款项所使用的原始凭证。一般设计一式三联，一联加盖公章后，随同运输单位开具的货物运输收费单送交购货单位，一联送交财会部门进行会计核算，另外一联留归销售部门存查。为简化工作，销售部门的一联可以取消，设计成一式两联。此凭证的格式和内容从略。

三、原始凭证设计的注意事项

尽管原始凭证的种类繁多，内容各异，但只要对各种原始凭证进行细致的观察和分析，就不难看出，原始凭证从内容设计方面大致可以归纳为三类：(1)反映财产实物增减变动情况的原始凭证，如"材料入库单"、"领料单"、"产品入库单"、"销货单"、"存货盘点报告表"等；(2)反映货币资金收支变化情况的原始凭证，如"现金收据"、"出差借款单"、"代垫运费清单"、"差旅费报销单"、"现金盘点报告表"等；(3)反映各项费用分配和成本计算情况的原始凭证，如"材料采购成本计算单"、"产品成本计算单"、"材料费用分配表"、"制造费用分配表"以及"工资分配汇总表"等。

现将各类原始凭证设计时应注意的事项分述如下：

（一）反映财产物资增减变化的原始凭证

该类原始凭证，用来反映和记载各种固定资产、材料、燃料、低值易耗品、产成品等的增减情况。由于对各种财产物资的核算，不仅要求进行价值核算，而且要求进行实物核

算,既要提供详细的价值指标,又要提供具体的实物数量指标,因此,设计时,除符合原始凭证设计原则外,还应注意以下问题:

(1) 在凭证中必须设计各种财产物资的品名、类别、规格型号、计量单位、数量、单价等内容,以方便对经济业务的检验和考察、保管以及进行实物核算。

(2) 由于财产物资的增减变动涉及的部门相对较多,因而设计的联数相应较多,如"销货单"设计五联。但不管几联,最好在设计时,将各联用不同的颜色进行区分;使用时,采用复写的方式。

(3) 某些财产物资的变动牵涉到外单位时,必须在有关联次里加盖公章,如"销货单"的发票联,并设计大写金额栏。

(二) 反映货币资金收支变化的原始凭证

该类原始凭证,用来反映和记载现金、银行存款等的收支情况。由于银行存款结算的有关凭证实行专用,所以该类凭证的设计主要是有关现金凭证的设计。设计时应当注意以下问题:

(1) 为了保证货币资金的安全,防止涂改、伪造,凭证的金额除有小写外,还必须设计大写金额栏。

(2) 必须具备经济业务说明栏,摘要记录经济业务的内容,表明货币资金收支的原因。

(3) 有关责任人签章必须齐全,包括业务经办人、审核人,尤其是出纳员。付款原始凭证还须有相应负责人签章。

(4) 付款业务的原始凭证一般应有外单位加盖的公章,对外收款的原始凭证应加盖本单位的公章。

(三) 反映费用成本分配计算的原始凭证

该类原始凭证,用来反映及记载费用的分配和成本的计算情况。在这些凭证中,要进行一些运算,因此它们的结构比较复杂,设计的质量如何,将影响费用分配和成本计算的准确性,进而影响财务成果。设计时应注意以下问题:

(1) 必须与本企业生产特点和管理需求紧密结合,适合本企业的具体情况,反映本企业的特殊要求。

(2) 正确划分各栏目的具体内容,明确各栏目之间的勾稽关系、计算依据和相应的方法,以保证计算的及时性和准确性。

(3) 费用分配表上应当设计费用的分配标准及分配率,并将其置于醒目的位置,以便进行运算。成本计算单则需列出数量等内容,以便计算各种产品的单位成本。

(4) 该类原始凭证属内部使用,因此只需设计制证人和主管会计员的签章,不必加盖公章。同时,金额只要求小写,不必设计大写金额栏。

四、原始凭证的形式设计与实质设计

原始凭证的设计可分为形式设计与实质设计。

原始凭证的形式设计是指对各种原始凭证的形式、内容等进行设计,在实务中主要侧重于自制原始凭证。原始凭证的形式设计从某种意义上讲是实质设计的基础。

原始凭证的实质设计是指在一定条件下采用可选择原始凭证进行账务处理时的策略,是与会计核算乃至财务管理相关的设计,在实务中具有较强的操作性。

第二节 记账凭证设计

一、记账凭证的作用及种类

记账凭证是财会人员根据审核无误的原始凭证填制的,用来简要说明经济业务内容,确定会计分录的一种会计凭证。填制记账凭证是会计核算的一种基本方法,它在会计核算中有着很重要的作用。首先,记账凭证是连接原始凭证和账簿记录的桥梁与纽带,可较好地保证账簿记录的正确性。其次,填制记账凭证有利于发挥会计监督作用。通过记账凭证填制前的原始凭证审核,可及时发现和处理不合理、不合法的经济业务,确保会计记录的合规性和合法性。再次,记账凭证可加强会计机构内部的相互制约和协作,使会计主管、会计、出纳、制证、记账、复核人员各司其职,各尽其责。最后,记账凭证可为事后查账提供极大方便。正因为记账凭证有上述作用,所以我们必须科学地进行设计。

记账凭证按其用途不同,分为专用记账凭证和通用记账凭证;按其填列的会计科目是否单一,分为复式记账凭证和单式记账凭证;按其是否经过汇总,分为汇总记账凭证和非汇总记账凭证。

二、记账凭证的设计原则

记账凭证与原始凭证虽有紧密的联系,但又存在明显的区别。因此,设计记账凭证,在符合内部控制和力求标准通用化的基础上,还应遵循以下原则:

(1) 必须具备记账凭证的基本内容。包括记账凭证的名称;填制凭证的日期和编号;经济业务的简要说明;使用的会计科目包括总账科目和明细科目及其增减变化金额;所附原始凭证的张数以及有关人员的签名或盖章。

(2) 必须与使用的会计核算形式相适应。不同的会计核算形式,要求有不同种类的记账凭证,如在记账凭证核算形式下,可以设计"收款"、"付款"和"转账"三种凭证,也可以设计统一的"记账凭证"。但在汇总记账凭证核算形式下,则必须分设"收款"、"付款"和"转账"三种凭证,并相应设计"汇总收款凭证"、"汇总付款凭证"和"汇总转账凭证",才能满足需要。

(3) 满足账簿登记的需要。记账凭证是登记账簿的主要依据,由于账簿有总分类账和明细分类账之别,为了能够使总账和明细账的登记都有依据,设计记账凭证时,会计科目必须分清总账科目、子目和纲目,以便分别记载它们的增减变化。此外,为了使记账凭证与账簿之间的关系更加严密,清楚反映凭证中的每一项数字记入账簿的页码,应在记账凭证上设计"账页"一栏。

三、记账凭证的设计步骤和方法

（一）确定所使用的记账凭证种类

在各企业、行政事业单位里，使用何种记账凭证，主要受单位经营规模大小、经济业务量的多少、财会机构内部分工粗细等因素的影响，同时还受会计核算形式的影响。一般情况下，小型经济单位设计单一的、通用的记账凭证即可。在大中型单位，一般应设计收款凭证、付款凭证和转账凭证三种，以区分各类经济业务。如收款凭证反映货币资金收入业务，付款凭证反映货币资金支出业务，转账凭证反映与货币资金无关的经济业务。同时，这也便于汇总记账凭证，简化登记总账的工作量。

由于记账凭证的填制方式不同，有些是把同类经济业务所涉及的会计科目集中填列在一张凭证上，反映了经济业务的全部内容；有些是把同类经济业务所涉及的会计科目分别填列在几张记账凭证上，一张凭证只记一个会计科目，反映经济业务某一方面的内容。因此，记账凭证分为复式记账凭证和单式记账凭证两种。这就要求设计记账凭证时，应确定采用复式记账凭证还是单式记账凭证，并在此基础上，设计凭证格式。

（二）明确记账凭证的内容

首先，应明确记账凭证的基本内容。记账凭证的基本内容是记账凭证发挥其作用所必须具备的基本要素、基本项目。记账凭证的基本内容是：(1)记账凭证的名称；(2)填制记账凭证的日期；(3)记账凭证的编号；(4)经济业务的简要说明；(5)会计科目的名称；(6)表明记账方向的栏次或标记；(7)金额；(8)记账凭证所附原始凭证的张数；(9)已过账标记；(10)记账凭证的填制人、复核人、会计、出纳、记账人及会计主管人员签章等。

其次，拟定记账凭证的其他内容。如外币凭证还应设有外币金额、折算汇率等内容；套写记账凭证还应有表明各联用途、去向的文字或标记等。这些均应根据实际需要逐一拟定出来。

（三）设计记账凭证的格式

根据单位规模大小选定了使用的记账凭证种类后，就可以对各种记账凭证，按照记账凭证设计原则进行格式的设计。这一步骤是设计记账凭证的关键。

设计记账凭证时，应考虑下列要求：既要保证记账凭证能在记账工作中起到分录指示作用，又要考虑记账凭证的基本格式已经约定俗成，除非十分必要，否则，企业应尽量采用国家有关部门统一印制的记账凭证，以简化设计工作，节约人力、物力。

现将常用的记账凭证分别设计如下：

1. 复式记账凭证

复式记账凭证又叫多科目记账凭证，是目前使用较多的记账凭证。复式记账凭证可以集中反映账户的对应关系，因而便于了解经济业务的全貌，了解资金的来龙去脉，便于查账，同时可以减少填制记账凭证的工作量，减少凭证数量。专用复式记账凭证格式详见表4-13、表4-14、表4-15。

表 4-13　收款凭证

年　月　日　　　　　　　　　　　　　　　字　第　号

借方科目_____　　　　　　　　　　　　　附　件　张

摘要	贷方科目		金额									过账备注
	总账科目	明细科目	百	十	万	千	百	十	元	角	分	
结算方式及票号	合计											

会计主管：　　　　记账：　　　　稽核：　　　　出纳：　　　　制证：

表 4-14　付款凭证

年　月　日　　　　　　　　　　　　　　　字　第　号

贷方科目_____　　　　　　　　　　　　　附　件　张

摘要	贷方科目		金额									过账备注
	总账科目	明细科目	百	十	万	千	百	十	元	角	分	
结算方式及票号	合计											

会计主管：　　　　记账：　　　　稽核：　　　　出纳：　　　　制证：

表 4-15　转账凭证

年　月　日　　　　　　　　　　　　　　　字　第　号

附　件　张

摘要	总账科目	明细科目	借方金额	贷方金额	记账

会计主管：　　　　记账：　　　　复核：　　　　制证：

通用复式记账凭证格式见表 4-16。

表 4-16　记账凭证

年　月　日　　　　　　　　　　　　　字　第　号
　　　　　　　　　　　　　　　　　　附　件　张

摘要	一级科目	明细科目	借方金额	贷方金额	记账

会计主管：　　　记账：　　　稽核：　　　出纳：　　　制证：

2. 单式记账凭证

单式记账凭证又叫单科目记账凭证,是把某一项经济业务的会计分录,按其所涉及的会计科目,分别填制两张或两张以上的记账凭证。一般有借项记账凭证和贷项记账凭证,具体详见表 4-17 和表 4-18。

表 4-17　借项记账凭证

年　月　日　　　　　　　　　　　　　字　第　号
　　　　　　　　　　　　　　　　　　附　件　张

摘　要	贷方科目		金额									过账备注
	总账科目	明细科目	百	十	万	千	百	十	元	角	分	
对应总账科目	合计											

会计主管：　　　记账：　　　稽核：　　　出纳：　　　制证：

表 4-18　贷项记账凭证

年　月　日　　　　　　　　　　　　　字　第　号
　　　　　　　　　　　　　　　　　　附　件　张

摘　要	借方科目		金额									过账备注
	总账科目	明细科目	百	十	万	千	百	十	元	角	分	
对应总账科目	合计											

会计主管：　　　记账：　　　稽核：　　　出纳：　　　制证：

（四）记账凭证设计的其他问题

1. 设计记账凭证应注意的问题

记账凭证格式设计完毕后，应当对各种记账凭证的用途、使用方法及注意事项等作出明确的规定，以保证各记账凭证的合理使用，使凭证自身的用途与经济业务的内容相符合。如通用的记账凭证适用于一切经济业务，而收款、付款、转账等专用的记账凭证则分别适用于现金、银行存款的收、付业务和与现金、银行存款无关的转账业务。

由于记账凭证是对原始凭证内容的分类整理和会计加工，它反映了经济业务发生后引起的资金变化情况，因此，也是重要的会计资料，必须建立完善的管理制度，同原始凭证一起保管和销毁。这也是设计记账凭证应注意的问题。

2. 记账凭证传递的设计

为了保证会计工作有条不紊地进行和及时提供会计资料，防止会计凭证的失散和账户记录的遗漏，对会计凭证的传递也应在会计制度中加以规定。

会计凭证的传递包括原始凭证的传递和记账凭证的传递。对原始凭证的传递要规定正确的路线和各环节的停留时间，以使其及时传递到财会部门。不同的原始凭证有不同的传递路线，应定点、定时、定人地传递。例如对领料单，可由负责"材料"账户的会计每月定时去仓库收集或由仓库保管员定时送交财务部门。

这里着重讨论原始凭证到达财会部门后如何传递，其一般程序如图4-1所示。

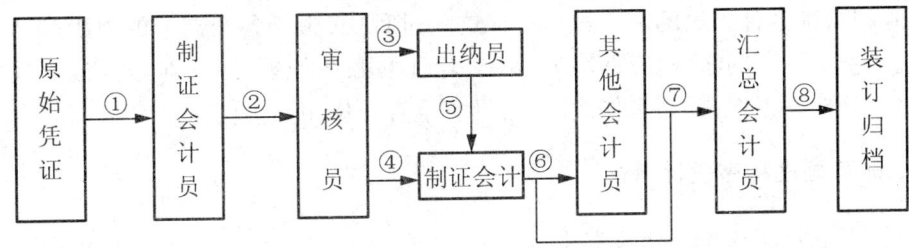

图4-1 记账凭证传递程序图

说明：

① 财务部门收到原始凭证后，按其内容和会计人员的分工，交有关会计编制记账凭证。
② 制证后立即交负责凭证审核的会计人员审核。
③ 审核无误的收、付款凭证即转出纳收、付款，并编号和登记现金、银行存款日记账。
④ 审核无误的转账凭证即退还原始凭证会计员进行编号，并登记其所经营的账簿。
⑤ 出纳过账后的收、付款凭证转原制证会计员登记明细账。
⑥ 记账凭证由制证会计员传给其他有关会计员，过明细账。
⑦ 采用汇总记账凭证核算形式和科目汇总表核算形式的企业和单位，月（旬）末，将全部凭证集中到负责凭证汇总的会计人员，以编制汇总记账凭证或科目汇总表，并据以登记总账。
⑧ 次月初，全部凭证交负责装订凭证的会计人员装订成册，暂存财务科的会计档案室保管。

3. 记账凭证封面的设计

每月终了，全部凭证应按时间顺序和凭证类别及编号顺序，收集整理，装订成册。装订时应加具封面，封面用纸与会计报告用纸一样，一般用牛皮纸，以免撕裂。封面内容包括:凭证名称、本册起止号码、起止日期、册数号码、装订人签章、装订日期等。其一般格式如图4-2所示。

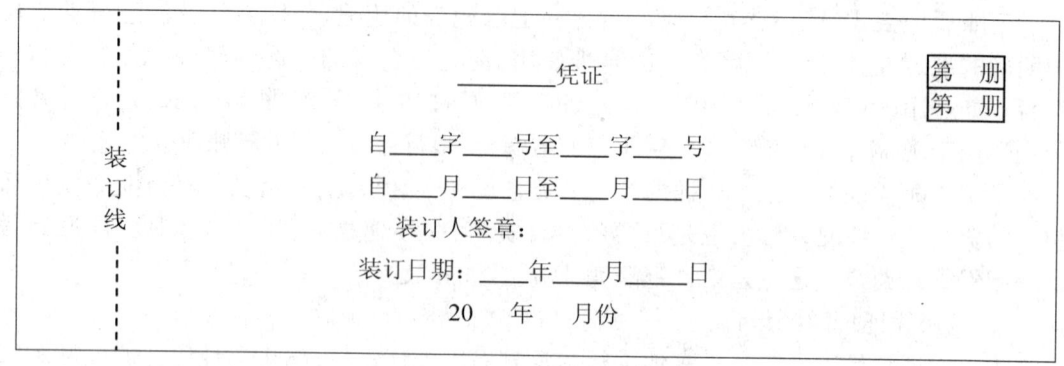

图4-2 记账凭证封面格式

第三节 账务处理程序设计

账务处理程序,又称会计核算形式或会计核算组织程序,是指从填制会计凭证、登记会计账簿到编制会计报表的整个过程。在这一过程中,由于各个部分的组织和结合方式不同,就产生了不同的账务处理程序。科学合理的账务处理程序,对于保证会计核算质量、简化会计核算工作、提高工作效率等,具有重要的作用。

一、账务处理程序设计概述

(一)账务处理程序设计的意义

账务处理程序的设计,是对会计制度的各个组成部分进行合理的组织,将各部分独立的、分散的内容结合起来,使之成为一个有机的整体和严密的系统。账务处理程序设计要解决的问题是:如何以账簿组织为核心,将会计凭证、会计账簿、记账方法和记账程序有机地结合起来处理账务。账务处理程序设计的重要意义具体表现为:体现会计制度的系统性和完整性;保证会计工作的有机运行;提高会计核算质量和工作效率;节约会计耗费,降低会计成本。

(二)账务处理程序设计的种类

前已述及,将不同的会计凭证、会计账簿和记账方法按照不同的记账程序有机地结合在一起就构成不同的会计核算程序。目前我国各单位中普遍采用的会计核算程序主要有记账凭证核算程序、日记总账核算程序、科目汇总表核算程序和汇总记账凭证核算程序。

以上各种会计核算程序的共同之处主要表现在:都要根据原始凭证编制记账凭证。一般都是根据原始凭证(或原始凭证记总表)和记账凭证登记日记账及明细分类账,都要根据账簿记录编制会计报表。其区别主要表现在:登记总账的依据、程序和方法不同。

有的核算程序是直接根据记账凭证登记总账,有的是先按一定的规则将记账凭证加以汇总,根据汇总数登记总账。因此,按登记总账的依据、程序和方法不同,核算程序可分为逐笔记账核算程序和汇总记账核算程序。逐笔记账核算程序,包括记账凭证核算程序和日记总账核算程序。汇总记账核算程序,包括科目汇总表核算程序和汇总记账凭证核算程序。

(三)账务处理程序的设计原则

1. 符合本单位的具体情况

要设计科学合理的账务处理程序,必须从本单位的实际出发,考虑各种主客观条件,而不能一味模仿其他单位的做法。具体地讲,应当考虑以下几方面:首先,要考虑经济活动的特点和经济业务的数量。一般来讲,行政事业单位和小型企业,经济业务比较简单,数量也相对较少,因此可以考虑采用逐笔过账程序;而大中型企业,经济业务复杂,数量也较多,则更适宜采用汇总过账程序。具体到采用哪种账务处理程序,可再根据会计科目的数量、人员的分工等情况决定。其次,要符合经济管理的要求。最后,要考虑财务机构的内部组织情况。一般来讲,财会人员数量多、内部分工比较细、岗位责任制健全的单位,适宜选用汇总过账的核算程序,以方便机构内部的分工合作;反之,则应考虑逐笔过账的核算程序。

2. 有利于凭证、账簿和报表之间的协调

设计账务处理程序,就是对会计凭证、账簿、报表等进行综合性的研究,使之有机地结合起来,协调一致,为此,在设计账务处理程序时,必须解决好以下几方面的问题:一是证证联系。具体解决:如何根据原始凭证编制记账凭证,即建立原始凭证与记账凭证之间的联系;是否需要汇总原始凭证,以及汇总原始凭证与原始凭证之间的关系怎样确立;若采用汇总过账,记账凭证与汇总记账凭证如何联系?怎样根据记账凭证编制汇总记账凭证?二是证账联系。各种凭证用来登记什么账簿?或各种账簿根据什么凭证登记?是记账凭证还是汇总记账凭证,或是原始凭证,都应有明确的规定。三是账账联系。包括分类账簿与序时账簿之间的联系,总分类账与明细分类账之间的联系。采用凭单日记账程序和多种日记账程序时,尤其要规定好总分类账与日记账之间的关系。四是账表关系。各种会计报表所需要的资料,如何从有关的账簿中取得?哪些报表根据总分类账编制?哪些报表根据明细分类账编制?哪些报表还需借助于有关的日记账?在何时编制?都应作出明确的规定,以保证会计信息的及时性和准确性。

3. 有利于简化会计工作量,提高会计工作效率

记账凭证账务处理程序,是账务处理程序的基本形式,其他各种账务处理程序都是在这一基本形式的基础上演变发展而来的。由记账凭证账务处理程序转化为多种账务处理程序的原因之一,就是为了简化记账的工作量,克服重复抄录的现象。为此,设计账务处理程序,必须考虑简化工作量、提高工作效率的要求。具体到一个单位,其所设计的账务处理程序,应当小于或等于记账凭证账务处理程序下的工作量。否则,就是不成功的设计。简化会计工作量的方法一般有:以原始凭证代替记账凭证;尽可能采用累计原始凭证;设计专用记账凭证;设计多栏式日记账、专用日记账;改进记账凭证汇总方法等。

4. 有利于加强内部会计控制

设计账务处理程序,不仅要求符合单位具体条件,协调会计的各项工作,提高会计工作效率,而且要求加强会计工作的内部控制制度,明确会计核算的各个环节、各个岗位上的责任,使从事各项工作的人员能够相互制约、相互监督,既有明确的分工,又能有效地合作。如果账务处理程序设计不合理,则内部控制就会不严密,责任不明确,既影响工作效率,又难以保证工作质量。

(四)账务处理程序的设计步骤

1. 原有单位账务处理程序改进设计的步骤

(1) 根据对该单位生产经营特点和管理要求的调查,大致规划出该单位适用的账务处理程序的类型。必要的情况下,可以画出账务处理程序的草图。

(2) 按照草图的要求安排账簿组织,设计各个核算环节使用的会计凭证、序时账簿、分类账簿和会计报表等,并使它们各自形成完整的体系。

(3) 在设计各个具体核算环节的内容时,如果发现事先规定的账务处理程序有不妥的地方,应当进行修改,在草图上适当予以调整,使其逐步完善和严密,做到科学合理。

2. 新建单位账务处理程序设计的步骤

(1) 根据经济业务特点和管理要求,分别设计所需要的凭证、账簿及报表的种类和格式,并各自形成独立的完整体系。

(2) 将各种凭证、账簿、报表等,结合记账方法有机地组合起来,确定它们之间的联系和记账程序,构成整体账务处理程序。

(3) 对不适应或不利于整体账务处理程序实施的各个核算环节,进行必要的修改或补充。

(五)各种账务处理程序的特点分析

1. 逐笔过账的处理程序

逐笔过账的处理程序是指直接根据记账凭证登记总账而不需对记账凭证进行汇总的账务处理程序。在具体运用时又分为两种形式:记账凭证账务处理程序和日记总账账务处理程序。

(1) 记账凭证账务处理程序分析。这种程序的特点是:直接根据记账凭证登记序时账簿、明细分类账簿,同时也据以逐笔登记有关总分类账簿,再根据账簿记录编制会计报表。

这种处理程序的优点是:手续简便,容易掌握;缺点是:重复劳动,它将记账凭证同时登记了两次,一次过入明细账(含序时账簿),一次过入总账,因此在过账上有两倍的工作量,如稍有不慎,势必造成过错明细账或总账。所以这种账务处理程序只适合用于规模较小、经济业务不多的企业和单位。但是这种程序却是最基本的处理程序,它是产生其他程序的基础。

(2) 日记总账账务处理程序分析。日记总账账务处理程序是设计一种专门格式的账簿日记总账,用以记录经济业务,逐笔记录视为日记账,汇总的合计数代替总账,并据以编制会计报表的账务处理程序。显然,日记总账兼具日记账和总账两种功能,分科目按专栏反映,因此,日记总账账簿实际上是一种联合账簿,既序时记录又分类记录。

这种形式克服了记账凭证账务处理程序重复劳动的缺点,具有提高效率的优点,而且由于账簿记录中分科目反映,可以看出每笔经济业务的账户对应关系。由于它也是逐笔过账形成的,故也属于逐笔过账的处理程序。不过这种形式也只适用于经济业务少、会计科目不多的企业和单位。因为若科目多,日记总账的设计篇幅大,显得过长,操作起来也不方便,尤其是不便于会计人员的分工,其格式如表4-19所示。

表4-19 日记总账格式

第　页

年		凭证		摘要	发生额	××科目		××科目		××科目	
月	日	字	号		（合计）	借	贷	借	贷	借	贷
〰〰	〰〰	〰〰	〰〰	〰〰	〰〰	〰〰	〰〰	〰〰	〰〰	〰〰	〰〰
本月发生额合计											
月末余额											

根据逐笔过账的处理程序的特点分析,如果我们在设计某单位会计制度时,调查的情况是大中型企事业单位,经济业务较多,科目设计较复杂,则在选择账务处理程序时,就不宜选择这种程序,否则会增加大量的工作量,不利于会计人员的分工操作;相反,对于小型企事业单位,包括私营企业、个体经济、规模不大的集体企业等则一般可考虑采用这种形式,尤其是日记总账账务处理程序有更大的优越性。

2. 凭证汇总的账务处理程序

这种程序是把记账凭证先按时间(如一旬)、科目进行汇总,得出各科目一定时间的发生额合计数,再按此合计数记入总分类账簿并据以编制会计报表的处理程序。由于汇总的方式不同,又分为科目汇总表账务处理程序和记账凭证汇总表(或汇总记账凭证)账务处理程序两种。凭证汇总的账务处理程序如图4-3所示。

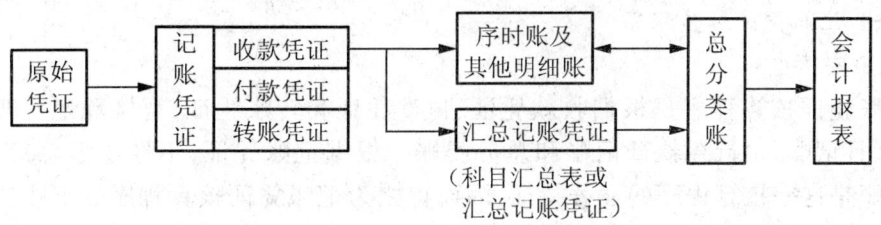

图4-3 凭证汇总的账务处理程序

（1）科目汇总表账务处理程序。科目汇总表账务处理程序是在一定时期(如一周或一旬、一月)将其所发生的经济业务,按科目分借方、贷方发生额进行汇总,全部科目反映在一张表内,试算平衡后,再据以登记总账和在期末编制会计报表。编制科目汇总表是这种程序的主要特征。

这种程序的优点是：手续简便；发生额反映在一张表内，一览无遗。科目汇总表的格式如表 4-20 所示。

表 4-20　科目汇总表

____日至____日

科目名称	借方发生额	贷方发生额	记　账
现　　金			
银行存款			
应收票据			
坏账准备			
短期投资			
材料采购			
原材料			
合　　计			

制表：

（2）汇总记账凭证账务处理程序。汇总记账凭证账务处理程序是把记账凭证（一般分为收款凭证、付款凭证和转账凭证）按期间和科目汇总在"汇总记账凭证"上，对于收、付款凭证，按现金和银行存款科目的对应科目列示并汇总；对于转账凭证，则以各科目的贷方金额为主，汇总其对应的借方科目金额，这样可得到汇总收款凭证、汇总付款凭证和汇总转账凭证三张凭证，将其中各科目发生额记入总账，再据以编制会计报表。这种处理程序能反映科目对应关系，减少登记总账的工作量，但三种记账凭证分别汇总，手续较繁，对小型企业和经济业务不多的单位，显然不适用。

二、逐笔过账账务处理程序的设计

（一）记账凭证核算程序

1. 主要特点

记账凭证核算程序是根据收款凭证、付款凭证和转账凭证，直接登记各明细分类账、现金日记账、银行存款日记账和总分类账。根据记账凭证，不经过汇总，直接登记总分类账是这一核算程序的显著特征，因而称之为记账凭证核算程序。记账凭证核算程序是最基本的核算程序，其他各种核算程序均是在这一核算程序的基础上发展和完善起来的。

2. 凭证组织和账簿组织

在记账凭证核算程序下，记账凭证可以采用通用格式的记账凭证，也可以采用收款凭证、付款凭证、转账凭证三种格式的记账凭证。

账簿的组织一般应设置三栏式总账、三栏式现金日记账、三栏式银行存款日记账，明细分类账则可根据管理的需要分别选用三栏式明细账、数量金额式明细账、多栏式明细账和横线登记式明细账。

3. 记账程序

以采用收款凭证、付款凭证、转账凭证三种记账凭证为例说明：一是根据原始凭证或原始凭证汇总表，按经济业务的不同性质，分别编制收款凭证、付款凭证、转账凭证；二是根据收款凭证、付款凭证，逐日逐笔登记现金日记账和银行存款日记账；三是根据各种记账凭证及所附的原始凭证或原始凭证汇总表，登记各种明细账；四是根据各种记账凭证逐笔登记总分类账；五是月末将现金日记账、银行存款日记账、各明细分类账的余额，分别与总分类账中有关账户的余额核对相符；六是月末根据总分类账、明细分类账的记录编制会计报表。

记账凭证核算程序的记账程序如图4-4所示。

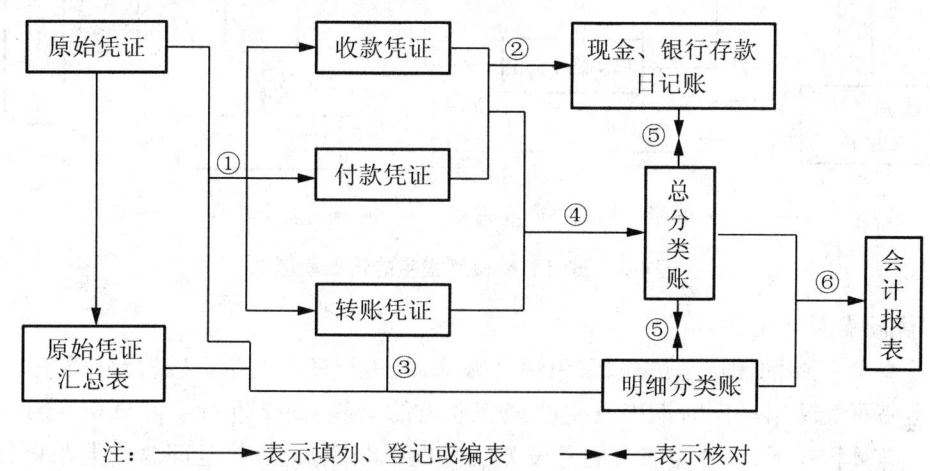

图4-4 记账凭证核算程序的记账程序

4. 优缺点及适用性

这一核算程序的优点是记账程序清楚简单、简明易懂，根据记账凭证直接登记总账，总分类账记录详细，便于核对账目。其缺点是登记总账的工作量比较大。为了减轻记账工作，可以尽量将同类性质的原始凭证汇编成"原始凭证汇总表"，再据以编制记账凭证。这一核算程序适用于经济业务量较少的小单位使用。

（二）日记总账核算程序

1. 主要特点

日记总账核算程序的主要特点是：总分类账簿采用联合账簿日记总账，经济业务发生后，根据记账凭证逐日逐笔直接登记日记总账。因此，这一核算程序被称为日记总账核算程序。

2. 凭证组织和账簿组织

在日记总账核算程序下，记账凭证可以采用通用格式的记账凭证，也可以采用收款凭证、付款凭证、转账凭证三种格式的记账凭证。

总分类账簿应使用联合账簿日记总账，设置三栏式现金日记账和三栏式银行存款日记账;明细分类账则可根据管理的设置需要,分别选用三栏式明细账、数量金额式明细账、多栏式明细账和横线登记式明细账。

3. 记账程序

仍以采用收款凭证、付款凭证、转账凭证三种记账凭证为例说明,日记总账核算程序的记账程序如图 4-5 所示。

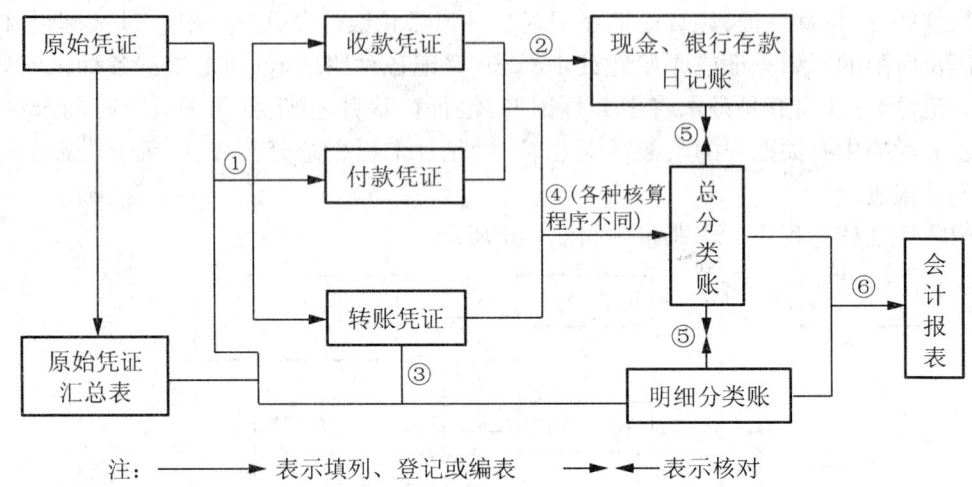

图 4-5　日记总账核算程序的记账程序

4. 优缺点及适用性

这一核算程序的优点是:总账采用联合账簿,既进行序时登记,又进行分类登记,在一张账页上就可反映出一定时期内发生的经济业务的全貌,便于进行会计分析、会计检查。但在这一核算程序下,总分类账户的开设方法是在一张账页上,将全部总分类账户分专栏开设。这样,在总分类账户设置较多的情况下,账页就会太长,使用不方便,还容易串行发生错账;而且在会计人员较多的情况下,这一核算形式不便于会计人员的内部分工记账。

根据以上优缺点即可看出这一核算程序适用于经济活动内容简单、一级会计科目设置较少的小单位使用。

三、汇总过账账务处理程序的设计

(一) 科目汇总表核算程序

1. 主要特点

科目汇总表核算程序又称记账凭证汇总表核算程序。它是根据收款凭证、付款凭证、转账凭证定期编制科目汇总表,然后根据科目汇总表登记总分类账,因而称之为科目汇总表核算程序。其主要特点是:先根据记账凭证编制科目汇总表,再根据科目汇总表登记总分类账。

2. 凭证组织和账簿组织

在科目汇总表核算程序下,记账凭证可以采用收款凭证、付款凭证、转账凭证三种格式的记账凭证,也可以采用单式记账凭证。为了定期对记账凭证进行汇总,还应设科目汇总表。

账簿的组织,一般应设置三栏式总账、三栏式现金日记账和银行存款日记账。

在科目汇总表核算程序下,也可采用以科目汇总表代替总账的方法。如采用此法,科目汇总表中应增设"期初余额"、"累计借方发生额"、"累计贷方发生额"和"期末余额"栏目。

3. 汇编方法的设计

科目汇总表的编制方法是:定期根据收款凭证、付款凭证、转账凭证,按相同的会计科目归类,分别加计每一个会计科目的借方发生额和贷方发生额,并将发生额填入科目汇总表的相应栏目内。

根据单位业务量的多少而设定科目汇总表的编制时间,可以每5天、10天、15天或1个月编制一次。

编制科目汇总表时,可将一定时期内的记账凭证全部汇编在一张科目汇总表中,也可分别根据收款凭证、付款凭证、转账凭证编制收款凭证汇总表、付款凭证汇总表、转账凭证汇总表,具体根据单位经济业务的特点而定。

采用收款凭证、付款凭证、转账凭证三种格式的复式记账凭证时,为了便于按科目归类汇总编制科目汇总表,要求编制记账凭证时,只能是一个借方科目与一个贷方科目相对应,编制简单分录。对于转账凭证,可复写一式两份,以便分别汇总借方科目和贷方科目发生额。有的单位也采取这种做法:收款凭证、付款凭证采用复式记账凭证,转账凭证采用单式记账凭证。

4. 记账程序

仍以采用收款凭证、付款凭证、转账凭证三种记账凭证为例说明,科目汇总表核算程序的记账程序如图4-6所示。

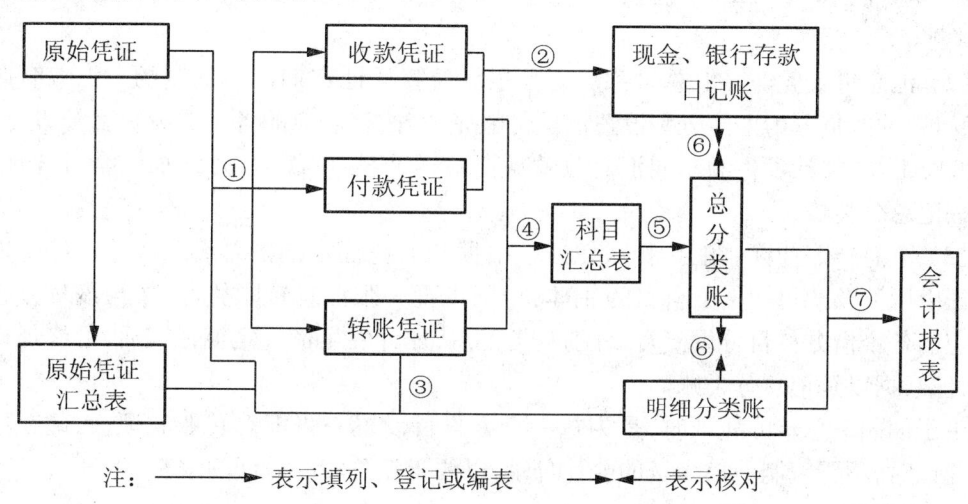

图4-6 科目汇总表核算程序的记账程序

5. 优缺点及适用性

科目汇总表核算程序的主要优点是大大简化了登记总分类账的工作量;通过科目汇总表的编制,也能起到检查所汇总的记账凭证借、贷方发生额是否相等的作用。其主要缺点是编制科目汇总表不能反映科目的对应关系,登记总分类账后,总账记录也不能反映对应关系,因而不便于对经济活动的情况进行分析和检查。

这一核算程序适用范围较广,大中小型企业和其他单位均可根据自身情况斟酌采用。

(二) 汇总记账凭证核算程序

1. 主要特点

汇总记账凭证核算程序是根据收款凭证、付款凭证、转账凭证按照科目的对应关系定期进行汇总,编制汇总记账凭证,月终根据汇总记账凭证登记总分类账,因而称之为汇总记账凭证核算程序。

2. 凭证组织和账簿组织

在汇总记账凭证核算程序下,记账凭证应采用收款凭证、付款凭证和转账凭证。为了定期对记账凭证进行汇总,还应设置汇总收款凭证、汇总付款凭证、汇总转账凭证等。

账簿的组织,一般应设置三栏式总账。为了反映科目对应关系,在格式中应设对方科目专栏。三栏式现金日记账和银行存款日记账、明细分类账则可根据管理的需要设置,分别采用三栏式明细账、数量金额式明细账、多栏式明细账和横线登记式明细账。

3. 汇编方法的设计

(1) 汇总收款凭证。汇总收款凭证是根据收款凭证定期汇总编制的。汇编时以现金、银行存款的借方为主体分别设置汇总收款凭证,按相对应的各个贷方科目分设专行,分别归类汇总,加计发生额。汇总的期间视经济业务量的大小而定,一般不应超过10天,每月至少汇总三次,每月编制一张。月终在汇总收款凭证上结算出合计数,据以登记总分类账。

(2) 汇总付款凭证。汇总付款凭证是根据付款凭证定期汇总编制的。汇编时以现金、银行存款的贷方为主体分别设置汇总付款凭证,按相对应的各个借方科目分设专行,分别归类汇总,加计发生额。同汇总收款凭证一样,定期汇编后,月终加计全月合计数,据以登记总分类账。

(3) 汇总转账凭证。汇总转账凭证是根据转账凭证定期汇总编制的。汇编时以转账凭证中所涉及的每一贷方科目为主体,分别设置一张汇总转账凭证,按与该贷方科目相对应的各个借方科目分设专行,分别归类汇总,加计发生额。定期汇编后,月终加计全月合计数,据以登记总分类账。

由于编制汇总转账凭证时,是为每一贷方科目设置一张汇总转账凭证,因此在编制转账凭证时,不要编制一借多贷的会计分录,以便于汇总转账凭证的编制。

4. 记账程序

汇总记账凭证核算程序的记账程序如图4-7所示。

5. 优缺点及适用性

汇总记账凭证核算程序的主要优点是:通过编制汇总记账凭证,再据以登记总账,既简化了登记总账的工作,又可在汇总记账凭证和总分类账户记录中反映账户之间的对应关系,便于分析和检查发生的经济活动的情况。但是,根据转账凭证为每一贷方科目编

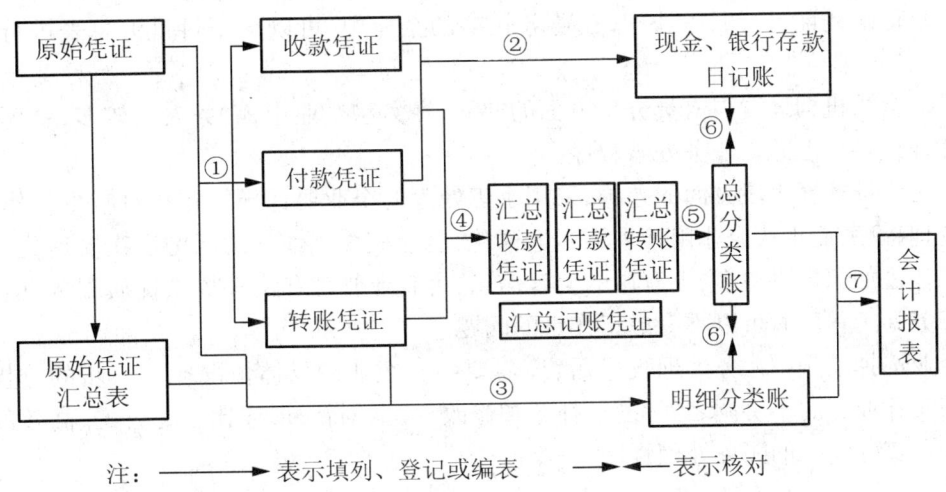

图 4-7　汇总记账凭证核算程序的记账程序

制一张汇总转账凭证,对于经济业务较少的单位来说,工作量相对较大,起不到简化会计核算的作用。这一核算程序,适应于经济业务量大的企业和其他单位使用。

通过上述四种核算程序的内容可看出,核算程序是以账簿组织为中心,以"原始凭证—记账凭证—账簿—会计报表"为主框架建立的,记账凭证核算程序是基础,其他三种是在账簿组织和记账凭证与账簿的衔接上进行的改进。其目的是均衡会计核算期间的工作量,简化核算手续,提高核算效率。在实际工作中,还存在其他核算程序,如收付款业务较多的单位,日记账采用多栏式账簿,平时根据收款、付款凭证登记多栏式现金、银行存款日记账;月终,根据多栏式现金、银行存款日记账各栏合计数登记总账。转账业务较少的单位,可直接根据转账凭证逐笔登记总账,这又产生了一种核算程序,人们称之为多栏式日记账核算程序。再如,在采用科目汇总表核算程序下,若收付款业务所占比重较大,也可将日记账设计成多栏式账簿,平时根据收款、付款凭证登记多栏式现金、银行存款日记账;月终,根据多栏式日记账各栏合计数登记总账,而省去了根据收款、付款凭证编制科目汇总表的工作。这一核算程序,是将科目汇总表核算程序与多栏式日记账核算程序结合运用。

（三）会计核算程序的选择

一般而言,企业规模与业务量的大小、业务种类的繁简、会计机构的设置与人员分工以及会计核算手段等方面的差异,是不会对企业的对外报表和纳税申报方面产生影响的,但企业管理和决策对会计信息容易产生依赖性,因此在选择账务处理程序时就会产生差异。

针对企业规模和业务量方面的差异,中小型企业可以选择记账凭证账务处理程序;大中型企业可以选择汇总记账凭证、科目汇总表或多栏式日记账账务处理程序;特大型企业则一般采用科目汇总表账务处理程序。

针对业务种类繁简方面的差异,如银行业务比较单一,要求时效性,可以用原始凭证代替记账凭证,直接依据科目日结单登记总账;在一般企业中,业务单一的企业可以采用通过汇总记账凭证进行账务处理,在业务较多的企业中,可以采用科目汇总表进行账务处理。

针对会计机构设置与人员分工方面的差异,在大型企业中,财务人员较多,就可采用记账凭证或科目汇总表账务处理程序。

针对会计核算手段方面的差异,采用手工处理的企业要选择能够相对减少工作量的账务处理程序,而现代企业由于采用了电算化,会计核算工作量的问题居次要地位,更重要的工作是如何提供更多、更有用的会计信息,为企业管理和决策提供优质服务,因此在选择账务处理程序时可以不考虑工作量的问题。

企业选择了一种账务处理程序后,还需要结合企业的具体情况作进一步的分析,找出其与实际业务的不协调之处,进行补充和修改,甚至创新,形成比较完善的、高效的、符合本企业实际情况的账务处理程序。

【复习题】

1. 设计会计凭证有何意义?
2. 设计原始凭证应当遵循哪些原则?
3. 设计原始凭证为什么必须具备原始凭证的基本内容?
4. 反映财产物资、货币资金、费用成本的原始凭证,设计时应分别注意哪些问题?
5. 原始凭证的设计步骤有哪些?
6. 设计记账凭证应注意哪些事项?应按照哪些步骤设计?
7. 复式记账凭证与单式记账凭证的设计有何区别?
8. 什么是账务处理程序?设计账务处理程序有何意义?
9. 账务处理程序包括几种?它们的主要区别是什么?
10. 设计账务处理程序应当符合哪些要求?简化会计工作量,可采用哪些方法?
11. 试述科目汇总表核算程序下凭证、账簿、记账程序应如何设计?
12. 试述汇总记账凭证核算程序下凭证、账簿、记账程序应如何设计?
13. 企业应如何选择会计核算程序?

【思考设计题】

1. 某企业成立车船票、机票代售处,已办理营业执照。经调查已知:
(1) 代售处与企业是承包关系,实行单独核算。
(2) 开办前,企业拨给代售处10万元周转金作为注册资本。
(3) 代售处房屋系租入,每月按合同交付租金。房屋要装修。
(4) 代售处的收入主要是代销票手续费收入,由车站、码头、机场按规定付给。
(5) 代售处已安装电话一部,购电脑一台,另购置必要的家具和设备。
(6) 与车站、码头、机场的结算方法是:先领回票,每五天结算一次,付清票款,取得手续费收入。

（7）每年向企业交一定数额的承包费。

（8）代售处人员均为企业职工，开业后工资及福利自理。

（9）按规定缴纳有关税金。

（10）已在银行单独开户。

试设计该单位的账务处理程序。要求：

（1）画出流程图；

（2）说明其优缺点。

2. 有五家个体户决定合股投资100万元经销五金、成衣、家电及百货商品，并开设音乐茶座。已租下二层楼房一栋，二楼为商场，一楼为茶座，已办理营业执照，准备开业。兹委托某会计师事务所设计一套新会计制度。经事前调查，获得以下资料：

（1）除五家合股投资外，还准备向银行贷款和吸收他人投资，但他人投资不作为股份，只作为长期应付款，按银行同期存款利率高20%付息。

（2）商场和茶座均需重新装修后方能营业。

（3）需购入货架、柜台、音响设备、桌椅等设备及运输汽车一辆。

（4）商场购销活动中，库存商品按售价记账，可以赊购赊销。

（5）茶座的收入作为附营业务处理。

（6）雇请店员若干人，每月按计时工资计发报酬，奖金视营销情况而定。

（7）房屋按月缴纳租金。

（8）按规定缴纳增值税和所得税（其他税种从略），税率按国家规定执行。

（9）公司要求管理费用等共同费用应在商场和茶座之间分摊。

（10）利润要按商场和茶座分别计算，税后利润按规定提取公积金和公益金。

（11）公司名称为江城有限责任公司。

（12）已在银行开立账号。

（13）购进商品的包装物（纸箱、绳等）出售给废品公司。

试设计江城有限责任公司的商品入库单一份、记账凭证一份。要求：

（1）入库单中应反映商品名称要求、规格、产地、供应单位、数量、单价、金额、验收人等内容。

（2）确定该公司采用何种记账凭证并进行设计。

3. 刘通于2011年1月1日用银行存款500 000元作为投资创办了天地公司，主要经营各种家具的批发与零售。5月1日，刘通以每月2 000元的租金租用了一个店面作为经营场地。由于刘通不懂会计，他除了将所有的发票等单据都搜集保存起来外，没有作任何其他记录。到月底，刘通发现公司的存款反而减少了，只剩下458 987元，外加643元现金。尽管客户赊欠的13 300元尚未收回，但公司也有10 560元货款尚未支付。除此之外，实地盘点库存家具，价值25 800元。刘通开始怀疑自己的经营能力，前来向你请教。

对刘通保存的所有单据进行检查分析，汇总一个月的资料显示如下：

（1）投资银行存款500 000元。

（2）内部装修及必要的设施花费 20 000 元，均已用支票支付。

（3）购入家具两批，每批价值 35 200 元，其中第一批为现金购入，第二批购入赊欠价款的 30%，其余用支票支付。

（4）本月零售家具收入共 38 800 元，全部存入银行。

（5）本月批发家具收入共 25 870 元，其中赊销 13 300 元，其余存入银行。

（6）用支票支付当月的租金 2 000 元。

（7）本月从银行存款户提取现金共 10 000 元，其中 4 000 元支付店员的工资，5 000 元用作个人生活费，其余备日常开支。

（8）本月水电费 543 元，支票支付。

（9）本月电话费 220 元，现金支付。

（10）其他各种杂费 137 元，现金支付。

（11）结转已售库存商品成本 44 600 元。

（12）结转本月主营业务收入 64 670 元。

（13）将有关费用项目转入本年利润账户。

请根据天地公司的具体经济业务，替刘通设计一套适合该公司的会计核算组织程序，并帮助记账（编制会计分录即可），向刘通报告公司的财务状况，解答其疑惑，评述其经营业绩。

【实验题】

设某企业 2012 年预计赢利 5 000 万元，个人人均月工资超过 5 000 元，国庆节给全体员工每人发放 500 元现金，公司员工共计 100 人。

1. 请你设置五种原始凭证或原始凭证组合进行账务处理。

2. 分析各种账务处理方式可能对哪几个方面的企业利益产生影响。

3. 计算各种进账方式对企业所得税和个人所得税（设个人所得税适用税率均为 5%）的影响。

4. 试分析以上设计的条件有哪些。

5. 你如何理解原始凭证设计的基础性和重要性？

6. 你如何理解原始凭证的形式设计与实质设计的关系？并重新体会实质重于形式的会计原则。

7. 写出不少于 200 字的实验报告，内容至少包括体会及建议。

第五章 账簿设计

【本章导航】

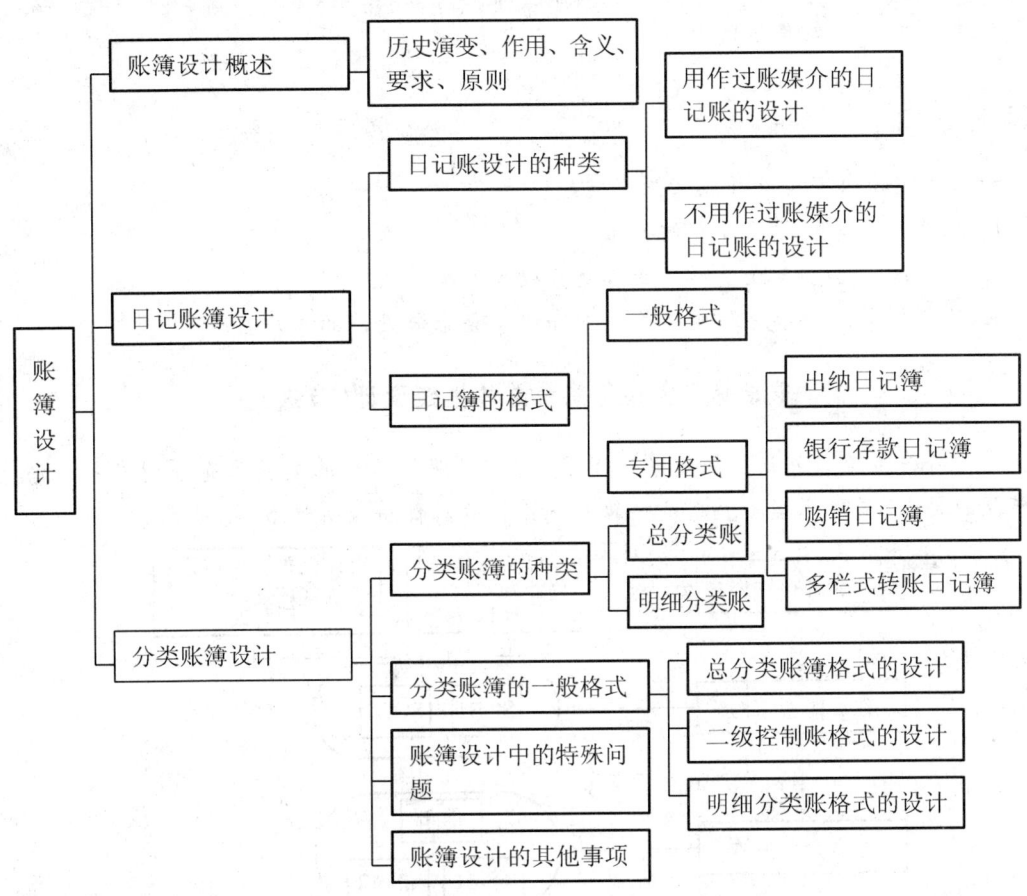

【知识目标】

1. 了解账簿设计的原则和基本要求。
2. 明确账簿设计的内容和范围。

【能力目标】

1. 能根据企业具体情况设计（含购买）一套可行的账簿体系。
2. 能设计可行的备查账。

【导入案例】

请认真阅读以下案例并思考三个问题：

1. 核算系统与账簿设计有何关系？
2. 试通过网络等手段了解多账簿财务核算系统。
3. 从会计主体与账簿结构的关系中如何体会账簿设计的本质？

多账簿财务核算系统总体框架设计（节选）

为了解决传统财务核算系统解决不了的问题，满足复杂的集团型企业财务报告与会计核算的要求，多账簿集团型财务核算系统设计的总体框架如图5A-1所示。

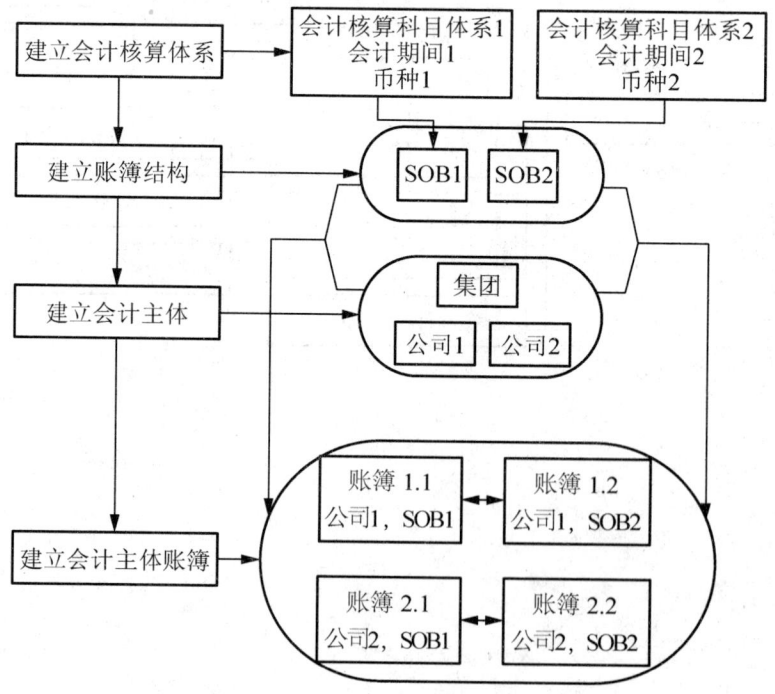

图5A-1　多账簿集团型财务核算系统设计的总体框架

1. 构建会计核算体系

建立会计核算体系的三个独立要素——会计核算科目体系、会计期间、币种。

2. 建立会计账簿体系或结构（SOB）

可以说，会计科目体系、会计期间、币种这三个要素，决定了一个会计账簿的结构，因为这三个要素决定了一个会计主体进行会计核算的基本框架。因此，决定会计账簿结构的三个要素（会计科目体系、会计期间、币种）建立以后，再将这三个要素组合，即形成一个会计账簿结构。我们将这三个要素相同的会计账簿，统称为一个SOB，它是具有相同记账本位币、相同会计科目体系、相同会计期间的多个会计主体的会计账簿的集合。在一个SOB中，所有账簿的结构是相同的。所以，有时也用SOB代表一个账簿结构。每个会计主体可以根据自身的会计核算的需求，选择合适的会计账簿结构，建立属于自己的主体账簿。

如在一个企业集团中，只有一个公司分别在深圳、香港上市，它应建立两个会计账簿结构或两个SOB，一个符合内地的会计制度，一个符合香港的会计制度，如表5A-1所示。

表 5A-1　会计账簿结构

账簿结构（SOB）	会计科目体系	会计期间	币种
SOB1	内地	内地(1.1－12.30)	人民币
SOB2	香港	香港(4.1－3.30)	港币

3. 建立会计主体

会计主体指需要进行独立会计核算的经济实体。会计主体既可以是公司，即一个法律主体，按国家和税务部门的要求提供财务报告；也可以是非法人主体，即一个责任主体，如事业部、办事处、部门级公司、分厂、业务部门等，按企业内部的管理与考核制度，提供用于内部考核的责任报告。

由各个形成上下级关系的会计主体构成了会计组织。会计组织机构应该从属于公司的组织机构，或者说先有公司的组织机构，后有公司的会计组织机构。因此，设计思路是，在系统中首先建立公司的法人组织机构和内部部门，再通过公司的法人组织机构和内部部门映射出公司的会计组织机构。一个集团的法人组织机构和内部部门如图5A-2所示。

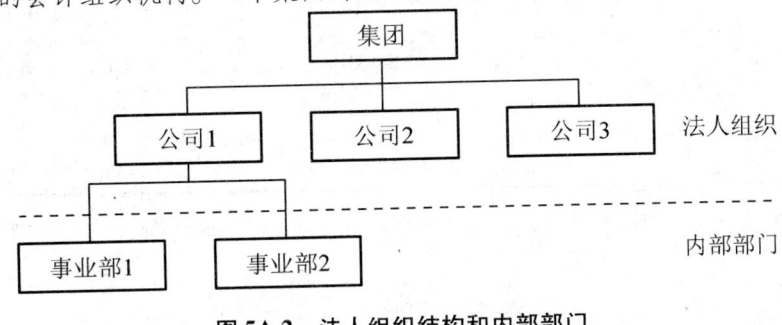

图 5A-2　法人组织结构和内部部门

其可映射出的会计组织机构如图5A-3所示。从而形成了五个会计主体:公司1、公司2、公司3、事业部1、事业部2,公司1、公司2、公司3是法人主体,而事业部1、事业部2是责任主体,事业部1、事业部2从属于公司1。

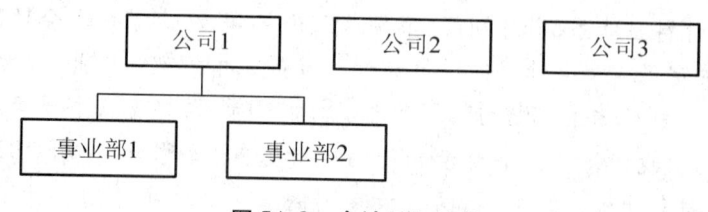

图5A-3 会计组织结构

4. 建立会计主体账簿

在会计主体与会计账簿结构都建立完毕的基础上,建立会计主体与会计账簿结构(SOB)的引用关系,从而为每个会计主体建立属于自己的主体账簿。一个会计主体可根据会计核算的需要按不同账簿结构或相同的账簿结构建立多个会计主体账簿。如在上面所述的集团公司中,公司3在香港上市,需要分别按内地与香港的会计科目体系、会计期间和币种进行会计核算;而集团中的其他企业都按内地的会计科目体系、会计期间和币种进行会计核算。公司2除了需要对外报告的一个账簿外,还需要一个对内管理的账簿。那么,在建立内地与香港两套账簿结构(假设内地的账簿结构为SOB1,香港的账簿结构为SOB2)和五个会计主体的基础上,建立如表5A-2所示的会计主体与会计账簿的引用关系,从而建立七个会计主体账簿。公司3有内地与香港两个会计主体账簿(账簿结构不同),公司2有对内与对外的两个会计主体账簿(账簿结构相同),公司1有一个对外报告的主体账簿,事业部1和事业部2各有一个对内考核的主体账簿。

表5A-2 会计主体与会计账簿的引用关系

会计主体	会计账簿结构	会计主体账簿
公司1	SOB1	公司1、SOB1(对外报告)
事业部1	SOB1	事业部1、SOB1(对内报告)
事业部2	SOB1	事业部2、SOB1(对内报告)
公司2	SOB1	公司2、SOB1(对外报告)
公司2	SOB1	公司2、SOB1(对内报告)
公司3	SOB1	公司3、SOB1(内地报告)
公司3	SOB1	公司3、SOB1(香港报告)

资料来源:周常兰,付得一,吴辉,田芬,尹晓波等. http://www.enet.com.cn/cio/. 2006-03-16.

第一节　账簿设计概述

一、会计账簿的历史演变

从会计发展的历史来看,账簿组织的演变书写了极其重要的一页。回顾其发展历程,对了解会计账簿的产生与作用有深刻的意义。从历史来看,会计账簿的发展经历了如下几个阶段:

（一）原始方式

我国账簿的最原始形式是"流水账"。"流水账"是简单的日记账,格式为上下两格,上格记付出。每日根据收付事项发生的先后顺序登记,结出余额。随着生产的发展和经济业务的日益复杂,又产生了分类记载经济业务的"誊清账"。"誊清账"根据流水账记录的有关内容分类登记,即按客户的往来、费用开支等分户登记。此外,还有一种用作原始记录的"草账",其反映经济业务的详细内容。

上述三种账簿构成我国最早的账簿组织,复式记账法产生之前,已经形成并广泛使用,三者之间的关系如图 5-1 所示。

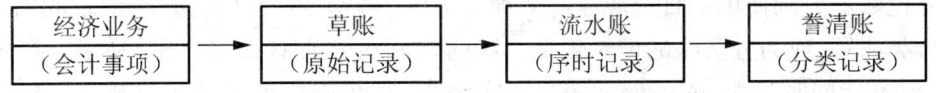

图 5-1　三种账簿之间的关系

（二）日记簿的分割和特种日记簿的产生

随着记账内容的丰富、核算工作规模的扩大,记账分工逐步形成,账簿组织的演变成为不可避免的趋势。首先是日记簿分割的出现。现金收付业务的记录从日记簿中分割出来,设立现金日记簿,其余业务仍在分录日记簿中记录。此后,销货业务与进货业务也分割出来了,设立了销货日记簿和进货日记簿,把记录其他业务的分录簿叫作普通日记簿。

这时账簿之间的关系仍是以账过账,即根据特种日记簿和普通日记簿过入分类账。其模式如图 5-2 所示。

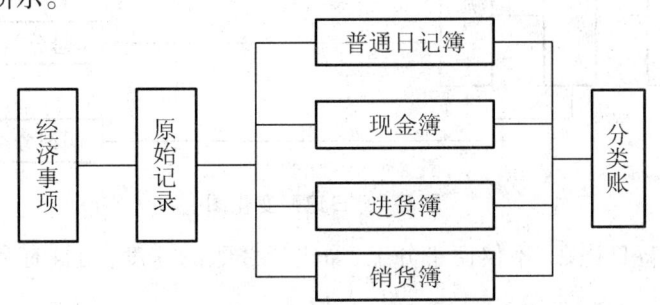

图 5-2　日记簿分割与特种日记簿产生模式图

(三) 分类账的分割

分类账的分割是账簿发展史的一次飞跃。由于经济业务日益复杂，分类账户越来越多，给记账、查账带来很多困难。于是便对分类账进行分割，把一些性质相同，户数比较多的账户分割出来，单独设账，并在原分类账中设置统制账户。统制账户的分类账叫作总分类账，分割出来的分类账叫作辅助分类账。同时还对各种日记簿设置专栏，按专栏总数一笔过入统制分类账。其形式如图5-3所示。

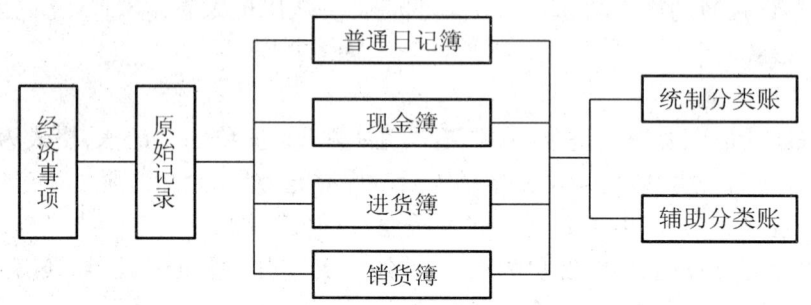

图5-3 分类账分割形式图

(四) 日记账的质变

日记账的分割使单一日记簿成为多种日记簿。分割后的日记簿，所记录的内容都要过入分类账簿，成为分类账的记录依据。账簿之间虽然具有衔接严密、易于保存资料的优点，但不能同时过账，账务处理缓慢。实践中，逐步以凭证代替日记簿。即经济业务发生时，先根据原始凭证填制记账凭证，然后根据记账凭证登记各种账簿。记账凭证代替了日记簿后，对一些重要的业务加强管理和核算仍需设置一些日记账，如现金日记账、银行存款日记账，以对现金和银行存款的收支业务进行序时记录。这时的日记簿与原来的日记簿已大不相同，发生了质的变化。首先是自身必须根据记账凭证逐笔登记，其次是记录的内容不再过入分类账。其实质已经成为一种明细分类账。其形式如图5-4所示。

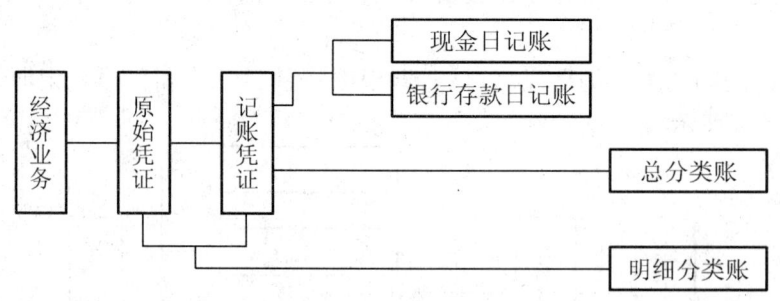

图5-4 日记账变化图

记账凭证代替日记账，不仅便于分工，加快了登账的速度，而且有利于内部控制制度的建立。

二、会计账簿的作用

1. 连续、系统、全面地反映和监督经济业务的发生

连续、系统、全面是账簿记录经济业务的特点。"连续"体现于账簿的序时记录,"系统"体现于账簿的分类记录,"全面"体现于账簿对经济业务的全面记录。因此,通过设置账簿,将大量、分散的经济业务经过归类整理体现在账簿上,是会计能连续、系统、全面核算与监督经济业务的前提条件。

2. 账簿资料是编制会计报表的依据

会计报表为使用者提供的各种数据、指标主要来源于账簿。"资产负债表"的数据主要来自分类账簿的期末余额,"损益表"的数据主要来自某些分类账簿的发生额,"成本报表"的数据主要来自成本费用类明细账。

3. 账簿的建立有利于加强会计监督

会计账簿是汇集、整理、加工会计信息的工具及积累储存信息的数据库。企业的财务状况和经营成果都在账簿中得到体现。因此,建立健全账簿组织体系,有利于利用账簿的功能对企业的经济活动实施会计监督。如利用账簿记录可以对财产增减变动进行控制与监督,保证企业财产的安全、完整及合理使用。

三、会计账簿设计的含义

会计账簿的设计,就是确定应设计哪些账簿,如何建立合理的账簿体系。即制定出反映不同业务内容及采用不同记账工具的账页格式,设计合理、科学的登账方法,使账簿既能为会计核算与管理提供充分的信息资料,又能简化会计核算工作,提高会计工作效率。

四、会计账簿的发展变化及趋势

综上所述,会计账簿的发展经历了漫长的历史阶段,从账簿的发展变化可以看出这样几个特点:

(1) 从日记账来看,从一种分录簿式的日记簿,到分设普通日记簿的几种特种日记簿,再到只设现金日记账和银行存款日记账。

(2) 从分类账来看,从一种分类账到分设总分类账和明细分类账。

(3) 从会计凭证来看,从设置"草账"到设置原始凭证、记账凭证。

(4) 从记账依据来看,从账簿过入账簿到根据记账凭证记账。

随着科学技术的发展,会计处理手段日益现代化(如计算机的出现使会计数据处理的方式发生了质的变化),数据处理工具的设置愈来愈细密,数据处理程序愈来愈简化合理。因此,账簿设计是一个具有丰富内容的课题。

五、账簿设计的要求

账簿设计的要求:一是尽量避免在数据处理工作方面一些不必要的、繁琐的、无效的劳动,使会计人员从大量的日常事务中摆脱出来,加强经常性的分析和管理工作,提高企业管理水平。二是核算上尽量减少重复登记,建设差错源,提高数据自动平衡检校的有

效性。三是简化数据处理程序,保证信息输出的及时性。四是力求轧账容易、查账迅速。五是提高信息输出的多样性,适应企业管理的客观需要。

六、账簿设计的原则

要使账簿组织科学、合理,账簿之间层次分明并具有紧密的勾稽关系,互相之间能起到制约和控制作用,设计账簿时,应遵循以下原则:

1. 账簿组织与单位的规模和特点相适应

账簿组织要适应企业的特点与规模,必须根据企业的具体情况确定账簿的种类、数量、格式、层次及内容。如在大中型企业里,材料品种多、数量大、变动频繁、保管地点分散,要求分类管理与核算,这就要求按材料类别设置二级明细账,按材料品名设置三级明细账,小型企业根据情况可以适当简化。账簿设计既要考虑满足管理需要,保证账簿组织的严密与完整;又要减少登账工作量,防止重复设账,提高登账的工作效率。

应该特别指出的是,实务中多数账簿可以在市场上购买到,因而账簿设计主要是选择适应于企业的账簿组合,辅之以企业特殊需要账簿的设计,如备查账的设计。

2. 满足会计报表的资料需要

账簿是编制会计报表的依据,编制会计报表所需的数字资料主要来源于账簿。因此,在设计账簿种类及明细项目时,要考虑会计报表的指标需要,尽可能使账簿的种类、明细项目与会计报表的账簿种类和指标做到口径一致,减少编表时的汇总或分解等计算工作,加快报表的编制和报送速度。

3. 账簿设计要与所采用的会计核算程序相适应

会计核算程序不同,对设置的账簿种类与格式有不同的要求。如"记账凭证核算程序"下,总分类账簿可设计为"三栏式",而在"日记总账核算程序"下,则必须设计为"多栏式";前者按会计科目分别设账,后者按会计科目分设专栏;前者属分类记录,后者则兼有序时记录和分类记录的共同作用。

4. 设计的账簿要便于登记、审核与保管

账簿的设计还要为登记、审核与保管考虑。账页尺寸不宜太大,账页格式不宜过于复杂,以方便账簿的登记,提高工作效率。同时,还要便于账证、账账、账表之间的核对。此外,还要便于审阅与保管。

第二节 日记账簿设计

在账簿发展的初期,日记账的作用,主要作为登记分类账的依据,通过设置日记账,按日及时记录当天所发生的全部业务,才能保证分类记录的完整性。当记账凭证(传票)和汇总凭证(总传票)出现以后,总账和明细账分别根据汇总凭证和记账凭证过账。记账凭证和汇总凭证基本取代了日记账的过账作用,日记账便失去了它早期存在的功能。现存的"现金日记账"、"银行存款日记账"实际上已成为明细账。

由于日记账历史上存在过账功能,而目前一些现金收付业务频繁的企业也仍沿用这一功能。因此,日记账的设计要根据用途不同分别考虑。如果采用记账凭证和汇总记账凭证登记总分类账,日记账只用作明细账或备查簿,那么其设计比较简单;如果以日记账登记总账,日记账兼有记录经济业务详细内容和确定会计分录、登记总账的双重作用,那么设计起来就比较复杂。

一、日记账设计的种类

（一）用作过账媒介的日记账的设计

用作过账媒介的日记账体系,可分为两种类型,即普通日记账与特种日记账。

1. 普通日记账的设计

从账簿组织的演变过程可以看出,普通日记账是最基本的序时账,其他日记账则是在此基础上演变而来的特殊形式。在只设现金和银行存款日记账时,普通日记账记录全部经济业务。根据普通日记账记账内容的不同,历史上曾出现过以下形式:

（1）账户式普通日记账。这是复式记账法下一种古老的账页格式。这种账簿具有结构严谨、借贷方对比明显、反映业务全面等优点。但由于逐笔登记分类账,工作量大,目前已基本不使用。

（2）顺序式普通日记账。这种日记账是将账户式普通日记账借、贷两方相同的内容,如记账日期、凭证号、摘要、会计科目、账页等分别合并设置,并将"金额"分为借方、贷方两栏。它既比前一种账页格式简化,又能反映会计分录的时间顺序。这种格式的普通日记账通常被称为分录簿。其格式如表 5-1 所示。

表 5-1 顺序式普通日记账

第____页

年		凭证		摘要	账页	会计科目	借方金额	贷方金额
月	日	字	号					

（3）多栏式普通日记账。多栏式普通日记账是为某些常用的业务频繁的会计科目设置专栏,集中记录各类经济业务,月末根据各栏合计数登记总账。对业务较少的会计科目可以合并设置"其他业务"专栏,登记方法与前两种普通日记账相同。月末"其他业务"栏内的金额需逐笔过入总账。

这种账簿账户对应关系明确,可以减少主要业务过总账的工作量。同时,还因为设置会计科目专栏而简化了记账工作量。但由于受账页限制,在会计科目多、主要经济业务种类多的情况下,不宜使用。其格式如表 5-2 所示。

表 5-2　多栏式普通日记账

年		凭证		摘要	原材料		银行存款		现金		应收账款		其他科目	
月	日	字	号		借方	贷方	借方	贷方	借方	贷方	借方	贷方	借方	贷方

普通日记账由于不便于分工登记账簿,已基本被记账凭证、汇总凭证所取代。但从加强审计监督、方便查找资料方面考虑,其仍不失为一种行之有效的方式,各单位可以结合具体情况,确定是否需要设置及需要设置何种格式。

2. 特种日记账的设计

特种日记账是为了专门反映某些重要的、经常发生的业务,从普通日记账中逐步分离出来的序时账簿。它既是专门用于记录某种业务的日记账,同时又是登记总账的依据。因此,设计时应尽可能地应用专栏和多栏的形式,使具有特殊目的的指标可以单独登记。

特种日记账一般包括现金日记账、银行存款日记账、购货日记账、销货日记账等,分别记录现金、银行存款、采购、销售等业务。

(1) 现金日记账。根据现金收支业务的复杂程度不同,可以设置单一的"现金日记账",也可以将现金收入与支出业务分开,设置"现金收入日记账"和"现金支出日记账",见表 5-3、表 5-4。

表 5-3　现金收入日记账

第___页

年		凭证		摘要	贷方科目				收入合计	账页	支出合计	结余
月	日	字	号									

表5-4　现金支出日记账

第＿＿＿页

年		凭证		摘要	借方科目					支出合计	账页	转出数
月	日	字	号									

（2）银行存款日记账。"银行存款日记账"可以按收支业务分设，也可以合设。其分设格式见表5-5、表5-6。

表5-5　银行存款收入日记账

第＿＿＿页

年		凭证		摘要	结算凭证		贷方科目					收入合计	账页	支出合计	结余
月	日	字	号		种类	号数									

表5-6　银行存款支出日记账

第＿＿＿页

年		凭证		摘要	结算凭证		借方科目					支出合计	账页	转出数
月	日	字	号		种类	号数								

（3）购货日记账。购货业务多的企业，对采购业务的发生及完成情况，要设置"购货日记账"。通常有两种登记方法：一种是只登记赊欠购进业务。在同时设有现金、银行存款日记账的情况下，凡用现款结算的商品购进业务，已在现金、银行存款日记账中登记，就不需在购货日记账中登记了。其格式见表5-7。

表 5-7　购货日记账(一)

年		凭证		摘要	应付账款明细科目	账页	××材料	××材料	××材料	××材料	××材料	××材料	合计
月	日	字	号										

另一种是登记全部购货业务，即用购货日记账登记全部商品购进业务，包括赊购业务，以提供商品购进总额。其格式见表5-8。用这种方法设置的"购货日记账"中"现金"、"银行存款"两栏数字不予过账。因为现款购进业务同时在现金日记账与银行存款日记账中作了登记，并过入分类账，再过账就重复了。

表 5-8　购货日记账(二)

年		凭证		摘要	应付账款明细科目	现金科目	银行存款科目	××材料	××材料	××材料	××材料	××材料	合计
月	日	字	号										

（4）销货日记账。销货日记账是一种专门登记商品销售业务的日记账。与购货日记账一样，也有两种登记方法。一种是只登记赊销业务，对于现款结算的商品销售业务，则在现金日记账或银行存款日记账中登记，不再销货日记账中登记。其格式见表5-9。

表 5-9　销货日记账(一)

第＿＿页

年		凭证		摘要	应收账款明细科目	××产品		××产品		××产品		××产品		账页
月	日	字	号			数量	单价	数量	单价	数量	单价	数量	单价	

另一种是登记全部销售业务,即用销货日记账登记全部商品销售业务,包括现销售业务和赊销,以提供商品销售总额。采用这种方法,销售日记账要增设"现金"、"银行存款"栏目。但这两栏的汇总数不予过账,因为现销业务在现金、银行存款日记账中作了登记,并过入分类账。其格式见表5-10。

表 5-10　销货日记账(二)

第＿＿页

年		凭证		摘要	应收账款	现金	银行存款	××产品		××产品		××产品		账页
月	日	字	号		明细科目	科目	科目	数量	单价	数量	单价	数量	单价	

(二) 不用作过账媒介的日记账的设计

序时账簿不用作过账媒介时,除考虑管理的需要对货币资金设置"现金日记账"、"银行存款日记账"外,一般不再设置其他日记账。

现金、银行存款日记账采用三栏式,便于进行收支对比,结算余额,随时了解货币资金收支变化和结余情况,监督货币资金的使用。其格式如表5-11、表5-12所示。

表 5-11　现金日记账

第＿＿页

年		凭证		摘要	对方科目	收入	支出	结余
月	日	字	号					

表 5-12　银行存款日记账

第____页

年		凭证		摘要	结算凭证		对方科目	收入	支出	结余
月	日	字	号		种类	编号				

如果企业的货币资金收付较多,需要由两名出纳人员分管现金和银行存款的收支业务,可以将上述三栏式现金日记账和银行存款日记账分别设置"现金(银行存款)收入日记账"和"现金(银行存款)支出日记账"。其格式如表 5-13、表 5-14 所示。

表 5-13　现金(银行存款)收入日记账

年		凭证		摘要	贷方科目				支出合计	结存
月	日	字	号					收入合计		

表 5-14　现金(银行存款)支出日记账

年		凭证		摘要	结算凭证		借方科目			
月	日	字	号		种类	号数				支出合计

(三)两种日记账的区别

从上述两种类型的日记账中,可以看出作为过账媒介的序时账与不作为过账媒介的序时账在设置时有明显的区别。其区别有两个方面:

1. "账页"栏的位置

当日记账作为过账媒介时,要将各日记账反映的全部内容逐项或定期汇总过入总账,为了建立序时账与总账之间的联系,反映序时账上有关数字的去向,便于对账,必须设计"账页"栏,表示过入总账的账页。而不作为过账媒介的日记账,不必设置"账页"栏。

2. 反映科目之间的对应关系

作为过账媒介的日记账是联系原始凭证与分类账的"桥梁",必须将原始凭证所反映的经济业务作成会计分录,并据以登记分类账。因此,账簿设计上要将对应科目列示出来。而不作为过账媒介的日记账,则可以不反映科目之间的对应关系,不设置"对方科目"栏。若为对账方便,也可以设置"对方科目"栏。

二、日记簿的格式

(一) 日记簿的一般格式

日记簿在账簿发展史上有着悠久的历史,从作为过账媒介的流水账到不作为过账媒介的明细账,其格式发生了很大的变化,曾经出现的格式有以下几种:

1. 一栏式日记簿

一栏式日记簿的特征是只设置一个金额栏。如曾用于序时登记采购业务的"购货日记簿"。其格式如表5-15所示。

表5-15 购货日记簿

年		凭证		摘要	明细科目	数量	单价	金额
月	日	种类	编号					

这种格式中,明细科目指采购业务的对方会计科目"应付账款"或"银行存款"。这种日记簿通常只作为参考备查簿,而不起过入分类账的作用。

2. 两栏式日记簿

这种格式主要用于普通日记簿,是作为过账媒介采用的一种日记簿格式。其格式如表5-16所示。

表5-16 普通日记簿

第___页

年		凭证		摘要	会计科目	账页	借方金额	贷方金额
月	日	种类	编号					

这种格式除了借、贷方两个金额栏外,其他各栏都是借、贷两方共用,避免了日期、摘要等栏的重复记录。

3. 三栏式日记簿

这种日记簿设有三个金额栏,用以登记借方金额、贷方金额和余额。其格式如表5-17所示。

表5-17 银行存款日记簿

第___页

年		凭证		摘要	会计科目	借方金额	贷方金额	余额
月	日	种类	编号					

由于这种格式能反映余额,适用于现金日记簿和银行存款日记簿。这种日记簿目前已成为现金日记簿和银行存款日记簿的标准格式。

(二)日记簿的专用格式

日记簿的专用格式是为满足某些特殊记录的需要,在日记簿的栏目设计中,采用专栏或多栏的形式,使具有特殊目的的指标可以单独登记的一种账簿格式。几种专用格式日记簿的举例如下:

1. 出纳日记簿

这是一种现金与银行存款合并的日记簿。其格式如表5-18所示。

表5-18 出纳日记簿

年		凭证号		摘要	会计科目	现金			银行存款			账页
月	日	种类	编号			收入	付出	余额	收入	付出	余额	

2. 反映购销折扣与折让的银行存款日记簿

为了反映企业在购销业务中发生的折扣与折让,银行存款日记簿设计时可以设置折扣与折让专栏予以记录。其格式如表5-19所示。

表 5-19 银行存款日记簿

借方

年		凭证号	摘要	会计科目	销售折扣及折让	金额	年		凭证号	摘要	会计科目	销售折扣及折让	金额
月	日						月	日					

3. 设置分析栏的购销日记簿

对购销业务设置分析栏可以考核各个部门对购销业务的完成情况。其格式如表 5-20 所示。

表 5-20 购销(货)日记簿

年		凭证号	摘要	会计科目	现购(销)			赊购(销)		
月	日				甲部	乙部	丙部	甲部	乙部	丙部

4. 多栏式转账日记簿

在以日记簿作为过账媒介的会计制度中,可以使用多栏式转账日记簿。其格式如表 5-21 所示。

表 5-21 转账日记簿

年		凭证		摘要	借方			贷方		
月	日	种类	编号							

专用日记簿有其特点,可以解决记账中的一些特殊需要,但由于其格式一般比较复杂,如设计不当,容易出现差错,只有在下述情况下适用:(1)为了直接获取某类经济业务的汇总资料,如货币现金的收入与支出、采购和销售的总额等。(2)为节省人力,将企业某方面经营活动所发生的会计事项的记录工作集中管理。(3)为取得某些业务的详细信息。通过专用日记簿可以取得进行控制和分析所需要的信息,编制工作日报,如出纳日报、消耗日报、进销存日报等。

第三节 分类账簿设计

一、分类账簿的种类

分类账是经济业务按一定的类别分别设立账户进行登记的账簿。其作用在于分门别类地提供各种经济信息,以满足管理需要。

分类账簿可分为总分类账簿与明细分类账簿,简称总账与明细账。

1. 总分类账

其主要作用是:在数据处理中,起控制明细账和自动平衡检校作用;在数据指标上,每月或定期通过一级会计科目进行总结反映,为会计报表的编制提供综合数据。总分类账一般定期汇总登记。

2. 明细分类账

明细分类账的作用是为了提供明细指标,包括按明细科目反映的指标,也包括按不同量度(货币、实物与劳动量度)表现的指标,还包括逐笔序时反映各项业务的详细过程。

明细账又分为两种类型:(1)分户明细账。即按每一明细科目分设账户,逐笔序时登记的明细账。(2)不分户明细账。即不分户逐笔序时登记的明细账。不分户明细账中,一部分是专设账簿的不分户明细账,如"现金"明细账、"银行存款"明细账;另一部分是合并设置账簿的不分户明细账,如"管理费用"明细账、"产品销售费用"明细账。前者为不分户特种明细账,后者为不分户普通明细账。

现金和银行存款账由于收支业务频繁,账项多,采用逐日序时登记,习惯上仍称为日记账或出纳账,但实质上是明细账性质。

明细账的基本特征是逐笔序时登记,受总账有关科目统制。明细账是账簿体系最基本、最重要的账簿。

3. 总分类账与明细分类账的关系

总分类账对其下属的明细分类账起着控制作用,明细分类账户对总分类账户起着补充说明的作用。

总账对明细账控制的数量可以是没有限制的,但考虑到会计工作的便利和取得某些管理指标的需要,可以在总账和明细账之间设置一些中间控制账户,即设置二级及三级账户。这些中间控制账户分别再控制一些明细账户。对于明细账,这些中间控制账户是直接控制账户,而对于总控制账户,它又是被控制账户。采用这种方法,总控制账户可以通过直接控制少量中间账户而达到间接地控制大量明细分类账户的目的。中间控制账户根据其控制级别可以分为二级控制账户和三级控制账户。如"原材料"账的控制关系为:

总账	原材料
二级账	原料及主要材料
三级账	钢材
明细账	圆钢

4. 备查账

在账簿组织体系中除分类账外,还包括备查账等辅助性账簿的设计。备查账不直接受总账统制,可以根据需要灵活设置。在下列情况下,可以考虑设置备查账:(1)对不属于本单位,但本单位负责保管的物资设置的账簿。如对租入固定资产设置"租入固定资产登记簿",对受托材料设置"受托材料登记簿"等。(2)对同一业务需要进行多类登记,但又不纳入总账统制范围的账簿。如固定资产按部门分设"固定资产登记簿"。

在实务中,财会人员可能把重要的合同、协议、文件、会议记录、重大异常交易账务处理的底稿等重要资料作为单位乃至个人的"备查账",以作为应对未来各项检查的备忘录。

二、分类账簿的一般格式

(一)总分类账簿格式的设计

1. 三栏式总账

三栏式是分类账的传统格式,特点是在账页上设置借方、贷方和余额三个金额栏。其格式如表5-22所示。

表5-22 三栏式总账

年		凭证		摘要	借方金额	贷方金额	余额
月	日	字	号				

2. 双栏式总账

有些账户期末没有余额,如损益类账户一般只有增加或减少发生额,这一类总账可以采用双栏式,使本月发生额能产生明显的对照作用。其格式如表5-23所示。

表5-23 双栏式总账

第___页

年		凭证		摘要	借方金额	贷方金额
月	日	字	号			

3. 日记总账

这是将日记账与总分类账结合设置的联合账簿,一般适用于小型企业。其格式如表 5-24 所示。

表 5-24　日记总账

第____页

年		凭证字号		摘要	××科目		××科目		××科目		××科目		××科目		××科目	
月	日	字	号		借	贷	借	贷	借	贷	借	贷	借	贷	借	贷

4. 多栏式总账

多栏式总账是将全部科目依次并列,设置借、贷、余三个金额栏。月终根据科目汇总表,一次登录总账,减少过账工作量。其格式如表 5-25 所示。

表 5-25　多栏式总账

第____页

月份	××科目			××科目			××科目			××科目			××科目		
	借	贷	余	借	贷	余	借	贷	余	借	贷	余	借	贷	余

(二) 二级控制账格式的设计

二级账户和一级账户同样具有控制明细账的作用,内容也是综合性质的,而不是详细和具体的,它的格式与总分类账格式类似,一般采用"三栏式"格式,也可以采用"多栏式"二级控制账格式。"多栏式"二级控制账格式是将同一个总账控制的二级账设在同一张账页上,并设置合计栏,以便同总账核对。由于是综合性账户,可以不设摘要栏。其格式如表 5-26 所示。

表 5-26　原材料二级账

第____页

年		原料及主要材料			辅助材料			外购产成品			修理用备件				合计		
月	日	借	贷	余	借	贷	余	借	贷	余	借	贷	余		借	贷	余

（三）明细分类账格式的设计

明细分类账及明细账格式的设计必须适应不同业务的特点和管理的需要，因而格式种类很多。

1. 数量金额式明细账

该种格式是在三栏式账簿基础上，增加数量和单价栏而形成的。产成品、库存商品、原材料等都适用这种格式。其格式如表 5-27 所示。

表 5-27　原材料明细账

第____页

编号：　　　　　　　　名称：　　　　　　　规格：　　　　　　　计量单位：
储备定额：　　　　　　最高储备量：　　　　　　最低储备量：

年		凭证		摘要	收入			发出			结存		
月	日	种类	编号		数量	单价	金额	数量	单价	金额	数量	单价	金额

2. 数量式明细账

仓库的材料、产品、商品明细账可以采用此格式。其格式如表 5-28 所示。

3. 三栏式明细账

结算类科目的明细账多采用此格式。其格式如表 5-29 所示。

4. 累计金额式明细账

该种明细账是在三栏式账页基础上发展起来的，主要适用于比较复杂的经济业务。如有分期付款的企业对应收账款明细账可以采用该种格式。其格式如表 5-30 所示。

表 5-28　产成品明细账

编号：　　　　　名称：　　　　　规格：　　　　　　　　计量单位：

年		凭证		摘要	收入	发出	结存
月	日	种类	编号				

表 5-29　应收款明细账

客户名称　　　　　　　　　　　　　　　　　　　　　　　　　　第____页

年		凭证		摘要	借方金额	贷方金额	余额
月	日	种类	编号				

表 5-30　应收款明细账

第____页

客户名称	欠款事项			1月份				2月份			…
	日期	凭证	借方金额	日期	凭证	贷方金额	欠款余额	日期	凭证		

使用累计式账页，当客户多时，可以使明细账页大为减少，便于记账和催收欠款。这种格式在下列条件下适用：(1)分期付款或还款业务较多。(2)一定期限内的付款和还款的次数是固定的。(3)随时需要反映每个客户的存、欠款余额。

5．多栏式明细账

又称分析式明细账。它主要在借方、贷方两栏或单栏增设一些专栏，以提供分析资料或编制明细账表的资料。具体又有借贷式和合计式两种。

合计式主要适用于成本类和损益类账户,其作用是对经济事项进一步分类,例如"管理费用"明细账。其格式如表5-31所示。

表5-31 管理费用明细账

年		凭证		摘要	借方				贷方	余额
月	日	种类	编号		公司经费	工会经费	教育经费	劳动保险费		

借贷式主要适用于资产、负债、所有者权益类账户。其格式是在借、贷、余三个金额栏各设专栏,以起到分析、控制的作用。例如,"应交税金"明细账如表5-32所示。

表5-32 应交税费——应交增值税明细账

年		凭证号数	摘要	借方			贷方			余额
月	日			进项税额	已交税金	……	销项税额	出口退税	……	

6. 复币式明细账

对持有外汇的企业,外币存款日记账可以采用复币式账簿。其格式如表5-33所示。

表5-33 银行存款日记账

第___页

年		凭证		摘要	借方			贷方			余额		
月	日	字	号		美元	汇率	人民币	美元	汇率	人民币	美元	汇率	人民币

7. 横线登记式明细账

横线登记式明细账是利用账簿的每一行记录一项业务的发生及完成情况。一般是用于需要完整考核一项业务的发生及完成情况的一种账簿格式,多用于"材料采购"及"委托加工材料"明细账。其格式如表 5-34、表 5-35 所示。

表 5-34 材料采购明细账

第____页

日期	编号	发票账单编号	供货单位名称	材料品名及规格	借方					收料凭证			贷方			备注
					买价	运杂费	其他	成本差异	合计	日期	编号	数量	计划成本	成本差异	合计	

表 5-35 委托加工材料登记簿

来料单位：

收料凭证		材料品名及规格	计量单位	数量	送料人	加工后材料				余料	退料凭证		领料人
日期	编号					名称及规格	单位	数量	收取加工费		日期	编号	

三、账簿设计中的特殊问题

（一）对应式总账

对应式总账有两种格式：一种是多栏式,借、贷方均按对应科目设若干金额栏。其格式如表 5-36 所示。另一种是三栏式,设借、贷、余三个金额栏,在借、贷方均加设"对应科目"栏,两者都按对应科目登记发生额。由于多栏式账页大,使用不便,现演变为设有对应科目的三栏式。其格式如表 5-37 所示。

表 5-36　×××总账

年		摘要	借方							贷方							余额
月	日																

表 5-37　×××总账

年		凭证号数		摘要	对应科目	借方	贷方	余额
月	日	字	号					

对应式总账,可以通过发生额科目的对应关系,分析经济业务的来龙去脉。

（二）表单代账

表单代账,是指"以表代账"、"以单代账"。这种做法曾一度被批判。但如果不是全部而是部分地以表、单代账,还是可行的。如有些单位以"本期发生额对照表"代替总账,商业零售企业以"商品进销存日报表"代替库存商品明细账;工业企业以"成本计算单"代替成本明细账;"抽单法"以原始凭证代替有关明细账;等等。有条件地、部分地以表、单代账,可避免重复登录,减少差错源,提高工作效率。

表单代账,必须限于一定范围,根据一定条件,严格核算手续,才能保证核算不乱。一般地,以表代账,可以代表总账及部分明细账和备查账簿;以单代账,只能限于少数明细账和备查账簿。对于代替账簿的表、单,要定期装订成册,同账簿一样妥善保管。

四、账簿设计的其他事项

（一）账页格式的设计

账页格式有通用格式和专用格式两种。普通的现金和银行存款日记账、三栏式总账与明细账、数量金额式明细账等都是通用格式。通用格式集中了设计者和使用者的长期实践经验,能满足一般需要。当企业的业务特殊,通用格式不能满足需要时,就需设计专用账页格式。

设计专用格式时要对现成格式进行研究,了解是否可以将所要记录的特征结合到正在使用的格式中去,以减少设计工作量与费用。

（二）凭证栏与过账页数栏的设计

"凭证"栏是表示记入账簿资料的依据。"账页"栏是表示过入的分类账的页数。这两栏在账簿中的位置虽小，但却极为重要。因为这是账簿间联系的线索。若设计不好，也容易产生差错。"凭证"栏的位置一般在账页格式的左侧，紧挨日期栏。因为日期与凭证种类编号同属记入账簿证明材料，登记起来比较方便。"账页"栏一般紧挨金额栏，便于过账时记录。这两栏按账簿种类设置如下：

1. 日记账簿

日记账簿的登记与过账有两种形式，一是根据原始凭证登记，可设"凭证栏"，再细分为"种类"和"编号"。二是日记账簿若不用于过总账，可以不设过账页数栏，只设"核对标记栏"以"√"为核对账簿号。若用于过总账不过明细账，账簿格式可设"账页"栏。

2. 总分类账

若采用汇总记账凭证过总账，可以设"汇总凭证"栏；若采用记账凭证登记总账，则在总账格式内设"凭证号数"，内分"字"、"号"两栏。

3. 明细分类账

明细分类账一般根据原始凭证登记，设"凭证"栏，下设"种类"和"编号"两栏。如用记账凭证过账，也要根据所附原始凭证登记明细账。

（三）账簿形式的设计

账簿形式的设计，是指账簿的装订形式、账页的尺寸、账页划线或印刷颜色的配合，以及账页用纸等内容。账簿形式的设计是账簿设计的组成部分。

1. 账簿的装订形式

账簿的装订形式有订本式、活页式、卡片式三种。订本式账簿不易散失，排列次序严格，不易篡改。最初的账簿都使用订本式，现在则在很小的范围内使用。活页式账簿是在订本式基础上发展而来的，由于它具有使用方便和节省纸张的优点，故被多数使用者接受，发展很快，现几乎成为主要的账簿形式。卡片式实际上是活页式的一种特殊形式，由于成本较高，不能普遍使用。

在考虑账簿形式时，账簿记录的安全性与合法性，是必须考虑的重要内容。订本式账簿由于比较可靠，已被多数国家的法律所公认。活页式账簿从表面看容易丢失或被抽换，可靠性差，但只要采用严格的内部控制制度，也可以使其安全。

活页式账簿由活页账夹、一定格式账页和索引组成。活页账和卡片账的种类有以下几种：

（1）穿绳式账夹。这种账夹是用绳索将账页穿起来固定，它可以有很大的容量，多用于材料明细账和库存商品账。缺点是结构松散、账页易被抽换或脱落。

（2）装订式账夹。它可以将账页装订得很紧，为了安全，还可以加锁。它便于携带查寻，可用于应收、应付款账。

（3）弹簧式账夹。这种账夹多用于暂时保存一些易散的、正在传递的手续凭证、表格等，也可以用来保管零散账页。

（4）卡片箱。卡片箱是用来分类盛装卡片账的盒子，卡片可以随时放入或取出。卡片箱多用于固定资产的明细账。

2. 账页格式的绘制和印刷

企业在设计专门格式的账簿时,要考虑与其他账簿格式在某些方面的一致性。尽管其格式、形状是独特的,但划格的尺寸、穿孔的位置、颜色和装订边等应尽量统一。在交给印刷厂的印刷说明书中,应尽量将要划线印刷的格式写清。

【复习题】

1. 为什么说账簿组织的演变是会计发展史上重要的一页?
2. 会计账簿作为会计方法的意义是什么?
3. 普通日记账与特种日记账的作用有什么区别?
4. 日记簿的格式有哪几种?
5. 分类账簿的格式有哪几种?
6. 明细分类账簿格式设计的依据是什么?有哪些基本格式?
7. 多栏式明细账通常用于哪些账户的明细账格式?

【思考设计题】

1. 某企业自制半成品完工后交半成品库保管,其他生产车间需用时,再向半成品库领用。会计部门应为各种半成品设置明细账。每月根据入库单副联和实际成本登记半成品的增加数;各车间领用数,经过核对无误后采用先入先出法,于月末结转给使用半成品的车间。根据成本计算的要求,使用半成品的车间计算成本时,应按所用半成品的各成本项目登记,以便提供分成本项目的半成品成本。

根据以上要求,为该企业设计出尽可能简化的半成品明细账格式,并绘制出可供排版付印的正规格式,同时用文字简要说明此账簿的登记方法。

2. 某工业企业的产品销售,主要采取托收承付结算方式。为了便于安排货币资金的收支,预计销售利润的完成情况以及监督及时回收货款等,需要对已发出商品和发出商品代垫运杂费的收回情况设置明细账登记。请为该企业设计一种能集中反映有关情况的明细账。

3. 某商业企业为了便于及时了解其购入商品的原价和购销差价,要求设置一个购货日记账进行登记。该企业采用科目汇总表核算程序。为了简化汇总工作,要求在此日记账中对有关科目进行汇总,以便及时列入科目汇总表中。该企业还要求按期编报各类商品的购销情况表,其中有关购入商品的资料应通过此日记账的核算提供。请为该企业设计一个购货日记账。

4. 某小型施工企业账务体系中账簿应如何组合?并分析哪些是可以购买的,哪些应由财会人员自己设计。

5. 试分析备查账设计在实务中的应用技巧。

第六章 财务会计报告设计

【本章导航】

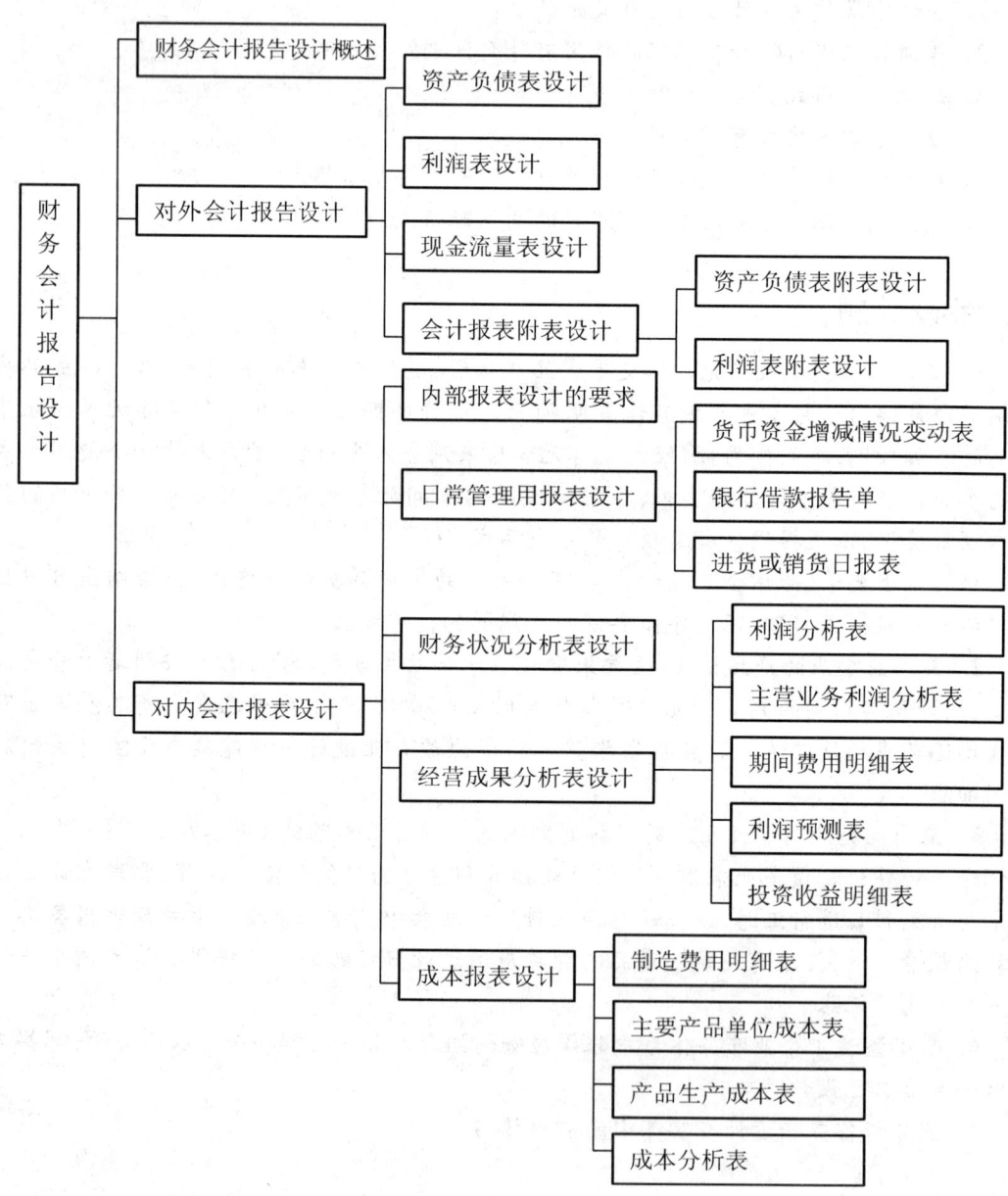

第六章 财务会计报告设计

【知识目标】

1. 了解财务会计报告设计的要求、步骤。
2. 明确财务会计报告设计的内容和范围。
3. 熟悉内部报表设计的要求。

【能力目标】

1. 能举例说明对外报表附表设计的基本要求。
2. 能按目标企业的具体情况设计各类内部财务报表。
3. 能掌握目标企业的财务会计报告设计基本框架。

【导入案例】

请认真阅读以下案例并思考四个问题：
1. 企业报表的内容及传递方式与企业管理有何联系？
2. 如何理解电算化状态下企业财务报表设计的特殊性？
3. 如何理解企业财务报表设计的系统性？
4. 请应用可行手段了解"用友 NC 管理软件"、"UFO 报表系统"、"FTP"。

完善的报表实现方案——集中财务管理的表现形式

采用用友 NC 管理软件的 UFO 报表系统，实现了酒泉钢铁（集团）报表的方便取数、实时反馈和顺利传送。

一、主要报表实现方式

经过与用友公司咨询专家的认真讨论，在实施过程中完成各项报表的初始定义及公式定义工作，报表的编制和上报不再是一件叫会计人员头痛的事。

1. 资产负债表

期末数直接取各科目的期末余额数，期初数在第一个月启用时手工录入，以后各月以上月报表为基础重新生成即可。

2. 现金流量表

把现金和银行存款科目设置为项目核算，在日常业务处理时，涉及现金、银行存款收付的业务都按现金流量表上的项目予以标注，如果一笔金额涉及多个现金流量项目，则按项目进行拆分。由于系统于 5 月份启用，1—4 月份没有发生额（补录并拆分 1—4 月数据工作量太大），因此在表内单独作为一列反映，金额手工录入；4 月份以后的发生额直接取科目项目发生额，然后累加。第二年就全部可以实现账内取数。

3. 各产品收入、成本明细表

需要核算各产品的科目都设置为项目核算，发生时直接指定品种和相关部门，报表取数公式为取科目项目发生额和科目项目余额。

二、报表命名规则

为了便于报表收集和汇总，报表命名遵循以下规则：各分厂、公司采用与集团一致的报表名，并在每张报表上附带单位名称、单位编号以及年、月、日等关键字。注意事项有：

(1)"年"统一以当前年度"2001"表示；

(2)"月"以当前月份表示，如果小于10，要在前面加"0"，如01、03、05；

(3)"报表名称"要严格按照报表目录中的报表名称，不能随意增加、减少表名；

(4)"单位编码"为各核算单位账套的编码。

三、报表报送和收集方式

1. 报送报表

各核算单位在每月规定的期限之前，在报送书面报表的同时，用 FTP 上载报表至集团服务器。其中，以 FTP 报送的报表作以下要求：

(1) 报送的报表应放在本单位的目录之下(需口令)；

(2) 在 IE 地址栏输入：FTP://×××.×××.×.×(服务器 IP)；

(3) 本单位汇总的报表不需要报送；

(4) 上报的文件无需压缩。

2. 收集报表

总公司报表汇总人员定期从服务器上接收分公司上报的报表，统一保存在指定的目录，并进行必要的审核。

四、报表汇总

报表汇总可以采用以下两种方式：

(1) 采用批命令的方式，适用于汇总单位较多的情况；

(2) 编写批命令公式，执行批命令可以提高工作效率。

用友公司在 NC 管理软件中提供了标准的单据接口，利用此接口，实现了酒钢财务系统与销售等业务系统的数据传递。

资料来源：http://www.yesky.com/20020422/1607999_1.shtml.

第一节　财务会计报告设计概述

财务会计报告是企业根据其会计账簿记录以及其他有关资料编制而成的，通过一定的财务指标体系反映其某一日期财务状况、某一期间经营成果和现金流量情况的书面报告文件。目前，我国企业对外提供的财务会计报告的内容、会计报表种类和格式、会计报表附注的主要内容等，必须符合财政部制定的《企业会计准则》的规定。只有满足企业内部管理需要的会计报表，才由企业自行设计和实施。

一、财务会计报告的作用

会计工作的基本目的和任务是对企业内外部信息使用者提供预决策所需要的会计信息。通过设计财务会计报告,可以为财务会计报告使用者提供总括反映会计主体经营活动的全貌,帮助其有效进行相关投资决策、信贷决策或经营决策等。

1. 为投资者进行投资决策提供必要的信息资料

企业的投资者包括国家、法人、外商和社会公众等。投资者所关心的是投资的报酬和投资的风险。投资者可以据此分析企业的经营管理水平、获利能力、投资风险程度及其变化趋势等,从而有利于投资者拟定或修改对企业的投资决策。同时,投资者还可以据此评价企业最高管理当局的决策能力、管理水平和受托责任的履行情况等。

2. 为债权人进行信贷决策提供必要的信息资料

企业的债权人可以根据企业所提供的财务会计报告,分析企业的资金运转情况和使用效率、企业的偿债能力等。因此,科学、完整地设计财务会计报告,有利于债权人拟定或修改对企业的信贷决策等。

3. 为经营管理者和职工进行经营决策、加强日常管理活动提供必要的信息资料

财务会计报告信息与企业的其他经营管理信息相比,更系统、全面和完整,是其他经营管理信息无法替代的,因此成为企业经营决策和加强日常管理的主要依据。

4. 为税务、工商等部门和社会公众实施管理、监督等提供必要的信息资料

财务会计报告是税务机关向企业征税和加强税务监督的重要依据,是工商行政管理部门和证券监督管理部门加强行政管理、实施证券市场监管的主要依据。如果企业提供的财务会计信息不及时、不完整或与财务会计报告使用者的需要不相关,税务、工商、证券等部门就无法对企业实施有效的管理或监督,就可能误导社会公众,导致其相关决策失误。

5. 为企业内部审计机构和外部审计部门检查、监督提供必要的信息资料

审计包括企业内部审计和外部审计。内部审计是指企业内部成立的审计机构对本单位的会计工作实施的审计。外部审计包括国家审计和社会审计。审计工作一般是从会计报告审计开始的,会计报告不仅能够为审计工作提供详尽、全面的数据资料,而且可以为进一步审计会计凭证和会计账簿指明方向。

二、财务会计报告的设计要求

为了充分发挥财务会计报告的作用,为财务会计报告使用者提供对决策有用的信息,并确保其不被误解,在设计企业财务会计报告时应遵循以下设计要求:

1. 合法与合规性

这是指企业对外会计报表的种类、项目、格式、编制规则与要求,必须符合《企业会计准则》。在政府仍然保留制定和颁布国家统一的企业会计准则的会计管理体制下,企业有关会计报表项目的内容、名称、分类、排列、填列方法必须与国家统一会计制度的规定一致,以便保持企业间报表信息的横向可比性。

2. 公允与完整性

公允性是指企业的财务会计报告体系必须完整,并且能够恰当、公允地反映企业的财务状况、经营成果、现金流量情况和经营管理者的工作绩效。完整性是指设计的报告必须种类齐备、主次分明、相互协调一致。

3. 统一与一致性

这是指企业各种对内、对外会计报表的项目、指标口径、填列方法与要求必须在企业内部统一,并保持前后一致性。同一会计主体范围内,各分支机构或基层单位编制的基层会计报表项目、指标口径、填列方法与要求必须一致,以便总公司编制汇总会计报表。

4. 明晰与及时性

这是指企业会计报表的项目名称、内容必须简明清晰,容易填制,易于理解,方便分析,并可以确保企业能够及时编报各种财务会计报告,以满足有关方面的信息需要。在设计财务会计报告时,应避免向其使用者提供"垃圾信息",杜绝提供误导性信息,并尽可能减少需要复杂分析与计算填列的报表项目。

三、财务会计报告基本内容的设计

财务报告设计主要包括经济指标体系设计、报告基本格式设计和报告编制程序设计。

1. 经济指标体系设计

经济指标是构成会计报告的基本要素。财务报告指标体系设计是财务报告设计的核心任务。因此,在设计财务报告指标体系时,应满足以下要求:

(1) 根据用途、日期,设计不同的经济指标,报表指标要集中、稳定、扼要,指标之间的关系要严谨,内部报表的指标要及时、灵活、具体和便于计算。

(2) 根据报告期长短和编制要求设计经济指标。报告期长,指标要详细;相反,可粗略一些。

(3) 设计时应分主次,规定主表指标和附表指标。

(4) 注意报表指标之间的勾稽平衡关系,形成指标体系。

(5) 指标体系内容要完整(不遗漏)、明确(内容唯一)。

2. 财务报告基本格式设计

不同财务报告的内容差异较大,但基本格式相同,具体内容见表6-1。

表 6-1 财务报告的内容

财务会计报告格式	表头	包括报表名称、编号、编制单位、计量单位和报表时间。
	正表	指会计报表中的各项经济指标,用于反映某一报表所要揭示的会计信息。
	附注	又称报表的补充资料,是对报表有关项目所作的解释。附注反映的内容包括:采用的主要会计方法;会计方法的变更原因、情况和影响;非常项目的说明;会计报表中有关重要项目的明细说明;等等。

3. 财务报告编制程序设计

为了保证财务报告的及时编制,必须规定财务报告编制程序。

(1) 确定编报期间。财务报告是反映一定经营期间或某一时日经营状况和经营成果的,因此,编制财务报告首先应确定编报期间,以便决算报告和期间报告的编制。

(2) 设计会计循环和结账日程表。要想及时编制财务会计报告,必须加强期末的汇总、对账、结账工作,从而保证报告的准确性和及时性。提前做好对账和结账准备工作,使得对账和结账按照日程表进行,是报表设计工作至关重要的问题。

(3) 设计报表底稿。工作底稿也叫"工作底表",是将一定期间发生的经济业务通过调整、试算、分析汇总在一起的表式,它是编制会计报表的辅助工具。编制财务会计报告时间紧、步骤内容繁多,往往容易出错。通过编制工作底稿,可以减少错误,提高编制财务会计报告的速度。而且,工作底稿集中了期末的主要会计资料,便于了解企业最终的财务状况和经营成果。

(4) 编制报表及附注。为了使报表使用者对会计报表的内容有更深入的了解,在编制会计报表之后,还需要根据单位的规章及会计处理的明细资料对报表项目作出恰当的解释,即编制附注。

(5) 编制财务状况说明书。在编制附注的同时,一般还要对单位的财务活动情况进行文字说明,总结经验和教训,指明发展趋势,提出整改措施。

四、财务会计报告报送程序设计

财务会计报告按照报送对象的不同,可分为对外报送和对内报送两种。对内报送程序比较简单,主要是向单位的管理当局报送,而对外报送则应按规定的程序和要求进行。对外报送程序一般包括如下步骤:

(1) 复核、整理财务会计报告。财务会计报告编好后,应由编制人员自行复核,纠正漏错。在确保数据准确、文字恰当的基础上,将财务会计报告依次编写页码,加具封面,装订成册,加盖公章。封面上应当注明单位名称、单位地址、财务会计报告所属期间、报送日期等。

(2) 审核、签章。经复核后的报告应提交机构负责人(会计主管人员)、主管会计工作的负责人和单位负责人进行审核,发现漏错应及时纠正。经审核无误后,由上述人员分别在封面上签名并盖章。设置总会计师的单位,还须有总会计师签名并盖章。

(3) 委托注册会计师审计。根据规定,财务会计报告须注册会计师审计的,单位应当先行委托注册会计师审计,如上市公司等。若需调整的,一般应按注册会计师出具的审计意见进行调整。注册会计师及其所在的会计师事务所出具的审计报告应当随同财务会计报告一并对外报送。

(4) 按规定的对象、方式和期限对外报送。财务会计报告经上述程序后,应按规定的对象、方式和期限对外报送。报告的报送对象一般包括单位的投资者及其主管部门、财政部门、税务机关等。除此之外,还有一些非经常性的报送对象,如执行审计任务的审计机关等。

财务会计报告报送的方式一般有三种,即报送、公告和提交。对于单位主管部门、财政部门、税务机关,必须定期报告;股份有限公司对于其股东,必须公告,公告的方式包括登记公告和公开置放备查;对于审计部门,则应及时提交。

财务会计报告报送的期限,应根据有关法律和国家统一的会计制度的规定执行。月报应于月终后6天内报出;季报应于季终后15天内报出;中期报告应于年度中期结束后60天内报出;年度报告应于年度终了后4个月内报出。

五、财务会计报告的设计步骤

财务会计报告的设计步骤可以为设计者提供整体思路,减少设计工作的重复和冲突,进而提高设计工作效率。通常,设计步骤是不固定的,设计者可以根据具体情况和自身的经验制定设计步骤。设计人员常用的设计步骤如下:设计调查,撰写调查提纲;确定会计报表的种类;编制会计报表的格式;写出编制程序及编制方法说明。

第二节 对外会计报告设计

对外会计报告一般是按照国家规定应对外部单位报送或是遵循国际惯例应对外公开的报表。我国现行企业会计准则对该类会计报表的名称、格式、内容、编制时间、编报方法、计量单位、编号、补充资料等都作了明确的规定,企业没有设计的自主权。根据《企业会计准则》的规定,企业对外报表至少应包括"资产负债表"、"利润表"、"现金流量表"、"所有者权益(或股东权益)变动表"(以下简称主表)和附注等内容。为了便于读者了解我国对外会计报告的设计情况,本教材以制造企业为例,对主表等基础知识进行介绍,并列示表格框架,学生可以根据以往学过的知识,结合具体企业把相关表格补充完整。

一、资产负债表设计

1. 资产负债表设计原理和结构

资产负债表是反映企业某一特定日期财务状况的会计报表。其设计原理是"资产 = 负债 + 所有者权益"的会计恒等式。资产负债表可设计的结构有"账户式"和"报告式"两种。"账户式"是根据"资产 = 负债 + 所有者权益"把报表分为左右两部分,左边为资产,右边为负债和所有者权益;"报告式"又称"垂直式",是根据"资产 - 负债 = 所有者权益"把报表项目从上到下进行排列。

账户式比较直观,便于理解和应用。我国采用"账户式"结构。其格式如表6-2所示。

表 6-2 资产负债表

会企 01 表

编制单位：　　　　　　　　　　　　年　月　日　　　　　　　　　　　　单位：元

资产	行次	期末余额	年初余额	负债和所有者权益	行次	期末余额	年初余额
流动资产：				流动负债：			
××××				××××			
流动资产合计				流动负债合计			
非流动资产：				非流动负债：			
××××				××××			
××××				非流动负债合计			
××××				负债合计			
××××				所有者权益			
××××				××××			
非流动资产合计				所有者权益合计			
资产总计				负债和所有者权益总计			

2. 项目分类和排序

（1）项目分类

按典型分类法，资产可分为流动资产、长期资产、固定资产、无形资产及其他资产和递延资产；负债可分为流动负债和长期负债；所有者权益可分为实收资本、资本公积、盈余公积和未分配利润等。

按货币性分类，资产负债表所有项目可分为货币性和非货币性两类。对于货币性项目，再分为货币性资产和货币性负债，其下可细分为货币性流动资产、货币性非流动资产、货币性流动负债、货币性非流动负债。同样，非货币性项目也可以细分。此方法一般在编制"按一般物价水平调整的财务报表"时采用。

（2）项目排序

资产负债表项目排序有两种方法：一是按重要程度排序；二是按流动程度排序。我国目前采用后者，即按流动程度从大到小排序。

对于备抵项目，资产负债表一般将其从对应的被调整账户原值中扣除，以净值列示。对于附注，一般设置在报表的下方。

二、利润表设计

利润表是反映企业一定时期经营成果的会计报表。其设计原理是"收入－费用＝利润"。

利润表可以设计的格式有多步式和单步式两种。目前,我国采用"多步式"利润表。

多步式利润表将利润计算过程分为四个步骤:第一步是用营业收入减营业成本和期间费用,加上公允价值变动收益和投资收益后,计算出营业利润;第二步是用营业利润加上营业外收入,减营业外支出后计算出利润总额;第三步是用利润总额扣减所得税计算出净利润;第四步是根据收益准则的规定计算每股收益。其格式如表6-3所示。

表6-3 利润表

会企02表

编制单位: 　　　　　年　月　　　　　　　　　　　　　　单位:元

项目	行次	本月金额	上年金额
一、营业收入			
减:营业成本			
销售费用			
管理费用			
财务费用(收益以"-"号填列)			
资产减值损失			
加:公允价值变动净收益(净损失以"-"号填列)			
投资净收益(净损失以"-"号填列)			
二、营业利润(亏损以"-"号填列)			
加:营业外收入			
减:营业外支出			
三、利润总额(亏损以"-"号填列)			
减:所得税			
四、净利润(亏损以"-"号填列)			
五、每股收益			
（一）基本每股收益			
（二）稀释每股收益			

三、现金流量表设计

现金流量表是反映企业一定时期现金流转状况的会计报表。其设计原理是"现金流入-现金流出=现金净流量"。其格式如表6-4所示。

表 6-4 现金流量表

会企 03 表

编制单位：　　　　　　　　　　年　月　　　　　　　　　　单位：元

项目	行次	金额
一、经营活动产生的现金流量：		
销售商品、提供劳务收到的现金		
收到的税费返还		
收到的其他与经营活动有关的现金		
现金流入小计		
购买商品、接受劳务支付的现金		
支付给职工以及为职工支付的现金		
支付的各项税费		
支付的其他与经营活动有关的现金		
现金流出小计		
经营活动产生的现金流量净额		
二、投资活动产生的现金流量：		
收回投资所收到的现金		
取得投资收益所收到的现金		
处置固定资产、无形资产和其他长期资产所收回的现金净额		
收到的其他与投资活动有关的现金		
现金流入小计		
购建固定资产、无形资产和其他长期资产所支付的现金		
投资所支付的现金		
支付的其他与投资活动有关的现金		
现金流出小计		
投资活动产生的现金流量净额		
三、筹资活动产生的现金流量：		
吸收投资所收到的现金		
借款所收到的现金		
收到的其他与筹资活动有关的现金		
现金流入小计		
偿还债务所支付的现金		
分配股利、利润或偿付利息所支付的现金		
支付的其他与筹资活动有关的现金		
现金流出小计		

（续表）

项目	行次	金额
筹资活动产生的现金流量净额		
四、汇率变动对现金的影响		
五、现金及现金等价物净增加额		

财务负责人：　　　　　　　　　　　　　　制表人：

补充资料	行次	金额
1. 将净利润调节为经营活动现金流量：		
净利润		
加：计提的资产减值准备		
固定资产折旧		
无形资产摊销		
长期待摊费用摊销		
待摊费用减少（减：增加）		
预提费用增加（减：减少）		
处置固定资产、无形资产和其他长期资产的损失（减：收益）		
固定资产报废损失		
财务费用		
投资损失（减：收益）		
递延税款贷项（减：借项）		
存货的减少（减：增加）		
经营性应收项目的减少（减：增加）		
经营性应付项目的增加（减：减少）		
其他		
经营活动产生的现金流量净额		
2. 不涉及现金收支的投资和筹资活动：		
债务转为资本		
一年内到期的可转换公司债券		
融资租入固定资产		
3. 现金及现金等价物净增加情况：		
现金的期末余额		
减：现金的期初余额		
加：现金等价物的期末余额		
减：现金等价物的期初余额		
现金及现金等价物净增加额		

四、会计报表附表设计

会计报表附表是对会计报表中某些需要详细表达的项目设计的补充报表。附表属于专题报告,单位可以根据需要设计。

1. 资产负债表附表设计

资产负债表可以设计的附表有资产减值准备明细表、所有者权益变动表、应交增值税明细表、存货表、固定资产及累计折旧表、在建工程表、无形资产及其他资产表、外币资金情况表等。其中,资产减值准备明细表、所有者权益变动表、应交增值税明细表是三个最重要的附表,企业应当定期或者至少在每年年度终了进行编制。其他附表企业可以根据需要选择编制。

(1) 资产减值准备明细表。按照实质重于形式和谨慎原则,企业应当定期对各项资产进行全面检查,合理预计各项资产可能发生的损失,对可能发生的各项资产损失计提减值准备,并于年末编制资产减值准备明细表,以反映当年各项资产减值准备的提取、转回与余额情况。其格式可以参考表6-5。

表6-5 资产减值准备明细表

会企01 表附表1

编制单位: ××年度 单位:元

项目	年初余额	本年增加数	本年转回数	年末余额
一、坏账准备合计				
其中:应收账款				
其他应收款				
二、短期投资跌价准备合计				
其中:股票投资				
……				
八、委托贷款减值准备				

单位负责人 会计主管 会计

(2) 所有者权益变动表。是指反映一定会计期末股东权益增减变动情况和结果的附表,属于年报。其格式可参考表6-6。

表6-6 所有者权益变动表

会企01 表附表2

编制单位: ××年度 单位:元

| 项目 | 行次 | 本年金额 | | | | 上年金额 |
		实收资本(或股本)	资本公积	……	所有者权益合计	(与本年金额栏相同)
一、上年年末余额						
1. 会计政策变更						
2. 前期差错更正						

(续表)

项目	行次	本年金额				上年金额
		实收资本（或股本）	资本公积	……	所有者权益合计	（与本年金额栏相同）
二、本年年初余额						
三、本年增减变动金额						
1.						
……						
四、本年年末余额						

单位负责人　　　　　　　　　　会计主管　　　　　　　　　　会计

（3）应交增值税明细表。是指反映企业一定会计期间增值税缴纳和结存情况的报表，属于月报。其主要内容是按照各增值税项目反映企业本月数和本年累计应交及未交增值税情况。其格式可参考表6-7。

表6-7　应交增值税明细表

会企01表附表3

编制单位：　　　　　　　　　　年　月　　　　　　　　　　单位：元

项目	行次	本月数	本年累计数
一、应交增值税			
1. 年初未抵扣数			
2. 销项税额			
3. 进项税额			
4. 期末未抵扣数			
二、未交增值税			
1. 年初未交数			
2. 本期转入数			
3. 本期已交数			
4. 期末未交数			

单位负责人　　　　　　　　　　会计主管　　　　　　　　　　会计

（4）存货表。是指反映企业某一特定日期存货余额及其质量情况的报表，属于年报。年终结算后，根据存货账户的调整结果编制此表。为了便于分析，在表中应设置本期计划、本期实际和上期实际等栏次，在附注中应列示存货占用情况指标和存货中的特殊情况，如提取的变现损失准备、待处理的存货、可变现净值低于成本的存货等。其格式可参考表6-8。

表 6-8　存货表

会企 01 表附表 4

编制单位：　　　　　　　　　　　年度　　　　　　　　　　　　　单位：元

项目	行次	年末余额		
		本年计划	本年实际	上年实际
一、库存材料				
（1）				
（2）				
二、在途材料				
三、委托加工材料				
……				
合计				
附注 一、各项存货全年平均余额 每百元销售收入占用存货资金 存货周转天数				
二、存货中包括		账面实际成本	可变现净值	可能发生损失
（1）已经批准进行处理的存货				
（2）市价低于成本的存货				
（3）待处理的存货短缺或毁损				

单位负责人　　　　　　　　　会计主管　　　　　　　　　会计

（5）固定资产及累计折旧表。要了解固定资产的增减变动及折旧提取情况，以便制订固定资产更新和维修计划，企业可以于年末编制固定资产及累计折旧表。其格式可参考表 6-9。

表 6-9　固定资产及累计折旧表

会企 01 表附表 5

编制单位：　　　　　　　　　　××年度　　　　　　　　　　　单位：元

固定资产类别	行次	固定资产原价		累计折旧		本年折旧	
		年初数	年末数	年初数	年末数	年折旧率	折旧额
生产经营用固定资产							
1.							
……							
非生产经营用固定资产							
1.							
……							
合计							

（续表）

本年增加的固定资产	行次	固定资产原价	累计折旧	本年减少的固定资产	行次	固定资产原价	累计折旧	清理净收入
购入				出售				
建造完成				报废				
投资转入				盘亏				
盘盈				……				
合计				合计				

（6）在建工程表。是指反映在建工程支出及转作固定资产的完工工程成本的明细资料，属于年报，企业可以选择编制。其格式可参考表6-10。

表6-10 在建工程表

会企01表附表6

编制单位： ××年度 单位：元

项目	行次	金额	项目	行次	年初数	年末数
在建工程年初数			未完工程			
加：本年投入在建工程支出			1.新建工程			
1.购入工程物资			2.改扩建工程			
2.新建工程			3.大修理工程			
3.改扩建工程			4.预付工程款			
……			5.工程物资结存			
本年支出合计			6.其他			
减：本年已完工工程转出数						
本年其他转出数						
本年转出数合计						
在建工程年末数			合计			

（7）无形资产及其他资产表。是指反映企业专利权、商标权、商誉及土地使用权等无形资产和开办费、固定资产修理费、土地开发费等递延资产项目在年内增加和摊销情况的明细资料。企业可以在年末选择编制。其格式可参考表6-11。

表6-11 无形资产及其他资产表

会企01表附表7

编制单位： ××年度 单位：元

项目	行次	年初余额	本年增加	本年摊销	本年减少	年末余额
一、无形资产						
1.专利权						
……						

(续表)

项目	行次	年初余额	本年增加	本年摊销	本年减少	年末余额
无形资产合计						
二、递延资产						
1. 开办费						
……						
递延资产合计						
三、其他资产						
1.						
2.						
其他资产合计						

（8）外币资金情况表。是指反映企业持有各种外汇的期末余额及产生的汇兑损益的报表。其格式可参考表6-12。

表6-12　外币资金情况表

会企01表附表8

编制单位：　　　　　　　　××年度　　　　　　　　单位:元

项目	行次	资产负债表期末数人民币总额	人民币户金额	外币兑换券户金额	外币户余额			
					美元		港元	
					外币金额	折合人民币金额	外币金额	折合人民币金额
外币户资产项目：								
银行存款								
……								
外币户资产合计								
外币户负债项目：								
短期借款								
……								
外币户负债合计								
外币资产大于或小于外币负债的数额								
附注： 1. 外币资产与外币负债差额按期末汇率折合人民币 2. 可能发生的汇兑损失或汇兑收益					期末汇率	折合人民币金额	期末汇率	折合人民币金额

2. 利润表附表设计

（1）利润分配表。是指反映年度利润分配情况的附表，是利润表的重要附表。其格式可参考表6-13。

表6-13　利润分配表

会企02表附表1

编制单位：　　　　　　　　　　　　___年度　　　　　　　　　　　　单位：元

项目	行次	本年实际	上年实际
一、净利润			
减：应交特种基金			
加：年初未分配利润			
上年利润调整			
减：上年所得税调整			
二、可供分配的利润			
加：×××			
减：×××			
三、未分配利润			

（2）主营业务收支明细表。如果需要反映主营业务的各项收支情况，可编制主营业务收支明细表。其格式可参考表6-14。

表6-14　主营业务收支明细表

会企02表附表2

编制单位：　　　　　　　　　　　　___年度　　　　　　　　　　　　单位：元

项目	行次	主营业务收入	主营业务成本	主营业务费用	主营业务税金及附加	主营业务利润

（3）营业外收支明细表。如果需要反映营业外收支明细资料，可编制营业外收支明细表。其格式可参考表6-15。

（4）分部报表。该报表可以反映企业各行业、各地区经营业绩的收入、成本、费用、营业利润、资产及负债总额情况。其编制格式可按业务分部和地区分部分别编制。业务分部是指企业内可区分的组成部分，该组成部分提供单项产品或劳务，或一组相关的产品或劳务，并承担不同于其他业务分部所承担的风险和回报。地区分部是指企业内可区分的组成部分，该组成部分在一个特定的经济环境内提供产品或劳务，并承担不同于其他经济环境中经营的组成部分所承担的风险和回报。其格式可参考表6-16。

表 6-15　营业外收支明细表

会企 02 表附表 3

编制单位：　　　　　　　　　　年度　　　　　　　　　　　单位:元

项目	行次	本年实际	上年实际
营业外收入：			
营业外收入合计			
营业外支出：			
营业外支出合计			

表 6-16　分部报表（____分部）

会企 02 表附表 4

编制单位：　　　　　　　　　____年度　　　　　　　　　　　单位:元

项目	××业务（地区）		××业务（地区）		……		其他业务（地区）		抵消		未分配项目		合计	
	本年	上年	本年	上年			本年	上年	本年	上年	本年	上年	本年	上年
一、营业收入合计														
其中：××														
××														
二、销售成本合计														
其中：××														
××														
三、期间费用合计														
四、营业利润														
五、资产总额														
六、负债总额														

需补充的是,如果两个或多个本质上相似的分部,可以合并为单一的分部。企业要根据其具体情况制定分部原则,并一贯地遵守,如果情况变化需要调整,必须在报表附注中说明,并提供调整后的比较分部报表。表中"抵消"栏反映分部间销售抵消的收入、成本等。

第三节　对内会计报表设计

一、内部报表设计的要求

内部报表一般需根据企业的生产特点和管理要求自行设计,其格式和种类随企业实际情况的变化而进行调整。根据内部报表的特点,在设计时应达到以下要求:

1. 问题的专题性

内部报表设计必须反映企业内部核算与管理水平,对需要反映的问题必须突出重点,具有专题性质。

2. 指标的实用性

内部报表指标的设计要适应企业内部管理的要求,按使用者的需要设计各种形式的指标。使用者通过设计的报表指标进行分析、比较和评价,可以检查计划和预算的执行情况,分析计划和预算执行过程中存在的问题和不足,总结其中的经验,最终提高企业的管理水平。

3. 格式的针对性

内部报表的使用者是本单位管理部门或管理人员,是为特定的管理要求设计的。其格式的设计应该针对具体经济业务的特点及存在的问题,重点突出,简明扼要。

4. 编报的及时性

预测和决策具有极强的时效性,而内部报表信息是企业预测决策的主要依据,因此,内部报表需及时编制、及时反馈。

5. 编制的灵活性

内部报表的编制在期限上可以进行不定期编制,在格式上可以不拘一格(在不影响其功能的前提下,尽量要求排列整齐、美观大方、简单易懂),在种类上可以根据管理需求确定报表类型。

二、日常管理用报表设计

企业的日常管理,主要是货币资金管理、存货管理和销售管理。为了适应日常管理的需要,通常需要编制反映一日货币资金、存货的增减变动和结存状况,以及商品销售情况的报表。这类报表通常按日编制,但如果业务量较少,也可以按月、季编制。

(一) 货币资金增减情况变动表

货币资金增减情况变动表中应反映货币资金日初余额、本日增加额、本日减少额、日末账面余额和本日的实际余额,由出纳在每日营业终了后,根据银行存款和现金日记账及其他相关资料编制,报送会计负责人和企业主要领导。编制该表的目的是反映一日货币资金的增减变动和结存情况,为货币资金的使用决策提供准确、及时的会计信息。其格式可参考表6-17。

设计该表的关键在于三个方面:(1)本日实际资金余额,它是由昨日账面余额加本日增加金额,减本日减少金额得出的;(2)本日货币资金增加的渠道和减少的去向;(3)资金的存放地点和账户设置。

表 6-17 货币资金增减情况变动表

年 月 日　　　　　　　　　　　　　　　　单位:元

项目	银行存款	现金	合计	备注
一、昨日账面余额				
加:1.				
2.				
减:1.				
2.				
二、本日账面余额				
未记账增加数				
未记账减少数				
三、本日实际余额				

会计主管　　　　　　制单　　　　　　出纳　　　　　　审核

（二）银行借款报告单

银行借款报告单是对企业各种银行借款的借入、偿还和结欠情况进行详细反映的报表。一般由主管银行借款的会计人员在月底编制,报送会计负责人和企业主要领导。编制该表的目的是反映银行借款的增减变动和余额情况,以便加强银行借款的管理,合理有效地使用借入资金,并按期予以归还。其格式可参考表6-18。

表 6-18 银行借款报告单

年 月　　　　　　　　　　　　　　　　单位:元

项目	短期借款	长期借款	合计	备注
一、上月欠款总额				
其中:逾期未还数				
二、本月借款总额				
三、本月还款总额				
四、月末欠款总额				
其中:逾期未还数				
未记账增加数				

会计主管　　　　　　　　　　　制单　　　　　　　　　　　审核

设计该表的关键在于两个方面:(1)该表一般只限于实行存贷分户的企业使用,存贷合一的企业不需要编制;(2)应按银行借款的种类划分栏次,分别反映它们每月的借入、归还和欠款数。

(三) 进货或销货日报表

此表是对企业每日商品或产品销售、采购的详细情况进行反映。其中,进货日报表是由主管材料和应付账款的会计人员编制,报送采购部门和其他相关部门;其编制目的是反映物资采购计划的执行情况,加强采购业务的管理。销货日报表是由主管销售和应收账款的会计人员编制,报送企业主要领导和其他相关部门;其编制目的是反映销售计划的执行情况,以便及时发现问题,调整销售方式,改进销售策略,增加销售收入,减少销售风险。其格式可参考表6-19。

表6-19　××日报表

年　月　日　　　　　　　　　　　　　　　　　　单位:元

品名	规格及型号	计量单位	数量	单价	金额			本月累计购进(销售)	
					现购(销)	赊购(销)	合计	数量	金额
合计									

会计主管　　　　　　　　　　　　制单　　　　　　　　　　　　审核

设计该类报表的关键在于:(1)该表中应详细列示销售、采购商品或产品的品种规格、计量单位、单价;(2)为了反映资金的结算情况,应按现销或赊销、现购或赊购分开列示。

三、财务状况分析表设计

财务状况分析表是根据资产负债表的有关资料,对各项资产、负债、所有者权益在各自总额中所占的比例以及报告期与基期比较的变化情况进行分析的报表,也称资产负债分析表。

通过分析,可以考察资产、负债的构成是否合理,便于了解企业的偿债能力,预测企业未来的财务状况。其格式可参考表6-20。

表6-20　资产负债分析表

年　月　日　　　　　　　　　　　　　　　　　　单位:元

资产项目	上期数	本期数			负债及所有者权益	上期数	本期数		
		金额	增减数	增减%			金额	增减数	增减%
合计					合计				

会计主管　　　　　　　　　　　　制单　　　　　　　　　　　　审核

四、经营成果分析表设计

经营成果分析表主要是对企业一定时期构成经营成果的各项目本期实际数与计划数或本年数与上年同期实际数等进行比较和分析的报表。该类报表可以反映本期利润实际数与对比数之间的关系,确定增减变动情况以及各项目对利润总额变化的影响程度,以便据此查明利润变化的原因,总结经验,发现问题,提出措施,改进工作。

（一）利润分析表

该表一般在月末编制。表中应反映利润实际数比计划数或上期数的增减变化情况及其各利润项目对利润总额变化的影响程度，进而反映利润计划本期和本年累计执行情况。其格式可参考表6-21。

表6-21 利润分析表

年　月　　　　　　　　　　　　　　　　　　　　　　　　　单位：元

项目	本期数				本年累计数			
	实际数	计划数	差异额	完成计划%	实际数	计划数	差异额	完成计划%
合计								

会计主管　　　　　　　　　　　制单　　　　　　　　　　　审核

该表设计的关键在于：(1)应按本期数和本期累计数分设栏次；(2)按利润构成项目设计实际数、计划数、差异数和增减百分比；(3)对比数字可以选一个，也可选多个。

（二）主营业务利润分析表

主营业务利润分析表的编制比较灵活，企业可以按照需要进行编制。如果企业想分析和考核各主营业务或所售商品营业情况，可按主营业务利润结构进行编制。其格式可参考表6-22。如果企业想对主营业务利润计划执行情况进行分析，把影响主营业务利润的各个因素及影响程度反映出来，可采用因素分析法编制。其格式可参考表6-23。

表6-22 主营业务利润分析表

年　月　　　　　　　　　　　　　　　　　　　　　　　　　单位：元

项目 商品名称	主营业务收入				主营业务成本				主营业务税金				主营业务利润			
	实际数	计划数	差异额	完成%	实际数	计划数	差异额	完成%	实际数	计划数	差异额	完成%	实际数	计划数	差异额	完成%
合计																

会计主管　　　　　　　　　　　制单　　　　　　　　　　　审核

表6-23 主营业务利润明细表

年　月　　　　　　　　　　　　　　　　　　　　　　　　　单位：元

影响主营业务利润变动的因素	影响利润变动金额	各影响因素占总变动额%
销售价格变动影响		
销售税金变动影响		
……		
合计		

会计主管　　　　　　　　　　　制单　　　　　　　　　　　审核

(三) 期间费用明细表

期间费用包括管理费用、财务费用和销售费用。该类报表由负责登记相关期间费用明细账的会计人员于月末根据相关期间费用明细账编制，用以反映每月期间费用的实际发生情况。具体编制时，需按费用项目列示，分别反映它们的本月数、本年累计、全年计划、上年累计、完成计划百分比等情况，这样有助于了解期间费用预算的执行情况，分析期间费用的变化趋势，控制期间费用的支出，提高产品赢利水平。其格式可参考表6-24。

表6-24　××费用明细表

报送：　　　　　　　　　　　　　年　月　　　　　　　　　　　　　单位：元

项目	行次	本年计划	本年实际	超支或节约	完成%	上年实际	增减额	同比增减%
1.								
2.								
……								
合计								

(四) 利润预测表

实行目标利润管理制度的企业，必须编制利润预测表。该表可为企业管理决策部门提供事前信息，是用以制订各种经营计划的基础和依据。其格式可参考表6-25。

表6-25　利润预测表

报送：　　　　　　　　　　　　　年　月　日　　　　　　　　　　　　单位：元

项目	总额	A产品		B产品		C产品	
		金额	占总额%	金额	占总额%	金额	占总额%
销售收入							
减：变动费用							
贡献毛益							
贡献毛益率							
减：固定费用							
净利润							

设计该表时应把握三点：(1)通常该表的编制采用变动成本法，因此需将企业的全部费用分为变动费用和固定费用，并假设固定费用在一定条件下不变；(2)需要提出目标利润以及达到目标利润要求完成的销售额和目标成本；(3)实行责任会计制度或内部银行的企业，各责任单位可以单独预测，以便确定各单位的创利计划。

(五) 投资收益明细表

该表是根据投资收益明细账的有关资料，对各项投资收益和损失的本年实际数进行反映，并与上年实际数进行比较的报表。由负责投资收益明细账的会计人员于年末进行编制，报送企业主要领导和投资管理部门。格式和内容较好的投资收益明细表有利于企业优化投资结构，作出正确的投资决策，取得最好的投资收益。其格式可参考表6-26。

表 6-26　投资收益明细表

报送：　　　　　　　　　　　　　___年度　　　　　　　　　　　单位：元

项目	行次	本年实际	上年实际	增减额	同比增减%
一、投资收益					
1.					
2.					
投资收益合计					
二、投资损失					
1.					
2.					
投资损失合计					
三、投资净损益					

五、成本报表设计

受企业经营特点决定，不同行业的成本报表不同。加之成本报表属于企业内部管理用会计报表，与企业的管理方法联系密切，因此成本报表的格式和种类多种多样。这里仅介绍制造企业的几种主要成本报表的设计。

（一）制造费用明细表

制造费用明细表是由负责制造费用明细账的会计人员于月末或年末编制，报送生产成本管理部门和其他有关成本费用管理部门。编制该表可以及时了解制造费用计划的完成情况，掌握其变化趋势，降低制造费用，从而降低成本。其格式可参考期间费用明细表的格式。

（二）主要产品单位成本表

该表是对企业的各种主要产品，按成本项目反映其实际成本构成情况，并与本年计划或标准成本进行对比的报表。编制本表，可以了解主要产品的单位成本的变化情况，分析成本升降原因，寻求成本降低的途径，加强成本管理。其格式可参考表 6-27。

表 6-27　主要产品单位成本表

年　月

产品名称：　　　　　规格及型号：　　　　　计量单位：　　　　　售价：
本月实际产量：　　　　　　　　　　　　　　本年累计产量：　　　　　单位：元

成本项目	行次	本期计划	本期实际	完成%	上期实际平均	增减额	同比增减%
直接材料							
直接人工							
制造费用							
产品生产成本							

(三) 产品生产成本表

产品生产成本表是由负责生产成本明细账的会计人员于月末或年末编制,报送单位主要领导和其他有关成本管理部门。其格式可参考表 6-28。

表 6-28　产品生产成本表

年　月　　　　　　　　　　　　　　　　　　　　单位:元

项目	行次	本年计划	本月实际	本年累计实际	完成%
本月生产费用					
其中:直接材料					
直接人工					
制造费用					
加:在产品、半成品月初余额					
减:在产品、半成品月末余额					
完工产品生产总成本					

(四) 成本分析表

成本分析表是对影响成本升降的各个因素进行分析的报表。它由会计部门根据成本核算资料作出分析之后在月末编制,报送企业领导和生产部门。其格式可参考表 6-29。

表 6-29　成本分析表

报送:　　　　　　　　　　年　月　　　　　　　　　　　单位:元

影响成本变动因素	全部产品成本变动		主要产品成本变动	
	金额	占金额%	金额	占金额%
成本升降总额				
产量变动影响				
产品结构变动影响				
单位成本变动影响				

【复习题】

1. 简述财务会计报告的设计要求。
2. 财务会计报告设计的基本内容包括哪些?
3. 财务会计报告的报送程序包括哪几步?
4. 简述财务会计报告设计的步骤。
5. 对外报告设计的主要内容及重点是什么?

6. 内部报表设计有何特殊要求？
7. 日常管理用报表设计的主要内容有哪些？

【思考设计题】

1. 某工厂生产 A、B、C 三种主要产品，企业实行定额成本制度，成本核算采用品种法，基本生产成本设有"原材料、直接人工、燃料和动力、制造费用"等成本项目。管理当局将成本控制的重点确定为变动成本，为此，管理部门要求财会部门每月报告三种主要产品的变动成本资料，提供必要的分析依据。管理部门还定期召开由财会部门、生产单位、计划部门、销售部门参加的成本控制的专题会议，该表也是这一会议的主要材料之一。

试设计一张用于变动成本分析的内部报表，以满足管理部门的信息需求。

2. 设某小型木材加工企业有 A、B、C 三道工序，其中 C 工序又可生产甲、乙两种产品。企业正常有 30 个员工。试用三种以上的方式设计该企业的工资计算表格，说明各自的思路、设计内容及优缺点，并从会计核算的角度说明原始凭证形式设计对企业可能的影响有哪些。

3. 贵州开磷矿业总公司为开磷集团下属分公司，主要从事磷矿石开采及矿砂、矿粉加工，磷矿石年生产能力达 260 万吨以上。

公司地处贵州省开阳县金中镇，东距开阳县城 29 公里，西距息烽县城 28 公里，西南至贵阳市 86 公里，北距遵义市 102 公里。矿区基础设施完备，交通便利，信息畅通，有 30.6 公里的专用准轨铁路与川黔铁路干线小寨坝站接轨，有金阳公路、金开公路分别与贵遵高速公路和贵开高等级公路相通。

公司设有用沙坝矿、采矿部、开拓部、页岩砖厂、设备动力部等生产单位，另设技术部、安全管理部、企业管理部、劳动人事部等管理职能部门。公司现有职工 1 116 名，其中专业技术人员 247 名，中高级以上工程师 74 名。

在国家规划开采范围内，公司主要负责开磷矿区用沙坝矿段、牛赶冲矿段、马路坪矿段磷矿石的开采，其矿石品位高，P205 平均含量为 33.67%，不经选矿即可直接用于生产高浓度磷复肥。

根据贵州开磷矿业总公司的情况，页岩砖厂属于辅助生产，开磷矿区用沙坝矿段、牛赶冲矿段、马路坪矿段是主体，每个矿段由中队组成，中队又由若干班组构成。开拓、采矿是主要作业。

请你列出适用于该公司精细化管理的内部报表传递图，并说明它与企业管理过程有何关系？

4. 认真阅读开磷矿业总公司 2010 年开拓工程量验收表，分析表中信息可能在企业哪些会计报表及附表中有所反映？它们的勾稽关系如何？

开磷矿业总公司 2010 年 2 月开拓工程量验收表

序号	单位及工程名称	年度计划 脉外	当月	集团验收量 当月	集团验收量 累计	当月支护形式 锚网喷	当月支护形式 锚网	掘断面 （米²）
	总公司（内部）	17 696	985	625	1 750.7			
一	用沙坝矿（区）	9 450	600	0.0	536.0			
（一）	1120 中段	1 450	120	0.0	100.0			
1	北 1#盘区	300	0	0.0	0.0			
（1）	矿房石门	300			0.0			13.48
2	北 2#盘区	780	90	0.0	100.0			
（1）	矿房石门	400	30	0.0				13.48
（2）	充填脉外采准	380	60		100.0			13.48
3	南 1#盘区	200	30	0.0	0.0			
（1）	矿房石门	200	30		0.0			13.48
4	南 2#盘区	170	0	0.0	0.0			
（1）	矿房石门	170			0.0			13.48
（二）	1070 中段	8 000	480	0.0	436.0			
1	北 1#盘区	1 300	100	0.0	96.0			
（1）	1110 层道及巷				10.0			13.48
（2）	1100 分层平巷				27.0			13.48
（3）	1090 分层平巷				21.0			13.48
（4）	1080 分层平巷				27.0			13.48
（5）	矿房及溜井门				0.0			
（6）	管线井道石门				11.0			13.48
2	北 2#盘区	1350	50	0.0				
（1）	斜坡道				0.0			13.48—14.35
（2）	1110 分层平巷				0.0			13.48
（3）	1100 分层平巷				0.0			13.48
（4）	1090 分层平巷				0.0			13.48
（5）	1080 分层平巷				0.0			13.48
（6）	矿房及溜井门				0.0			13.48
3	南 1#盘区	1 250	120	0.0	110.0			
（1）	1110 分层平巷				0.0			13.48
（2）	1100 分层平巷				0.0			13.48

（续表）

序号	单位及工程名称	年度计划 脉外	当月	集团验收量 当月	集团验收量 累计	当月支护形式 锚网喷	当月支护形式 锚网	掘断面（米²）
(3)	1090 分层平巷				31.0			13.48
(4)	1080 分层平巷				54.0			13.48
(5)	矿房及溜井门				25.0			13.48
4	南2#盘区	1 250	120	0.0	120.0			13.48
(1)	1110 分层平巷				0.0			13.48
(2)	1100 分层平巷				38.0			13.48
(3)	1090 分层平巷				47.0			13.48
(4)	1080 分层平巷				35.0			13.48
(5)	矿房及溜井门				0.0			13.48
5	南3#盘区	1 450	20	0.0	0.0			13.48
(1)	斜坡道		20		0.0			13.48—14.35
(2)	1110 分层平巷				0.0			13.48
(3)	1100 分层平巷				0.0			13.48
(4)	1090 分层平巷				0.0			13.48
(5)	1080 分层平巷				0.0			13.48
(6)	矿房溜井石门				0.0			13.48
6	南4#盘区	1000	60	0.0	110.0			13.48
(1)	1110 分层平巷				0.0			13.48
(2)	1100 分层平巷				0.0			13.48
(3)	1090 层道及巷				50.0			13.48
(4)	1080 层道及巷				60.0			13.48
(5)	矿房及溜井门				0.0			13.48
7	1070 盘区填井	400	10		0.0			3.57
二	青菜冲片区	3 485	105	192	473.0			
三	马路坪片区	4 761	280	433	741.7			
	部室领导:徐	审核:刘			制表:宋			

【实验题】

地处广州的某大型集团公司 H 的法人代表刘某,2012 年 3 月在一次包括 CFO 尹某参加的高层会议中提出了以下观点:

1. 管理费用数额过大,且有猛涨之势,原因之一是管理不当,并提出对下属 6 个分公司、12 个省级分公司和 6 个职能处室的管理费用进行例外管理。

2. 管理费用最好能管到基层,而且与预算管理和绩效考核结合起来,各分公司和职能处室应每月分析一次,总公司应每季度分析一次。

3. 管理费用中的业务招待费超支影响企业所得税,是个多年未解决的问题。当然,对外的、必要的接待是必不可少的,主要是一些对内的以及部分对外的接待应当适当控制。

4. 业务招待费的考核可以比照管理费用,而且应当更加严格,应当与各下属单位领导集体的薪酬挂钩。

会后,CFO 尹某召开财务部门会议,并明确由财务部副部长丁某负责落实。请你代丁某回答以下问题:

1. 应设计几张什么样的会计报表?
2. 各会计报表设计应考虑的主要因素有哪些?
3. 各会计报表设计的主要内容应如何划分?
4. 各会计报表设计应作特殊说明的内容有哪些?
5. 能否设计出各会计报表的样表?
6. 本例对财会人员与非财会人员的沟通方式有何启示?
7. 能否写出不少于 200 字的设计报告,内容至少包括体会及建议。

第七章　成本核算制度设计

【本章导航】

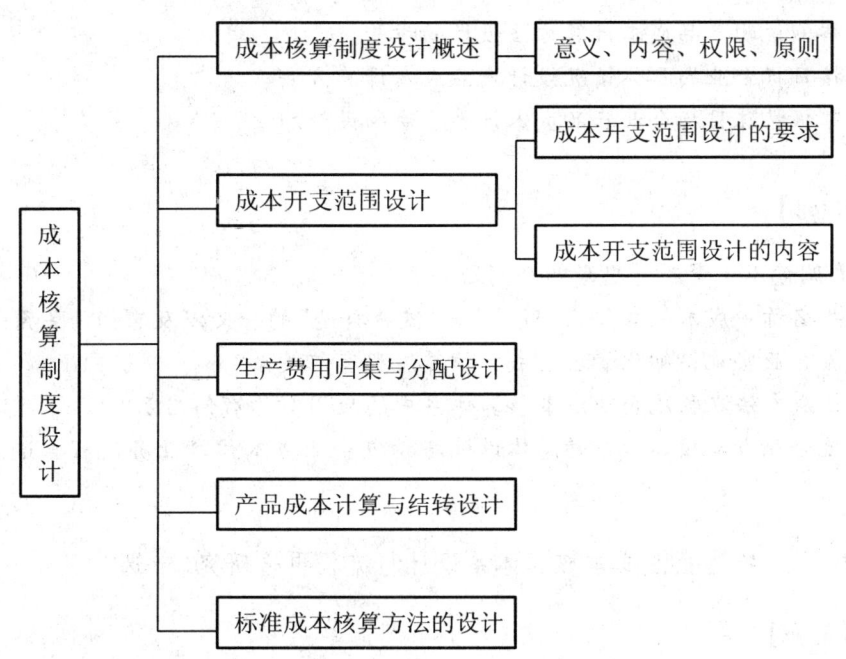

【知识目标】

1. 了解成本核算制度设计的内容、权限和原则。
2. 明确成本开支范围设计的内容和要求。
3. 熟悉生产费用在完工产品与在产品之间分配的方法设计。

【能力目标】

1. 能举例说明产品成本计算方法设计的步骤。
2. 能按目标企业的具体情况设计产品成本计算方法。
3. 能掌握特殊目标企业产品成本计算方法的设计。

【导入案例】

请认真阅读以下资料并思考四个问题：
1. 报告名称中成本核算体系"设计"与"流程再造"的含义以及它们的关系如何？
2. 物流企业实施精细化管理与成本核算流程有何关系？
3. 作业成本法在物流企业成本核算体系中的应用对你有何启示？
4. 物流企业成本核算体系的总体设计与物流企业成本核算业务流程再造总体规划有何异同？

物流企业成本核算体系设计与流程再造研究（节选）

【报告简介】

科学、正确、及时地组织成本核算，是物流企业实施精细化管理、提高决策科学性、增强竞争力的重要环节。只有一套完整有效的成本核算流程才能提供有价值的成本信息。然而，许多物流企业把管理控制的重点放在经营上，忽略了成本信息获取的基础环节——成本的核算业务流程的优化与再造。由于物流企业的经营过程具有高度的连续性、比例性、复杂性、协作性和不平衡性等特点，使得传统成本法已不能满足物流企业进行高水平成本核算和成本管理的要求，因此物流企业必须采用一种更加先进的成本管理体系，建立更规范的流程管理和更科学的组织结构，加强成本控制能力，提高物流企业赢利水平。

【报告目录】

1. 导论
2. 研究的理论基础

2.1 作业成本法概述（1.产生背景及其应用现状；2.基本理论体系；3.优势）；

2.2 业务流程再造理论综述（1.基本概念；2.诊断分析方法）；

2.3 业务流程诊断分析工具（1.描述与分析工具——流程图；2.流程建模与 IDEF 方法；3.Petri 网方法；4.工作流方法）。

3. 我国物流企业成本核算现状与存在的问题

4. 物流企业成本核算体系的总体设计

4.1 作业成本法核算程序设计(1.确定成本计算对象;2.确定成本项目;3.成本核算期的确定;4.成本流程的设计;5.成本归集和分配方式的设计;6.成本核算和账务处理程序的设计);

4.2 作业成本法的账表体系设计(1.成本核算账户;2.凭证;3.成本账簿;4.成本报表);

4.3 作业成本核算体系的适用性问题;

4.4 物流企业成本核算体系的具体设计(1.成本对象和成本计算期的确定;2.成本项目及成本动因的确定;3.核算账户的设置;4.核算程序的设计);

4.5 物流企业作业成本核算体系实施要求。

5. 物流企业成本核算业务流程再造总体规划

5.1 作业成本操作流程设计(1.生产特点和工艺流程;2.成本核算的基本步骤;3.核算模型的建立);

5.2 目标(1.总体目标;2.具体目标);

5.3 原则(1.核心原则;2.操作性原则);

5.4 思路;

5.5 成本核算业务中结转方法的优化;

5.6 成本核算业务流程再造方式选择。

6. 结论

资料来源:中国商情报告网(www.chinasqbg.com),已经编者修改。

第一节 成本核算制度设计概述

成本核算是应用会计原理、会计准则,系统地记录企业产品生产或劳务提供过程中所发生的一切费用,确定各种产品或劳务的单位成本和总成本,以便准确计算销售利润和提供各种成本资料。它是组织和处理成本会计工作的规范,也是会计制度的组成部分。因此,企业有必要设计成本核算制度。

一、成本核算制度设计的意义

通过设计成本核算制度,可以为生产费用的确认、核算和各种产品成本的计算提供指导依据,规范汇集和分配生产费用、计算产品成本的行为,监督和考核生产费用预算的执行情况,正确反映产品成本水平,并在此基础上,分析产品成本升降的原因,为开展成本管理工作提供及时准确的数据资料,促进企业经营管理的全面改善和经济效益的全面提高。概言之,成本核算制度设计是企业成本管理的基础。

设计完善的成本核算制度,不仅有利于成本会计工作的顺利进行,而且可以进一步完善材料领用、固定资产折旧、工资结算分配、各种费用确认、损益计算等方面的会计制度,实现会计制度的统一完整,从而促进整个会计工作的优化。

设计科学合理的成本核算制度,能够保证产品成本的真实性和可靠性,防止弄虚作假,减少和避免工作中的失误,因而有利于制定各种产品的价格。

二、成本核算制度设计的内容

由于成本核算包括生产费用的核算和产品成本的计算,所以成本核算制度是为核算生产费用和计算产品成本而制定的制度,它是成本制度的基本内容。为了做好成本会计工作,企业必须有针对性地设计成本核算制度,这些制度的内容主要包括:(1)成本开支范围的确定。(2)成本计算对象、成本计算期、成本项目的确定。(3)生产费用的归集和分配程序的规划。(4)成本计算方法的选择和确定。(5)成本报表的编制和报送制度。(6)其他有关成本核算的规定。

所有的企业都应当在国家会计法规制度的指导下,结合自己的实际情况自行制定上述各项制度。其中对于国家有统一要求和规定的部分,企业应当严格执行并制定相应的配套制度。

三、成本核算制度设计的权限

由于成本在宏观与微观经济管理,特别是在调整国家、企业、个人之间的利益分配关系中的特殊作用,在过去相当长的一段时间里,国家为加强对企业成本的控制和管理,集中掌握着企业成本核算制度设计的大部分权力,先后制定并颁布了一系列的成本核算制度,如《国营企业成本管理条例》、《国营工业交通运输企业成本管理实施细则》、《国营商业、外贸企业成本管理实施细则》等,并在各类企业会计科目和会计报表制度中统一规定了各类企业应编报的成本报表。另外,一些不同所有制、不同行业企业的主管部门在国家统一的成本核算制度的基础上,结合本行业的特点,又制定颁布了"成本计算规程"、"成本计算方法"等,并强制执行。所以,留给基层企业单位对成本核算制度进行设计的余地是很小的。

随着我国改革开放的不断深化和社会主义市场经济体制的建立,过去的一套成本核算制度和管理体制越来越不适应新形势的要求,暴露出了诸如政出多门,条块分割,内容不统一;与国际惯例差距大;不能满足多种经济成分的成本控制和管理之需要;容易暴露企业的商业秘密;有的制度规定得过细过死,有的则规定得过粗过松,不能适应企业的具体情况等一系列问题。随着1993年会计制度的大变革,成本核算制度设计管理模式也发生了较大变化,成本核算制度的设计权限有了新的划分。国家改变了过去统得过多过死的状况,变过去直接制定比较具体的成本核算制度为主要通过《企业财务通则》、《企业会计准则》(以下简称"两则")及其细则对企业成本核算实施间接控制管理,把成本核算制度的具体设计权限基本上赋予了基层企业单位,只要不违背"两则"的有关原则,企业有权根据企业的实际和管理要求,制定符合本企业情况的成本核算制度。

四、成本核算制度设计的原则

成本核算制度设计,是根据国家的有关会计法规制度,结合企业的生产特点和成本管理需求,制定成本核算方面的有关制定。为了保证成本核算制度的科学性、完整性和

有效性,充分发挥其作用,在设计成本核算制度时应当遵循以下原则:

1. 符合国家有关会计法规制度的规定

《企业会计准则》等会计法规制度对企业的成本核算制度、成本开支范围等均作了明确的规定,它们是企业设计成本核算制度的依据和准绳。各企业在设计成本核算制度时,必须严格贯彻、执行,不得与此相抵触。否则,各企业的成本核算制度将失去统一的标准。

2. 适应企业的生产经营特点

由于各企业的经济性质、生产经营方式、会计核算组织方式、经营管理的要求和目的的不同,设计成本核算制度必须在强调统一性的同时体现各企业的生产经营特点,注重制度的适用性,将制度的统一性与适用性有机地结合起来,以适应各企业的具体情况,设计出科学合理的成本核算制度。例如,企业成本计算方法的设计在很大程度上取决于企业的生产类型和产品的生产工艺过程,单步骤大量生产的企业应采用品种法,单价小批生产的企业应采用分批法,连续加工式生产的企业则应采用分步法。

3. 简化成本核算手续

要正确地归集和分配生产费用、计算产品成本、为经济管理提供准确的成本资料,必须具有严密、完整的成本核算制度。但是,为了保证成本资料的及时性,简化会计工作,提高工作效率,必须在设计成本核算制度时坚持保证成本指标真实可靠与简化手续相结合的原则,对一些影响产品成本不大的费用支出应尽可能地采用简化的方式。例如,许多低值易耗品的价值低、使用年限短,其一次进入产品成本还是分批进入产品成本对成本资料的影响很小,因此,设计与此有关的成本核算制度时应考虑一次摊销法。

4. 有利于提高成本管理水平

成本核算制度应当保证和促进成本管理各项职能的充分发挥。成本管理的职能,一般包括成本预测、成本计划、成本控制、成本核算、成本分析和成本考核等。它们相互联系,共同促进成本管理工作的改善。充分发挥这些职能,有利于控制各种生产费用的支出,降低产品成本。为此,成本核算制度的设计,必须坚持有利于提高成本管理水平的原则,这也是最重要的原则。

第二节 成本开支范围设计

一、成本开支范围设计的要求

1. 成本开支范围由国家统一制定

成本开支范围是指应列入产品成本的费用项目及具体内容。如何确定成本开支范围,哪些内容应该计入成本,哪些内容不应该计入成本,这既是反映企业产品生产消耗水平的需要,也是保证国家和企业利益分配、企业成本核算指标与其他核算指标的口径一致的需要,所以为保证国家宏观调控的有效性,稳定国家财政政策,维护社会经济秩序,国家继续掌管成本开支范围的制定权限。《企业财务通则》在以下几方面作了明确规定:一是正确划分资本性支出和收益性支出的界限;二是正确划分应计入产品成本费用与不应计入产品成本费用的界限;三是正确划分各个会计期间的费用界限;四是正确划分各种产品应该负担的费用界限;五是正确划分完工产品和在产品成本的界限。企业只能在此基础上制定具体细则。

2. 发挥基层单位在成本开支范围设计中的作用

因为企业生产费用的内容很繁杂、很具体,加之企业间的情况千差万别,国家分行业制定的成本开支范围不可能面面俱到,这就需要企业根据自身的特点,结合生产业务的实际情况,对国家的相关规定进行必要的补充和具体化,以便会计人员更好地把关和操作。

二、成本开支范围设计的内容

不同的行业,因生产业务的特点、管理方式、方法及要求不同,在成本开支范围设计的内容上也存在差异。下面以制造企业为例,阐述成本开支范围设计应该包括的内容:

(1) 产品生产过程中发生的直接材料费。包括实际消耗的原材料、辅助材料、备品配件、外购半成品、燃料、动力、包装物以及其他直接材料费用。

(2) 直接从事产品生产人员的工资、奖金、津贴和补贴。

(3) 为产品生产而发生的其他直接费用。如直接从事产品生产人员的职工福利费等。

(4) 各生产单位(分厂、车间)为组织和管理生产而发生的生产单位管理人员的工资、奖金、津贴、补贴和职工福利费。

(5) 生产单位房屋、建筑物、机器设备等折旧费,固定资产修理费、租赁费(不含融资租赁费),原油储量有偿使用费,油田维修费,矿山维修费。

(6) 生产单位为组织、管理生产而发生的机物料消耗、低值易耗品摊销、取暖费、水电费、差旅费、办公费、运输费、设计制图费、试验检验费、劳动保护费以及其他间接制造费用。

(7) 为促进生产单位加强管理、节约开支、减少浪费而规定可计入产品成本的内容,如保险费,废品损失,季节性、修理期间的停工损失等。

成本开支范围的设计除需规定应计入产品成本的内容外,还要对不应计入产品成本的内容作出明确规定。制造企业一般不得列入产品生产成本的支出有:

(1) 属期间成本(管理费用、财务费用、销售费用)开支范围的各项收益性支出。

(2) 各项资本性支出,如购置和建造固定资产、无形资产和其他资产的支出。

(3) 各种对外投资性支出。

(4) 各种罚没支出及营业外支出。如被没收的财物损失,支付的罚款、滞纳金、违约金、赔偿金、赞助、捐赠支出等。

(5) 国家法律、法规规定以外的各种付费。

(6) 国家规定不得列入产品生产成本的其他支出。

第三节 生产费用归集与分配设计

一、生产费用归集与分配的一般原则设计

为了确保生产费用核算的真实、合理和正确,企业需制定各项生产费用归集和分配

的一般性法则和标准,以作为具体操作的依据。通常,生产费用归集和分配的原则从以下三个方面进行设计:

(1) 在方法上,直接生产费用直接计入产品成本,间接生产费用先通过中间环节归集,然后定期分配计入产品成本。

(2) 在真实性要求上,不得以计划成本、估计成本、定额成本代替实际成本。

(3) 在费用的确认和计量上,严格界定成本开支范围,贯彻权责发生制和配比原则。

二、生产费用分配的标准与方法设计

共同费用和制造费用都存在一个分配问题,那么如何分配才合理、准确,取决于分配标准和方法的设计。

1. 分配标准的设计

设计的分配标准应与分配的特定费用、分配对象之间存在依存关系。如果分配的费用是综合费用,分配标准应与综合费用各组成部分中的代表性内容有紧密的联系。同时,分配的标准必须易计量、易取得,分配时易计算。分配标准一经确定,不得随意变动。基于以上要求,可供选择的分配标准通常有以下三大类:(1)实物指标分配标准。指以产品、劳务或耗用材料等的实物量作为分配标准。如产品的件数、台数、辆数、张数、头数,以及重量(公斤、吨)、长度(公尺、公分)、面积(平方米、亩)、体积(立方米、公升)、电力的度数,等等。(2)生产指标分配标准。指以生产工人工作时间、机器设备工作时间和其他有关时间指标作为分配标准。这些工时既可以是实际时数,也可以是计划、定额时数。(3)价值指标分配标准。指以生产工人工资成本、直接材料成本等指标作为分配标准。这些价值指标既可以是实际的,也可以是计划或定额的。

2. 分配方法的设计

分配方法的设计是与分配标准的设计紧密联系在一起的。分配方法取决于分配标准,有什么样的分配标准,一般就有什么样的分配方法与之对应。例如,依上述分配标准形成的分配方法有:产量比例分配法、产品重量比例分配法、产品体积比例分配法、生产工人工时比例分配法、机器工时比例分配法、定额耗用量比例分配法(定额比例法)、定额成本比例分配法(定额成本法)、生产工人工资比例分配法、计划成本分配法,等等。而且这些分配方法除分配标准不一样外,其分配计算的步骤和原理是基本相同的,都是分两步:第一步将应分配费用做分子,将选择的按各分配对象计算的分配标准做分母,计算出分配率;第二步将分配率与各受益对象的分配标准分别相乘,求得各受益对象应分配的份额,以达到把应分配费用分配开来的目的。由此可见,分配方法的设计,关键在于分配标准的设计,制造费用及各种共同费用的分配标准选定了,也就意味着分配方法的设计也随之基本完成了。

各企业制造费用、共同费用分配标准和分配方法的选择,虽然因各企业的情况(如产品的形态、性能、工艺、构造等)不同,选择结果必然存在着差异。但总的来说,还是有些规律可循的。例如,几种产品共同耗用的材料费,一般与受益产品的产量、重量、体积、定额耗用量、定额材料成本等关系较密切,所以通常采用产量比例分配法、重量比例分配

法、体积比例分配法、定额比例法、定额成本比例法等方法;几种产品共同耗用的动力费,一般与受益产品的生产工时、机器工时、定额耗用量等关系较紧密,所以通常采用生产工时比例法、机器工时比例法、定额耗用量比例法等方法;几种产品共同负担的工资及福利费,一般与受益产品的生产工时、定额工时、定额或计划工资成本的关系较密切,所以通常采用生产工时比例法、定额工时比例法、定额(计划)成本比例法。制造费用因属综合费用,很难确定一个与其包括的所有内容都有内在联系的分配标准,所以通常只能选择一种与其一部分具有代表性的内容关系较密切的分配标准。制造费用的分配通常采用实际工时比例法、定额工时比例法、生产工人工资比例法、直接成本法等。生产费用的分配标准与方法见表7-1。

表7-1 生产费用的分配标准与方法

		分配标准
要素费用	材料费用	重量、体积、产量、定额消耗量或定额费用比例
	燃料费用	重量、体积、所耗原材料的数量或费用、燃料的定额消耗量或定额费用比例
	动力费用	产品的生产工时、机器工时、定额消耗量比例
	工资及职工福利费	产品的生产工时
间接费用	制造费用	生产工人工时、生产工人工资、机器工时、年度计划分配率
	辅助生产成本	直接分配法、交互分配法、代数分配法、计划分配法

三、生产费用在完工产品与在产品之间分配的方法设计

生产费用经过归集分配后,成本计算单就集中反映了某种产品的全部成本。如果某种产品在计算期内已完工,它反映的就是完工产品成本;如果该产品在计算期内还未全部完工,则反映的产品成本还需要在完工产品和在产品之间进行分配。其分配方法有:

1. 不计算在产品成本

如果产品生产周期较短、月末没有在产品或者数量很少,这时在产品成本可以忽略不计,生产费用全部由完工产品承担。

2. 在产品按年初数固定计算

如果期末在产品数目少,或者在产品数量虽然很多,但前后各期比较稳定,这时每月的在产品按一个固定成本数从成本计算单中扣除,剩下的由完工产品承担。

3. 在产品只计算直接材料

如果在产品成本中直接材料占的比重很大,这时在产品只计算直接材料,对成本计算单中的其他费用不予分配。

4. 在产品按定额成本扣除

如果产品的定额资料完整、准确,那么在产品的定额成本可以根据期末的定额数量和定额资料计算得到,这时每月的在产品成本按定额成本数从成本计算单中扣除,剩下的由完工产品承担。

5. 实际投产产量法

如果月末在产品数量大,且变化不稳定,并与完工产品具有等量消耗水平,这时完工产品和在产品的成本可按当期实际投产产量的比例进行分配。

6. 约当产量法

如果月末在产品数量大,且变化不稳定,并与完工产品不具有等量消耗水平,这时需计算期末在产品的约当产量(在产品约当产量 = 在产品数量×完工百分比),完工产品和在产品的成本按完工产品数量和期末在产品约当产量的比例进行分配。

7. 定额比例法

如果月末在产品数量大,且变化不稳定,但产品的定额资料完整、准确,这时完工产品和在产品的成本按完工产品和期末在产品的定额比例进行分配。

由于企业可能同时生产多种产品,各种产品的情况又各不相同,这时上述分配方法可能同时存在于一个企业。但是,每种产品只能选择一种分配方法,一经选定,不可经常变换。

四、生产费用归集与分配的流程设计

归集和分配费用的过程要受到成本开支范围、成本核算体制、成本计算方法、有无在产品以及费用的期限等因素的影响。因此,在设计归集和分配费用流程时,需考虑这些因素。归集和分配费用的一般流程如图7-1所示。

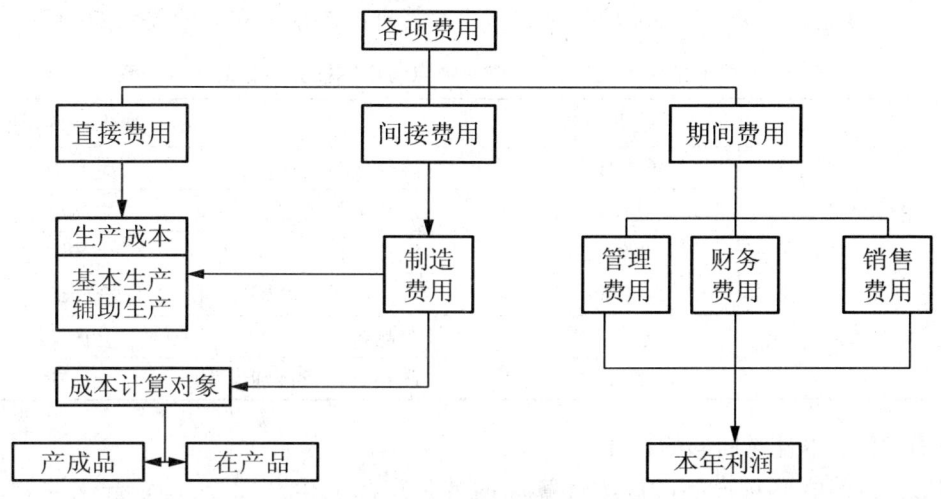

图7-1 归集和分配费用的一般流程

该流程反映以下过程:(1)按费用性质和种类在各有关耗用部门之间进行归集和分配。直接费用直接计入基本生产成本或辅助生产成本的各成本计算对象,间接费用计入车间的制造费用,期间费用按用途计入企业管理部门的管理费用、财务费用和销售费用。(2)将成本计算期内发生的制造费用,按成本计算对象的受益情况进行分配,转入生产成本。(3)各成本计算对象所应该负担的费用在完工产品和在产品之间分配。

需要补充的是,设计费用的归集和分配流程,必然需要设置相应的账户和进行成本计算,因此,在具体设计时要与会计账户的设置和成本计算方法结合起来考虑。

第四节 产品成本计算与结转设计

一、成本计算对象与计算周期的设计

1. 成本计算对象的设计

计算产品成本,必须首先确定成本核算对象。成本核算对象是为计算产品成本而确定的归集分配生产费用的各个对象,即成本的承担者。确定成本核算对象是设置产品成本明细账、分配生产费用和计算产品成本的前提。一般情况下,成本核算对象都是产品,但因为不同企业产品的生产特点不同、管理要求不同,因而具体的成本核算对象也就不同。例如,在单步骤生产条件下,生产工艺过程不可能或者不需要划分为几个生产步骤,因此只要求按照产品品种计算产品成本。而在多步骤生产条件下,由于生产工艺过程是由几个间断的、分散在不同地点进行的生产步骤所组成,为了加强各生产步骤的成本管理,往往不仅要求按照产品品种计算产品成本,而且要求按照生产步骤计算产品成本,以便为考核和分析各种产品及各生产步骤的成本计划完成情况提供资料。如果管理上不要求按生产步骤计算产品成本,也可以只按产品品种计算成本。总之,企业生产的特点和管理要求对成本核算对象的确定有着较大的影响,成本核算对象的设计既要适应生产组织与生产工艺的特点,又要满足企业加强成本管理的要求。它们的关系如表7-2所示。

表7-2 企业的生产组织、生产工艺特点与成本核算对象的一般关系

组织方式	工艺过程	成本计算对象	成本计算周期
单件小批	单步骤生产	该件或该批产品	生产周期
	连续加工	产品各加工步骤	生产周期
	平行加工	该件或该批产品	生产周期
大批大量	单步骤生产	产品品种或类别	会计期间
	连续加工	产品各加工步骤	会计期间
	平行加工	产品品种或批别	会计期间

2. 产品成本计算周期的设计

从理论上讲,各种产品的成本计算周期就是产品的生产周期,确定起来非常容易。但对大量、大批、重复生产的企业却很难做到,因为产品总在不断投入与产出,而且许多产品的生产周期很短,有的甚至只有几个小时。对于这类企业,成本计算周期一般以日历月份为准。而对于单件小批生产的企业,其成本计算周期才可以按生产周期设计。

二、要素费用与成本项目设计

1. 要素费用设计

要素费用的设计实际上是对生产费用按经济内容分类的过程。如何确定要素费用,既取决于生产费用的经济性质,又受经济管理要求的影响。因此,确定的要素费用既要

分清不同性质的生产费用,又要有利于考核生产费用预算的执行结果,分析生产费用中活劳动和物化劳动消耗的比例。同时,能够为计算国民生产总值和国民收入提供可靠的数据。按这些要求,生产费用按经济内容可分为六个要素费用:(1)外购材料;(2)外购燃料;(3)外购动力;(4)工资和福利费用;(5)折旧费用;(6)其他费用,如差旅费、办公费、利息支出、邮电费、保险费等。但划分为这六类也并不是绝对的,企业可以根据其具体情况进行合并或分解。

2. 成本项目设计

为了设计成本项目,首先应对产品的构成内容进行分类。理论上,既可以按产品经济内容分类,也可以按产品经济用途分类。按产品经济内容分类设计的成本项目,一般与要素费用一致,这种分类方式不利于成本管理,所以实际工作中,更多地采用后者。制造企业产品成本构成按经济用途可分为三类,即三个成本项目。它们是:

(1)直接材料。指构成产品实体的原料、主要材料,以及产品生产过程中的辅助材料、燃料、配件、动力、包装物等。

(2)直接人工与福利。指直接从事产品生产的工人的工资、奖金、津贴、补贴与福利等费用。

(3)制造费用。指企业各生产单位为组织和管理生产所发生的车间管理人员的工资与福利,生产用固定资产折旧、修理费、租赁费,一般机物料消耗,周转性材料摊销、水电费、办公费等。

对于以上成本项目,企业可根据其具体情况和成本管理要求进行适当合并或分解。但在具体设计时,需考虑两个方面的问题:第一,由于不同行业的生产费用构成内容不同,其成本项目的设计需要根据其具体情况和成本管理要求进行,不可以千篇一律。第二,产品成本构成的分类应粗细适当。分类太粗,设计达不到应有的作用;分类太细,成本项目太多,会增加成本核算的工作量。

三、产品成本计算方法的设计依据

产品成本计算方法的基本特征是由成本计算对象的特点决定的。而成本计算对象的特点又取决于企业的生产特点和成本管理要求,所以产品成本计算方法的设计依据归根结底也是企业的生产特点和管理要求。企业的生产特点是由企业的生产组织特点和生产工艺特点决定的。企业的生产组织特点主要是就企业的生产是大量生产,还是成批生产(成批生产又有大批、小批之分),或是单件生产而言的;生产工艺特点主要是就企业的生产是简单(单步骤)生产,还是复杂(多步骤)生产而言的,其中复杂(多步骤)生产又有连续式多步骤生产和装配式多步骤生产之分。连续式多步骤生产又可进一步区分为封闭式连续多步骤生产(如某些化工产品的生产)和开放式连续多步骤生产(如钢铁企业的钢产品生产、纺织企业的纺织品生产等)。成本管理要求是指企业对各产品成本计算、管理和控制等提出的愿望和条件。例如,是按全厂计算成本还是按阶段、步骤计算成本,是否结合进行定额控制或标准成本控制,是否结合进行责任成本的核算,等等。可见,成本计算方法的设计要考虑的因素是很多很复杂的,设计时必须统筹兼顾,以设计出既符合企业生产特点,又能满足成本管理要求的、科学高效的成本计算方法来。

四、产品成本计算方法设计的步骤与方法

(一)产品成本计算方法设计的步骤

产品成本计算方法的设计,通常按照以下步骤进行:

(1) 分析现有可选择的计算方法,结合实际分别为各产品选择其基本的成本计算方法。现有可供选择的定型的成本计算方法是很多的,但基本的方法只有三个:品种法、分步法、分批法,其中品种法又是最基本的。

下面将这三种基本的成本计算方法进行比较(见表7-3),以供选择时参考。

表7-3 三种基本的成本计算方法的比较

生产工艺特点	生产组织方式		成本管理要求(是否要求分步核算)	成本计算对象	费用是否在完工产品与在产品间分配	成本计算方法	适应企业
单步骤生产	大量生产		否	全厂某月的产成品	否	品种法	采掘、水电厂等
复杂多步骤生产	连续式	大量生产	否	全厂某月的产成品	是	品种法	砖瓦、水泥、化工等
		大量生产	是	各步骤某月的半成品、产成品	是	分步法	钢铁、纺织、酿酒等
	装配式	大量生产	是	各步骤某月的半成品、产成品	是	分步法	机械制造
		大量生产	否	全厂某月的产成品	是	品种法	钟表、玩具等
		成批生产 大批	是	各步骤某月的半成品、产成品	是	分步法	机械制造、玻璃、仪器
		成批生产 小批	是	全厂或车间的某批产品	否	分批法	服装、家具
		单件生产	是	全厂或车间的某件产品	否	分批法	机械修理、自制设备

(2) 对选定的基本成本计算方法进行补充、修改或创新设计。产品的基本成本计算方法选定后,有的可以直接操作,但更多的却不能或很难操作。因为对许多产品来说基本成本计算方法只是为其设计了基本框架,一系列的"枝节"问题还需进一步解决。这就要求对基本成本计算方法进行补充、修改或创新设计。补充、修改或创新设计的空间非常大,难度也很高,而且多数没有可参考的模式或范例,因此设计者必须对设计单位的情况有深入的了解,而且设计者必须具有深厚的专业功底和设计经验以及过人的分析、判断能力。实际工作中的分类法、定额法、定额比例法、平行结转差异法都是补充、修改或创新设计的产物,随着时间的推移,预计会有更多的新方法涌现。

(3) 以文字、流程图等形式对所设计的成本计算对象、费用归集与分配方法、成本计算程序等作出说明,形成制度形式。

(二) 产品成本计算方法设计

下面是产品成本计算的基本方法的流程设计：

1. 品种法核算流程设计

品种法是以产品的品种为成本计算对象来归集生产费用并计算产品成本的一种方法。它主要适用于大量大批的单步骤生产，如发电、采掘等企业。在这类企业中，产品的生产工艺过程只有一个加工步骤，并且只能在同一地点加工完成，因而不需要按照生产步骤计算产品成本。在大量大批多步骤生产中，如果企业或车间规模较小，或者车间是封闭式的，即从原材料投入到产品加工完成的全过程，都是在一个车间内进行的；或者生产是按流水线组织的，尽管属于复杂生产，但在成本管理工作中不要求提供各步骤的成本资料时，也可以用品种法计算成本，如小型水泥厂、制砖厂、织布厂以及辅助生产的蒸气车间等。

品种法的核算流程如图7-2所示。

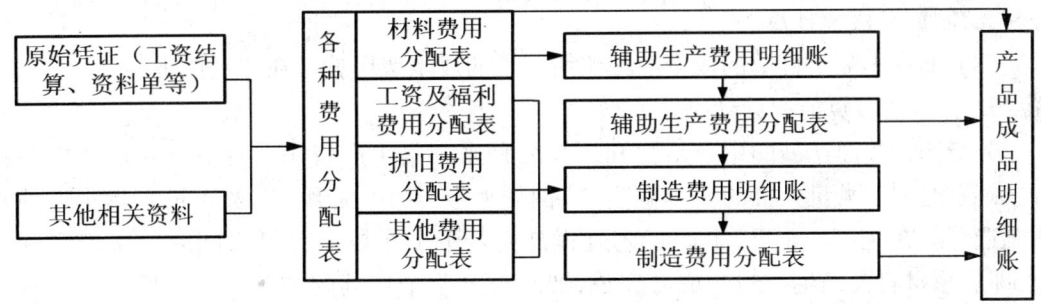

图7-2　品种法的核算流程

2. 分批法核算流程设计

分批法是按照产品批次或订单作为成本计算对象来归集产品费用并计算产品成本的一种方法，又称订单法。这种方法一般适用于小批单件的多步骤生产，例如重型机械、船舶、精密仪器、专用工具模具和专用设备的制造。在某些单步骤生产下，无论是企业还是车间，如果生产也是按小批单件组织，例如某些特殊或精密铸件的熔铸，则也可以用分批法单独计算这些铸件的成本。

分批法的核算流程说明如图7-3所示。

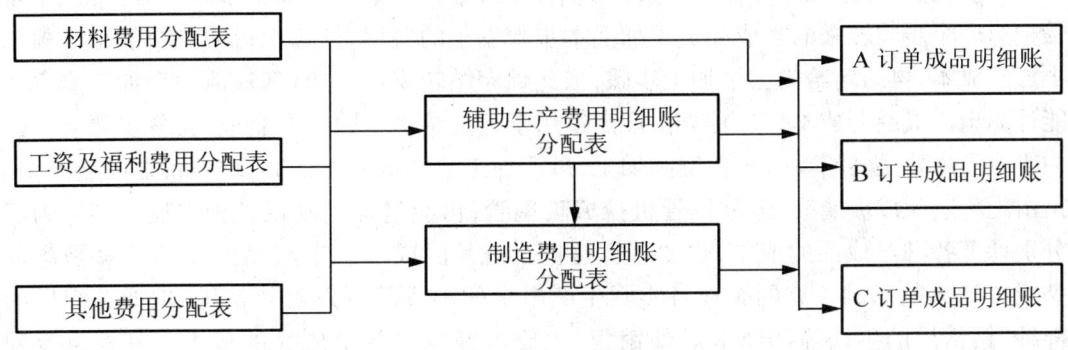

图7-3　分批法的核算流程

(1) 在开始生产时,财务部门应根据每一份订单或每一批产品生产通知单(内部订单),开设一张成本明细单(产品成本计算单)。

(2) 分批法十分强调按单位或批别归集成本,因此各张订单、各批产品所直接耗用的各种材料、费用,都要在有关原始凭证上填明订单及生产通知单号。间接费用要填明其用途和费用发生地点。

(3) 期末根据费用的原始凭证编制材料、工资等分配表。

(4) 结算各辅助生产成本,编制辅助生产费用分配表。

(5) 结算各车间的制造费用明细账,编制制造费用分配表,按照规定的分配标准,分配记入各有关成本明细账。

(6) 当某一订单、生产通知单或某批产品完工、检验合格后,应由车间填制完工通知单,并将一份送给会计部门,以便结算成本。

(7) 财务部门收到车间送来的完工通知单后,根据产品成本明细账和有关原始凭证资料,编制产品成本计算表。

(8) 期末未完工订单的成本明细账所归集的成本费用就是在产品成本。

3. 分步法核算流程设计

分步法是按照产品的生产步骤和产品品种来归集生产费用并计算产品成本的一种方法。它适用于大量大批的多步骤生产,例如冶金、纺织、造纸,以及大量大批生产的机械制造等。在这些企业里,生产工艺过程是由若干个在技术上可以间断的生产步骤组成,即从原材料投入生产到产成品完成,要经过若干个连续的加工步骤。原材料经过一个加工步骤,便生产出形状和性能不同的半成品,上一步骤的半成品是下一步骤的加工对象,直到最后一个步骤加工或装配完毕,才生产出产成品。在这样的企业(特别是实行分级管理、分级核算的企业)里,为了加强各生产步骤的成本管理,不仅要求按照产品品种计算产品成本,而且要求按照生产步骤计算半成品成本,以便为考核和分析各种产品及各生产步骤半成品成本计划的完成情况提供基础数据资料。由于在不同的企业,管理者对每一生产步骤的成本信息的需求不同,为了方便成本计算,分步法又可以分为逐步结转分步法和平行结转分步法两种。

(1) 逐步结转分步法(计算半成品成本的分步法)。该种方法是按照产品的加工顺序,首先计算第一个加工步骤的半成品成本,然后结转给第二个加工步骤;第二个加工步骤把第一个步骤转来的半成品成本加上本步骤发生的费用,计算求得第二个加工步骤的半成品成本,再结转给第三个加工步骤;依此顺序结转累计,一直到最后一个加工步骤才能计算出产成品的成本。这种方法广泛适用于大批量多步骤生产企业,其各步骤生产出的半成品主要是转给下一步骤继续加工,最后加工成产成品。例如,玻璃仪器的生产,先是由配料熔化成玻璃液,经过拉管机拉成玻璃管,再经过烧制制成各种玻璃仪器。为了分别计算各种产成品的成本,也要计算这些半成品的成本。半成品成本的计算是产成品成本计算的基础。有的企业各步骤生产出来的半成品可以对外销售,例如纺织厂的棉纱、钢铁厂的生铁等都经常对外销售,也要求计算这些半成品的成本。其核算流程如图7-4所示。

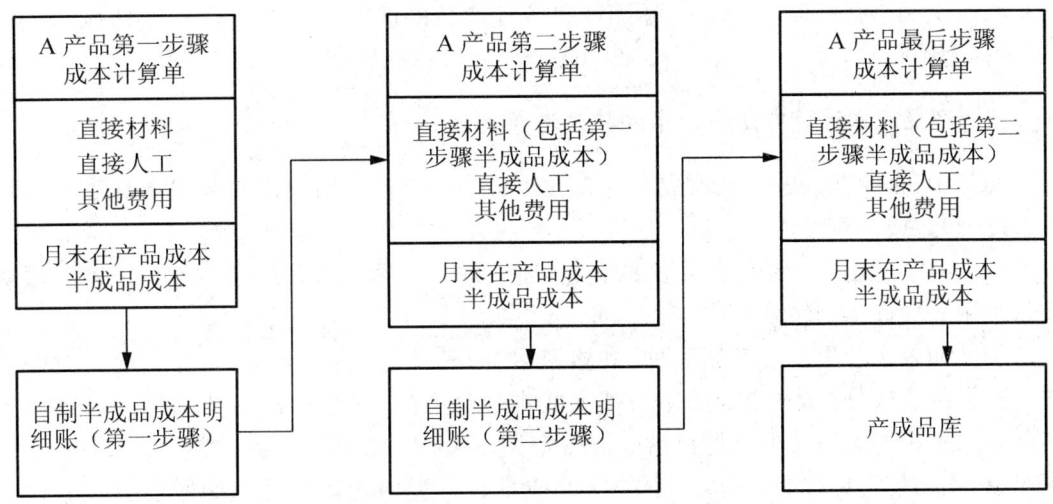

图 7-4　逐步结转分步法核算流程

（2）平行结转分步法

平行结转分步法（不计算半成品成本的分步法）。该种方法主要适用于大量多步骤装配式生产的企业。在这样的企业里，各步骤半成品的种类很多，又很少对外销售，不需要计算半成品成本。如果再采用逐步结转分步法，核算工作量会很大，也没有必要。为了简化和加速成本计算的工作，便采用了平行结转分步法。其核算流程如图 7-5 所示。

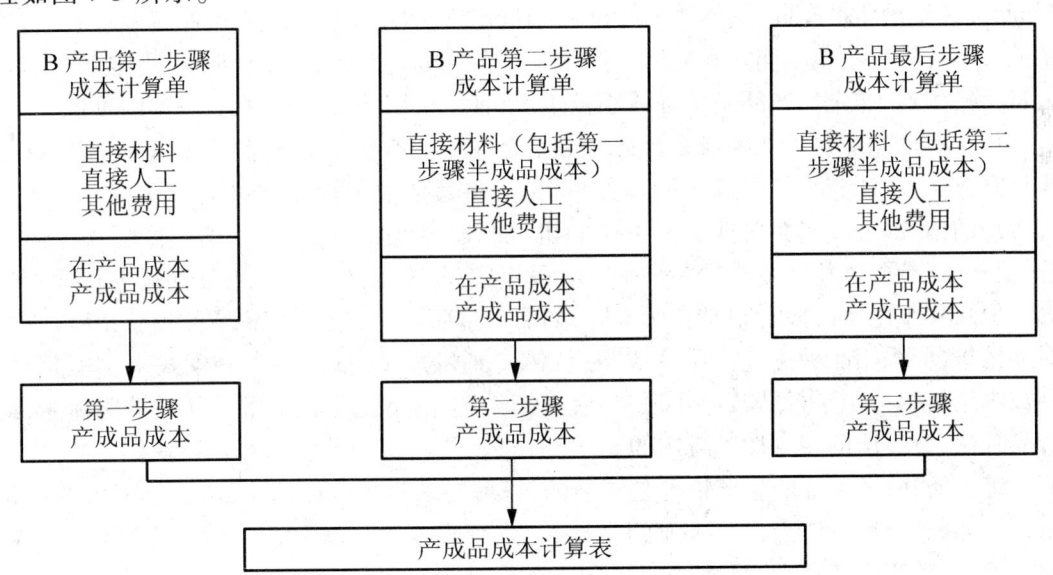

图 7-5　平行结转分步法核算流程

平行结转分步法在计算各步骤成本时，不计算各步骤所产半成品的成本，也不计算各步骤所耗上一步骤的半成品成本，只计算本步骤发生的各项费用以及这些费用中有多少应计入产成品成本。把各步骤计入产成品成本中的费用称为"份额"。将相同产品的各步骤的份额平行结转、汇总，即可计算出该种产品的产成品成本。这种结转成本的方法，就称为平行结转法。

五、产品成本计算方法设计中的特殊考虑

实务中，企业在选定了基本成本计算方法后会结合自身情况对产品成本计算方法加以补充、修订或创新设计。

（1）对于选定逐步结转分步法的企业，还应进一步确定是采用综合逐步结转分步法还是采用分项逐步结转分步法。

（2）如果企业生产的产品品种、规格繁多，而其性能、结构又基本相同，设计时应首先选择品种法或分批法、分步法作为基本成本计算方法；然后将产品按其性能、结构、工艺流程和所用的原料及主要材料情况进行归类，将基本相同的归为一类作为一个成本计算对象，先归集其总成本，再按一定的比例或系数在类内各具体品种中进行分配。这一成本计算的方法称为比例法或系数法，此法可大大减少相关工作量。

（3）若企业定额管理制度比较健全，定额管理工作基础较好，产品的生产已经定型，消耗定额合理、正确、稳定，设计时应首先选择基本成本计算方法，然后制定出产品成本的各项消耗定额和定额成本。在生产成本归集时，将符合定额的费用和脱离定额的费用分别核算，月末在定额成本的基础上加减脱离定额的各种成本差异，计算出产品的实际成本。这一成本计算的方法称为定额法。使用这样的成本计算方法便于加强定额管理。

（4）有的企业需将几种成本计算方法同时应用。在一般制造企业中，既有基本生产车间，又有辅助生产车间，基本生产车间和辅助生产车间的生产特点和管理要求不同，采用的成本计算方法也不同。在同时生产定型产品和非定型产品的企业，因为定型产品是大量大批生产，非定型产品是单件或小批生产，其所采用的成本计算方法也不同。

（5）有的企业需将几种成本计算方法结合应用。有些制造企业，除同时应用几种成本计算方法外，还有一种以成本计算方法为主，将其他成本计算方法的某些特点加以结合应用的情况。例如，在单件小批生产的机械制造企业，其主要产品的生产过程是由铸造、机加工、装配等相互关联的各个生产阶段组成，其最终产品应采用分批法进行成本计算。但从各个生产阶段看则又有所不同，如在铸造阶段，其生产产品品种较少，并可直接对外销售，应采用品种法进行计算成本；从铸造到机加工阶段，属于装配式多步骤生产，其成本结转可采用平行结转分步法进行。就该企业来说，成本计算是以分批法为主，结合品种法、分步法的特点加以应用的。

综上所述，各企业的生产情况是复杂的，管理要求是多方面的，成本计算的方法也是多种多样的，应用时应当根据企业的生产特点、管理要求、规模大小、管理水平等实际情况，将成本计算的各种方法灵活应用。

最后，还应指出，各种产品成本计算方法是人们反复实践应用，不断改革、完善而形成和发展起来的，因此，不能将成本计算方法看成是一经采用就一成不变的东西，而应该不断地改革、完善、创新。

第五节　标准成本核算方法设计

标准成本会计制度诞生于 20 世纪二三十年代,是西方企业随着工业生产的发展和企业管理的加强,在原有成本核算的基础上逐笔建立和发展起来的一种成本控制制度。它的设计包括制定标准成本、计算和分析成本差异以及处理成本差异三个环节。

一、设计现实的标准成本

标准成本是根据已经具备的生产技术水平在有效经营假定下事先确定应当发生的成本。按标准的高低不同,它可分为基本标准成本、理想标准成本、正常标准成本和现实标准成本。由于现实标准成本可以同时满足多种要求,实际应用也很广泛,所以这里我们着重介绍其设计方法。其余三种可参照其设计方法,不再赘述。

现实标准成本是根据最可能发生的生产要素耗用量与价格以及生产经营能力利用程度制定的。所谓"最可能发生",是指在正常条件下,再考虑到难以避免的生产要素的超量消耗、价格波动和生产经营能力的低效利用等情况,如废品损失、机器故障等。现实标准成本并不意味着它是唾手可得的,而应该是在有效的生产经营条件下经过努力可以达到的成本目标。

标准成本的具体设计方法如下:

1. 材料标准成本的设计

材料分外购材料、自制材料和委托加工材料三类,应分别设计标准成本。

(1) 外购材料标准成本的设计。外购材料的成本包括买价和采购费用两个部分。采购费用具体包括:运杂费、运输途中的合理损耗、入库前的挑选整理费、购入材料负担的税金、外汇价差和其他费用。有些应属于材料采购成本而未被计入材料采购成本的费用,如材料储备资金占用的利息支出,是否纳入材料标准成本的控制范围,可根据具体情况作出不同选择。一旦确定了范围,标准成本的核算与控制就要与之保持一致的口径。材料成本中的各个项目除了买价之外,都可以根据材料采购计划设计出费用标准。买价受市场力量的支配,因此,设计时要求对市场价格的变动趋势能够作出比较准确的预测。

(2) 自制材料标准成本的设计。自制材料的成本包括在自制过程中发生的各种原材料、工资和其他费用。其中,各种原材料的标准成本应根据原材料消耗定额和原材料标准成本来设计;工资的标准成本应根据计划工时和计划的工资分配率来设计;其他费用则应根据具体情况分别设计标准。自制材料标准成本的设计还可参照后面介绍的产品标准成本设计中的某些办法。

(3) 委托加工材料的设计应用较少,本书不再赘述。

2. 产品标准成本的设计

产品成本一般分为直接材料、直接人工和制造费用三个部分,其标准成本的设计也可相应地分为三个方面:

（1）直接材料标准成本的设计。直接材料是指构成产品实体的主要材料。单位产品中直接材料的标准成本可按如下公式设计：

$$直接材料标准成本 = 材料标准消耗量 \times 标准价格$$

材料的耗用量同材料的种类、质量有关。材料的种类和质量还影响材料的价格，因此，设计时必须规定每项材料的种类和质量。这项工作一般由工程技术部门或产品控制实验室完成。质量规定包括材料的各项物理和化学性能，如浓度、强度、张力、厚度、湿度和纯度等，都必须事先确定。生产过程中可能需要代用材料，对代用材料的种类也必须事先定好。

材料的耗用量同产品的质量、尺寸和造型也有关。因此，设计耗用量指标时，应考虑适量的报废损失，但只能是可估计的不可避免的损失。这样就可以对比实际过程中所发生的可以避免的或不正常的报废损失。

正常报废损失的范围同对操作水平所制定标准的高低有关。操作标准设计得越高，允许的报废就越少。一般地，报废损失的多少可以根据过去的经验或试验室计算等办法确定。

在直接材料标准成本中，正确设计耗用量标准比正确设计价格标准不仅要复杂得多，而且要重要得多。这是因为，材料数量的消耗是可以控制的，而材料价格的高低几乎是不可以控制的。

（2）直接人工标准成本的设计。直接人工的标准成本可按下面的公式进行设计：

$$直接人工标准成本 = 标准工时 \times 标准工时报酬率$$

其中，工时的可控性要比报酬率的可控性强。因此，应把工时标准的设计作为重点。

选择适当的操作方法是设计工时标准的第一步，这包括将所有影响工人工作效率的环境条件都标准化。如机器设备、工作场地、运输条件等的标准化，使之处于现有环境下的最佳状况；控制材料的供应，使工人能在适当的地方获得符合质量标准的材料。

单位产品中的工时标准可分为两个基本要素：一是需要哪些动作，二是完成每项动作需要多少时间。这两个方面都必须进行仔细的研究。前者比较容易确定，后者可根据不同的方法确定。如果该动作是过去已经操作过的，那么其时间标准可根据过去操作的平均水平加以设计，但在计算平均数时，应当将一些特别的数据排除在外。每项动作需要的时间应作为设计工时标准的基础。操作流程应切割为尽量多的动作，操作人员应经过精心挑选。在研究过程中，由于条件不正常而引起的不正常操作时间也应予以剔除。

如果依据过去的平均水平和每项动作需要的时间都不尽合理的话，可选用试运行的办法。但产品的制造是在不同条件下进行的，单个的试运行难以代表产品制造所需的平均时间。

工时报酬率标准须视不同情况而定。实行计时工资制的企业，其工资报酬率计算公式为：

$$计时工资工时报酬率 = \frac{预计支付直接人工工资总额}{标准总工时} \times 100\%$$

实行计件工资制的企业，单位产品的直接人工标准就是单位产品应付的计件单价。

（3）制造费用标准成本的设计。制造费用是指间接材料、间接人工和其他间接费用（如折旧费）。单位产品制造费用的标准成本也可以分解为两个因素，即工时标准（直接人工小时或机器小时）和分配率标准。其计算公式为：

$$单位产品制造费用标准成本 = 标准工时 \times 标准分配率$$

由于标准工时已在设计直接人工标准成本时确定，因此只要设计费用的标准分配率。

制造费用的标准分配率取决于产量标准和制造费用预算两个因素。其计算公式为：

$$制造费用标准分配率 = \frac{制造费用预算总额}{标准产量} \times 100\%$$

在制造费用中，有些是变动费用，与产品变动同比例地变化；有些是半变动费用，与产量的多少有关，但不是同比例变化；有些是半固定费用，在一定产量范围内不变，但超过该范围时突然增加；有些则是固定费用，与产量的多少完全无关。这样，如何设计标准产量将具有决定性的意义。在设计制造费用分配率时，应以企业充分利用现有生产能力可能达到的最高生产量作为标准，这样做有利于差异分析。由于大多数企业不只生产一种产品，即使只生产一种产品，也不会只有一道生产工序，因此，产量标准一般选用直接人工小时或机器小时。

制造费用预算应按固定费用、变动费用分别编制。变动费用要按不同的生产活动水平分别确定其数额，即采用"弹性预算"的形式。制造费用预算金额是没有弹性的，一经确定便固定不变。制造费用的标准分配率只有一个，不能根据实际产量选用不同的标准分配率。制造费用预算随着材料的变动而变动，制造费用预算金额应与标准产量相适应。必要时，制造费用标准成本可按变动性制造费用和固定性制造费用分别设计。

（4）产品标准成本卡。标准成本设计出来后应按不同种类、不同规格的产品（包括半成品）设计标准成本卡。

标准成本卡的一般格式如表7-4所示。

表7-4 标准成本卡

产品名称：A 半成品　　　　计量单位：件　　　　编制日期：

标准成本项目	计量单位	数量	单价	标准成本
直接材料 A 材料	公斤	5	30	150
直接人工	工时	20	6	120
变动制造费用	工时	30	2	60
单位产品标准变动成本				330
固定制造费用	工时	30	3	90
单位产品标准成本				420

辅助生产产品和劳务标准成本的设计可比照产品标准成本的设计方法，不再赘述。

二、标准成本差异分析的设计

标准成本差异指的是实际成本同标准成本之间的差额。如果实际成本超过标准成本则为不利差异,称为逆差或超支,用正数表示;如果实际成本低于标准成本则为有利差异,称为顺差或节约,用负数表示。

标准成本差异分析的设计,一般按三个项目九种差异进行。

(一) 直接材料项目

直接材料成本差异是指直接材料实际成本与其标准成本之差。这部分差异可分为两种:一种是用量差异,另一种是价格差异。其中:

直接材料用量差异 =(实际用量 − 标准用量)× 标准价格

直接材料价格差异 = 实际用量 ×(实际价格 − 标准价格)

应当将重点放在用量差异的分析上,因为用量比材料价格更受管理效率的影响。通常可从下述诸因素去分析材料用量差异的原因:(1)机器设备或者工艺的改变;(2)用非标准材料代替;(3)没有把剩余材料交存仓库;(4)工人素质差或没有严格管理;(5)机器设备没有维护好;(6)没有合适的机器与工具;(7)其他。材料用量差异一般应由使用材料的生产部门负责,但供应部门为了降低采购成本而购进了质量较差的材料,导致材料耗用超过标准,这部分差异就由供应部门负责。

影响材料价格的因素很多,有市场供求关系的变化、供货单位的更换、运输方法与线路的不同、采购批量的大小以及对材料需求的缓急等。一般来说,材料价格差异应由材料供应部门负责,因为构成材料价格的许多费用都是材料供应部门可以或者必须控制的。即使是材料的买价,虽然在很大程度上取决于市场,但如果不责成供应部门负责,那么企业就无法从市场上获得比较便宜的材料。但是,供应部门显然也不能对价格差异负完全责任。例如,可能由于生产方面的原因需要紧急采购少量某种材料,因数量少而不能享受正常的数量折扣,因需求急而必须加快运货速度甚至改变运输方式,这些都会造成材料价格差异,这些差异显然不应由供应部门负责。

材料价格差异可以按当期材料耗用量计算,也可以按当期采购量计算。公式为:

材料价格差异 = 材料采购数量 ×(实际价格 − 标准价格)

(二) 直接人工项目

直接人工成本差异是指一定产量产品中直接人工实际成本与其标准成本之差。该项目的差异也可以分为两种:效率差异和工资率差异。公式为:

直接人工效率差异 =(实际工时 − 标准工时)× 标准工资率

直接人工工资率差异 = 实际工时 ×(实际工资率 − 标准工资率)

效率差异的分析是本项目分析的重点,应注意从以下几个方面进行:(1)材料质量是否低劣;(2)操作工人素质是否不高;(3)机器设备是否没有正常维修;(4)产品质量控制的要求是否提高;(5)其他。

(三) 制造费用项目

制造费用可细分为变动制造费用和固定制造费用。

1. 变动制造费用

变动制造费用同生产活动水平有一定的联系,但不像典型的变动费用那样与产量保持同比例的变化。在变动制造费用中,有较大一部分费用的变化是不连续的,对于这部分费用,一般需要编制弹性预算加以控制。

变动制造费用差异是指实际变动制造费用与标准变动制造费用之差。该差异可进一步分为两种:效率差异和分配率差异。公式为:

变动制造费用效率差异 =（实际工时 − 标准工时）× 标准分配率

变动制造费用分配率差异 = 实际工时 ×（实际分配率 − 标准分配率）

2. 固定制造费用

固定制造费用在一定范围内与生产活动水平无关,而与生产能力的形成及其正常维护相联系。固定制造费用差异是实际固定制造费用与标准固定制造费用之差。该项差异通常分为三种:效率差异、能力差异和预算差异。效率差异是指投入的实际工时偏离产品的标准工时所产生的差异;能力差异是指实际投入的活动（业务）水平偏离生产能力所产生的差异;预算差异则是指实际固定制造费用总额偏离预算固定制造费用总额所产生的差异,亦称开支差异。公式为:

固定制造费用效率差异 =（实际工时 − 标准工时）× 标准分配率

固定制造费用能力差异 =（预算工时 − 实际工时）× 标准分配率

固定制造费用预算差异 = 实际固定制造费用 − 预算固定制造费用

在一定的情况下,也可以将效率差异与能力差异合并为一个差异,将变动制造费用与固定制造费用合并为一个项目,这样可以简化分析工作,但不利于明确责任。

三、标准成本制度账务处理程序设计

在标准成本制度下,成本差异一般分为九种,与此相适应,也应设计九个差异账户。即:"直接材料用量差异"、"直接材料价格差异"、"直接人工效率差异"、"直接人工工资率差异"、"变动制造费用效率差异"、"变动制造费用分配率差异"、"固定制造费用效率差异"、"固定制造费用能力差异"和"固定制造费用预算差异"。这一系列差异账户的设计,为连续、系统、全面地反映成本差异提供了条件。

如果差异分析简化了,那么设计的差异账户也要相应地减少。

（一）成本差异处理方法的设计

各种成本差异可以设计为全数转入当期已销产品成本,也可以设计为按一定标准在期末在制品和产成品与已销产品之间进行分配。

前者的设计理由是:

（1）标准成本代表了产品成本的合理水平,只有标准成本才是真正的成本。由于生产能力的闲置、生产工程的浪费、管理效率的低下或经营条件的其他变化而产生的差异,设计时一般不应当用来增加或减少产品成本。

（2）因为存货按标准成本估价比按实际成本估价要简单一些,这有助于及时编制会计报表。

（3）各月份的边际总利润比较容易计算,该指标反映当期的赢利水平。

（4）成本差异列入损益表中更能引起领导的注意。

（5）在生产多种产品的企业里,要将成本差异分配到各产品中是比较困难的。

后者的设计理由是：

（1）财务报表应当只承认实际成本，标准成本并非真正的成本。

（2）若用于存货估价，标准成本必须准确可靠。在标准成本的设计阶段或者在其可靠性尚未被证实之前，用实际成本进行存货估价无疑是最合适的。

由于将成本差异分摊给期末存货对于成本控制并没有多大益处，因此，一般应采用前一种设计，即将成本差异全数转入已销产品成本。

（二）标准成本制度账务处理程序设计

标准成本制度账务处理程序，可按产出法设计，也可按投入法设计。前者是在产品完工、结转产品成本时反映出差异（少数差异除外）；后者是在生产费用发生时反映出差异。虽然后者更能及时地反映出成本差异，但要真正做到在生产费用发生时就反映出成本差异，恐怕非常困难。若不具备设计投入法的条件，达不到及时反映成本差异的目的，就不应按投入法设计。

现将标准成本制度账务处理程序按产出法（见图7-6）和投入法（见图7-7）分别进行图示。

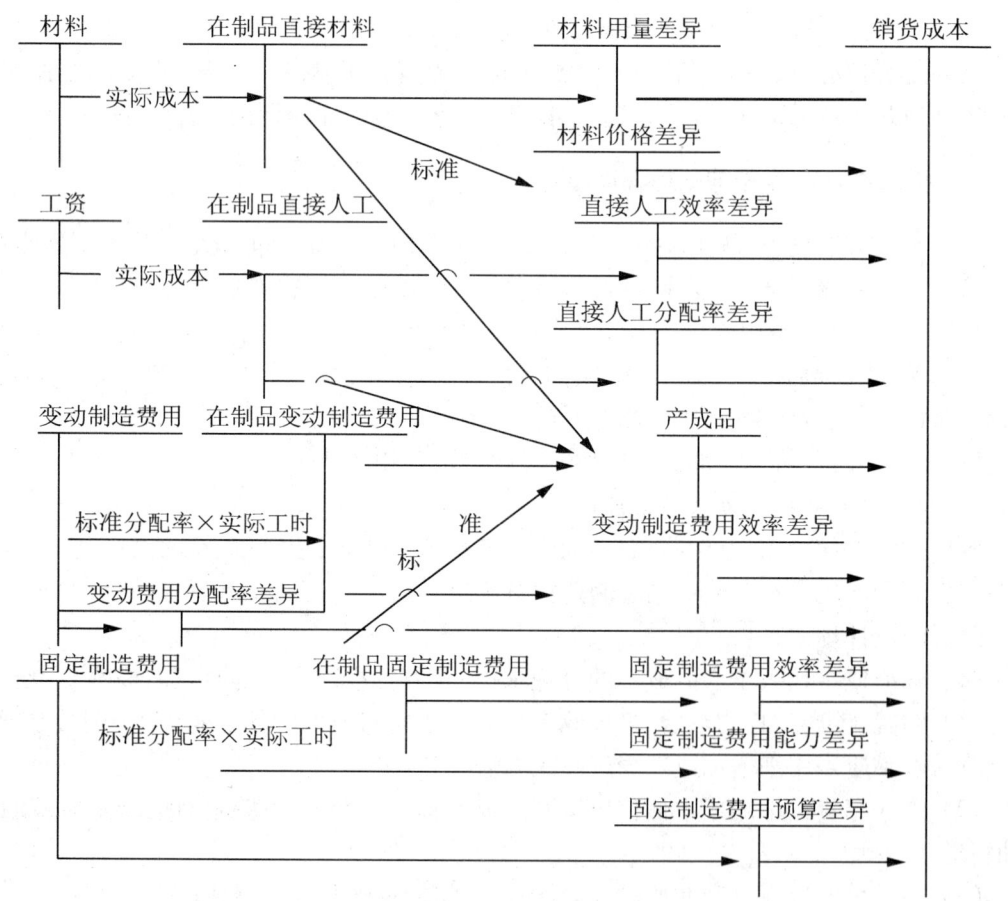

图7-6 标准成本制度账务处理程序（产出法）

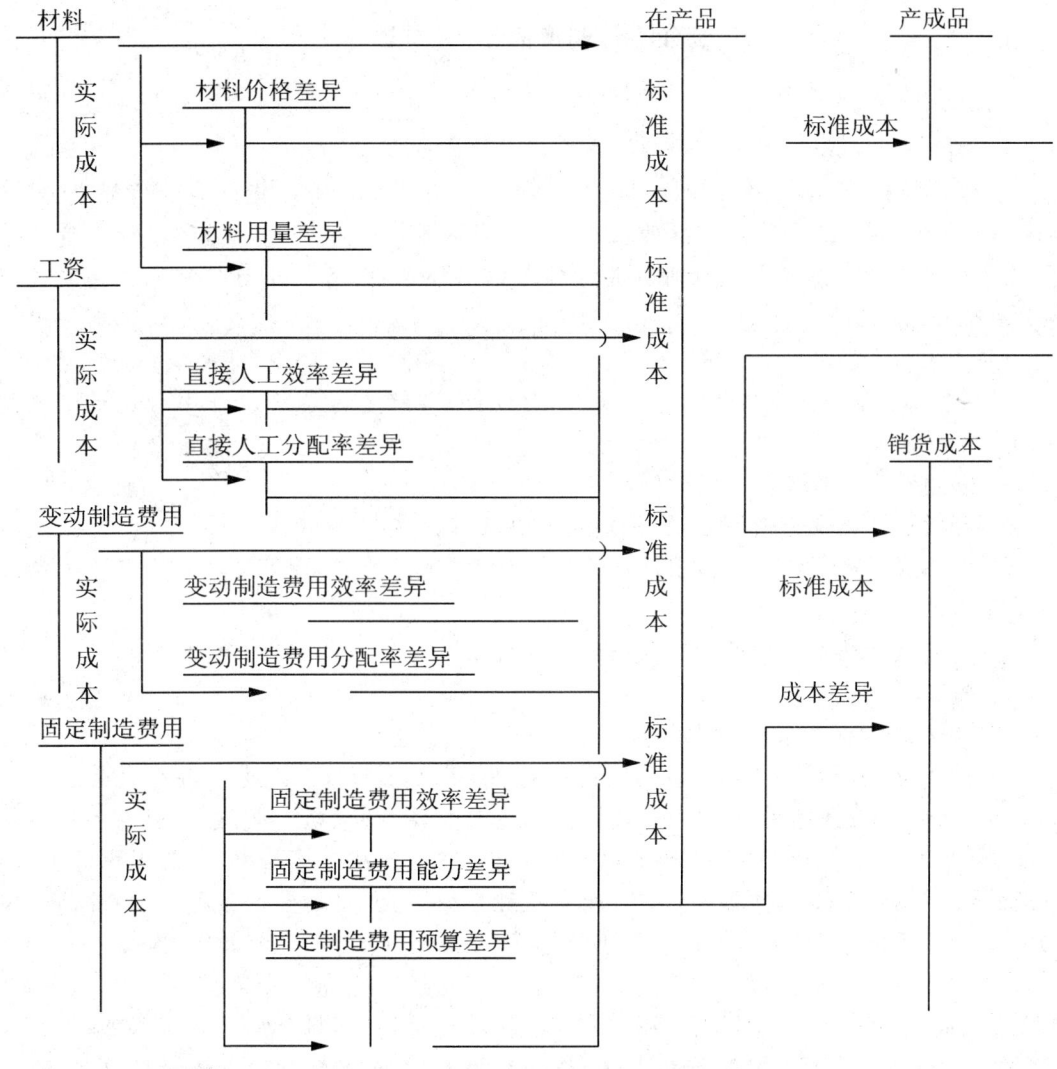

图 7-7 标准成本制度账务处理程序(投入法)

（三）成本差异在损益表中反映方法的设计

在标准成本法下,各项成本差异被当做销货成本的组成部分,需在损益表中反映。其反映方法是:在销货成本(按标准成本)项目的下面,逐项列出差异。

【延伸阅读】

请认真阅读以下案例并思考几个问题：

1. 责任会计制度的设计应当归属于哪一方面的设计？
2. 成本中心、利润中心与投资中心有何异同,如何在设计责任指标时予以体现？
3. 为什么说高层人员特别是高层财务人员要多从投资中心的角度去观察企业？

责任会计制度的设计(节选)

……

三、责任指标设计

管理的需要是设计责任指标的目的,可控性原则是设计责任指标内涵的界限,经济活动和职能特点是设计责任指标的基础,综合性原则是设计主次指标和指标密度的依据,全面性和整体性原则是设计责任指标体系的必要条件,责任不可转移原则使责任指标具有唯一的所属性。

(一)责任指标设计的步骤

责任指标是责任考评的依据。责任中心设计后,就要为各级责任中心设计责任指标,其设计步骤是:

1. 采用科学方法预测一级责任指标;
2. 经过设计调查、分析和平衡,编制企业总预算;
3. 采用自上而下和自下而上反复讨论平衡的方法,预测、计算各二级责任中心的责任指标;
4. 将二级责任指标分解落实到班组、个人;
5. 编制责任预算。

(二)责任指标体系设计的内容

责任指标体系设计的内容,各行业是不完全相同的。现以工业企业为例说明如下:

1. 厂部一级责任指标。它一般包括:(1)总产量指标,包括工业总产值、商品产品总产值、净产值、主要产品产量。(2)产品质量指标,包括产品合格品率、产品等级品率、废品降低率、产品质量成本降低率。(3)产品品种指标,包括实际生产品种数、品种计划完成率、新产品开发数、投产率。(4)人力开发指标,包括全员劳动生产率、出勤率、安全率、职工文化技术水平提高程度。(5)成本费用指标,包括制造费用总额、商品产品总成本、工资费用总额、管理费用总额、财务费用总额、主要原材料(燃料、动力)消耗降低率、成本降低额(或降低率)、百元产值能耗。(6)资金利用指标,包括定额流动资金占有额、流动资金周转率、资金周转率、应收账款周转率、存货周转率。(7)经济效益指标,包括资金净产值率、上缴利税额、资本收益率、工资利税率、销售利润率、总资产报酬率、资本保值增值率。(8)科技开发利用指标、技术改革项目数、世界新技术利用与消化效果指标、科研成果指标、新产品开发项目数、技术改造费用降低率(额)。(9)偿债能力指标,包括流动比率、速动比率、资产负债率。(10)社会效益指标,包括社会贡献率、社会积累率。

2. 成本中心的主要指标。它一般包括:责任成本总额、可控成本降低额及降低率、可控成本预算完成率、各主要成本项目责任成本降低额及降低率。

3. 费用中心的主要指标。它一般包括:费用支出总额、费用预算节约率、职能工作责任项目完成率及评价。

4. 利润中心的主要指标。它一般包括:各种产品或劳务的内部利润额、内部销售收入总额、内部利息净额、转企业财会部门内部利润额、内部利润预算完成率。

5. 投资中心的主要指标。它一般包括:资金占用额、资金利用率和资金利润率。

四、成本(费用)中心的核算与控制设计

它包括采用标准成本会计制度和成本(费用)中心进行责任核算与控制的设计方法。前者已在本章第一节介绍过,下面介绍后者。

(一) 成本中心作为会计主体

会计主体是会计为之服务的客体或单位。一般来说,大中型企业的成本中心可作为会计主体,小型企业的成本中心可不作为会计主体。作为会计主体的成本中心的核算与传统的二级核算有所区别:传统的二级核算不将车间等成本中心作为会计主体,它与厂部一级核算之间的关系大体上是明细分类核算与总分类核算的关系;而作为会计主体的成本中心的核算与厂部的核算就不存在这种关系。

(二) 车间成本中心的核算与控制设计

1. 车间成本中心核算与控制的任务

车间是最典型的成本中心,其核算与控制的任务包括以下两个方面:

(1) 计算与控制车间责任成本。车间责任成本是车间可以控制的成本,它不同于车间可控成本。可控成本具有不确定性,如车间固定资产折旧,从单位产品折旧费来看是车间的可控成本,从折旧总额来看是车间的不可控成本,而责任成本则必须是确定的。通常,车间责任成本的范围包括:按内部转移价格计算的直接材料费用;按内部转移价格计算的直接人工费用(或按实际金额计算的直接人工费用);按内部转移价格计算的车间制造费用以及没有内部转移价格的车间制造费用。

(2) 计算与控制车间责任成本差异。车间责任成本差异可按如下公式计算:

$$车间责任成本差异 = 车间责任成本实际数 - 车间责任成本计划数$$

责任成本实际数是按实际消耗数量和内部转移价格计算的,无内部转移价格的费用支出按实际费用水平计算;责任成本计划数根据实际产量和计划单位成本计算。

车间责任成本差异的计算一般要分成本项目进行。其设计参考格式见表7A-1。

表 7A-1　责任成本差异计算表

年　月

责任中心:　　　　产品:　　　　产量:　　　　单位:元

项目	责任成本			备注
	实际	计划	差异	
直接材料				
直接人工				
制造费用				
合计				

2. 车间会计科目、凭证、账簿、会计报表、记账程序的设计

(1) 会计科目设计。为了核算车间责任成本及其差异,并将这种核算纳入复式记账轨道,车间必须设计一系列的会计科目,以构成一个完整的账户体系。一般可设计"生产成本"、"制造费用"、"责任成本差异(或内部利润)"、"厂部拨入资金"、"内部销售"、"应付工资"等科目。

（2）凭证设计。车间的原始凭证大部分是自制的，如"收料单"等，可根据第四章介绍的设计方法设计。车间也可能收到少量的外来原始凭证，但由厂部集中保管，另填内部转账结算单，通过内部银行转账结算。

（3）账簿设计。若实行单轨制，厂部原来大量的核算业务都将下放到二级核算单位。为了兼顾单轨核算和控制的要求，二级核算单位的账簿设计应尽量做到健全、详细。只有这样，才能保证会计核算的完整性，满足企业内部和上级有关部门的经济管理要求。

因车间会计事项简单，会计科目也不多，一般可设计为日记总账核算形式。总账可按科目设计专栏，每一专栏为一科目，分借、贷两方，逐日逐笔登记发生额，月末结出本期发生额和期末余额。它既是总账，又是日记账。

车间应设计四本明细账：生产成本明细账、制造费用明细账、内部销售明细账、责任成本差异明细账。生产成本明细账与制造费用明细账可按第五章第三节介绍的"多栏式明细账"格式进行设计。内部销售明细账和责任成本差异明细账可按"三栏式明细账"的格式进行设计。

（4）会计报表设计。车间应设计的主要会计报表是"资产负债表"和"责任成本差异表"。前者的格式很简单，资产方仅"存货"（在产品）一项，负债及所有者权益方有"应付工资"及"厂部拨入资金"两项，此处不再列其格式。责任成本差异表的设计格式如表7A-2所示。

表7A-2 责任成本差异表（责任报告）

年　月　日

车间：　　　　　　　　　　　　　　　　　　　　　　　　　　　　　　单位：元

（劳务）名称	产品成本	直接材料	直接人工	制造费用	合计
甲产品劳务	实际				
	计划				
	差异				
乙产品劳务	实际				
	计划				
	差异				
……					
合计	实际				
	计划				
	差异				

责任成本差异表的填列方法可作如下设计：将生产成本明细账贷方发生额按成本项目填入相应产品（劳务）的"实际"栏；将内部销售明细账贷方发生额合计数按成本项目

进行分解,即以当月实际完工入库产品(劳务)的数量乘以成本项目的内部转移价格后,填入相应产品(劳务)的"计划"栏;将上述两栏数额相抵便可计算出"差异"栏的数额。应注意的是,"差异"栏的数额应与责任成本差异明细账的借、贷两方发生额相等。该表后面应附必要的分析说明。

(5)记账程序设计。车间的账务处理程序可设计如图7A-1所示。

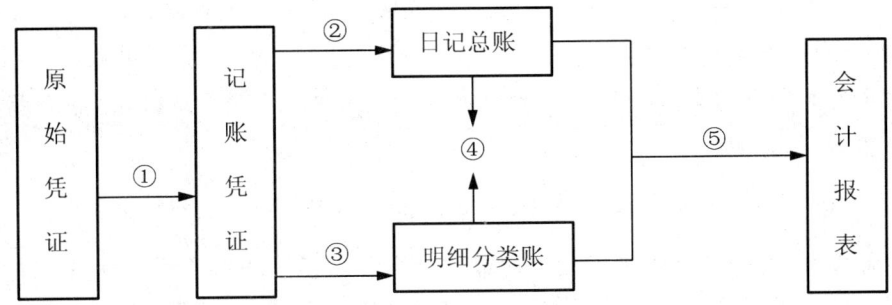

图7A-1 车间的账务处理程序

其他成本(费用)中心的核算与控制设计可比照上述方法进行设计,在此不再赘述。

五、利润与投资中心的核算与控制设计

利润与投资中心通常为分厂、分店或车间等,当然各企业本身就是一个利润中心和投资中心。

(一)利润与投资中心的核算体制设计

利润与投资中心的会计核算体制可分为集中制与分散制两种。由企业(或公司)统一核算的体制称为集中核算制,简称集中制。这种核算制的特点是:设立责任中心周转金,在需要时随时补充,责任中心的所有原始凭证都送交厂部,仅保存少量的会计记录;厂部分别记载责任中心的资产、负债、收入和费用。

与集中核算制相反的是分散核算制。在分散制下,责任中心拥有一套日记账、分类账及科目表等完整的账簿,其会计人员定期编制一套完整的责任中心财务报表,并报送厂部。会计科目的数量与核算内容、内部控制方法、财务报表的形式与内容、会计政策等一般由厂部决定。责任中心所记载的交易通常只包括由其负责控制的费用、收入和资金。在会计期末,厂部可能分配责任中心一些发生于厂部但应由责任中心负担的费用。厂部购买而分配给责任中心的一些资产的记录,如家具与设备及其折旧事项应由厂部记载;责任中心可与厂部洽商向银行贷款而记载于厂部,厂部也可将银行贷款交给责任中心或只存入责任中心的银行存款账户中。

若整个企业自身作为利润与投资中心,其会计制度设计就可参照前面有关章节的论述。

(二)利润与投资中心的控制指标设计

利润中心首先是一个成本中心,投资中心则一定是一个成本和利润中心。所以,利润与投资中心的控制指标包括了所有成本、利润、投资中心的控制指标。下面着重分析三个单一的主要控制指标。

1. 利润

利润是一个重要的指标,但并不是令人满意的指标。首先,它包括了诸如利息、税收等所有支出,而这些支出一般不由部门所控制。其次,利润只能反映事物的一个方面,而事物的另一个方面是为了获取这笔利润花费了多少投资和多少人力等。因此,对于投资中心来说,利润指标的控制作用并不大。但对于利润中心来说,该指标的控制作用显然很大。

2. 资金利润率(投资报酬率)

资金利润率被认为是反映部门绩效进而控制投资中心(部门)行为的综合指标。其计算公式为:

$$资金利润率 = \frac{部门利润}{部门投资} \times 100\%$$

在实际设计时,应注意不同的企业对部门利润和部门投资有不同的理解。有些商业企业可以设计营运资金利润率,以便将企业内部评估与总体评估相区别。

设计资金利润率的优点是:既可以在规模不同的部门之间进行比较,也可以在不同的历史时期进行比较。它将投入与产出联系起来,就使不同部门之间、不同历史时期的比较成为可能。

3. 盈余利润

盈余利润是指超过公司最低期望利润率的利润额。最低期望利润率一般是由部门的上级主管单位确定的。其计算公式为:

$$盈余利润 = 利润 - 投资 \times 最低期望利润率$$

设计盈余利润作为控制指标,可使部门利润达到或超过企业的最低期望。如果部门利润达不到公司的最低期望,则应考虑将这部分投资转移到别处去。一般来说,盈余利润越多越好。

总之,若必须设计一个单一的指标控制利润和投资中心,可以从上述三个指标中选择一个。然而,任何单个指标都不能满足实际过程中多方面的需要。因此,实际设计过程中还应该设计一些辅助性的控制指标,特别是一些难以进行货币计量的质量控制指标。设计辅助性指标的目的主要在于防止责任中心采用不合理的手段(如短期行为),提高综合性控制指标的数值。

(三) 利润与投资中心责任会计报告的设计

责任会计报告是反映企业内部各责任中心经营活动过程、资金运用情况及其结果的报告文件,它是根据日常核算资料,按照一定的指标体系,经过分析、汇总、综合而编制的。责任指标要通过报表反映,凡预算中规定的指标,必须在会计报告中加以反映。只是责任报表指标不一定就是责任指标,有的责任指标必须通过报表指标的加减组合和分析提炼才能求得。因此,设计责任报表指标要以责任指标计算公式中的组成项目作为对象。

设计报表指标的方法是先对各责任单位的综合责任指标进行分解,然后在分解式中找出属于某责任单位的报表指标,并进行分配落实。

内部利润表的一般格式见表7A-3。

表7A-3 内部利润表

责任中心： 年 月 日 单位：元

项目指标	数额	加(或减)金额	金额
内部销售收入			250 000
减：销售实际责任成本		150 000	
责任单位分摊的管理费		10 000	160 000
内部销售利润			90 000
加：内部利息收入		5 000	
减：内部利息支出		15 000	−10 000
内部利润总额			80 000

如果还要报告投资中心的投资报酬率指标，还可在表7A-3的基础上，再设计"部门投资"与"投资报酬率"两项指标。

六、责任考评制度设计

责任考评制度是指企业内部为了有效、合理、正确地考核和评价各责任中心的责任指标完成情况而建立的各种规定、办法、措施和制度的总称。根据考评工作的不同，责任考评制度一般分为责任考核制度、责任奖惩制度。

责任考评制度的设计要符合法律、法规以及有关方针、政策，应做到适应企业需要，既要有重点，又要兼顾全面。

（一）责任考核制度设计

通常设计的考核办法有两种：计分考核与计量考核。分述如下：

1. 计分考核办法设计

计分考核办法是先设计考核内容(包括责任指标和有关制度规定)和计分标准，然后将责任中心指标及规章制度的执行情况折算成分数，按折算后的考核分数来衡量责任单位业绩大小的一种办法。考核的内容应和责任中心的控制指标、遵循的要求一致。

计分考核办法的设计步骤是：首先，设计主要考核指标的基准计分标准；其次，设计主要考核指标的浮动计分标准；最后，设计配套指标计分标准。

主要考核指标是指计划期初企业下达给责任单位应控制和完成的各项责任指标。基准计分标准是指实际的责任指标刚好完成责任预算指标所取得的基本分。浮动计分标准是指责任指标超额或未完成指标预算应增加或减少的浮动分数。配套考核指标是指为照顾全面或出于对企业长期发展考虑所规定的指标。应注意的是：这种计分标准一般采用减分制。即完成了指标不给分；反之，则相应扣分，但不应使责任中心的总分出现负数。

各计分标准可继续分解到班组甚至个人。计分考核办法直观、易推广，其缺点是有一定的主观性。

2. 计量考核办法设计

计量考核办法是先确定考核指标和考核标准,再根据责任中心责任指标的完成情况直接进行考核和评价的一种办法。其设计的关键是要能确定一种反映责任中心工作业绩的中心指标。

中心指标是责任中心的关键性指标,其完成情况既能反映出责任中心的工作业绩,又对企业总体指标的完成有较大影响。一般生产单位以产量或内部利润为中心指标,辅助生产部门以服务的单位产品成本或单位工时为中心指标,管理部门以定额工时为中心指标,生产工人以产量为中心指标。

计量考核办法简单明了、重点突出,但易出现考核内容单一的弊端。

（二）责任奖惩制度设计

责任奖惩制度是建立在责任考核制度之上的,它是根据考核结果在各责任中心和责任人员之间进行的物质利益分配的办法、规定、措施和制度。责任奖惩办法设计也相应分成两种,即计分奖惩办法设计和计量奖惩办法设计。

1. 计分奖惩办法设计

这是根据计分考核结果和企业本期应发奖金或劳动报酬总额,在各责任中心以及职工个人之间进行分配的一种办法。具体设计如下:

（1）根据各责任中心责任指标考核结果设计全厂的计奖总分。公式如下：

$$企业计奖总分 = \sum（责任中心考核得分 \times 规定的折扣率 \times 定额人数）$$

折扣率指由于各责任中心的工作环境、劳动强度、岗位责任不同,为平衡而规定的责任系数。

（2）根据企业计奖总分和本期应发奖金设计每分计奖值。公式如下：

$$每分计奖值 = \frac{本期应发放的奖金（或报酬）总额}{本期企业计奖总分}$$

（3）根据每分计奖值和各责任中心的计奖分数计算各责任中心应得奖金额。公式如下：

$$各责任中心应得奖金额 = 各责任中心计奖分数 \times 每分计奖值$$

2. 计量奖惩办法设计

计量奖惩办法是采用计量考核的企业,在计量考核结果的基础上,根据计量奖惩标准在责任中心乃至职工个人之间进行物质利益分配的办法、措施和制度。该办法一般设计为固定的分配标准,如计件工资、浮动工资和定额工资等。

资料来源：熊恒昌. 会计制度设计[M]. 北京：中国财政经济出版社. 1993.

【复习题】

1. 设计成本核算制度在组织企业的成本核算中有何意义？
2. 简述成本核算制度设计的原则。
3. 成本开支范围设计的要求有哪些？
4. 试述企业的生产组织、生产工艺特点与成本核算对象的关系。

5. 试述三种基本成本计算方法的适用条件。
6. 产品成本计算方法设计中应特殊考虑的内容有哪些？
7. 什么是标准成本？其制定方法如何确定？
8. 标准成本差异怎样确定？对其如何进行分析？
9. 标准成本差异的处理方法有哪些？如何进行账务处理？
10. 标准成本核算方法设计在实务中有何意义？

【思考设计题】

1. 某大型塑料制品企业，其生产的塑料盆直径大到2米，小至12厘米，共计200多种型号，试思考该塑料制品企业塑料盆系列产品的生产成本核算办法。

2. 深圳市中金岭南有色金属股份有限公司凡口铅锌矿位于广东省韶关市仁化县境内，距世界地质公园丹霞山26公里，矿内铁路与京广线相连，矿区面积约为6.07平方公里。按矿产资源种类划分，凡口铅锌矿是目前亚洲最大的铅锌银矿种生产基地之一，是集采、选于一体的综合性企业。矿山资源丰富，品位高，储量大，铅锌银属超大型矿床，镓、锗构成大型矿床。

凡口铅锌矿的采矿采用了大直径深孔采矿法、盘区机械化中深孔采矿法、全尾砂充填、泡沫砂浆充填等先进技术。选矿采用的高碱快速浮选电位调控优化工艺和新四产品选矿工艺是目前具有世界先进水平的选矿工艺。2009年开始形成日处理铅锌矿石5 500吨、年产铅锌金属量18万吨的生产能力。

凡口铅锌矿采矿的主要生产步骤为掘进、采矿、回填、支护、提升，以及空中轨道运输。

试分别用传统的分步法、作业成本法设计成本核算模式，并比较各自的优缺点。

第八章　内部控制制度设计

【本章导航】

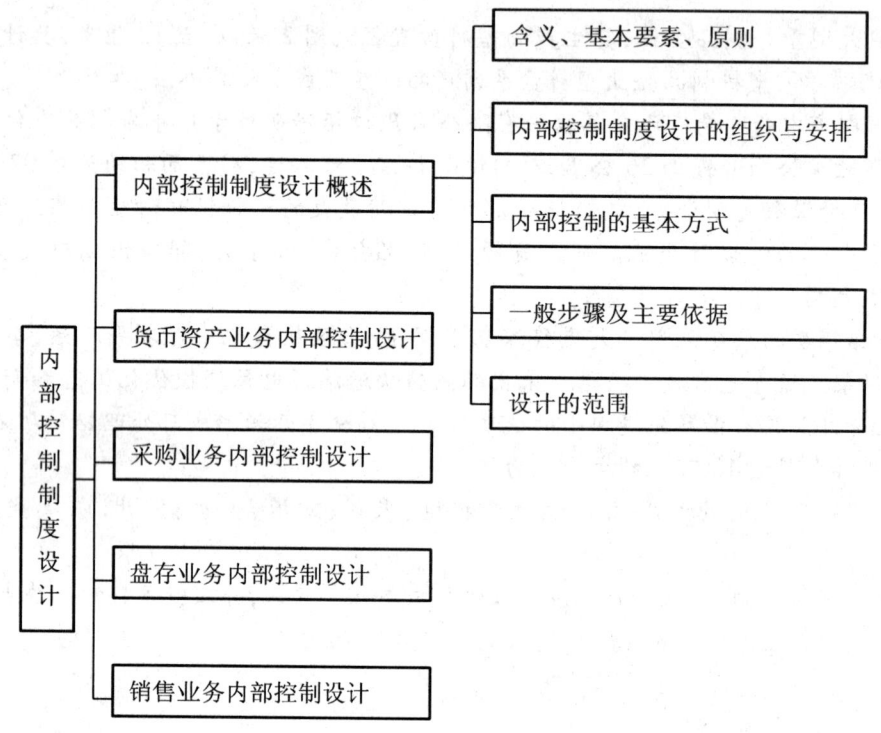

【知识目标】

1. 了解内部控制制度的含义和要素。
2. 明确企业内部控制制度设计的依据。
3. 了解企业内部控制制度设计的重点。

【能力目标】

1. 能根据目标企业的情况设计出与之相适应的常用内部控制制度。
2. 能简单诊断或评价目标企业内部控制制度的有效性。

【导入案例】

请认真阅读以下案例并思考三个问题:
1. 内部控制评价的百分制法是一种什么样的评价方法?
2. 内部控制评价与内部控制评价诊断和内部控制制度设计有何关联?
3. 总体设计评分要素中的内容是否包括了本章要设计的主要内容?是以什么形式表现出来的?

内部控制评价的百分制法的总体设计(节选)

3.3.1 内部控制评价的百分制法的总体设计依据

总体设计是提出解决内部控制评价的方法、原则或办法。内部控制评价的百分制法的总体设计可以图表为主,辅之以文字说明。

可行的内部控制评价的百分制法的总体设计一般按内部控制五要素进行,设计者应当充分了解2010年4月26日财政部会同证监会、审计署、国资委、银监会、保监会等发布的《企业内部控制配套指引》(以下简称配套指引)。配套指引包括:《企业内部控制应用指引》、《企业内部控制评价指引》和《企业内部控制审计指引》。其中,《企业内部控制应用指引》包括18项细则,具体为:组织机构、发展战略、人力资源、社会责任、企业文化、资金活动、采购业务、资产管理、销售业务、研究与开发、工程项目、担保业务、业务外包、财务报告、全面预算、合同管理、内部信息传递和信息系统。

应用指引可以划分为三类,即内部环境类指引、控制活动类指引、控制手段类指引。内部环境是企业实施内部控制的基础,支配着企业全体员工的内控意识,影响着全体员工实施控制活动和履行控制责任的态度、认识和行为。内部环境类指引有五项,包括组织架构、发展战略、人力资源、企业文化和社会责任等指引。控制活动类指引,包括资金活动、采购业务、资产管理、销售业务、研究与开发、工程项目、担保业务、业务外包、财务报告等九项指引。控制手段类指引偏重于"工具"性质,往往涉及企业整体业务或管理,包括全面预算、合同管理、内部信息传递和信息系统等指引,这部分在企业内部控制评价中占有相当重要的位置。

内部控制评价的百分制法的总体设计一般通过设计内部控制百分制评价汇总表的方式,具体如表8A-1所示。

表8A-1 内部控制百分制评价汇总表

序号	控制要素	要素内容	设计分	实际分	备注
1	控制环境	诚信的原则和道德价值观;评定员工的能力;董事会和审计委员会;管理哲学和经营风格;组织结构;责任的分配与授权;人力资源政策及实务;发展战略;社会责任。	25		分析内部环境类指引
2	风险评估	整体目标;风险评估过程;建立识别和应对重大且影响广泛的变化机制;建立识别会计准则的重大变化流程;业务操作流程变化的反应;识别经营环境发生的重大变化流程。	10		
3	控制活动	单位业绩报告;提供信息及时、具体;信息系统开发适应性;信息系统的开发;监督程序开发、变更和测试工作;数据恢复系统;沟通渠道及执行;对外部沟通的处理;监管单位的约束;外部人士是否了解公司的行为守则。	40		分析控制活动类指引和控制手段类指引
4	信息与沟通	与授权有关的控制活动;与业绩评价有关的控制活动;与信息处理有关的控制活动;实物控制;职责分离。	15		
5	监控	定期评价内部控制;获得内部控制是否有效运行的证据;外部的沟通效果;相关的内部控制的建议的处理;纠正控制运行方法;处理监管机构的报告及建议的方法;协助管理层监督的职能部门。	10		
6		合 计			

3.3.2 内部控制评价的百分制法的总体设计策略

(1)百分制法的总体设计基本上是采用一个企业进行单独设计的原则,同类企业和关联企业可关注相同点并参考应用,企业集团可作为一个整体,也可根据实际情况分成若干主体分别设计。

(2)以上描述的是制造业企业的参考权重,其他行业应据业务流程等具体情况适当调整;是中型企业的权重,大型企业尤其是上市公司可适当增加信息与沟通的权重,偏小型企业可适当增加控制活动的权重;是传统企业的权重,新兴产业或服务业可考虑增加信息与沟通、监控的比例;涉及企业其他情况及外部因素的设计将在本书后面专门进行详细阐述。

(3) 形式上可以图表为主,辅之以文字说明。例如,权重的考虑,打分的程序、方法,各表及各表中相关项目的计算方法及勾稽关系,基本要求,注意事项等。

(4) 控制活动根据对资金活动、采购业务、资产管理、销售业务、研究与开发、工程项目、担保业务、业务外包、财务报告等九个控制活动指引和全面预算、合同管理、内部信息传递和信息系统等控制手段类指引的标准分析打分。

(5) 内部控制评价的百分制法总体设计要充分考虑被设计单位的业务流程,与被设计单位的业务流程相适应,因为只有这样,才能对被设计单位内部控制的关键控制点的有效性进行合理评价。

(6) 百分制法总体设计主要是整个评价体系的框架和原则,为下一步的详细设计确定思路、设计内容、设计程序做好准备。

资料来源:唐立新. 企业内部控制评价的百分制法[M]. 北京:冶金工业出版社,2011.

第一节　内部控制制度设计概述

一、内部控制制度的含义

内部控制制度,是指企业为了实现经营目标,保护资产的安全完整,保护会计信息的真实,保证各部门经济活动协调有效地运转而形成的内部自我调节和控制系统。

内部控制制度是内部控制的连续执行与制度化,是各职能部门、各工作人员在处理经济业务过程中形成的相互制约、相互联系的管理制度,而不是一种单项的内部规章制度。有效的内部控制制度应该发挥以下几方面的作用:

(1) 保护企业财产的安全与完整。保护企业的财产安全通常是保护企业现金、有价证券和存货的安全,防止错弊和无意过失。

(2) 保证国家各项政策、法令、法律及企业内部规章制度的贯彻实施。内部控制的设计应该保证其他法律、制度得到遵守。用一种制度保证另一种制度的实施,正是内部控制制度设计的灵魂所在。

(3) 保证业务活动按授权方式进行,实现经营效率。内部控制的设计应该严格划分岗位职责、明确岗位分工,督促经办人尽职尽责,防止相互推诿而产生内耗。

(4) 保证会计及其他信息的真实。导致会计信息失真的原因有差错和舞弊两种。前者如用错科目、办理业务时错收或错付、数据计算错误、资本性支出与收益性支出不合理区分、收入和费用不符合权责发生制等;后者如虚构经济业务、伪造凭证等。因此,在设计内部控制时,应该具备预防和发现这两种情况的功能。

(5) 为审计工作创造条件。内部控制制度的健全和有效程度,是注册会计师确定审计范围、重点和方法的重要依据。内部控制设计的成败直接影响审计的程序、范围、方法、时间和费用等。

(6) 减少和规避无意识风险,增加赢利。企业经济活动不能消除所有风险,但内部控制措施可以有意识地减少和规避这方面的风险,避免不必要的损失,增加赢利。

内部控制制度旨在预防和查明错弊,为管理人员提供帮助,但它不是万能的,再完善的内部控制也存在其固有局限性,主要原因表现为:

(1) 管理人员滥于授权。内部控制作为企业管理的一个组成部分,理所当然要按管理人员的意图运行,如果管理人员决策出了问题,内部控制也会失去控制效能。

(2) 内部员工串通作弊。实际工作中,不相容职务上的有关人员相互串通、勾结,就会失去不同职务相互制约的前提,内部控制也难以发挥作用。

(3) 执行人员素质欠缺,不适应岗位。如果企业内部行使控制职能的人员在心理上、技能上和行为方式上未能达到实施内部控制的基本要求,对控制程序和措施经常误解、误判,那么再好的内部控制也难以发挥作用。

(4) 成本效益原则。成本效益原则要求一个内部控制程序的实施成本不得超过其预期收益。实践中的实施成本和预期收益往往通过个人的主观判断,如果判断失误或者成本本身高于收益,控制程序就会放弃。

(5) 可能超出控制范围。内部控制一般都针对经常性业务设置,有些异常活动可能超出控制范围。

二、内部控制制度的基本要素

内部控制制度涵盖企业经营管理的各个层级、各个方面和各项业务环节。不同所有制形式、不同组织形式、不同行业、不同规模的企业可以结合实际情况,从不同的角度入手建立健全内部控制。但是,设计有效的内部控制制度,至少应当考虑以下基本要素:

1. 控制环境

控制环境是影响、制约企业内部控制制度建立与执行的各种内部因素的总称。控制环境主要包括治理结构、组织机构设置与权责分配、企业文化、人力资源政策、内部审计机构设置、反舞弊机制等。

2. 风险评估

风险评估是及时识别、科学分析和评价影响企业内部控制目标实现的各种不确定因素,并采取应对策略的过程。风险评估主要包括目标设定、风险识别、风险分析和风险应对。

3. 控制活动

控制活动是根据风险评估结果、结合风险应对策略所采取的确保企业内部控制目标得以实现的方法和手段。控制措施结合企业具体业务和事项的特点与要求制定,主要包括职责分工控制、授权控制、审核批准控制、预算控制、财产保护控制、会计系统控制、内部报告控制、经济活动分析控制、绩效考评控制、信息技术控制等。

4. 信息与沟通

信息与沟通是及时、准确、完整地收集与企业经营管理相关的各种信息,并使这些信息以适当的方式在企业有关层级之间进行及时传递、有效沟通和正确应用的过程。信息与沟通主要包括信息的收集机制及在企业内部和与外部有关方面的沟通机制等。

5. 监督检查

监督检查是企业对其内部控制的健全性、合理性和有效性进行监督检查与评估,形成书面报告并作出相应处理的过程。监督检查主要包括对建立并执行内部控制的整体情况进行持续性监督检查,对内部控制的某一方面或者某些方面进行专项监督检查,以及提交相应的检查报告、提出有针对性的改进措施等。企业内部控制自我评估是内部控制监督检查的一项重要内容。

三、设计内部控制制度的原则

企业设计内部控制制度,应当遵循以下基本原则:

1. 合法性原则

内部控制设计应当符合法律、行政法规的规定和有关政府监管部门的监管要求。具体实施时需要把握三点:一是内部控制制度的制定,要以相关法律、法规为依据;二是如果法律、法规之间存在冲突,应以高层次的法律、法规为准;三是借助法律顾问的作用,必要时可咨询法律专家和专业人士。

2. 全面性原则

内部控制制度在层次上应当覆盖企业董事会、管理层和全体员工,在对象上应当覆盖企业各项业务和管理活动,在流程上应当渗透到决策、执行、监督、反馈等各个环节,避免内部控制出现空白和漏洞,在内容上应体现内部控制的基本要素。

3. 重要性原则

内部控制制度应当在兼顾全面的基础上突出重点,针对重要业务与事项、高风险领域与环节采取更为严格的控制措施,确保不存在重大缺陷。

4. 有效性原则

内部控制制度应当能够为内部控制目标的实现提供合理保证。企业全体员工应当自觉维护内部控制的有效执行,内部控制建立和实施过程中存在的问题应当能够得到及时的纠正和处理。重点注意三个方面:一是内部控制制度应具有可操作性;二是执行责任要落实到个人;三是对内部控制的效果进行定期评估。

5. 不相容职务分离原则

企业的机构、岗位设置和权责分配应当科学合理并符合内部控制的基本要求,确保不同部门、岗位之间权责分明和有利于相互制约、相互监督。履行内部控制监督检查职责的部门应当具有良好的独立性。具体实施时需要把握三点:一是不相容职务是指相互之间存在制约关系、监督关系的职务。如果这些职务不分离,其内在的监督关系会失效。二是需贯彻实质重于形式的原则。例如,妻子负责收款,丈夫负责记账,从形式上看,不相容职务是分离的,但从实质上看,收款与记账并没有分离。三是单位精简岗位,不能牺牲内部控制的严密性和完整性。

6. 适应性原则

内部控制应当合理体现企业经营规模、业务范围、业务特点、风险状况以及所处具体环境等方面的要求,并随着企业外部环境的变化、经营业务的调整、管理要求的提高等不断改进和完善。

7. 成本效益原则

内部控制应当在保证内部控制有效性的前提下，合理权衡成本与效益的关系，争取以合理的成本实现更为有效的控制。

设计内部控制制度时，应当遵照上述基本原则，将内部控制的基本要素与企业内部的各个层级、各项业务和各个环节有机结合，以确保有效实现内部控制的基本目标。

四、内部控制制度的组织与安排

企业的经济业务处理涉及供应、生产、存储、销售等环节，以及会计、财务和行政等部门，所以内部控制制度不只是会计部门的制度，而是若干职能部门共同执行的企业管理制度。但是，由于财会部门处于各职能部门的中心位置，负责所有财务收支业务，因此由财会部门安排和组织内部控制最合适。

在我国，通常在总会计师、财务总监（CFO）的领导下，以会计部门为主，协同其他各部门共同制定内部控制制度。

五、内部控制的基本方式

控制方式是指完成单位的控制任务、达到控制目标所采取的手段。内部控制过程中，可采取的方式多种多样，现介绍几种常见的内部控制方式：

1. 组织规划控制

组织规划控制包括组织机构设置和组织分工两个内容。在组织机构设置上，重点处理两个问题：法人的治理结构问题和职能部门的设置问题。对于组织分工来说，重点贯彻不相容职务分离的原则。

具体要求是：在单位内按组织机构建立岗位责任制，明确岗位分工和职责权限；各组织机构的职责权限必须得到授权，授权范围内的职权不受外界干预；每类经济业务的运行必须经过不同部门，保证有关部门之间检查；对经济业务检查时，检查者不从属于被检查者。

2. 授权批准控制

授权批准有一般授权和特定授权两种形式。一般授权是对办理一般业务时权力等级和批准条件的规定，通常在单位规章制度中明确；特定授权是对特定经济业务处理的权力等级和批准条件的规定。

具体要求是：要明确一般授权与特定授权的界限和责任；要明确每类经济业务的授权批准程序；要建立必要的检查制度，保证授权后处理经济业务的工作质量。

3. 会计系统控制

会计系统控制是依靠会计核算技术和手段实施的控制。其主要内容有三个方面：一是建立科学的原始凭证生成和传递制度；二是严格凭证审查制度；三是建立规范的账务处理程序与核对制度。

4. 全面预算控制

全面预算控制是企业经济年度开始之前根据预期的结果对全年经济业务的授权批准控制。

具体要求是：编制的预算必须体现单位的经营管理目标，明确责权；预算执行过程中，为了使预算更加切合实际，应当经过授权批准后对预算进行调整；要及时反馈预算执行情况。

5. 实物安全控制

实物安全控制是指保护资产的安全完整所采取的控制方法。其主要内容有限制接近、定期盘点、记录保护、财产保险、财产记录监控等措施。

6. 文件记录控制

文件记录控制是指通过文件记录方式对单位经济活动进行的控制。在文件记录控制时，关键是确保记录全面、及时、真实和详细，并对所有记录进行核对。

7. 业绩报告控制

业绩报告控制是指以编制各种内部业绩报告为手段所进行的控制。其最关键的是要把握三个方面：一是报告要及时，不定期报送；二是内部报告要真实、细致；三是报告内容要灵活，不拘一格。

8. 内部审计控制

内部审计控制是指由单位内部审计部门所进行的控制。其关键控制点包括三点：一是保证审计的独立性；二是保证审计的及时性；三是加强对子公司和下属公司的审计。

9. 电算化系统控制

电算化系统控制是指以电子技术和网络系统为手段所进行的控制。重点做好以下控制工作：一是加强会计电子信息系统的开发与维护；二是加强对数据的输入与输出、存储与保管的控制；三是加强网络安全控制。

10. 风险防范控制

风险防范控制是指以降低风险为主要目的所进行的控制。执行时有三点需要强调：一是注意风险的客观性，我们不能完全消除风险，只能把风险控制在可接受的范围内；二是企业必须设置风险评估部门，负责风险控制；三是风险控制的重心应放在财务风险上。

11. 员工素质控制

员工素质控制是指对员工素质进行的控制。主要把好三关：一是加强招聘环节的控制，确保招到高素质的员工；二是加强员工的职业道德教育和教育培训；三是加强对员工的考核，淘汰不称职的员工。

六、内部控制制度设计的一般步骤及主要依据

设计内部控制制度没有固定不变的步骤，需要设计人员在工作中总结和逐渐完善。一般来说，设计人员在对拟设计单位进行调查分析后，参照财政部等颁布的标准进行设计。下面列出的是设计内部控制制度的一般步骤，以供参考。

1. 明确控制目标

控制目标是管理经济活动的基本要求，是评价内部控制的最高标准。因此，设计内部控制制度，首先应该根据经济活动的内容特点和管理要求提出内部控制目标，然后据以选择相关内部控制要素，组成该控制系统。

2. 设计控制流程

控制流程是依次贯穿某项业务活动始终的基本控制步骤及相应环节,由若干控制点组成,通常与业务流程吻合。设计内部控制制度,必须从流程的理念出发,完善每一个环节,防止出现漏洞。

3. 寻找控制点

可能发生错弊而需要控制的业务环节,通常称为控制点。根据控制点发挥作用的程度,可将它分为一般控制点和关键控制点。前者只能发挥局部作用,仅影响某些特定范围;后者发挥作用大,影响范围广,甚至决定全局成败。设计内部控制制度时,考虑到成本效益原则,对关键控制点采用严密细致的控制程序,对一般控制点采用简化的控制程序。但是需要注意的是,一般控制点在一定条件下可以转化为关键控制点。

4. 设计控制措施

控制点的功能,是通过设计具体的控制技术和手续来实现的。这些为预防和发现错弊而在控制点运用的控制技术和手续,通常被称为控制措施。业务内容不同,所需实现的控制目标不同,因而与之匹配的控制措施也不同。因此,设计内部控制制度时,必须根据控制目标与对象设计相应的控制技术和手续。

内部控制制度设计的主要依据之一是2010年4月26日财政部会同证监会、审计署、国资委、银监会、保监会等发布的《企业内部控制配套指引》。该指引包括:《企业内部控制应用指引》、《企业内部控制评价指引》和《企业内部控制审计指引》。其中,《企业内部控制应用指引》包括18项细则,具体为:组织机构、发展战略、人力资源、社会责任、企业文化、资金活动、采购业务、资产管理、销售业务、研究与开发、工程项目、担保业务、业务外包、财务报告、全面预算、合同管理、内部信息传递和信息系统。

内部控制制度设计的另一主要依据是设计调查分析资料,包括内部控制制度上个周期的评价结果。企业一般的内部控制制度修改设计,主要是参考上个周期的评价结果,特别是评价报告。内部控制制度的评价目前仍以定性为主、定量为辅,很不适应我国的要求。这是因为:

首先,监管上的要求变化。新的评价指引实施前,上市公司内部控制自我评估报告一般由会计师实施审核并对企业的自我评估出具鉴证报告,即对公司内部控制自我评估报告进行审阅、复核。而实施新的评价指引之后,会计师不再对上市公司内部控制自我评价报告进行审核,而是对企业的内部控制(主要是与财务报告相关的)出具审计意见。如果企业不能认真进行自我评估,就将面临自我评估意见与会计师内部控制审计报告意见不一致的尴尬境地。

其次,内部控制评价的内容涵盖五要素,包括非财务报告内部控制。这是我们国家的一个创新,与美国《萨班斯法案》要求的企业内部控制自我评估不同。美国要求的内部控制自我评估仅是与财务报告相关的内部控制自我评价,旨在对财务报告可靠性的过程提供保证。我们国家要求的内控评价范围相对更广,有利于企业全面实现内部控制目标,但也将面临很大的挑战。

再次,内部控制评价对评价的流程、程序、底稿等要求很高,体现专业审计的特点。内部控制评价指引的内容很简练,仅仅包括评价内容、流程、缺陷认定和评估报告。这可能会给人一个假象,即内部控制评价实施很简单,其实不然。指引要求企业在自我评价过程中应当形成工作底稿,详细记录企业执行评价工作的内容,包括评价要素、主要风险点、采取的控制措施、有关证据资料以及认定结果等。

最后,内部控制的评价过程其实跟审计上的内部控制测试一样,包括测试的范围确定、拟测试的关键控制、确定样本量、选择样本、记录测试结果等。这对非审计专业的评价人员来说是一个不小的挑战。还有,内部控制缺陷的认定与操作规范具有很高的难度。内部控制评价指引要求企业对内部控制缺陷进行初步认定,并按其影响程度分为重大缺陷、重要缺陷和一般缺陷。而重大缺陷、重要缺陷和一般缺陷的具体认定标准,由企业根据指引要求自行确定,而目前这一领域,企业相关的制度和操作规范基本上是空白。缺陷的认定尽管属于操作范畴,但其难度不应小觑,否则将严重影响内部控制评价实施的效果。

因而,对企业内部控制评价在理论上要加强研究,在实务中要不断探索。

七、内部控制制度设计的范围

内部控制制度的范围,与企业的规模、业务数量、组织机构特征以及办事人员的多少有关。一般地,小型企业业务量小,会计人员少,企业领导人基本能掌握企业的财务情况。因此,其内部控制制度不必设计得太复杂。而大中型企业业务量大,会计人员多,分工细,出现错弊的可能性大。因此,要设计严密的内部控制制度。

在内部控制制度的具体设计过程中,应以货币资金和商品购销业务为中心,因为这些业务不仅数量大、涉及的部门和人员多,而且大多数都与企业外部发生业务关系,最容易发生错弊,财产最容易遭受损失。尤其是赊购赊销业务,更有加强控制的必要。

内部控制制度设计的范围主要包括:(1)货币资产的内部控制;(2)采购业务的内部控制;(3)盘存业务的内部控制;(4)销售业务的内部控制。

除此之外,对于筹资业务、对外投资业务、债权债务结算业务、成本费用业务、工程项目、信用担保等,都需要建立内部控制制度。

第二节 货币资产业务内部控制设计

一、货币资产的构成及其收支业务内容

1. 货币资产的构成

企业中的货币资产,是企业拥有的处于货币形态的那一部分资金。具体内容如图8-1所示。

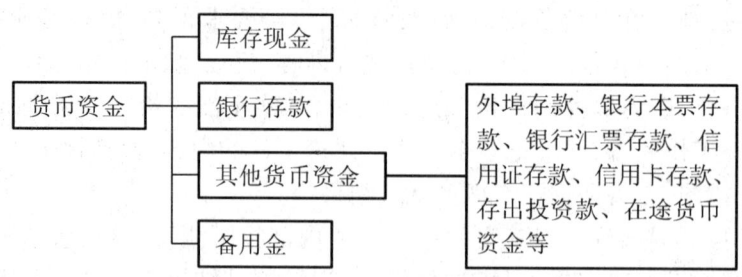

图 8-1 企业货币资金的构成

企业的货币资产具有以下特点:流动性强;同其他经营业务联系广泛;国家的宏观管理要求严格。

2. 货币资产收支业务内容

企业的货币资产收支业务非常复杂,对于制造企业来说,其主要收支业务如图 8-2 所示。

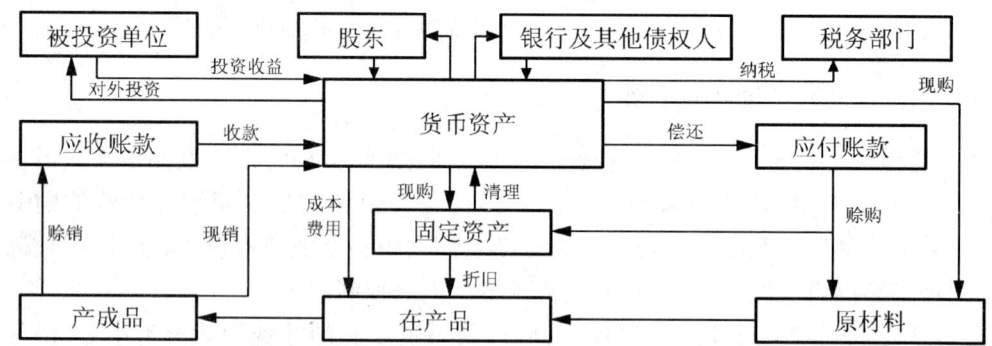

图 8-2 制造企业的货币资产收支业务

二、货币资产内部控制设计的要求

鉴于货币资产的特点,在设计货币资产内部控制制度时,必须符合以下要求:

(1) 严格执行国家有关货币资金管理方面的重要法规,如国务院 1988 年发布的《现金管理暂行条例》;中国人民银行 1988 年发布的《现金管理暂行条例实施细则》、1997 年发布的《票据管理实施办法》和《支付结算办法》;第 8 届全国人大常委会第 13 次会议通过并实施的《中华人民共和国票据法》;财政部 2001 年发布的《内部会计控制规范——货币资金》等相关制度。它们是管理货币资金业务的准绳,也是设计货币资金内部控制制度的基本准则,企业应该严格遵守和执行。

(2) 执行企业财务收支计划,组织货币资金收支,合理调度资金。企业的财务收支计划描述和规划了企业计划期内财务收支的前景,是货币资金收支的依据。财会部门应根据企业实际情况,积极组织收入,合理安排支出,做到合理调度资金,尽可能使日常收支平衡,减少资金闲置。

(3) 控制货币资金的收支动态及结存,保证货币资产的安全完整。企业的经营决策往往受制于资金实力,特别是可立即作为支付的货币资金实力。因此,设计货币资金内部控制制度时,应随时提供货币资金收支动态及结存资料。

三、货币资产支付业务内部控制设计

1. 货币资产支付业务内部控制程序设计

单位的货币资产支出业务较为频繁,如何保证其合理、合法,关键在于支出程序是否到位。货币资产的控制程序设计一般包括以下四个环节:

(1) 支付申请。单位有关部门或个人用款时,应提前向审批人员提交货币资金支付申请,注明款项的用途、金额、预算、支付方式等内容,并附有经济合同或相关证明。

(2) 支付审批。审批人根据其职责、权限和相应程序对支付申请进行审批。对不符合规定的货币资金支付申请,审批人应当拒绝批准。

(3) 支付复核。复核人应当对批准后的货币资金支付申请进行复核,包括货币资金支付申请的批准范围、权限、程序是否正确,手续及相关单证是否齐备,金额计算是否准确、是否超出预算范围或标准,支付方式、支付单位是否妥当等。复核无误后,交由出纳人员办理支付手续。

(4) 办理支付。出纳人员应当根据复核无误的支付申请,按规定办理货币资金支付手续,并及时登记现金和银行存款日记账。

2. 货币资产支付业务处理流程设计

货币资产支付业务处理流程要根据具体支付业务的特点进行设计,不同的支付业务,其流程不一样。现介绍两种常见的业务流程,以供参考。

(1) 零星费用报销流程。零星费用报销主要是指差旅费、零星采购等零星支出报销,其业务处理流程如图 8-3 所示。

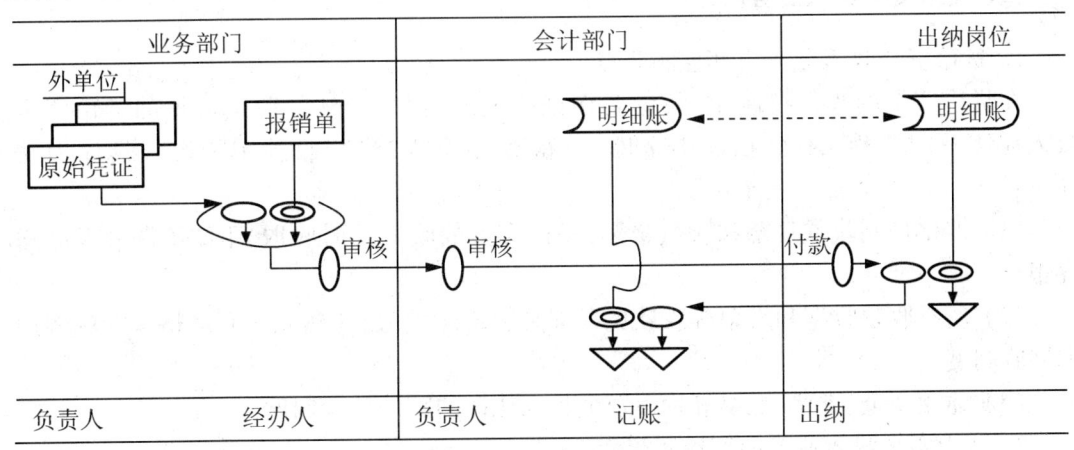

图 8-3 零星费用报销流程

该流程反映的业务处理过程如下:先由业务部门有关人员根据原始凭证编制报销凭证,经本部门主管审核后,送交会计部门;会计主管审核同意后交出纳员付款,随后将报销凭证送会计部门据此记账。

该流程设计的关键在于：①费用报销必须有原始凭证；②费用报销前，必须由业务部门主管和会计部门主管审核批准；③定期进行账账核对。

（2）支票签发流程。支票签发业务是指一般的支票付款结算业务，其业务处理流程如图8-4所示。

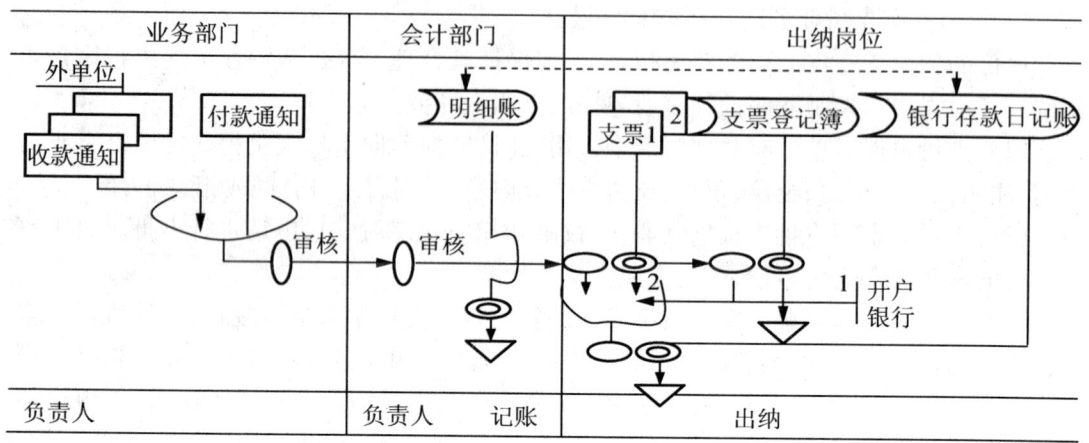

图8-4　支票签发流程

该流程反映的业务处理过程如下：业务部门将外单位收款通知或自制付款凭证经本部门主管审核后，送交会计部门；会计主管审核同意后交出纳部门支付，出纳员签发支票并登记支票登记簿；出纳部门和会计部门根据支票回单登记相关账簿。

该流程设计的关键在于：①签发的支票做备查记录；②付款前必须由业务部门主管和会计部门主管审核批准；③签发支票的印章由会计主管保管。

四、货币资金收入业务内部控制设计

1. 货币资金收入业务内部控制要点

在货币资金的收入控制中，关键要保证收入的合理、合法。单位取得的货币资金收入应该及时入账，不得私设小金库，不得账外设账，严禁收款不入账。具体做法如下：

（1）严格控制收款日期和收款金额，保证应得的收入及时收取、不缺不漏并及时送存银行。

（2）所有收款收据和发票等收款凭证都必须连续编号，并建立一套严格详细的领用和回收制度。

（3）建立现金、支票、汇票等货币资金收入凭证的防伪检验制度。

2. 货币资金收入业务内部控制流程

货币资金收入业务处理流程也要根据具体收入业务的特点进行设计，不同的企业，不同的业务，其流程不一样。一般企业的货币资金收入业务处理流程如图8-5所示。

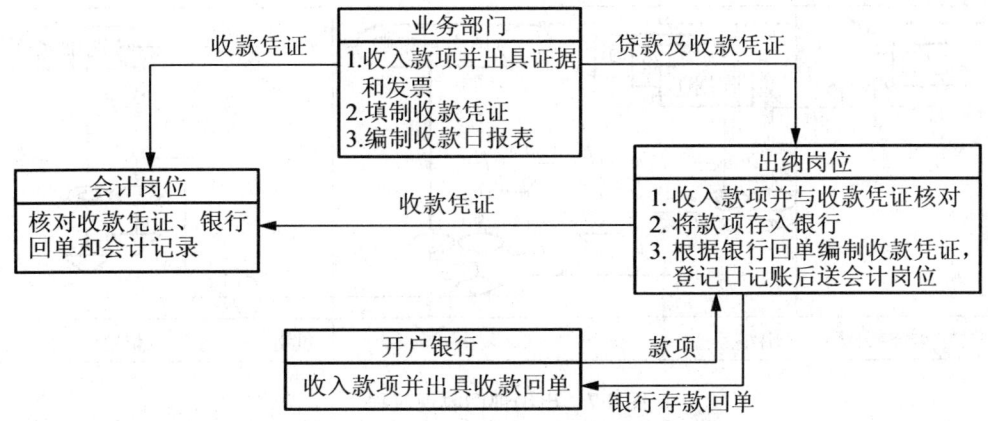

图 8-5　一般企业的货币资金收入业务处理流程

为了让大家更了解该流程的特点,现介绍两种具体流程供大家参考:

(1) 门市部收现流程。门市部收现是指销售商品、集中收款的货币资金收入,其业务处理流程如图 8-6 所示。

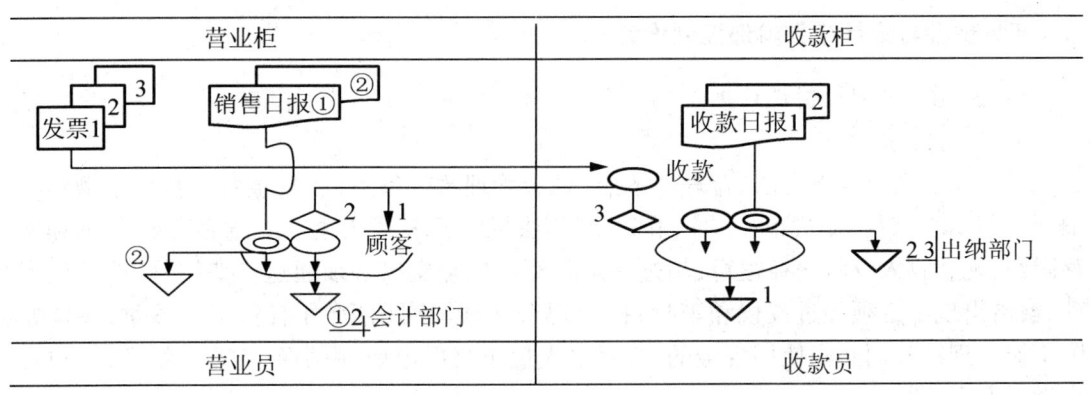

图 8-6　门市部收现流程

该流程反映的业务处理过程如下:营业员开出一式三联发票,与收取的货款一起送交收款员;收款员收款并加盖戳记后,将第三联留下,其余两联送回营业员;营业员将第一联随同商品交给顾客,第二联暂存。每天营业结束时,营业员根据第二联填写销售日报一式两份,并将第二联和销售日报一份送交会计部门进行销售核算;收款员根据第三联和货款编制收款日报一式两份,并将第三联、收款日报、货款送交出纳部门。最后,会计部门将销售日报和收款日报核对。

该流程设计的关键在于:①开票人与收款人分离;②根据不同的发票联编制收款日报和销售日报,并核对。

(2) 出纳部门收现流程。出纳部门收现是指企业因收取租金、押金、罚款、赔款等直接收取现金的过程。其业务处理流程如图 8-7 所示。

该流程反映的业务处理过程如下:业务部门开出一式两联的收款通知,经本部门主管审核后,送交出纳部门,然后出纳部门根据收款通知收取现金,编制收据一式三

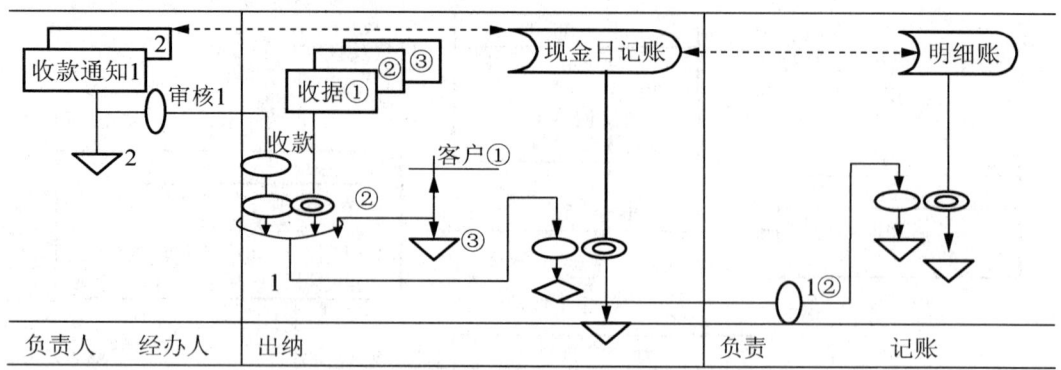

图 8-7 出纳部门收现流程

联,一联交给客户,一联留存,另一联随同收款通知在登记日记账后送交会计部门核对和记账。

该流程设计的关键在于:①开票人与收款人分离;②现金总账和明细账的登记和保管职务分离;③定期进行现金总账、日记账、收款通知单的核对。

五、现金与银行存款内部控制设计

(一)现金内部控制设计

1. 控制目标

(1)保证现金收支合法、合理。按照《现金管理暂行条例》、《现金管理暂行条例实施细则》、《内部会计控制规范——货币资金》等法规的要求,严格控制现金的使用范围和库存限额;现金收入及时送存银行,超过一定限额的现金支出必须通过支票结算,严禁坐支现金;借出现金必须经过授权和审批;提取现金必须写明用途,并有负责人签章;特殊原因不能办理结算而必须使用现金的,必须事先提出书面申请,由财务负责人签章,开户行审批后方可执行。

(2)保证现金的安全、完整。首先,出纳人员进行日常盘点。出纳人员必须在每日营业终了结出现金日记账余额并实地盘点现金,将现金日记账余额与实地盘点结果相核对。如果发现账实不符应立即报告主管人员,以便及时查明原因并采取措施妥善处理。其次,专门财产清查人员进行定期和不定期盘点。在现金出纳人员日常盘点的基础上,还应由专门财产清查人员进行定期与不定期相结合的复核、检查性盘点。对现金进行实地盘点,审核现金收付凭证和有关账簿等资料,检查现金收付业务的合理、合法性,包括账簿资料是否完整、齐全,有无遗漏、计算错误等情况;检查库存现金限额的遵守情况;有无"白条"顶库、挪用情况,并在清查盘点报告的"备注"栏说明。清查结束后无论是否发现问题,都应将清查盘点结果填列在"库存现金清查盘点报告"上,并由清查人员和现金出纳签字盖章,以确保其效力。

(3)保证现金收支核算的及时、可靠。企业的现金收支必须及时入账,严禁账外设账,收支不入账。

2. 库存现金的控制点

在现金控制流程中,主要应设置下列控制点并采取相应的控制措施:(1)审批;(2)审核;(3)收付;(4)复核;(5)记账;(6)核对;(7)清点;(8)清查。具体控制流程如表 8-1 所示。

表 8-1 库存现金的控制流程

控制点	控制目标	控制措施
1. 审批	保证现金收付真实、合法,并按照授权进行。	授权办理现金收支业务;经办人员在现金收支原始凭证上签章,相关负责人审核该凭证并签章批准。
2. 审核	保证现金收付真实、合法、正确。	会计主管审核原始凭证,审核无误传递。
3. 收付	保证现金收付正确、及时、安全。	出纳复核记账凭证,收付现金后加盖"收讫"或"付讫"戳记并盖章。
4. 复核	保证现金收付正确和会计核算真实。	稽核员审核现金收付记账凭证及所附原始凭证并盖章。
5. 记账	保证现金安全、收付正确和核算真实。	出纳登记现金日记账,会计登记相关明细账、总账。
6. 核对	保证账账相符、会计核算真实。	稽核员核对现金日记账和相关明细账、总账;误差报经批准后予以处理。
7. 清点	保证账实相符,现金安全、正确。	出纳每日盘点库存现金,登记现金结存表,并与日记账余额核对。
8. 清查	保证现金完整、正确,账实相符。	清查小组盘点库存现金,核对现金日记账;编报现金盘点报告单。

(二)银行存款内部控制设计

由于银行存款的收支业务直接受到银行的监督,起到了外部控制的作用,客观上能够有效减少收支上的错弊,因此,在银行存款控制流程中,参照现金控制流程即可。重点注意以下几点:

(1)所有银行存款户的开设需有正式的批准手续,有时需要董事会的批准。同样,某一银行存款户的终止也需得到正式的批准,以防有人在开设银行存款户中为个人谋取私利。

(2)负责银行对账单调节和银行存款账面余额的职员不能同时负责现金收入、现金支出或编制收付款凭证业务,以防止被银行揭露的不正当支出或应记但未记入企业收入账的不正当行为再次被掩盖起来。

(3)负责银行往来账调节的职员应直接从银行取得银行对账单,并就银行存款日记账同银行对账单进行核对调节。核对时,不仅应注意到银行对账单的日期和金额,而且应检查讨论支票的签署和背书,同时要保证核对工作由第三者执行。

(4)支票与印章管理。公司应加强银行预留印鉴的管理。财务专用章应由专人保管,个人名章必须由本人或由其授权的人员保管。严禁一人保管支付款项所需的全部印章。对每一次使用印章的情况都作记录。印章必须与支票签发设备分开存放。特别要注意保管人员因出差或节假日休息而需他人暂时保管时,必须作授权记录,以备查询。

(5)银行开户管理。对于银行账户的设立、管理要严格按照《支付结算办法》执行,防止跨行开户、多头开户、随意开户,甚至公款私存等不法行为。同时,单位应定期检查、清理银行账户的开立和使用情况,及时处理存在的问题。

第三节 采购业务内部控制设计

一、采购业务的特点

采购业务具有以下特点:
(1)它与生产和销售计划联系密切;
(2)它直接导致货币资金的支出或对外负债的增加;
(3)业务发生频繁,工作量大,运行环节多,容易产生管理漏洞。

二、采购业务内部控制设计的目标

采购业务内部控制设计的目标如下:
(1)存货的采购与生产、销售业务的要求保持一致;
(2)货币资金的支付或负债的增加必须以获得品质优良的存货为前提,保证货款支付或负债增加的真实性与合理性;
(3)合理揭示企业应享有的购货折扣与折让;
(4)防止采购环节中违法乱纪、侵吞企业利益等不法行为的发生;
(5)保证采购业务在内部、外部各环节的运行通畅和高效率;
(6)及时、准确提供存货采购的会计信息。

三、采购与付款业务内部控制要点

1. 请购

单位有关部门或人员应当根据单位预算、实际需要等情况,及时向有关部门提出采购申请。凡是不需用、不急用的商品,一律不得采购或提前采购,防止不必要的资金占用和增加仓储负担。单位超过一定金额的采购需求,必须由采购部门统一进行,领用部门不得自行采购。

2. 审批

审批人根据规定的职责、权限和程序对采购申请进行审批。对不符合规定的采购申请,审批人应当要求请购人员调整采购内容或拒绝审批。单位所有采购申请书必须先由领用部门主管签名批准,采购部门应当负责检查采购申请书内的申请是否属于该主管职权范围内可以审核的项目。单位超过限定金额的大宗采购必须由单位管理层集体决策审批,再交采购部门执行。

单位应当订立科学的采购政策,规定物资的采购达到一定规模和水平后必须进行公开招标,招标结果必须经过审核批准。单位对于长期需用物资,应实行定期招标制度。

3. 合同订立及采购实施

单位应当建立供应商信息管理系统,对目标采购市场信息进行动态管理,充分了解相关供应商的产品价格、质量、供货条件、信誉以及供应商的设备状况、技术水平和财务状况,为单位采购提供可靠信息。在对确定的供应商有清楚了解的前提下,单位应当根据《中华人民共和国合同法》及相关法规,与所确定的供应商签订正式的采购合同,并由有关部门负责合同的执行、监督以及合同文本的保管。单位小额零星物品或劳务采购可以采用直接购买、事后审批的方式;一般物品或劳务采购应当采用合同订货制度;重要的物品或劳务采购应当在经过决策论证和特殊的审批程序后签订采购合同。单位对于一般和重要物品或劳务的采购,应当建立由采购、技术等部门参与的比质比价体系,综合考虑价格、质量、供货条件、信誉和售后服务等条件,确定供应商及采购价格。对一些特殊或重大的采购项目应当采取招标方式确定供应商。单位应当制定例外紧急需求的特殊采购处理程序。

4. 验收

单位应当建立、健全验收制度并制定具体的验收规定,根据制度和规定验收所购物品或劳务并出具验收单或验货报告,实行验收与入库责任追究制度。验收部门应当根据有关验收规定对实际采购物品或劳务进行验收并入库,对验收中发现的问题应及时报告并按批准意见处理。验收时,必须审核收到货物的明细,查明品种与数量是否与采购申请表一致,对不符合规格和数量要求的应当拒绝验收。单位验收部门应使用顺序连号的验收报告记录收货情况,对无对应采购申请表的货物,不得签收。

5. 采购记录

单位应定期核对应付账款总账与明细账金额是否一致,如有差异,应查核原因。对长期挂账的预付货款,应查明是否存在已收货物但未记录采购的项目。单位应按时进行验收报告与采购发票的核对,要求采购部门调查任何有采购发票但未附有验收报告的情况;对有验收报告而没有发票的采购项目,应根据供应商的报价单进行暂估入账,并要求采购部门追交采购发票。单位应通过系统的设计,规定记录采购时必须输入对应的验收报告号。

6. 付款

单位采购部门必须审核采购申请表、经收货部门签收的验货报告和由供应商出具的增值税发票的明细、数量、规格是否一致,然后据此出具采购付款通知单交财会部门。单位财会部门审核其是否真实、手续是否齐全、计算是否准确。审核无误并经授权批准后,方可按照规定的程序办理货款支付手续,及时登记有关的账簿。此外,单位财会部门还应审查供应商出具的往来款项对账函,以确定应付账款内是否存在错误。如有必要,应与供应商联系,以确认有关账目。单位应定期检查应付账款的账龄,查核是否可以通过准时付款获得一定的折扣优惠。

四、采购与付款业务处理流程设计

一般制造企业采购业务具体流程如图 8-8 所示。

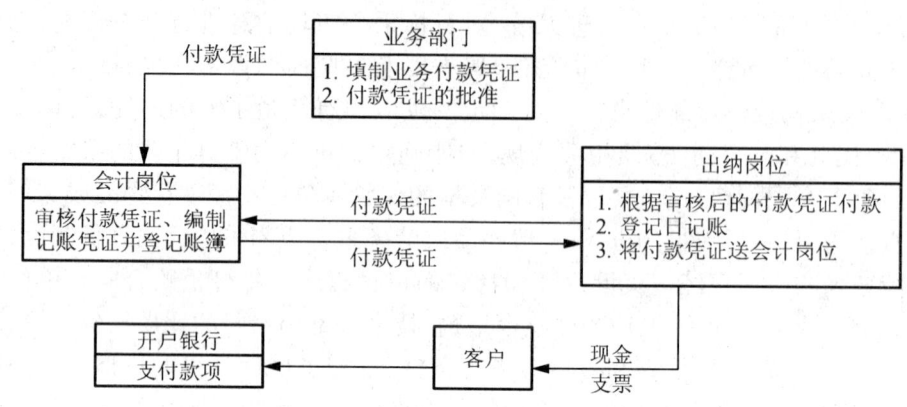

图 8-8 一般制造企业采购业务流程

为了更深入了解该流程,下面提供四种具体业务的流程设计,以供参考。

1. 日常采购业务处理流程

日常采购计划编制、合同签订流程设计如图 8-9 所示。

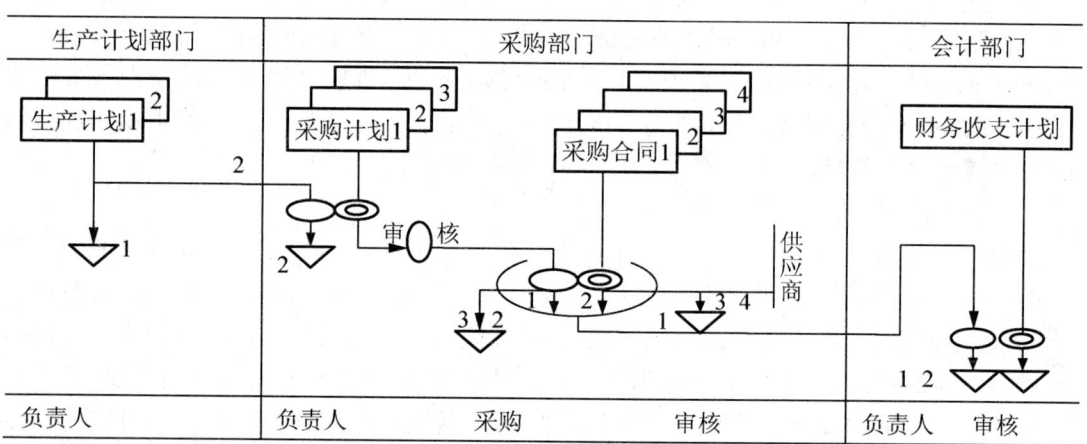

图 8-9 日常采购业务处理流程

该流程反映的业务处理过程如下:供应部门根据生产计划部门的各种生产计划编制采购计划,经本部门主管审核批准后,与供应商签订采购合同,并将采购计划和采购合同送交会计部门,会计部门核对无误后据此编制财务收支计划。

该流程设计的关键点如下:(1)采购计划必须经过审核批准;(2)会计部门参与采购合同会签。

2. 临时采购业务处理流程

企业因业务变化导致缺货或者缺料时,需要紧急采购。紧急情况下采购申请业务流程如图 8-10 所示。

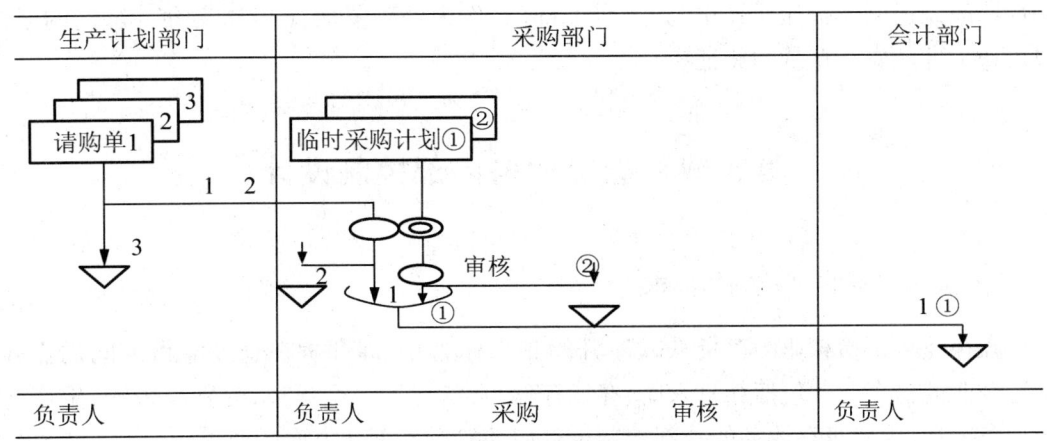

图 8-10　临时采购业务处理流程

该流程反映的业务处理过程如下：供应部门根据请购单位的请购单编制临时采购计划，经本部门主管审核批准后通知采购员进行采购，并将临时采购计划和请购单送交会计部门，会计部门核对无误后据此准备货款。

该流程设计的关键点是：(1)临时采购必须经过授权批准；(2)会计部门监督临时采购计划的实施。

3. 材料验收付款流程

材料验收付款流程业务处理过程如下：(1)供货单位在材料发运后，将材料发票、运单和提货单经银行寄往购货单位；(2)购货单位财会部门收到寄来的单据，将其送交供应部门，供应部门审核合同后据此编制收货单，通知仓库准备收货，另将提货单交企业运输部门提货；(3)仓库验收后登记保管卡，并将签收的收货单交送供应部门；(4)供应部门将收货单和合同再次审核无误后，将供货单位的发票、代垫运单以及收货单一并送财会部门；(5)财会部门对照合同副本审核无误后，授权出纳办理货款结算，出纳付款后在发票上加盖"付讫"及日期戳记，与订购单副本一并归档。

该流程设计的关键控制点有：(1)采购材料入库验收、记账与付款分管；(2)加强收料单与合同的核对，保证材料名称、规格、数量和金额的正确；(3)材料验收入库后才支付货款；(4)定期进行账账、账卡和账实核对。

4. 退货与折让流程

购进货物如发现不合规格、质量不符，或其他不符合订购条件的，应及时与对方商量退回、更换或折让等事宜。

其主要流程如下：(1)由储存部门或用料部门填制"请购单"；(2)由采购部门填制"订购单"或其他契约；(3)由检验部门验收并编制验收报告；(4)储存部门对照验收报告收料入库，如有差异应报告给会计部门；(5)会计部门比较购货订单、验收报告及卖方发票，发票经核准后付款；(6)凭证移送出纳处付款。

该流程的关键控制点有：(1)退货及折让发生时，应由双方协商解决，同意后应由采购部门编制退回及折让通知单,分送有关部门,作为处理依据;(2)送交会计部门的通知单可作为冲减应付账款的凭证。

第四节 盘存业务内部控制设计

一、盘存业务内部控制的要求

盘存业务是指企业的存货从入库开始到出库为止,即存货在仓库滞留期间的业务。制造企业的盘存业务包括存货入库、存货存储、存货出库三个环节,分别与采购、生产、销售业务衔接,因此盘存业务的内部控制设计应该符合以下几方面的要求:

(1)建立专人保管制度。即设置专门的仓库,由专人负责仓库的业务和记录。购货后不得由购货部门收纳保管,而必须由仓库保管人员收货。保管人员按照收到的货物和送货单据与订货单相核对,检查无误后,验收入库。材料或商品运出,则应有手续完备的领料单或提货单或销售发票的一联,上有经手人和负责人的签章。库存物资的任何变动都应有一定的凭证手续作为依据,管理人员和任何人员都不得在没有手续的情况下动用库存货物。

(2)采用永续盘存制度。在会计部门设总分类账户,仓库部门设明细分类账。在货物收、发、存业务中,所有有关收发业务的手续凭证都应有一联送交会计部门,由会计部门进行记录。同时,登记明细分类账,对各种材料和商品的数量、金额分别核算。它可以随时反映各种商品物资库存的余额,并能反映其变化的原因。仓库明细分类账与总分类账结合起来,形成一个完整的仓库内部控制。在总分类账中,盘存账户实际上是一个总仓库,起到在金额上控制的作用,反映众多明细盘存账户中的详细过程汇总情况。明细账逐笔登记,而总账则汇总登记,明细账虽然是由仓库人员登记的,但会计部门总账已对其发生控制作用,可以通过稽核的方式发现错误和防止舞弊。

(3)严格财产清查制度。对各种存货应当进行定期或不定期的清查,使之经常化、规范化、制度化。清查工作应由专人负责,成立专门的清查小组,不得由实物保管人员独自进行,以保证清查结果的客观公正性。在清查过程中若发现盈亏,应及时查明原因,分清责任,区别不同情况予以处理。属于主观原因造成的损失,应当追究当事人的责任,酌情给予行政处分和经济处罚,严重者还应追究法律责任;属于客观原因造成的损失,应吸取教训,引以为戒;对超储积压物资,应尽快处理,以加速资金周转;对储备不足的物资,应催促采购部门尽快购买,以保证生产顺利进行。

二、材料盘存业务内部控制设计

材料物资盘存业务内部控制的设计要点主要有:

(1)各种材料物资应妥善保管,按品种、规格定位堆放,并挂贴标签,以便账实核对。

(2)仓库保管人员应随时掌握和反映材料物资的最高、最低储备量,以保证生产的正常进行和避免材料物资的超储积压。

（3）仓库保管人员在有关人员配合下，应对库存材料物资每月至少盘点一次，并与材料账卡的账面结余数核对，若发现盘盈盘亏，应及时查明原因，并填写盘存报告单上报有关部门，以便根据有关部门的处理意见进行账务处理。

（4）对易潮、易霉物资要经常检查库存通风设备是否完好；对易挥发的材料物资要经常加盖密封；对易燃、易爆物资要加强防火；对贵重物资和稀有物资要特别保管，经常查对。

（5）对各种材料物资的领发，必须按规定办理有关手续。仓库保管人员只有根据经过批准的领料单、限额领料单和销货单等有关凭证，才能发料，领料人和发料人均应在领发料凭证上签字。如需超过限额领料，领用部门应说明原因，并经生产技术部门和材料部门的领导审核同意，才能补发追加材料。

（6）企业内部任何人未经批准和办理规定手续，不得发出、变卖和赠送材料，或用一种材料交换另一种材料。

（7）对于委托外单位加工的材料，仓库保管人员应根据材料部门填写的"委托外加工发料通知单"进行发料，财会部门据以记账。仓库保管人员同时应在备查登记簿中予以登记，待加工完成验收入库时再予注销原记录。

（8）建立材料的稽核制度。仓库保管人员负责稽核所经营的材料卡和实物数量相符；材料部门负责稽核材料账、卡和实物数量相符；财会部门负责稽核材料的总分类账和明细分类账的金额相符，并定期或不定期抽出材料部门的账、卡和实物数量，看其是否相符。

三、周转性材料盘存业务内部控制设计

周转性材料在领用后，可以多次参加生产，仍不改变其原有的实物状态。因此，对周转性材料应同时加强对在库材料和在用材料的控制。在库周转性材料的控制，基本上与材料业务的控制相同。在用周转性材料的控制，会计部门应设置在用明细账，以便控制使用部门的在用数，掌握周转性材料的摊销与报废情况。使用部门对周转性材料的控制，应把已经摊销的周转性材料也包括在内，因为已经摊销的周转性材料虽然在账面上已经注销，但在生产中仍然发挥作用。因此，对已经摊销的周转性材料应责成专人负责，严格领退和报废手续。

四、产成品盘存业务内部控制设计

产成品盘存业务内部控制的设计要点有以下几个方面：

（1）生产车间加工完成的产品，经过质量检查部门的检验合格并签字后，填制产成品入库单，连同产品交成品仓库验收，车间和成品库的经手人要在入库单上签字，作为产品入库的凭证。"入库单"一般一式三联，其中一联由仓库留存，作为进行产成品明细核算的依据；一联退回车间，作为产成品交库的凭证；一联交财会部门，作为进行产成品收入总分类核算的依据。月末各方的合计数应按品名、规格、等级核对相符。

(2) 对验收入库的产成品应妥善保管,尽量避免露天存放,以防生锈变质。对销货退回的产品,也应办理相应的验收入库手续。

(3) 产成品销售时,应严格按销售业务内部控制制度进行设计。

五、半成品、在产品盘存业务内部控制设计

半成品是已经过一定生产过程,但还未完工的产品。它是保证生产过程连续不断地进行的条件,因而也必须加强管理。半成品有自制和外购两种,其收发业务内部控制的要点是:

(1) 外购半成品的管理,视同材料处理,由材料部门负责;

(2) 自制半成品若需送交半成品库,其管理办法与产成品的管理相似,入库时填入库单,领用时填领料单;

(3) 不单独计算自制半成品成本的企业,也可直接将半成品由一个车间转至另一个车间,转移时应填写半成品转移单;

(4) 委托外单位加工的自制半成品,发出和收回时的处理手续比照委托外单位加工的材料处理。

在产品的管理一般由所在车间负责,它没有收发问题,但月末要清查盘点,盘点时一般由生产部门和车间核算员参加,可能的情况下,财务部门也应派人参加。盘点完毕要填写在产品盘存表,注明在产品名称和加工程度,以便正确计算在产品成本。

第五节 销售业务内部控制设计

销售业务是指单位接受客户订单、核准客户信用、签订销售合同、发运商品、开具销售发票并收取货款的行为。销售产品并及时回收货款关系到单位的生存与发展,因此加强销售业务内部控制极其重要。

一、销售业务的特点

销售业务具有以下特点:

(1) 业务发生频繁,工作量大,运行环节多,容易产生管理漏洞;

(2) 营业收入的确认与计量具有复杂性;

(3) 销售业务直接导致货币资金或应收账款的增加。

二、销售业务会计制度设计的目标

销售业务会计制度设计的目标有:

(1) 保证营业收入的真实性、合理性、完整性;

(2) 保证商业折扣和销售折扣的真实性与适度性;

(3) 保证销售折让和销售退回的合理处理与揭示;

(4) 保证应收账款记录的真实性和可收回性;
(5) 杜绝销售业务中可能出现的低效率和一切违法乱纪、侵吞企业利益的行为。

三、销售与收款业务的控制要点

1. 销售定价与赊销

单位应当建立业务的定价控制制度,制定价目表、折扣政策、付款政策并予以执行,价格领导小组执行特殊价格应有专人审批。销售部门应当按照信用政策来决定赊销,特殊情况应提前向审批人提出申请。对符合赊销条件的客户,应由审批人批准签字。

2. 合同订立及货物发运

销售人员接受客户订单后,销售部门应当对接受的订单进行登记。销售人员应根据授权与客户签订合同。销售合同签订后,销售人员应将合同副本送交财会部门。销售人员应当根据合同编制一式多联的销售通知单,作为仓库、运输、开票和收款等有关部门发生职责的依据。仓库应当根据审批的销售通知单发货。仓库发货时必须经过严格的检验,保管人员不得擅自对客户发货,更不得随意调换货物。运输部门应当核对销售通知单和发货凭证后运货,并确保货物运送的安全性和及时性,运送人员不得随意中途调换发运货物。财会部门应当在发运凭证、合同副本、销售发票核对无误后,编制收款通知单,向客户收款。单位应当核对发货凭证、运货凭证及相关的销售发票,确保三者所载明的品名、规格、数量、价格一致。单位的销售通知单、发货凭证、运货凭证、销售发票等文件和凭证应当妥善保管,尤其要加强对空白发票的管理,任何部门和个人不得擅自篡改、隐匿、销毁销售合同和销售发票等文件及凭证。

3. 销售记录

(1) 单位应指派专人审查发票,主要查核:销售数量是否符合经客户确认的发货通知单列示的数量;销售单价是否符合经审核的销售价目表;发票标示的折扣率是否符合经审批的折扣表;发票金额的加总计算是否正确;等等。

(2) 单位销售价目表的修改必须经由授权人员审批,修改的项目必须详细记录。

(3) 单位给予客户的折扣率的修改必须经由授权人员审批,修改的项目必须详细记录。

(4) 单位应按时将发货通知单与发票核对,调查任何有发票而未有发货通知单或有发货通知单而未有发票的情况。

(5) 单位应定期对销售毛利率进行审核,如发现毛利率偏低,应查核是否存在漏记销售的情况。

(6) 单位应定期审核应收账款总账与明细账,查明二者是否存在差异;若有,应查核原因。

(7) 单位应通过系统的设计,规定编制销售发票必须输入对应的发货通知单号码。

(8) 单位应定期查核当期销售发票金额的加总是否等同于总账中销售项目的贷方金额。

4. 收款及有关票据的管理

单位销售与收款职能应当分开,销售人员应当避免接触现款。销售部门应设置销售台账,及时反映各种商品销售的开单、收款、发货情况。销售台账应当附有客户订单、销售通知单、客户签收回执等相关客户购货单据。单位的赊销必须坚持核准赊销、取得保证、限期回收货款的原则。销售人员对应收账款的催收负责,到期未收回货款的,财会部门必须提出报告,督促销售部门加紧催收。单位对长期往来客户应当建立起完善的客户资料,应当有一套明确的客户信用评级方法和客户信用授信表。客户资料应当实行动态管理,时常更新。单位应当按客户名称设置应收账款台账,及时登记每一户应收账款余额增减变动情况和信用额度使用情况,每年至少一次向欠款客户寄发对账单。单位应当建立应收账款账龄分析制度和逾期应收账款催收制度,对催收无效的逾期应收账款应及时追加法律保全程序。单位对于挂账时间长的应收账款应当报告管理部门,由其进行审查,确认是否为坏账。单位发生的各项坏账,应查明责任,并履行规定的审批程序后作出会计处理。单位注销的坏账应当记录于备查登记簿,做到账销案存。已注销的坏账又收回时要及时入账,严禁形成账外款。单位应收票据的接受、贴现和换新必须经由保管票据以外的主管人员的书面批准并定期向出票人函证。已贴现票据要在备查簿中登记,以便日后追踪管理。单位应当设专人保管票据,并制定逾期票据的冲销管理程序和逾期票据追踪监控制度。

5. 销货退回与折让

单位必须制定销货退回制度和折让政策。单位的销货退回和折让必须经销售主管审批后方可执行。销货退回的货物应由质检部门验收和仓库部门清点方可入库,质检部门验收客户退回的货物应当出具验收报告,仓库部门应当在清点、检验和注明退回货物的品种和数量之后填制退货接收报告。销售人员应当根据验收报告和退货接收报告填制一式多联的红字发票。红字发票必须经过财会主管核准,会计人员方可据之修正营业收入和应收款项的余额。

6. 加强对前述控制要点的监督检查

单位应当建立和健全对销售和收款业务的监督检查制度,明确监督检查机构或人员的职责权限,定期和不定期地进行检查。检查的内容主要包括:(1)销售和收款业务相关岗位及人员的设置情况。重点检查是否存在销售和收款业务不相容的职务混岗现象。(2)销售和收款业务的授权批准制度的执行情况。重点检查合同的授权批准手续是否健全,是否存在越权审批行为。(3)销售的管理情况。重点检查信用政策、价格政策的执行是否符合规定的程序。(4)收款的管理情况。重点检查单位应收款项的管理控制情况。(5)销售退回和折让的管理情况。重点检查销售退回制度和折让政策的执行情况,以及退回的货物入库手续是否健全。

对监督检查过程中发现的销售和收款内部控制中的薄弱环节,应当及时采取措施,加以纠正和完善。

四、销售与收款业务处理流程设计

下面是销售业务中常见的三种流程,其流程路线仅供参考,企业可以根据其具体情况改变路线和方式,只要达到设计目标即可。

1. 非合同提货制销售业务处理流程

采用非合同提货制销售业务处理流程设计要点如图 8-11 所示。

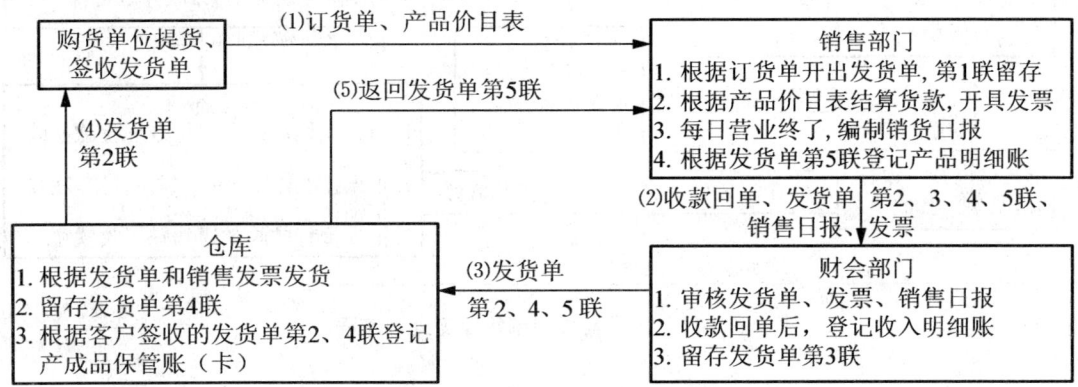

图 8-11　非合同提货制销售业务处理流程

该流程设计的关键点在于:(1)销售开票、发货、收款、记账职务分离;(2)销售标准严格按规定执行,并审核;(3)最好先付款后提货;(4)定期进行账账、账实核对。

2. 非合同送货制销售业务处理流程

送货制销货与提货制相比,区别在于由销货企业的业务部门送货到购货单位,并收取款项;其余程序与提货制相同。

采用非合同送货制销售业务处理流程设计要点如图 8-12 所示。

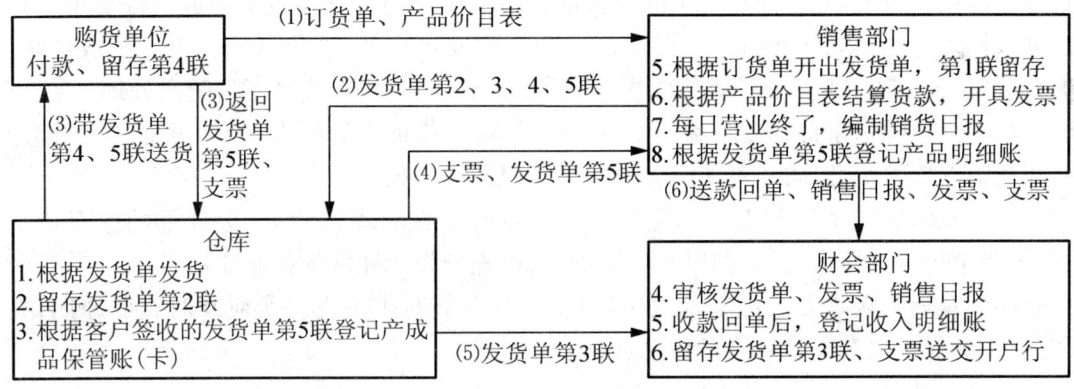

图 8-12　非合同送货制销售业务处理流程

该流程设计的关键点在于:(1)销售开票、发货、收款、记账职务分离;(2)最好交货后立即收款;(3)定期进行账账、账实核对。

3. 合同发货制销售业务处理流程

采用合同发货制销售业务处理流程设计要点如图 8-13 所示。

该流程设计的关键点在于:(1)销售开票、发货、收款、记账职务分离;(2)严格按合同发货、结算货款;(3)定期进行账账、账实核对。

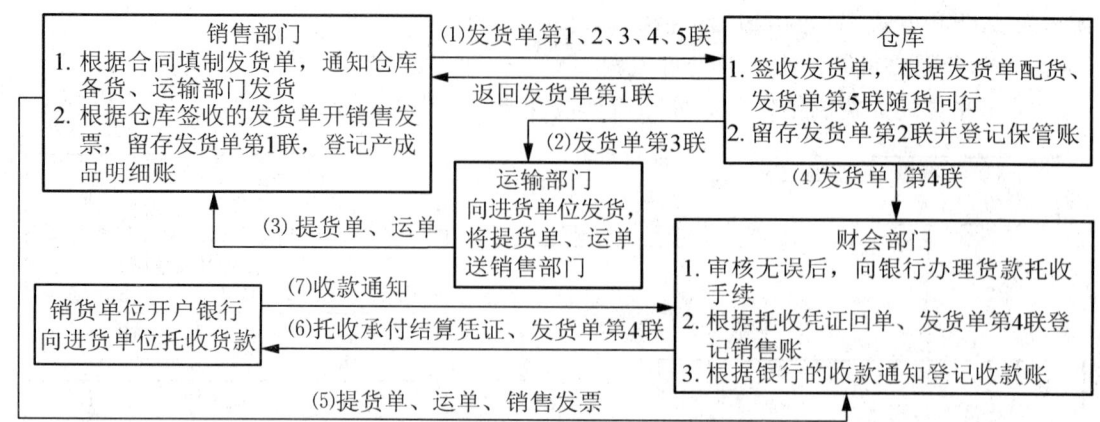

图 8-13 合同发货制销售业务处理流程

五、赊销业务的内部控制设计

由于赊销业务涉及的部门较多,销售活动与货款结算的时间不一致,所以,发生错弊的可能性较大。赊销业务的内部控制是一个较复杂的问题。因此,必须结合本企业的具体特点,合理规定各部门之间的制约关系,加强销售业务各环节的衔接,确保赊销业务的有效控制。

通常,赊销业务的具体控制程序和方法如下:

(1) 采用订货制度。赊销业务最好采用签订订货单或合同的方式。因为订货单是销售部门接受或填制的,而订货单的执行通常由生产部门和仓库负责完成。订货单签订后列入销售计划,然后转到仓库,根据订单和合同安排生产、选货、包装,再发货或提货。因此,订单或合同是发货的命令,如果仓库没有接到订单,库存商品不得随意处理。

(2) 建立赊销审批制度。赊销要得到财务部门负责人的批准,未经批准,销售部门不得强迫仓库发货,以防止不了解客户信用情况而发生损失。

(3) 及时登记销售明细账和应收账款明细账。在仓库发货后,会计部门应对销货单、订货单进行审核,无误后据以登记明细账,以充分发挥账簿的控制作用。

(4) 定期与购货方核对账目,及时回收货款。核对中发现问题应及时查明原因,并作处理,确保购销双方往来账目相符。

【延伸阅读】

请认真阅读以下案例并思考几个问题:

1. 内部控制评价报告的公开对投资者和社会公众有何意义?
2. 重大缺陷、重要缺陷和一般缺陷的标准是什么?为什么公司承认报告期内存在 30 个缺陷,其中重大缺陷 1 个,重要缺陷 4 个?
3. 从有关渠道了解"7·3"、"9·21"事件,并从中理解企业的社会责任?
4. 从一个理性投资者角度分析公司整改情况及紫金山金铜矿后续整改措施。

紫金矿业 2010 年度内部控制评价报告（节选）

......

六、内部控制缺陷及其认定

公司董事会考虑生产经营规模、行业特征、风险水平等因素，参照基本规范、评价指引对重大缺陷、重要缺陷和一般缺陷的认定要求，经研究初步确定了适用本公司的内部控制缺陷认定原则。本报告期内公司内控缺陷认定以定性标准为主、定量标准为辅。

公司按内部控制缺陷成因或来源，将内部控制缺陷分为设计缺陷和运行缺陷；按影响企业内部控制目标实现的严重程度，将内部控制缺陷分为重大缺陷、重要缺陷和一般缺陷；按具体影响内部控制目标的具体表现形式，将内部控制缺陷分为财务报告缺陷和非财务报告缺陷。根据前述的程序、方法和认定原则，我们发现报告期内存在 30 个缺陷，其中重大缺陷 1 个，重要缺陷 4 个。重大缺陷及其整改情况详见本报告第七章。

七、内部控制重大缺陷整改情况

缺陷描述：对科学发展、和谐发展、健康发展的认识存在差距，对公司董事会及管理层提出的"安全和环保是企业生存和发展的生命线，环境安全是企业不可逾越的底线"的宗旨和原则落实不到位，对项目建设及生产运营过程中环境安全的风险意识不足，个别企业存在设防标准不够、"三同时"制度执行不到位、超规模生产、环保安全措施工程滞后、隐患整改不及时或不到位等现象。公司权属企业发生了"7·3"、"9·21"事件，如不能及时遏制和有效及时整改，可能对公司的战略目标实现和持续经营带来极大的不确定性。

缺陷等级：重大

整改情况：

（一）关于环保安全

"7·3"、"9·21"事件发生后，公司进一步从战略的高度对环境安全问题进行重新审视，环境安全作为一项重大的内控缺陷，采取了相应整改措施并在制度上作出相应的调整和安排。

1. 董事会于 2010 年 7 月中旬专门作出了《关于加强环境安全工作的特别决议》，重申"环境安全是企业不可逾越的底线"、"决不以牺牲环境为代价谋求发展"，进一步明确目标，强化安全环保管理。

2. "7·3"事件发生后，公司于 7 月 16 日—31 日在全集团开展了环保安全拉网式大检查。采取权属企业自查、各区域公司复查与集团公司抽查相结合的方式，对各权属企业的环境安全隐患进行拉网式检查，并督促整改。通过本次安全环保大检查，全集团共发现各类环保安全隐患 706 项，均制订了整改措施计划，明确了责任单位、责任人及完成时间，责任区域的管理者对整改有效性进行验证并向集团公司安委会办公室反馈。截至 2010 年 12 月 31 日，共完成整改 570 项，整改率为 80.7%。本年度内未整改完成的项目将按预定计划在 2011 年继续实施完成。

3. 举办了以"环境安全、社会责任与企业发展"为主题的论坛,回顾总结公司走过的历程,反思剖析事故的原因和教训,深入分析存在的问题和隐患,思考讨论如何在确保环境安全的前提下,提高履行社会责任的水平,促进企业的持续健康发展。

4. 加强尾矿库等重点领域的隐患排查和整治。组织所有尾矿库企业开展尾矿库专项安全大检查,共有19家企业检查了23座尾矿库。2010年11月3日—20日,集团公司安委会组织检查组对洛宁华泰矿业开发有限公司、新疆阿舍勒铜业股份有限公司、新疆金宝矿业有限责任公司、青海威斯特铜业有限责任公司等四家企业进行了以尾矿库为重点的安全环保专项检查;2010年12月15日—20日,集团公司组织检查组对位于云南省红河州的元阳县华西黄金有限公司进行了以重金属污染防治状况为重点的安全环保专项检查。针对检查发现的问题下达整改通知并跟踪其整改有效性。

5. 公司出台了《关于全面贯彻落实国发〈通知〉和董事会决议精神,进一步加强安全生产和环境安全工作的实施意见》(紫金安[2011]1号),下发了《关于加强尾矿库环境应急管理工作的通知》(紫金安[2010]450号)、《关于强化尾矿库环境安全管理工作的指导意见》(紫金安[2010]460号),制定了紫金环保文化体系建设实施方案,明确工作要求和目标。

6. 加强环保安全职能机构建设。集团公司环保安全部增设尾矿管理处,将紫金山金铜矿原"环保安全处"分设为"环境保护处"、"安全生产处",并提格为正厂级;调整充实了集团公司和紫金山金铜矿的环保安全管理人员。

7. 紫金山金铜矿编制了《突发事件信息报告制度》、《紫金山金铜矿应急抢险期间突发强降大暴雨应急预案》,并对《紫金山金铜矿防洪重点应急预案(2010)》、《紫金山金铜矿水污染事故应急预案》等制度进行了重新修订和完善。

8. 正在推进公司"安全环保物控系统"项目建设。

(二)关于紫金山金铜矿后续整改

2010年紫金山金铜矿发生了铜矿湿法厂含铜酸性溶液渗漏事故,给企业带来重大的经济损失,特别是多年来苦心经营的环保品牌和企业社会形象受到重创,造成了不良的社会影响。"7·3"事故应急处置结束后,公司向紫金山金铜矿下发了《关于全面落实环境安全整改工作的通知》(紫金综[2010]410号),要求紫金山金铜矿对照存在问题和上级有关部门的整改要求,全面落实整改、消除隐患,实现企业长远发展。截至12月31日,紫金山金铜矿已完成各类隐患整改44项,正在实施的有18项。

紫金山金铜矿按照国家联合工作组提出的"原地重建、高度设防,安全可靠、经济合理,重浮轻湿、源头治本,统筹规划、科学决策,相互兼顾、齐头并进"的意见,以及"把好三个关、筑好五道防线"的具体要求,全面转入后续整改与环境综合治理工作中,规划、设计、建设工作进展顺利。

1. 铜矿系统完成规划设计文本。经过与中国瑞林工程有限公司的多次沟通协调,已经完成《紫金山金铜矿矿区整改工程方案》规划文本,由中国有色金属协会组织专家对方案进行评审后将按有关程序报相关部门审批。

2. 完善清污分流系统,建设环保应急防线。一是露采场实施降雨汇水"引流—收集—处理"治理工作,采场内完成约 36 万方应急防洪池及加药处理系统建设,保证水质达标;二是金矿系统新建、改建、扩建约 1.2 万方,有效增加雨季防洪库容,提高防洪能力;三是在矿区各沟系建设应急加药系统建设,配备液碱装置,能够从源头到排放口进行加药处理,保证水质达标排放;四是对现有库坝按规范整治,消除安全隐患,江山崇大坝培厚加高,新屋下库区清淤增加有效库容 8 万方,大坝迎水面完成削坡减载及防渗处理,按规范设计进行溢洪通道建设;金子湖库区通过清淤增加有效库容 3 万方,大坝加高方案设计工作基本完成。

3. 完成在线监测设施及生态网箱建设,监控矿区外水质变化。紫金山金铜矿矿区投入 800 余万元,于 2010 年 9 月底新增 8 个在线监测点,实时在线监测数据联网上传至环保部门,并在汀江金山大桥、二庙沟、三清亭建立三个生态鱼类观察区,密切监控矿区各沟口水质情况。

4. 全力以赴保障环保应急工程建设,确保安全度汛。按照后续整改方案,将在余田坑、对联坑建设调节库及环保处理系统,铜矿湿法厂区域重新建设溶液池,建设 3 道垂直防渗墙及 227 垂直重力坝。环境安全隐患整治项目完成 70% 以上,其余项目正在组织整改,环保应急工程建设计划在 2011 年汛期前完成。

2011 年紫金山金铜矿将深入贯彻落实国家"十二五"安全环保规划,构建安全防范体系,强化企业安全生产主体责任,深入开展环境整治,重点抓好环保达标,加强企业班组安全建设,强化安全基层基础管理,"围绕四条主线,把好四条沟口",按照高起点规划、高标准建设、高质量管理的要求,力争在 2011 年年底前基本完成后续整改工作,达到"确保汀江生态环境安全,实现企业长治久安、可持续发展"的目标。

资料来源:http://epaper.stcn.com/paper/zqsb/html,2011-03.

【复习题】

1. 简述内部控制制度基本要素。
2. 简述内部控制的基本方式。
3. 内部控制制度设计的一般步骤有哪些?
4. 简述内部控制制度设计范围。
5. 货币资产内部控制设计要求有哪些?
6. 采购业务内部控制设计目标是什么?
7. 简述材料物资盘存业务内部控制的设计要点。
8. 试述销售与收款业务的控制要点。

【思考设计题】

1. 企业内部控制设计的主要依据是什么?它们的具体内容有哪些?对企业内部控制的设计有何影响?

2. 请指出下面 ABC 公司销售业务的内部控制制度中的优点和存在的问题。

ABC 公司销售业务的内部控制制度

销售部门的业务人员在了解客户的基本情况后,确定交易的初步意向,填写客户资料表。该表交由信用管制部门派驻的信用管制师对客户的经营能力、资信状况进行评价和审核,并出具授信建议。经销售部门经理核准与客户的交易方式及给予客户的信用额度后,签订销售合同。销售部门业务助理将客户资料输入电脑系统存档。

如是现销客户,当收到客户订货单及缴款时,将客户之缴款填写缴款单送交财会部门出纳员。出纳员在收款后,将缴款单的一联交财会部门负责收款的会计进行电脑系统缴款确认。如是放账客户,须将已获核准的授信责任书送交财会部门负责应收款的会计进行电脑系统的授信额度确认,同时,将客户的订货单的一联及相应的销售合同一份转交营业管理部门。

营业管理部门的人员将电脑系统中制作的销货通知单送交储运部门(营业管理部门、储运部门工作由一人领导)。储运部门依据销货通知单标明的品种、数量进行备货并生成一式四联的送货单送交财会部门。财会部门核对价格、收款金额无误后签字并在电脑系统确认生成销货清单,据此填制销货发票并予以记账。财会部门将销货发票及三联送货单送交储运部门。储运部门留存一联,其余两联送货单及销货发票连同货物送交客户。客户签收后将送货单留存一联,另一联送货单由储运部门返回财会部门作为销售收入或应收账款之依据。

3. 请点评下面 HG 股份有限公司现金支出业务内部控制制度的利弊。

HG 股份有限公司现金支出业务内部控制制度

该公司各支款业务部门由报销人员填制各种费用支出的原始单据,并签字或盖章,后送交各业务部门负责人。各业务部门主管根据计划或有关规定对送达的付款原始凭证进行审批之后签字或盖章,并转送财会部门。

公司未专设审核人员,由财会主管负责日常审核工作。财会主管根据财务制度的规定审核各业务部门送交的待报销原始凭证,并签章确认。公司设出纳人员一名,主要负责根据财会主管审核批准的付款原始凭证付款,并在付款原始凭证上加盖"现金付讫"戳;在付款后根据付款原始凭证填制内部转账通知单一式两联(一联留存财会部门,凭此登记记账凭证;另一联送交业务部门,通知已划款);根据付款原始凭证和内部转账通知单及时填制付款记账凭证并送交财会主管复核;根据经复核的付款记账凭证登记现金日记账并签章;在每日终了结出现金日记账余额,并将库存现金实存数额与现金日记账余额相互核对;对发现的长短款情况及时报告财会负责人。

公司专设负责现金支出业务的会计人员一名,负责汇总已复核的付款凭证,编制记账凭证汇总表,之后据以登记现金总账。

按公司财务制度规定,财会主管每月要对出纳人员所做的库存现金账实核对工作进行至少两次的定期抽查;每月终了财务主管应将现金日记账余额与总账余额进行相互核对,对发现的不一致或出纳人员上报的长短款情况及时进行妥善处理。

4. 以下是企业内部控制评价的二级指标体系之一,研究其基本要求,指出企业内部控制评价对其内部控制设计的影响。

与控制环境相关的控制分值设计表

描述与控制环境相关的控制	基本要求	设计分数	打分	备注
1. 企业文化现状评价	企业文化的地位与作用;企业价值观;员工行为规范;企业环境;企业形象;企业文化传播;人力资源评估;企业无形资产状况;文化氛围;企业社区文化;企业家庭与生活文化	30		企业文化指引
2. 对能力胜任的控制	清晰界定的岗位描述;胜任能力标准,如问题的分析和判断能力;处理问题的执行能力;人岗匹配评价、控制	10		企业文化和人力资源指引
3. 社会责任	安全生产、产品质量、环境保护、资源节约、促进就业、员工权益保护等	10		社会责任指引
4. 管理层理念和经营风格	管理类型如人本管理中的尊重员工,满足需求等;与企业是否适应;已形成经营风格的适用性	10		企业文化和组织架构指引
5. 管理结构	职责权限、任职条件、议事规则和工作程序;企业治理结构、内部机构设置和运行机制等符合现代企业制度要求;职责权限划分;治理层的参与度	20		组织架构指引
6. 发展战略	设立战略委员会;制定发展目标;全局性、长期性和可行性等维度;分解、落实,确保发展战略有效实施;战略实施后评估制度	10		发展战略指引
7. 人力资源	意识与原则;需求分析;招募管理;开发与培训;绩效评价;报酬研究;内部人员关系等	10		人力资源指引
总分		100		

第九章 会计工作组织设计

【本章导航】

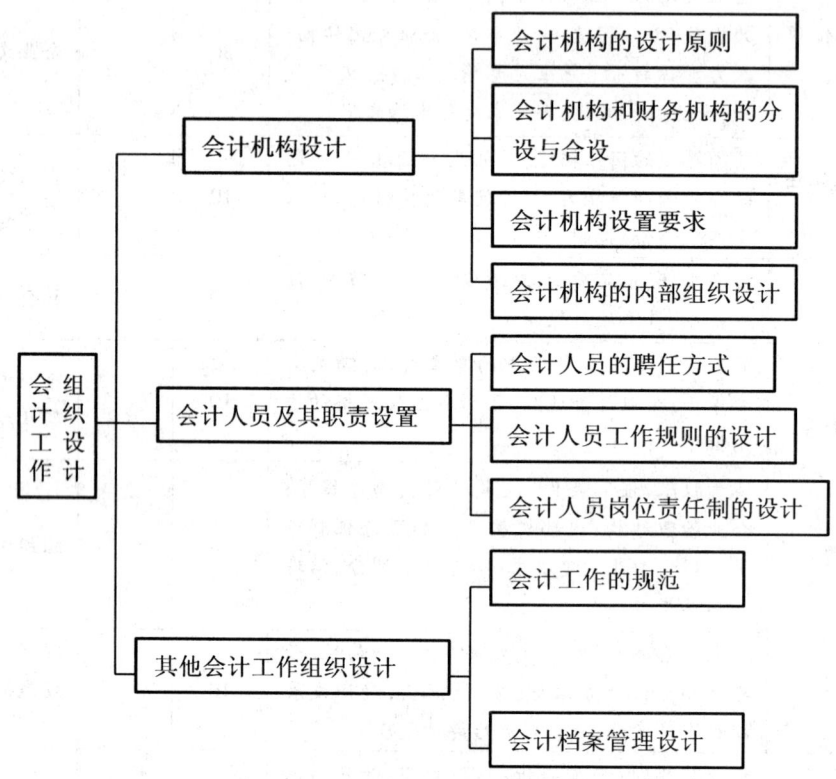

【知识目标】

1. 了解会计工作组织的设计内容。
2. 明确会计工作组织的设计原则。
3. 熟悉会计工作规范和会计档案保管设计内容。

【能力目标】

1. 能举例说明总会计师、财务总监和财务机构负责人的职责异同。
2. 能按目标企业的具体情况设计会计机构。
3. 能掌握目标企业配备会计人员的技能。

【导入案例】

请认真阅读以下资料并思考四个问题：
1. 企业是否一定要设置会计机构和配备会计人员？
2. 会计机构可以不单设吗？财会机构负责人与会计主管人员有何异同？
3. 如何理解代理记账？
4. 会计人员的多少与岗位职责有何关联？哪些岗位不得兼任？

企业会计机构及人员的设计策略

根据企业的管理要求和管理组织形式设置会计机构，配置有关会计人员，是企业进行会计工作的前提条件。设置会计机构，既要符合《会计法》的要求，又要与企业的管理要求和管理组织形式相适应。就中小企业来讲，原则上应简化会计机构设置和人员配备。由于中小企业规模、财力和人力都十分有限，应允许一些单位不设会计机构，其会计工作由社会中介机构代理。对于经济业务数量少且交易简单的单位，可不单独设置会计机构，而在有关部门设会计组织，并配备有关人员。设置单独会计机构的企业，其机构设置应小一些，宜多采用集中设置方式，即仅在企业一级设置会计机构，并允许一人多岗。具体如何设置会计机构，则根据各单位的规模大小、经营特征及管理组织形式等情况予以决定。

（1）微型企业（雇员1—5人）。这样的企业经营规模很小，业务量少，且不大可能有大额信用交易。会计的任务只是记录营业额、控制费用、计算盈亏及纳税所得。因此，可不设置会计机构和会计人员，直接委托经批准设立从事会计代理记账业务的中介机构代理记账。

（2）小型企业（雇员6—50人）。这样的企业经营业务数量少，交易简单而且交易类型有限，可能进行贷款融资，存在一定数量的信用交易。会计系统需要向贷款人提供财务报告，并要提供管理所需的简单信息，一般只需要简单的数据，不必对数据进行深层次分析。在企业组织结构方面,管理人员较少,从事会计工作的人员也不会太多,可不单独设置会计机构,但要在有关机构中设置会计人员(如有些企业将会计人员放在总务部门,有些则放在办公室等),并且要指定会计主管人员。可不设专职的财务管理人员,财务管理的职能由会计人员代管。会计核算只能采用集中核算方式,即由会计机构统一办理。

由于会计人员较少(一般2—4人为宜),为达到会计控制的目的,会计岗位可设置以下4个岗位:

① 会计主管兼稽核岗位。职责是在厂长(经理)领导下,组织、管理企业会计核算和会计管理工作,负责资金的筹集、使用和调度,进行账目的定期核对,协助有关人员进行财产清查。

② 总账报表岗位。负责成本核算,登记总分类账,编制会计报表,保管和管理会计档案。

③ 出纳岗位。负责货币资金的收支、保管,登记现金和银行存款日记账,按规定保管和使用签发支票所用印章。

④ 明细账会计岗位。负责明细账的登记工作,申报、缴纳税金,进行工资核算等。

若小型企业的规模、业务量接近微型企业,可采用微型企业的做法,或将4个岗位进行调整合并,即会计主管与总账报表岗位合二为一,明细账会计与稽核岗位合二为一。

在会计工作岗位设置中,要注意不相容职责的分离,凡涉及企业款项和财物收付、结算及登记的任何一项工作,必须由两人或两人以上分工处理,如出纳人员不得兼任稽核、会计档案保管和收入、支出、费用、债权债务账目的登记工作,即遵循钱、账、物分管制度。

(3)中型企业(雇员51—250人)。这类企业可能有大量的信用交易,还可能有进出口业务,业务量比前两类企业增多,会计信息使用者的要求也会提高,如要求会计系统提供稍微复杂的管理信息。在此情况下,原则上应设置独立的会计机构,配备一定数量的会计人员。会计机构可设置为科、室或部。同时,中小企业应配备必要的财务管理人员。对经济业务简单的中型企业,会计和财务机构以合并为宜。其他的中型企业,一般应将会计核算和财务管理分开,即分别平行设置独立的管理机构。但就当前组织机构的特点来看,也可根据实际情况实行财会合一。然而随着企业规模的逐渐扩大,财会分离将成为必然。

会计核算一般应采用集中核算形式,对于经济业务较多的中型企业可根据业务需要,视企业的具体情况采用非集中核算形式。但无论采用哪种形式,企业对外的现金往来、物资购销、债权债务的结算都应由企业会计机构集中办理。会计机构一般应设置如下会计工作岗位:会计机构负责人、总账报表岗位、出纳岗位、往来结算岗位、工资核算岗位、固定资产核算岗位、材料核算岗位、成本核算岗位、销售和利润核算岗位、资金岗位、稽核岗位、会计档案保管岗位。在上述岗位中,一般来说,总账报表、固定资产、成本核算、资金、销售和利润等岗位应当集中设置在会计部门,材料核算、工资核算、往来结算等岗位可根据企业核算体制的具体情况或者集中设置在会计部门,或者分别设置在其他有关部门,如材料核算岗位可设在供应部门,工资核算岗位可设在劳动工资部门,结算岗位中的购料结算岗位可设在供应部门,而销售结算岗位可设在销售部门。至于出纳岗位,则应当统一设在会计部门。会计工作岗位可一人多岗,具体设置几名会计人员,视单位情况而定,一般以 4—5 人为宜,但要遵循钱、账、物分管制度。此外,在上述岗位设定以后,会计人员的工作岗位应当有计划地进行轮换。

资料来源:http://wenwen.soso.com/z/q172720507.htm.

所谓会计工作组织,是指如何安排、协调和管理好企业的会计工作。会计机构和会计人员是会计工作系统运行的必要条件,而会计法规是保证会计工作系统正常运行的必要的约束机制。会计工作组织的内容主要包括:会计机构的设置;会计人员的配备;会计人员的职责权限;会计工作的规范;会计法规制度的制定及会计档案的保管等。

会计工作组织是指会计机构的设置、会计人员的配备、会计法规的制定与执行和会计档案的保管。科学地组织会计工作对于完成会计职能,实现会计的目标,发挥会计在经济管理中的作用,具有十分重要的意义,其具体表现为:有利于提高会计工作的质量和效率;有利于协调与其他经济管理工作的关系;有利于加强经济责任制。

会计工作组织的原则如下:首先,必须按照国家对会计工作的统一要求来组织会计工作。会计工作组织受到各种法规、制度的制约,比如《会计法》、《总会计师条例》、《会计基础工作规范》(以下简称《规范》)、《会计专业职务试行条例》、《会计档案管理办法》、《会计电算化管理办法》等。其次,根据各企业生产经营管理特点来组织会计工作。各企业应根据自身的特点,确定本企业的会计制度,对会计机构的设置和会计人员的配备作出切合实际的安排。最后,还要在保证会计工作质量的前提下,讲求工作效率,节约工作时间和费用。

第一节　会计机构的设计

会计机构,指的是"单位内部所设置的会计机构、专门办理会计事项的机构"。会计机构和会计人员是会计工作的主要承担者。《会计法》第三十六条明确规定:"各单位应当根据会计业务的需要,设置会计机构,或者在有关机构中设置会计人员并指定会计主管人员;不具备条件设置的,应当委托经批准设立从事会计代理记账业务的中介机构代理记账。"

一、会计机构的设计原则

在设计会计制度时,应对会计机构的设计加以研究。会计机构的设计是会计制度在组织上的落实,它涉及会计部门和会计人员的内部分工。各企业的经营管理情况千差万别,会计机构的设计也不可能千篇一律。下面仅就会计机构的设计提出一些共同性的原则。

(一)要与单位业务类型和规模相适应

要根据各单位的业务类型和规模设计会计机构。各单位的业务类型和经营规模不同,其经济业务内容和数量也不同,组织会计工作的方法和会计机构内部的分工也就不同。若经营过程复杂、业务量大,会计机构就要相应地大一些,内部分工也要细一些;若经营过程简单、业务量小,则机构可以小一些,内部分工也可以粗一些。

(二) 要有利于提高工作效率

机构设计必须有利于提高工作效率。会计机构是为搞好会计工作和管理工作服务的,因此一定要根据工作的实际需要和精简原则,合理设计,防止机构重叠、人浮于事,避免人力、物力的浪费和滋长官僚主义。

(三) 内部分工应明确具体

会计机构内部分工要明确具体。每个部门和工作人员应有明确的职权、责任和具体的工作内容,做到部门直接职责清、任务明,有利于实行岗位责任制。同时,在内部分工中,要贯彻内部控制制度,做到在工作中相互制约、相互监督,以防止工作中的失误和弊端。

二、会计机构和财务机构的分设与合设

会计与财务的关系,从理论上说,两者是各自独立的。在实际工作中,有的既设会计机构,也设财务机构;有的将两者合并,设一个机构。目前我国的多数单位都采用后者。机构的分设与合设,一般不影响两者的关系。因为在一个机构中,也可以对它们作出明确的分工。但在设计会计制度的过程中,必须明确它们的关系,按照各自不同的职能设计出制度,才有利于做好各自的工作。

会计是经济管理的组成部分。为了发挥会计对经济活动的管理作用,应以货币为计量的基本形式,对由经济活动引起的资金运动进行事前、事中和事后的核算与监督。此外,还应参与预测、决策,参与制订经济计划、业务计划,考核、分析预算或财务计划的执行情况等。因此,会计绝不仅仅是记账、算账和报账,它还要进行其他许多管理工作。会计对各项经济活动的监督,其中就包括了对财务活动的监督。如财务对各项资金的收支与安排。是否符合国家规定,是否有利于提高经济效益等,会计都有责任进行监督。

财务管理的职责是筹集与使用资金,为此,就应参与预测、决策,负责编制财务计划(或预算)并组织计划的实施;对企业实现的利润进行分配,并办理日常的货币收支业务等。由此可见,会计与财务的管理内容是有区别的,彼此不能替代,而且会计与财务彼此之间是相互制约、相互促进的。取消了这种制约、促进作用,不利于做好各自的工作。因而在大中型企事业单位中,应将会计机构和财务机构分设。即使是合并在一个机构中,也应在其内部组织或分工上加以区分。在小型企业中,由于会计与财务的工作都比较少,在设计机构时,应将会计机构和财务机构合设在一起。在这种情况下,设计机构时,也应将会计与财务作为两项不同的职能来考虑,分别设计出会计与财务管理的制度内容。

三、会计机构设置要求

(一) 设置会计机构应以会计业务需要为基本前提

《会计法》第二十一条和《规范》第六条都规定,是否单独设置会计机构由各单位根

据自身会计业务的需要自主决定。一般而言,一个单位是否单独设置会计机构,往往取决于下列各因素:

(1) 单位规模的大小。一个单位的规模,往往决定了这个单位内部职能部门的设置,也决定了会计机构的设置与否。一般来说,大中型企业和具有一定规模的事业行政单位,以及财务收支数额较大、会计业务较多的社会团体和其他经济组织,都应单独设置会计机构,如会计(或财务)处、部、科、股、组等,以便及时组织本单位各项经济活动和财务收支的核算,实行有效的会计监督。

(2) 经济业务和财务收支的繁简。经济业务多、财务收支量大的单位,有必要单独设置会计机构,以保证会计工作的效率和会计信息的质量。

(3) 经营管理的要求。有效的经营管理是以信息的及时准确和全面系统为前提的。一个单位在经营管理上的要求越高,对会计信息的需求也相应增加,对会计信息系统的要求也越高,从而决定了该单位单独设置会计机构的必要。

(二) 不设置会计机构的应当配备会计人员

《规范》第六条规定:"不具备单独设置会计机构条件的,应当在有关机构中配备专职会计人员。"这是《规范》对设置会计机构问题提出的又一原则性要求。对于不具备单独设置会计机构的单位,如财务收支数额不大、会计业务比较简单的企业、机关、团体、事业单位和个体工商户等,为了适合这些单位的内部客观需要和组织结构特点,《规范》允许其在有关机构中配备专职会计人员,这类机构一般应是单位内部与财务会计工作相关的机构(如计划、统计或经营管理部门),或者是有利于发挥会计职能作用的内部综合部门(如办公室)等。只配备专职会计人员的单位也必须具有健全的财务会计制度和严格的财务手续,其专职会计人员的专业职能不能被其他职能所替代。

(三) 实行代理记账是途径之一

《规范》第八条规定:"没有设置会计机构和配备会计人员的单位,应当根据《代理记账管理暂行办法》委托会计师事务所或者持有代理记账许可证书的其他代理记账机构进行代理记账。"此项规定的目的,是适应不具备设置会计机构、配备会计人员的小型经济组织解决记账、算账、报账问题的要求。

代理记账,是指由社会中介机构即会计咨询、服务机构代替独立核算单位办理记账、算账、报账业务。这是随着我国经济发展出现的一种新的社会性会计服务活动。近年来,在我国经济飞速发展的同时,各单位的组织形式、经营规模都发生了很大变化,一些规模较小的企事业单位、个体工商户和其他经济组织大量出现,这就产生了现有会计人员的数量难以适应不断增长的各类经济组织进行会计核算要求的问题。一方面,一些经济组织很难找到业务素质相当的会计人员;另一方面,有些经营规模较小的经济组织配备一名会计和一名出纳,在费用上也较难承受。在这种情况下,代理记账业务应运而生。

为了肯定代理记账业务,第八届全国人大常委会第五次会议在修订《会计法》中,明确规定对不具备设置会计机构条件的单位,可以委托经批准设立的会计咨询、服务机构进行代理记账,从而确立了代理记账业务的法律地位。为了具体规范代理记账业务,财政部于1994年6月23日发布了《代理记账管理暂行办法》,对从事代理记账业务的条件、代理记账业务的范围、代理记账的基本程序、委托双方的责任和义务、代理记账人员的从业规则等作了具体规定。

四、会计机构的内部组织设计

实行总会计师或财务总监的大、中型企业一般有较多的财务、会计人员,他们在总会计师或财务总监的监督和财会科长的领导下实行分工协作,形成一个以总会计师或财务总监为首、以财会科长为主管、包括许多小组的财务会计组织体系。

设计会计部门的内部分工时,应考虑企业管理对会计信息要求的详细程度和各类经济业务工作量的大小。较大企业的会计科可以设计七个小组:采购和应付款组、销售和应收款组、工资核算组、仓库核算组、固定资产核算组、成本计算组和总账报表组。各组的职责设计分述如下:

(1) 采购和应付款组。这个组主要负责监督和记录采购业务,查核全部的采购原始凭证是否已经过采购部门和主管会计人员的批准。核算采购成本,登记应付账款明细账。经审核的发票在本组填付款单,由财务负责人签署后支付。采购分类账和应付账款明细账应分别由两个人掌管。

(2) 销售和应收款组。这个组主要负责反映和监督销售业务;审核销售部门开出的发票,并按编号顺序登记,同时负责处理外单位由于销货而发生的欠款,包括应收账款和发出商品的记录。为使财务部门随时掌握外单位欠款和还款情况,这部分明细账要求每日过账,至少每星期为财务部门提供一次。为使销售部门掌握商品的销售情况,销售组还应及时提供按品种或地区、部门的销售分析报告。销售账和应收款分类账应由两人分别掌管。

(3) 工资核算组。这个组主要负责监督工资基金,控制工资奖金支出的总额,审查和核算职工工资额,编制工资单。此外,根据成本计算的要求,还负责将工资总额按其类别进行分类,编制出工资分配表。

(4) 仓库核算组。这个组主要负责审核仓库的收发、领退材料,审查物资的凭证和账是否相符。既包括原材料、辅料、燃料、低值易耗品的收发、储存记录,又包括产成品的记录。

(5) 固定资产核算组。这个组主要负责登记企业厂房设备等财产的分类账和折旧账。此外,凡属与企业添置和减少固定资产有关的业务,如新建购置、大修理、更新重置和调出、报废等,都由该组核算。

(6) 成本计算组。这个组主要负责计算、登记和分析基本生产、辅助生产、制造费用和管理费用等明细分类账簿。该组每月要编制生产成本报表,反映各种产品的单位成本和总成本,并进行成本分析。

(7) 总账报表组。总账负责人应是会计主管的第一助手,负责汇总记账凭证、登记总账,以及报表的编制。该组还负责企业月终的结账、利润结账等工作。

上述各组应至少由一人独立负责。如某组工作量过大,还可以配备若干名会计人员。这种分组的设计,使各组在取得和处理各类信息的过程中,工作上具有相对的独立性,便于划分职责和实行内部控制管理。

在实际工作中,出纳员一般也在会计部门办公,也作为会计部门的成员,但其工作性质属于财务性质,主要负责库存现金、银行存款收付和核对结存工作,并编制出纳报告单。

第二节 会计人员及其职责设置

一、会计人员的聘任方式

各单位会计人员的聘任,通常有以下三种方式:一是由国家的会计管理机构或上级主管单位直接任命;二是由各单位自行聘任;三是由各单位征得上级主管部门的同意后聘任。采用第一种方式,会计人员直接对国家或上级负责,对于执行国家或上级的各项规定,行使会计的监督职能有利;但不便于所在单位的统一领导,在发挥一个单位的职能作用方面,将受到一定的影响。采用第二种方式,其利弊正好与第一种方式相反。采用第三种方式,则兼有上述两种方式的优点,但在企业的局部利益与国家的整体利益发生矛盾时,往往将矛盾集中在会计人员身上,需要会计人员坚持原则,妥善处理。

按照《会计法》的规定,我国国营企业、事业单位、国家机关及社会团体等单位的会计人员,应按照国家制定的干部管理权限的规定任命的有:

1. 总会计师

总会计师是指具有较高的会计专业技术职务,协助单位行政领导人组织领导本单位的经济核算和财务会计工作的专门人员,是单位行政群体的成员之一。

(1)任职条件:总会计师是单位领导成员,是行政副手,不同于单位内部财会机构负责人,更不同于一般的会计人员,必须具备一定的任职条件。这是确保总会计师制度的实施,发挥总会计师在经济管理中职能作用的重要环节。新修订的《会计法》规定,"总会计师的任职资格、任免程序、职责权限由国务院规定"。其实,早在国务院颁发的《总会计师条例》中已作了规定。

按照《总会计师条例》的规定,总会计师的任职条件具体包括以下几个方面:一是坚持社会主义方向,积极为社会主义市场经济建设和改革开放服务。总会计师,不仅是财务会计方面的专家,更是单位的行政领导人,必须具备一定的政治素质。二是坚持原则、廉洁奉公。总会计师是单位经济技术干部,是专业人才,主要领导单位的财务会计工作和经济工作,掌管着单位的经济命脉和财经大权,并负有严格维护国家财经纪律的责任。因此,总会计师必须做到坚持原则、廉洁奉公。三是取得会计师专业技术资格后,主管一个单位或者单位内部一个重要方面的财务会计工作的时间不少于三年。作为总会计师,不仅要具有较高的、扎实的财务会计理论知识,还应该具有独立、全面地组织领导本单位的财务会计工作、协调处理各方面关系的能力和经验。因为总会计师不仅仅是专业人才,更重要的是单位高层次管理和决策人员,在管理能力、经验等方面应有更高的要求。四是要有较高的理论政策水平,熟悉国家财经纪律、法规、方针和政策,掌握现代化管理的有关知识。五是具备本行业的基本业务知识,熟悉行业情况,有较强的组织领导能力。六是身体健康、胜任本职工作。总会计师责任重大、工作繁忙,必须要有健康的体魄。

(2) 职责:①编制和执行预算、财务收支计划、信贷计划,拟定资金筹措和使用方案,开辟财源,有效地使用资金。②进行成本费用预测、计划、控制、预算、分析和考核,督促本单位有关部门降低消耗、节约费用,提高经济效益。③建立、健全经济核算制度,利用财务会计资料进行经济活动分析。④承办单位主要行政领导人交办的其他工作。⑤负责对本单位财会机构的设置和会计人员的配备、会计专业职务的设置和聘任提出方案;组织会计人员的业务培训和考核;支持会计人员依法行使职权。⑥协助单位主要行政领导人对企业的生产经营、行政事业单位的业务发展以及基本建设投资等问题作出决策。⑦参与新产品、技术改造、科技研究、商品(劳务)价格和工资奖金等方案的制定;参与重大经济协议的研究、审查。

(3) 权限:①总会计师对违反国家财经纪律、法规、方针、政策、制度和有可能在经济上造成损失、浪费的行为,有权制止或者纠正。制止或者纠正无效时,提请单位主要行政领导人处理。单位主要行政领导人不同意总会计师对前款行为的处理意见的,总会计师应当依照《会计法》第十九条的规定执行。②总会计师有权组织本单位各职能部门、直属基层组织的经济核算、财务会计和成本管理方面的工作。③总会计师主管审批财务收支工作。除一般的收支工作可以由总会计师授权的财务机构负责人或者其他指定人员审批外,重大的财务收支,须经总会计师审批或者由总会计师报单位主要行政领导人批准。④预算、财务收支计划、成本和费用计划、信贷计划、财务专题报告、会计决算报表,须经总会计师签署。涉及财务收支的重大业务计划、经济合同、经济协议等,在本单位内部须经总会计师会签。⑤会计人员的聘用、晋升、调动、奖惩,应当事先征求总会计师的意见。财会机构负责人或者会计主管人员的人选,应当由总会计师进行业务考核,依照有关规定审批。

2. 财务总监

财务总监是企业高管之一。财务总监应当具有财务组织建设能力、企业内控建设能力、筹措资金能力、投资分析决策和管理能力、税务筹划能力、财务预算能力、成本费用控制能力、分析能力、财务外事能力、财务预警能力和社会资源能力。

(1) 任职条件:①财务、会计、金融、投资等专业本科及以上学历,拥有中级以上会计师职称,具有注册会计师资格证书者优先考虑。②熟知《合同法》、《经济法》等法规政策,熟练操作用友或金蝶等财务软件。③具备良好的财务管理意识,熟知先进的财务管理方式。④具有三年以上高科技生产型企业(电子、自动化、通信、计算机、软件)财务管理工作经验,三年以上财务部门经理工作经验。⑤有较强的财务分析预测、投融资及风险防范能力,对企业资本运营有很深刻的理解,具备出色的管理能力与良好的沟通技巧。⑥具备出色的财务管理经验及敏锐的洞察力和数据感觉,熟悉财务计划、成本分析、预算、成本核算等高级财务管理流程。⑦具有现代企业财务成本控制及提高资金周转率的实践工作经验和技巧。⑧具有良好的团队合作精神,有很强的管理经验。⑨具有良好的职业道德风尚、严谨的工作作风以及高度的事业心和责任感。

(2) 职责:①制定公司的财务目标、政策及操作程序,并根据授权向总经理、董事会报告。②建立健全公司财务系统的组织结构,设置岗位,明确职责,保障财务会计信息质量,降低经营管理成本,保证信息通畅,提高工作效率。③对公司的经营目标进行财务描述,为经营管理决策提供依据,并定期审核和计量公司的经营风险,采用有效的措施予以防范。④建立健全公司内部财务管理、审计制度并组织实施,主持公司财务战略的制定、财务管理及内部控制工作。⑤协调公司同银行、工商、税务、统计、审计等政府部门的关系,维护公司利益。⑥审核财务报表,提交财务分析和管理工作报告;参与投资项目的分析、论证和决策;跟踪分析各种财务指标,揭示潜在的经营问题并为管理当局决策提供参考。⑦确保公司财务体系的高效运转;组织并具体推动公司年度经营/预算计划程序,包括对资本的需求规划及正常运作。⑧根据公司实际经营状况,制订有效的融资策略及计划,利用各种财务手段,确保公司最优资本结构。⑨完成董事会、总经理交办的其他临时工作。

3. 会计机构负责人或会计主管人员

(1) 职能:①强化会计核算,降低企业运行成本。②加强会计监督,提高企业效益。③做好会计分析,为决策提供参考。④参与经济预测和决策,当好参谋助手。⑤合理处置企业会计工作,提高会计办事效率。

(2) 任职资格和基本条件:①具有会计从业资格证书。显然,作为会计机构负责人,首要的条件就是必须达到一般会计从业人员的从业要求,取得会计从业资格证书。这是最起码的要求,也是最低要求。否则,就不可能胜任本职工作,会计工作的质量也难以得到保证。②专业技术资格。即要求具备会计师以上专业技术职务资格或者从事会计工作三年以上经历。

(3) 任职的其他条件。依据《规范》的规定,会计机构负责人(会计主管人员)除应具有一定会计专业技术资格外,还应具备以下基本条件:①政治素质。即应能做到坚持原则,廉洁奉公。②工作经历。即主管一个单位或者单位内一个重要方面的财务会计工作的时间不少于三年。③政策业务水平。即应熟悉国家的财经法律、法规、规章制度和方针、政策,掌握本行业业务管理的有关知识。④组织能力。即应具有较强的组织能力,包括协调能力、综合分析能力等。⑤身体条件。即要求身体状况能够适应本职工作的要求。会计工作劳动强度大、技术难度高,作为会计机构负责人或者会计主管人员必须有较好的身体状况,以适应本职工作。

(4) 职责:①遵守国家法规,制定企业财务会计制度。②组织筹集资金,节约使用资金。③认真研究税法,督促企业足额上缴税款。④组织分析活动,参与经营决策。⑤参与审查合同,维护企业利益。⑥提出财务报告,汇报财务工作。⑦组织会计人员学习,考核调配会计人员。

为了保证会计人员行使国家赋予的监督职权,认真执行国家的各项规定,不受到其他人员的打击报复,各单位会计主管人员的任免,应经过上级主管部门的同意;如果会计主管人员玩忽职守,丧失原则,不宜担任会计工作,上级主管部门应责成所在单位予以撤换。对于一般会计人员的调动,应征得所在单位会计机构负责人或会计主管人员的同意。各单位的会计业务量有多有少,所需不同业务水平的会计人员人数也有不同,因此,在设计会计制度的过程中,对于会计人员的配备,应本着机构合理、人数适当的原则,根据需要提出建议。人员配备不当,不是造成人才浪费,就是不能满足工作的需要。会计人员的配备,可以运用核定各个工作岗位的工作定额的设计方法来确定。

二、会计人员工作规则的设计

设计会计人员工作规则是搞好企业会计工作的一项措施。尽管各单位的情况千差万别,但设计的会计人员工作规则一般都应包含以下内容:

(1) 各企业要根据工作需要,配备相适应的会计人员,建立会计人员岗位责任制,明确每个会计人员的工作岗位和职责范围。

(2) 各企业要加强对会计工作的领导,加强对会计人员的培训,提高会计人员的素质,保持会计人员的相对稳定。会计人员因故离职要办好交接手续,不得中断会计工作。要对会计人员进行绩效考核,充分调动会计人员的积极性。

(3) 会计人员必须树立全局观点,遵纪守法,忠于职守,廉洁奉公,实事求是。

(4) 会计人员必须贯彻执行国家的经济方针、政策、法律、制度,维护国家利益,对经济活动进行严格的核算与监督,提供会计资料,促进增产节约,提高经济效益。

(5) 会计人员必须努力钻研业务,不断丰富会计理论知识,提高业务工作能力,正确处理会计账务,熟悉运用计算技术和分析方法,做好本职工作。

(6) 各企业的内部审计机构与会计机构的关系应以贯彻《会计法》为共同目标,行使各自的职能。

三、会计人员岗位责任制的设计

会计人员岗位责任制是指在会计机构内部按照会计工作的内容和会计人员的配备情况,将会计机构的工作划分为若干个岗位,并按岗位规定职责进行考核的责任制度。

1. 会计人员岗位责任制的基本目标

(1) 按照国家财政制度的规定,认真编制并严格执行预算。

(2) 按照会计制度的规定,对本单位各项业务收支进行记账、算账、报账工作,做到手续完备,内容真实,数字准确,账目清楚,日清月结,按期提交会计报表。

(3) 对本单位各项业务收支实行会计监督,监督、检查本单位有关部门的财务收支、资金使用和财产保管,收发计量、检验等工作。

(4) 严格执行国家各项财经制度,遵守费用开支标准,对违反财经纪律和财会制度的行为,有权拒绝付款、报销和执行,并向本单位领导人或上级机关报告。

(5) 定期检查和分析财务计划、预算的执行情况,挖掘增收节支的潜力,考核资金使用效果,及时向领导提出建议。

(6) 按照国家会计制度的规定,妥善保管会计凭证、账簿、报表等档案资料。

2. 会计人员岗位责任制的控制点

(1) 不相容职务的分离。材料等物资的请购、采购、验收和结算工作必须由不同的人员担任,不得由一人包办;实行钱、账、物分管;出纳不得兼任稽核、会计档案保管和收入、支出、债权债务账目的登记工作;会计核算岗位人员不得兼任出纳的现金收付、有价证券的保管等专项工作。

(2) 系统管理。系统管理员负责系统运行环境的设置,分配每个网络用户的工作,负责系统的安全与保密,不得兼任其他账务处理工作。

(3) 印鉴管理。严禁一人保管支付款项所需的全部印章。财务专用章由专人保管;印鉴由财务负责人保管,财务负责人临时出差时,由其委托人代管;银行印鉴私章必须由持有人自行保管。

(4) 工资核算。建立单位劳资部门、工资输入人员、工资核算人员、财务负责人等多环节的监督体制。

(5) 票据管理。票据由出纳人员妥善保管,实行重要空白票据的领购、使用登记制度,严密手续,防患于未然。

(6) 收据管理。收据管理建立"票章分管"、"领用登记"、"年内定期检查回收"和"前账不收,新本不领"制度。收据管理人员不得直接对外开具收据。

(7) 稽核检查。建立稽核制度。稽核制度是指由单位会计机构负责人或会计主管人员指定专人(专职或兼职),对本单位的会计凭证、会计账簿、会计报表及其他会计资料进行审核的制度,包括事前审核和事后复核。稽核人员应该由具备政治思想好、业务水平高、敢于坚持原则和事业心强等条件的会计人员担任,不能随意指派。在制定科室负责人的岗位职责时,应充分赋予科室负责人对本科室职责范围内工作的稽核职能。

(8) 会计档案管理。会计档案管理,要求做到制度化、条理化、科学化。按照"妥善保管、存放有序、查找方便"的原则,做好会计档案的收集、整理、归档工作。明确会计档案的交接手续,严格会计档案调阅登记制度和借还手续。

3. 会计人员岗位责任制的设计要求

会计人员岗位责任制应按照"事事有人管、人人有专责、办事有标准、工作有检查"的原则来设计。其设计要求是:设计的责任制要将工作任务和工作方法、职责和权限、专门核算和群众核算有机地结合起来,保证会计任务的完成。岗位责任制应以会计的职能为设计依据。现以正常规模的制造企业为例,说明各岗位责任制的职责。

(1) 会计部门主管岗位。其职责一般包括:①领导本单位的会计工作;②组织制定本单位的各项会计制度,并监督贯彻执行;③参加生活经营管理会议,参与经营决策;④审查或参与拟定经济合同、协议及其他经济文件;⑤负责向本单位领导和职工代表大会报告财务状况和经营成果,审查对外提供的会计资料;⑥组织会计人员学习政治理论和业务技术,负责会计人员的考核,参与研究会计人员的聘任和调整工作。

(2) 固定资产核算岗位。其职责一般包括:①会同有关部门拟定固定资产的核算与管理办法;②参与编制固定资产更新改造和大修理计划;③负责固定资产的明细核算和有关报表的编制;④计算提取固定资产折旧和大修理资金;⑤参与固定资产的清查盘点。

（3）材料物资核算岗位。其职责一般包括：①会同有关部门拟定材料物资的核算与管理办法；②审查汇编材料物资的采购资金计划；③负责材料物资的明细核算；④会同有关部门编制材料物资计划成本目录；⑤配合有关部门制定材料物资消耗定额；⑥参与材料物资的清查盘点。

（4）库存商品核算岗位。其职责一般包括：①负责库存商品的明细分类核算；②会同有关部门编制库存商品计划成本目录；③配合有关部门制定库存商品的最低、最高限额；④参与库存商品的清查盘点。

（5）工资核算岗位。其职责一般包括：①监督工资基金的使用；②审核发放工资、奖金；③负责工资的明细核算；④负责工资分配的核算；⑤计提应付福利费和工会经费等费用。

（6）成本核算岗位。其职责一般包括：①拟定成本核算办法；②制订成本费用计划；③负责成本管理基础工作；④核算产品成本和期间费用；⑤编制成本费用报表并进行分析；⑥协助管理在产品和自制半成品。

（7）收入、利润核算岗位。其职责一般包括：①负责编制收入、利润计划；②办理销售款项结算业务；③负责收入和利润的明细核算；④负责利润分配的明细核算；⑤编制收入和利润报表；⑥协助有关部门对产成品进行清查盘点。

（8）资金核算岗位。其职责一般包括：①拟定资金管理和核算办法；②编制资金收支计划；③负责资金调度；④负责资金筹集的明细分类核算；⑤负责企业各项投资的明细分类核算。

（9）往来结算岗位。其职责一般包括：①建立往来款项结算手续制度；②办理往来款项的结算业务；③负责往来款项结算的明细核算。

（10）总账报表岗位。其职责一般包括：①负责登记总账；②负责编制资产负债表、利润表、现金流量表等有关财务会计报表；③负责管理会计凭证和财务会计报表。

（11）稽核岗位。其职责一般包括：①审查财务成本计划；②审查各项财务收支；③复核会计凭证和财务会计报表。

其他行业的会计人员岗位责任制，可以参考上述方法进行设计，在此不再赘述。

第三节　其他会计工作组织设计

除上述会计工作组织设计和会计法规制度的制定（基本上由上级主管部门制定）外，对于会计工作的规范和会计档案的保管等会计工作，企业也有一定的自主性。

一、会计工作的规范

按照 1996 年 6 月 17 日财政部［财会字 19 号］发布的《会计基础工作规范》，至少还有以下会计工作规范应当关注：

1. 会计人员回避制度

《规范》规定,"国家机关、国有企业、事业单位任用会计人员应当实行回避制度。单位领导人的直系亲属不得担任本单位的会计机构负责人、会计主管人员。会计机构负责人、会计主管人员的直系亲属不得在本单位会计机构中担任出纳工作。"至于其他单位是否实行会计人员回避制度,《规范》没有明确规定。

2. 会计人员职业道德

会计人员职业道德,是会计人员从事会计工作应当遵循的道德标准。建立会计人员职业道德规范,是对会计人员强化道德约束,防止和杜绝会计人员在工作中出现不道德行为的有效措施。主要包括:

(1)爱岗敬业。即会计人员应当热爱本职工作,努力钻研业务,使自己的知识和技能适应所从事工作的要求。爱岗敬业是做好一切工作的出发点。

(2)熟悉法规。会计工作不只是单纯的记账、算账、报账工作,会计工作时时、事事、处处涉及执法守规方面的问题。会计人员应当熟悉财经法律、法规和国家统一的会计制度,做到自己在处理各项经济业务时知法依法、知章循章,依法把关守口,同时还要进行法规的宣传,提高法制观念。

(3)依法办事。一方面,会计人员应当按照会计法律、法规和国家统一会计制度规定的程序和要求进行会计工作,保证所提供的会计信息合法、真实、准确、及时、完整;另一方面,会计人员必须树立自己的职业形象和人格的尊严,敢于抵制歪风邪气,同一切违法乱纪的行为作斗争。

(4)客观公正。会计信息的正确与否,不仅关系到微观决策,而且关系到宏观决策。做好会计工作,不仅要有过硬的技术本领,同样需要实事求是的精神和客观公正的态度。否则,就会把知识和技能用错了地方,甚至参与弄虚作假或者串通作弊。

(5)搞好服务。会计工作是经济管理工作的一部分,把这部分工作做好对所在单位的经营管理至关重要。会计人员应当积极运用所掌握的会计信息和会计方法,为改善单位的内部管理、提高经济效益服务。

(6)保守秘密。会计工作性质决定了会计人员有机会了解本单位的财务状况和生产经营情况,有可能了解或者掌握重要商业机密。作为会计人员,应当确立泄密失德的观点,对于自己知悉的内部机密,不管在何时何地都要严守,不得为一己私利而泄露机密。

3. 会计工作交接

办理好会计工作交接,有利于保持会计工作的连续性,有利于明确责任。《规范》在《会计法》基础上对会计工作交接的具体要求进一步作出了规定,主要内容有:

(1)基本要求。会计人员工作调动或者因故离职必须将本人所经管的会计工作全部移交给接替人员,没有办清交接手续不得调动或者离职。

(2)办理移交手续前的准备工作。及时办理完毕未了的会计事项,包括:对已经受理的经济业务尚未填制会计凭证的,应当填制完毕;尚未登记的账目,应当登记完毕,并在最后一笔余额后加盖经办人员印章;整理应该移交的各项资料,对未了事项写出书面证明等。同时,编制移交清册,列明应当移交的会计凭证、会计账簿、会计报表、现金、有价证券、印章以及其他会计用品等。会计机构负责人、会计主管人员移交时,还应将全部财务会计工作、重大财务收支问题和会计人员的情况等,向接替人员介绍清楚;需要移交的遗留问题,应当写出书面材料。

(3) 按照移交清册逐项移交。交接双方要按照移交清册列明的内容,逐项进行交接。其中,现金要根据会计账簿记录余额进行点交,不得短缺;有价证券的数量要与会计账簿记录一致,由于一些有价证券如债券、国库券等面额与发行价格可能会不一致,因此,在对这些有价证券的实际发行价格、利(股)息等按照会计账簿余额进行交接的同时,应当对上述有价证券的数量(如张数等)也按照有关会计账簿记录点交清楚;所有会计资料必须完整无缺,如有短缺,必须查明原因,并在移交清册中注明,由移交人员负责;银行存款账户余额要与银行对账单核对,各种财产物资和债权债务的明细账户余额要与总账有关账户余额核对,核对清楚后,才能交接;移交人员经管的票据、印章及其他会计用品等,也必须交接清楚,特别是实行会计电算化的单位,对有关电子数据应当在电子计算机上进行实际操作,以检查电子数据的运行和有关数字的情况。交接工作结束后,交接双方和监交人要在移交清册上签名或者盖章,以明确责任;同时,移交清册由交接双方以及单位各执一份,以供备查。

(4) 专人负责监交。在办理会计工作交接手续时,要有专人负责监交,以保证交接工作的顺利进行。一般会计人员办理交接手续时,由单位的会计机构负责人、会计主管人员负责监交;会计机构负责人、会计主管人员办理交接手续时,由单位领导人负责监交,必要时可由上级主管部门派人会同监交。

(5) 临时工作交接。对于会计人员临时离职或者因病暂时不能工作,需要有人接替或者代理工作的,也应当按照《规范》的规定办理交接手续;同样,临时离职或者因病暂时离岗的会计人员恢复工作时,也要与临时接替或者代理人员办理交接手续,目的是保持会计工作的连续和分清责任。对于移交人员因病或者其他特殊原因不能亲自办理移交的,《规范》规定,在这种情况下,经单位领导人批准,可以由移交人员委托他人代办移交手续,但委托人应当对所移交的会计工作和相关资料承担责任,不得借口委托他人代办交接而推脱责任。

(6) 移交后的责任。移交人员对自己经办且已经移交的会计资料的合法性、真实性,要承担法律责任,不能因为会计资料已经移交而推脱责任。

二、会计档案管理设计

会计档案是指会计凭证、会计账簿、财务会计报告等会计核算专业资料。它是记录和反映经济业务的重要史料和证据。会计档案是国家档案的重要组成部分,也是各单位的重要档案,它是对一个单位经济活动的记录和反映。

会计档案管理设计的原则是:统一管理、分工负责;齐全完整;简便易行;依法管理。

会计档案管理设计的内容有:整理的设计、保管的设计、利用的设计和销毁的设计。

【延伸阅读】

请认真阅读以下案例并思考以下问题：
1. 医院、高校等事业单位为什么比国有企业更难建立总会计师制度？
2. 如何从国有大中型医院财务管理的现状理解大中型医院建立总会计师的重要性？
3. 大中型医院设置总会计师既有法律依据又有现实需求为何还难？

构建和谐医院——建立大中型医院总会计师制度（节选）

一、大中型医院建立总会计师的重要性

医疗卫生事业的发展，直接关系到人民群众的身体健康和生命安全，是社会进步和全面发展的重要标志，也是落实科学发展观、构建社会主义和谐社会的具体体现。党的十六届四中全会提出，要形成全体人民各尽其能、各得其所而又和谐相处的社会，就需要发展社会生产力，转变政府职能。国有大中型医院是市场不可缺少的重要组成部分，它一方面提供医疗服务，另一方面又是商品和劳务的消费者，其经营管理必然要按照市场经济的一般规律来操作。因此，建立国有大中型医院总会计师制度，对医院进行宏观经济管理、深化医疗改革、降低医疗服务成本、协调医患关系、争夺医疗市场等方面都具有十分重要的作用。

二、医院总会计师的概念

医院的总会计师协助单位主要行政领导的工作，直接对单位主要行政领导负责。总会计师是单位经济核算和财务会计工作的负责人，主要工作是组织本单位的财务管理、成本管理、预算管理、会计核算和会计监督等方面的工作，参与本单位重要经济问题的分析和决策。总会计师制度在加强现代医院管理、发挥会计职能作用、保护所有者权益、加强对国有资产管理及对主要负责人的监督等方面具有明显效果。因此，国有大中型医院应适时建立医院总会计师制度。

三、国有大中型医院财务管理的现状

1. 经济管理工作缺乏一盘棋思想

大中型医院业务量大，职能科室较多，从资金的取得到资金的耗用，周而复始地循环着，并涉及医院各个部门和医疗业务的全过程，不协调各方面的关系不利于经济效益的提高。

2. 宏观控制能力薄弱

大中型医院普遍都有职工上千人，资产总额、年业务收支达几亿元，年门诊量超百万人次，住院病人超万人次，每年签订的各类合同协议几百份，绝大部分经费依靠医院自身的业务收入来解决，经济业务复杂，有融资租赁、投资、非货币性交易、折旧、成本核算等业务。这些工作细小繁琐，需医院投入大量的人力、时间、精力去研究、分析、判断。未设置总会计师的医院一般由医学专家、教授担任院长，负责经济管理工作，其结果是医院重技术、重医疗、轻管理。多数医院领导本身就是医学专家、教授，在医学方面是业务骨干，是优秀分子,是各单位科研、学科带头人,他们除了领导职务本身的工作以外,还兼有临床、教学、科研等工作任务,本身也存在专业技术提高的问题。有时,这些医疗、科研任务比院领导职务的工作任务还重,长此以往,会使医院宏观控制能力失调,不利于医院的生存与发展。

3. 信息反馈渠道不畅

在未设置总会计师的医院里,各经济管理部门的负责人一般要向主管行政的院长汇报工作,而院长不可能管理具体财务工作,这使各经济管理部门的问题得不到及时解决。长此以往,问题积累多了,解决起来难度会更大,整个医院财务工作效率降低,管理水平得不到应有的提高。

4. 不利于医院对深层次的重大决策的实施

医院经济效益的好坏与管理息息相关,而管理又离不开会计。未设置总会计师的单位,在决策上缺乏民主集中制,重大决策一般由院长办公会决定。一周一次的院长办公会要讨论的事情较多,具体研究经济工作的时间却很少,不可能让管钱、管物的科长充分发表意见,很难及时实施一些重大决策,如财务规章制度的制定、单位预算的审定、大型设备购置合同的签订、房屋建筑物的建造、筹资等重大问题的论证、决策等。

四、大中型医院设置总会计师的法律依据及现实需求

1. 《会计法》

2000年7月1日新修改颁布实施的《会计法》特别规定:"国有的或国有资产占控股地位或者主导地位的大、中型企业必须设置总会计师。"这里的企业也包含事业单位。

2. 《医院财务制度》

财政部、卫生部1998年联合下发的《医院财务制度》规定:"医院实行统一领导,集中管理的财务管理体制。符合条件的医院应建立总会计师制度。医院的财务活动在院长或总会计师的领导下,由医院财务部门统一管理。"

3. 《总会计师条例》

《总会计师条例》(1990年12月31日国务院发)第二条明确规定:"全民所有制大、中型企业设置总会计师;事业单位和业务主管部门根据需求,经批准可以设置总会计师。"该条例就总会计师的性质、职责、任职资格、权限、任免与奖惩等作了详细的规定。

4. 《卫生部关于加强卫生事业单位经济管理的若干意见》

《卫生部关于加强卫生事业单位经济管理的若干意见》(卫规财发[1999]第160号)第三条第十一款明确规定:"大中型卫生事业单位逐步设置总会计师,组织和领导单位的财务工作。"

资料来源:张福海. 构建和谐医院——建立大中型医院总会计师制度. 会计之友[J],2006(36).

【复习题】

1. 会计工作组织的内容有哪些?
2. 为什么必须单独设置会计机构?
3. 会计机构的设计原则是什么?

4. 会计与财务的关系如何？在一个大中型企业中，财务与会计应如何分工才有利于做好各自的工作？

5. 在一般制造企业中，会计机构的内部组织及其分工如何划分才较为合理？

6. 会计人员的任命有哪几种形式？各有何优缺点？如何配备会计人员？

7. 会计人员工作规则一般应包含什么内容？

8. 其他会计工作组织设计的内容有哪些？

【思考设计题】

1. 某工业企业为了加强车间一级的管理工作，决定实行内部车间独立核算。各车间设置一名会计人员，在车间主任的领导下负责这方面的工作。为了有利于做好此项工作，其中主要生产车间的会计工作，由具有助理会计师任职资格的人员担任。要求车间会计人员除做好日常的会计核算工作外，重点是实行全面成本管理工作，其中包括组织职工实行班组的目标成本管理工作。试为该企业拟定一份能体现责、权、利相结合的车间会计人员岗位责任制度。

2. 某企业财务部门有 8 名会计人员，其中，1 名高级会计师、3 名会计师、2 名助理会计师、2 名会计员。请为该企业设计一份会计人员岗位责任制。

【实验题】

（接第二章思考设计题第 1 题）A 在向丙谈及会计机构及会计人员情况时有如下意思表示：

（1）总部财务内部机构以前无明确设置，且其机构与职责不相宜；各分公司及各分厂下属单位有不少事都找他，而他没有更多的时间来应付；

（2）各分公司尤其是省级分公司都未设财务会计机构，而在各分公司办公室内设置副主任，由其主管财务；

（3）公司内财务人员中有不少与法人代表以及其他高级管理人员有各种不同的复杂关系；

（4）财务部门总体人手太少，以至于大家觉得特别累，也没有更多的时间和精力去把工作做得更好；

（5）高素质的、复合型的、与外界有良好合作关系的人才太少。

1. 请提出解决上述问题的方法或思路。

2. 重新分析财务总监角色扮演的功底。

3. 以"CFO，我的梦"为题，分析近年来专业学习之不足，要求不少于 300 字。

4. 写出不少于 200 字的实验报告，内容至少包括体会及建议。

第十章　会计电算化制度设计

【本章导航】

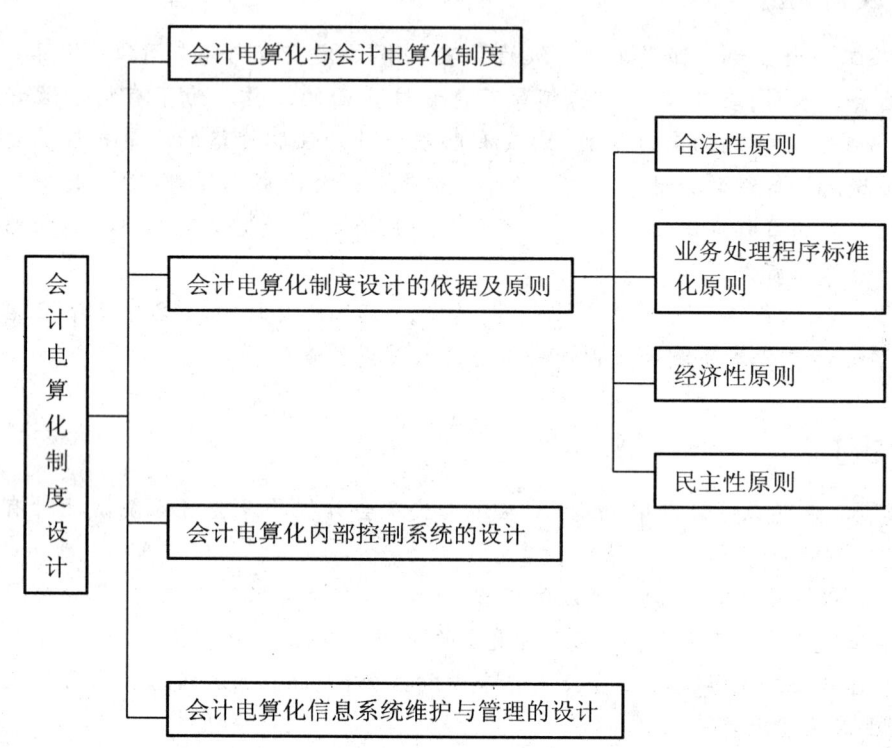

【知识目标】

1. 了解会计电算化与会计电算化制度。
2. 明确会计电算化系统管理制度设计的基本依据、设计原则。

【能力目标】

1. 能按目标企业的具体情况有效参与会计软件的二次开发。
2. 能掌握会计电算化内部控制系统设计的基本技能。

【导入案例】

请认真阅读以下案例并思考三个问题:
1. CIO、ERP 各指的是什么？它们之间有何关联？
2. 企业预算与 ERP 二次开发成本控制有何关系？
3. "系统少改最好"的理由是什么？

ERP 二次开发应把握六大开发原则

ERP 二次开发存在很多的风险,但 ERP 的二次开发又必须做,那么作为 CIO 应该怎么办？如果因为害怕担风险,而不能去做好用系统满足企业业务的需求,那么系统的价值也将无法体现,企业的 CIO 在作 ERP 二次开发时究竟需要注意哪些问题,我们认为有以下六点：

第一,不要修改核心代码做好原有 ERP 备份。一般来说,把数据从 ERP 中导出,利用二次开发的程序进行处理后,再导入系统,是一个比较稳妥的方法。因为在软件升级时,数据导入导出部分变动不会太大,而且即使有变化,也容易进行相应的维护。而一旦直接修改了核心代码,再过上两年,想升级可就难了。

第二,做好 ERP 二次开发成本控制。据资料显示,二次开发成本是考核 CIO 非常直接的一个指标。二次开发成本包括有形成本与无形成本。有形成本,如二次开发的 ERP 软件的授权费用、实施费用等；无形成本,如企业投入的精力、时间成本及在系统转换过程中可能对正常企业的影响。作为企业 CIO 要尽自己的最大努力把这个成本降到最低。

业内资深专家曾经指出："CIO 对于企业的 ERP 二次开发前期要作一个良好的规划,要对二次开发的成本作一个大致的预算,如总项目金额的 5% 等。预算作出以后就需要进行跟踪控制。在软件选型阶段,就可以发现一些明显的二次开发需求,CIO 最好能够把这个时候的二次开发成本推给软件供应商。"

第三,为企业争取尽可能大的利益。二次开发在和软件服务商"沟通"的过程中,应尽量为企业争取最大的利益。任何企业应用信息系统,都会遇到升级的困惑,CIO 在和服务商签署合同时,就应该把二次开发的成本、利益都想到,尽可能地让服务商和企业一起做好二次开发,这样可以在系统和企业业务的熟知程度方面做到"互利互补"。

第四,寻找二次开发合作伙伴。如果不用服务商所提供的服务或者是企业自身开发的系统,那么就需要 CIO 去寻找二次开发合作伙伴。选择合作伙伴要选同行业做得有成功案例的。CIO 应多去参考合作伙伴的用户使用情况,同时要结合企业 IT 部门自身的情况,选择合适的二次开发合作伙伴。

第五,避免开发人员流失,项目陷入困境。人才一直是企业最大的财富。对于 CIO 来讲,道理也是一样,IT 人员在 IT 部门对于企业同样重要。在企业 ERP 二次开发的过程当中,如果 IT 人员流失,对于 ERP 二次开发项目非常不利,容易让项目进入一个死循环,而且在进行人才招聘时,也会使项目的总体进度变慢,延误企业的有利时机。如何留住人才是每一个 CIO 在 ERP 二次开发中所要考虑的一个重要问题。

第六,系统少改最好,但完全不改的可能性也很小。ERP 系统本身汇集了很多大公司优秀的生产管理经验,因此,对于 CIO 来讲,尽可能地对系统少改,但市场是不断变化的,业务是不断变化的,ERP 也是需要变化的,同时会出现新的管理需求,ERP 不变的可能性非常小。但我们认为,核心不应该改动。既然二次开发存在一些管理上的困扰,所以"能够少改别多改,若能不改胜少改"的原则绝对是正确的。但是,在成熟套装软件实施的过程中,二次开发往往是无法避免的,较小规模的如新增或修改原有的报表程序,较大规模的可能会新增原本在系统中不存在的字段或文件档案,并新增或修改原有录入或作业处理程序。

ERP 二次开发也是为企业的管理目标而服务,如果离开这个目标而一味受制于业务部门的需求,只会使 ERP 这个管理系统越来越难以管理,最终造成管理的混乱而不是提升。因此,作 ERP 开发前必须进行规划,以确认此开发是否对企业管理有所提升、是否有利于业务流程的顺畅。

资料来源:http://www.chinaacc.com/new/403_406_/2010_3_1_su4730203 95011301025940.shtml。

前面各章所阐述的会计核算制度的设计,主要是按照在手工作业条件下进行会计工作来说明的。在会计电算化的条件下,这些内容多数是适用的,但是还需要进一步了解在会计电算化条件下有关会计制度设计的特点。

第一节 会计电算化与会计电算化制度

一、会计电算化与会计电算化制度

会计电算化是把电子计算机和现代数据处理技术应用到会计工作中的简称,是用电子计算机代替人工记账、算账和报账,以及部分代替人脑完成对会计信息的分析、预测、决策的过程,其目的是提高企业财会管理水平和经济效益,从而实现会计工作的现代化。

会计电算化有狭义和广义之分。狭义的会计电算化，是指以电子计算机为主体的信息技术在会计工作中的应用；具体而言，就是利用会计软件，指挥各种计算机设备替代手工完成或在手工下很难完成的会计工作过程。广义的会计电算化，是指与会计工作电算化有关的所有工作，包括会计电算化软件的开发与应用、会计电算化人才的培训、会计电算化的宏观规划、会计电算化制度的建设、会计电算化软件市场的培育与发展等。

会计电算化是一个人机相结合的系统，其基本构成包括会计人员、硬件资源、软件资源和信息资源等要素，其核心部分则是功能完善的会计软件资源。目前会计电算化已成为一门融计算机科学、管理科学、信息科学和会计科学为一体的边缘学科，在经济管理的各个领域中处于应用电子计算机的领先地位，正在起着带动经济管理诸领域逐步走向现代化的作用。会计电算化极大地减轻了会计人员的劳动强度，提高了会计工作的效率和质量，促进了会计职能的转变。随着信息技术的快速发展和管理要求的不断提高，会计手工操作正逐步被会计电算化所取代，要满足社会经济发展对会计人才的需要，必须培养和造就大批既掌握计算机基本应用，又懂得会计业务处理的复合应用型会计人才。

会计电算化制度是进行会计电算化工作的规范和标准，是会计电算化工作的规则、方法和作业流程的总称，是会计制度的重要组成部分。

二、会计电算化制度设计的作用及要求

（一）会计电算化制度设计的作用

会计电算化制度设计的作用主要表现在以下四个方面：

1. 促使企事业单位会计工作程序化、规范化

会计电算化制度设计的首要任务是制定一套企事业单位经济活动全过程利用电子计算机进行作业，并保证信息安全的规范和办法。通过会计电算化制度的实施，使会计电算化工作有组织、有系统、有秩序地顺利开展，运行环境安全可靠，会计人员职责明确，作业方式有据可依，会计信息准确及时。

2. 充分满足企事业单位内外会计信息使用者的需要

会计软件的功能很多，通用会计软件经过初始化设计可以成为每一个企事业单位所适用的软件，只要作业设计合理，各种会计信息均可由会计电算化信息系统提供。会计电算化制度设计是对软件中科目的设置、部门项目的设置、核算方法的设置、信息输出方式的设置、报表内容的设置以及各子系统数据传递关系的设置等所作的科学、具体的设计。如果把企事业单位的核算方法、管理要求等都融入会计软件中，电算化信息系统所提供的信息就能够更充分地满足各个会计信息使用者的需要，为企事业单位加强管理、提高效益服务。

3. 有效防止舞弊行为，保护资产的安全完整

会计电算化制度设计将内部控制制度贯穿于会计电算化工作的整个过程，起到堵塞漏洞、防止贪污舞弊的作用，为会计监督和开展审计工作创造条件。

4. 为会计电算化操作创造良好环境,保证信息的安全可靠

与传统的手工核算相比,会计电算化信息系统潜伏的问题比手工下的会计信息系统更多,因而保证信息的安全可靠更重要,方法、措施应更可行。

(二) 会计电算化制度设计应符合的要求

会计电算化制度是会计制度的一个组成部分,设计科学的会计电算化制度除应符合会计制度设计的一般要求外,还应结合会计电算化信息系统的具体特点达到以下要求:

1. 保证会计信息的安全可靠

应设计详细的内部控制制度,做到:进入系统的数据要有凭有据;数据进入系统后要确保其安全可靠,能及时防错、查错、纠错;保证提供正确的会计数据;对各种意外事故,有预防与补救措施;使提供的会计信息安全可靠。

2. 做到既满足单位使用又简单易行

会计软件的功能很多,但各单位对它的要求不同,因此,在设计会计电算化制度时应从实际出发,结合单位管理的特点和需要,制定出适合本单位使用的会计电算化制度。

3. 兼顾会计电算化信息系统各子系统之间的关系,遵循系统性原则,使整个系统实施最优化

系统性原则是指以包括整体观点、关联观点、发展观点、最优观点的系统观点来进行会计电算化工作设计。会计电算化信息系统包括多个子系统,各子系统之间都有一定的联系,在设计某一子系统作业流程时,必须从整个会计电算化系统出发,考虑到与其他子系统的连接性能,使逐个实施的其他子系统全部完工后能组成高质量的、完整的会计电算化信息系统,而不能只考虑单个子系统的优化,以至于影响整个系统的完美结合和质量。所以,在设计会计电算化制度时,要合理规划本单位各项信息内容,规范本单位的管理模式,了解各种业务活动之间的联系,得出最佳的设计方案。

4. 满足财会人员易学易用、操作方便的要求

会计电算化信息系统的使用者是会计人员,他们的计算机操作水平普遍相对不高,所以,系统的作业流程设计必须尽可能方便操作。

三、会计电算化制度设计的基本内容

(一) 会计电算化内部控制系统的意义与特点

在手工处理的条件下,所有的会计处理都由人工完成,对会计系统的内部控制,主要是通过不相容职务的分离和业务的分割来实现的。在会计电算化条件下,内部控制系统发生了新的变化。

会计电算化内部控制系统,也叫电子数据处理会计内部控制系统,它涵盖了会计信息系统与内部控制的关系,延伸了内部控制在会计信息系统中的应用。在会计电算化数据处理系统条件下,需要把手工系统的信息转换成机器可读的形式,需要以被多次调用的数据文字产生各种信息的准确性为前提,需要自行处理而非人可直接接近的维护和检查运行系统。因而,会计电算化内部控制系统具有以下明显特点:

1. 会计业务处理主体发生变化

在手工环境下,凭证的制单、审核、记账、过账、对账、结账和报表编制等都是由会计和出纳人员亲自完成的,在这个过程中,会计人员和其他相关人员存在大量信息交流与人工的相互校对、审验。在电算化环境下,会计人员之间的联系则转变为人与计算机的交互,操作员的身份识别及授权控制等都有别于手工会计信息系统,除了原始单据的取得或填制主要是外部生成,制单、审核、记账、过账、对账、结账和报表编制等核算环节几乎全部在计算机系统内部完成,核算的自动化程度大大提高。

2. 口令密码是实现会计操作的唯一密码

在手工环境下,任何操作都会有签字,也就是都有责任人。在电算化环境下,操作员都有各自的授权范围和口令,只要有正确的密码口令,就能进行操作,而不会留下操作员的手迹。这就意味着,如果密码口令被泄露,那么所有知道此口令的人都可以进行数据的操作,就可能影响数据的真实性。

3. 数据输入是电算化会计控制的重点

在电算化系统中,所有数据都源于凭证库,当凭证输入后,系统将自动进行多项业务处理。一旦输入操作不当,将会引发日记账、明细账、总账乃至会计报表等一系列的错误。因而,数据输入操作不当的问题控制将是整个会计电算化业务处理程序中最关键的控制环节。

4. 电算化系统的"单点录入"与"数据共享"产生的数据风险

实行计算机记账后,数据几乎全部由系统各站点分散录入,且系统各站点可以实现共享,这无疑对于提高信息的利用率大有好处,但也带来一个新的课题,那就是系统存在由于局部站点数据输入或操作错误而造成的系统整体错误。

(二) 会计电算化信息系统设计的内容

会计电算化信息系统内部控制制度设计的内容主要包括:管理控制、操作控制、系统开发控制、安全性控制等。

会计电算化信息系统作业制度设计的内容,包括会计软件每个子系统的初始化和日常处理以及各个子系统之间的数据连接、共享等。

1. 软件各子系统初始化设计

系统初始化设计主要包括系统参数设置、科目设置、输入账户余额、输入银行往来账户余额、输入客户往来账户余额以及科目类型设置功能。

2. 软件各子系统日常处理设计

在初始化账务子系统之后,接着就可以进行日常账务处理。日常账务处理以会计月份为基本单位。一个会计月份处理完毕(结账之后),便可以输入和处理下一个会计月份的记账凭证信息。日常账务处理过程设计如下:(1)输入和修改记账凭证;(2)凭证复核;(3)科目汇总,记账;(4)月末处理,包括月末转账、试算平衡、对账、结账等的处理;(5)打印账簿和报表;(6)银行对账。其中,凭证复核、凭证记账、结账是三个关键性操作。

3. 会计软件各子系统之间数据传递、共享的设计

第二节 会计电算化制度设计的依据及原则

一、会计电算化系统管理制度设计的基本依据

(一)财政部、国家审计署有关会计电算化管理的法令、法规和制度

1. 关于印发《会计电算化管理办法》等规章的通知(1994年6月30日);
2. 关于印发《会计电算化工作规范》的通知(1996年6月10日);
3. 《会计法》,1999年10月31日第九届全国人民代表大会常务委员会第十二次会议修订;
4. 《独立审计具体准则第20号——计算机信息系统环境下的审计》,2001年7月财政部颁布;
5. 《企业内部控制配套指引》,2010年4月财政部等五部委颁布;
6. 其他相关法规。

【阅读材料】

会计电算化工作规范(节选)

财会字[1996]17号

第一章 总则

一、为了指导会计电算化工作,推动会计电算化事业的健康发展,根据《中华人民共和国会计法》和《会计电算化管理办法》的规定,特制定本规范。各企业、行政、事业单位(简称各单位)可根据本规范的要求,制定本单位会计电算化实施工作的具体方案,搞好会计电算化工作。各级财政部门和业务主管部门可根据本规范,对基层单位开展会计电算化工作进行指导。

二、会计电算化是会计工作的发展方向,各级领导都应当重视这一工作。大中型企业、事业单位和县级以上国家机关都应积极创造条件,尽早实现会计电算化;其他单位也应当逐步创造条件,适时开展会计电算化工作。

三、开展会计电算化工作,是促进会计基础工作规范化和提高经济效益的重要手段和有效措施。各单位要把会计电算化作为建立现代企业制度和提高会计工作质量的一项重要工作来抓。

四、会计电算化是一项系统工程,涉及单位内部各个方面,各单位负责人或总会计师应当亲自组织领导会计电算化工作,主持拟定本单位会计电算化工作规划,协调单位内各部门共同搞好会计电算化工作。各单位的财务会计部门,是会计电算化工作的主要承担者,在各部门的配合下,财务会计部门负责和承担会计电算化的具体组织实施工作,负

责提出实现本单位会计电算化的具体方案。

五、各单位开展会计电算化工作，可根据本单位具体情况，按照循序渐进、逐步提高的原则进行。例如：可先实现账务处理、报表编制、应收应付账款核算、工资核算等工作电算化，然后实现固定资产核算、存货核算、成本核算、销售核算等工作电算化，再进一步实现财务分析和财务管理工作电算化；在技术上，可先采用微机单机运行，然后逐步实现网络化。也可根据单位实际情况，先实现工作量大、重复劳动多、见效快项目的电算化，然后逐步向其他项目发展。

六、各单位要积极支持和组织本单位会计人员分期分批进行会计电算化知识培训，逐步使多数会计人员掌握会计软件的基本操作技能；具备条件的单位，使一部分会计人员能够负责会计软件的维护，并培养部分会计人员逐步掌握会计电算化系统分析和系统设计工作。对于积极钻研电算化业务，技术水平高的会计人员，应该给予物质和精神奖励。

七、开展会计电算化工作的集团企业，应当加强对集团内各单位会计电算化工作的统筹规划，在各单位实现会计电算化的基础上，逐步做到报表汇总或合并报表编制工作的电算化，并逐步向集团网络化方向发展。

八、会计电算化工作应当讲求效益原则，处理好及时采用新技术和新设备与勤俭节约的关系，既不要盲目追求采用最新技术和先进设备，也不要忽视技术的发展趋势，造成设备很快陈旧过时。对于一些投资大的会计电算化项目，有关部门应当加强监督指导。

九、各级财政部门应加强对基层单位会计电算化工作的指导，在硬软件选择、建立会计电算化内部管理制度方面，积极提出建议，帮助基层单位解决工作中遇到的困难，使会计电算化工作顺利进行。

十、会计电算化工作取得一定成果的单位，要研究并逐步开展其他管理工作电算化或与其他管理信息系统联网工作，逐步建立以会计电算化为核心的单位计算机管理信息系统，做到单位内部信息资源共享，充分发挥会计电算化在单位经营管理中的作用。

第二章 配备电子计算机和会计软件

一、电子计算机和会计软件是实现会计电算化的重要物质基础，各单位可根据实际情况和今后的发展目标，投入一定的财力，以保证会计电算化工作的正常进行。

二、各单位应根据实际情况和财力状况，选择与本单位会计电算化工作规划相适应的计算机机种、机型和系统软件及有关配套设备。实行垂直领导的行业、大型企业集团，在选择计算机机种、机型和系统软件及有关配套设备时，应尽量做到统一，为实现网络化打好基础。具备一定硬件基础和技术力量的单位，可充分利用现有的计算机设备建立计算机网络，做到信息资源共享和会计数据实时处理。客户机/服务器体系具有可扩充性强、性能/价格比高、应用软件开发周期短等特点，大中型企事业单位可逐步建立客户机/服务器网络结构；采用终端/主机结构的单位，也可根据自身情况，结合运用客户机/服务器结构。

三、由于财务会计部门处理的数据量大、数据结构复杂、处理方法要求严格和安全性要求高,各单位用于会计电算化工作的电子计算机设备,应由财务会计部门管理,硬件设备比较多的单位,财务会计部门可单独设立计算机室。

四、配备会计软件是会计电算化的基础工作,选择会计软件的好坏对会计电算化的成败起着关键性的作用。配备会计软件主要有选择通用会计软件、定点开发、通用与定点开发会计软件相结合三种方式,各单位应根据实际需要和自身的技术力量选择配备会计软件的方式。

1. 各单位开展会计电算化初期应尽量选择通用会计软件。选择通用会计软件的投资少、见效快,在软件开发或服务单位的协助下易于应用成功。选择通用会计软件应注意软件的合法性、安全性、正确性、可扩充性和满足审计要求等方面的问题,以及软件服务的便利,软件的功能应该满足本单位当前的实际需要,并考虑到今后工作发展的要求。各单位应选择通过财政部或省、自治区、直辖市以及通过财政部批准具有商品化会计软件评审权的计划单列市财政厅(局)评审的商品化会计软件,在本行业内也可选择国务院业务主管部门推广应用的会计软件。小型企业、事业单位和行政机关的会计业务相对比较简单,应以选择投资较少的微机通用会计软件为主。

2. 定点开发会计软件包括本单位自行开发、委托其他单位开发和联合开发三种形式。大中型企业、事业单位会计业务一般都有其特殊需要,在取得一定会计电算化工作经验以后,也可根据实际工作需要选择定点开发的形式开发会计软件,以满足本单位的特殊需要。

3. 会计电算化初期选择通用会计软件,会计电算化工作深入后,通用会计软件不能完全满足其特殊需要的单位,可根据实际工作需要适时配合通用会计软件定点开发配套的会计软件,选择通用会计软件与定点开发会计软件相结合的方式。

五、配备会计软件要与计算机硬件的配置相适应,可逐步从微机单用户会计软件,向网络会计软件、客户机/服务器会计软件发展。

六、配备的会计软件应达到财政部《会计核算软件基本功能规范》的要求,满足本单位的实际工作需要。

七、会计核算电算化成功的单位,应充分利用现有数据进行会计分析和预测,除了选择通用会计分析软件,或定点开发会计分析软件外,还可选择通用表处理软件对数据进行分析。

八、部分需要选用外国会计软件的外商投资企业或其他单位,可选用通过财政部评审的外国商品化会计软件。选用未通过财政部评审在我国试用的外国会计软件,应确认其符合我国会计准则、会计制度和有关规章制度,具有中文界面和操作使用手册,能够按照我国统一会计制度要求,打印输出中文会计账证表,符合我国会计人员工作习惯,其经销单位具有售后服务能力。

(二) 计算机系统工作的基本特点

实务中,要特别注意"反记账"或"反结账"。"反记账"是指记账凭证已记账,由于种种原因使其返回记账前状态,以便操作人员可以不留痕迹地对记账凭证进行修改的功能。"反结账"是指对已经完成结账操作的月份的账返回到结账前状态,使操作者可以对已结账月份的数据进行修改或调整的功能。由于这些功能使会计的记账、结账等操作失去了应有的保证数据真实、可靠的作用,因而是违反会计制度的功能。

(三) 企业的自身状况

企业的自身状况主要包括:规模大小、组织形式、核算流程、内部控制要求、整个经营管理需要,企业人员素质,等等。

二、会计电算化信息系统管理制度的设计原则

会计电算化信息系统管理制度的设计原则可概括为以下四个方面:

1. 合法性原则

要求主要体现在企业使用的软件必须满足会计核算软件功能规范的要求。实务中主要依据:一是商品化软件公司对开发过程的自我控制,以保证软件功能符合财政部门的要求,并提供必要的供审计使用的接口,以方便用户和审计部门对系统的输出进行审计。二是用户在选择商品化财会软件时应对软件的功能进行必要的审查,以检验其是否符合财政部关于会计核算软件基本功能规范的要求。这一点,经有关部门审批的、市场占有率较高的财务软件如用友、金蝶等一般不会存在问题。

2. 业务处理程序标准化原则

会计业务的处理具有严格的时序性要求,例如结账前必须完成期末业务的摊、提和结转,结转时也有结转顺序的要求。在会计电算化系统中,由于有关功能通过功能菜单的形式提供给用户,由用户根据需要选择使用,软件很难严格控制操作的时序。因此,应该制定出标准化操作程序及有关控制点的控制要求,以便对业务处理的过程进行控制。在网络环境下,多台计算机同时对一个软件进行各种操作,如果软件并发控制设计不够完善,使用单位又没有建立严格的业务处理程序,则系统往往会出现很多难以预料的错误。

3. 经济性原则

会计电算化系统通常采用计算机程序和组织、制度相结合的综合控制方法建立自己的内部控制体系。对于某一关键点采用哪一种控制方法可以有多种考虑,在确定具体的使用方法时除了考虑控制的有效性外,还必须考虑采取措施的经济性,真正做到以最小的成本达到最好的效果。

4. 民主性原则

会计制度设计主要是由专业会计人员进行的,但会计制度的执行者不仅仅是会计人员,而且涉及企业的其他有关人员,尤其在会计电算化系统下,许多交易数据输入不再仅限于由会计人员来做,可以直接由经办人员输入会计电算化系统,因此,在进行会计电算化系统制度设计工作时,还应吸收其他有关人员积极参加,要充分调查了解其他有关人员对于制度的意见和要求,采纳他们的合理意见。设计之后,也要接受有关人员的监督。

第三节 会计电算化内部控制系统设计

一、会计电算化内部控制系统的目标设计

会计电算化内部控制系统设计的总目标是:保证会计电算化系统的可控、合法、可靠和高效率运行,最大限度地保护会计电算化系统下信息和资产的完整,保证财务记录、会计报表等管理信息的准确性和可靠性,促进会计电算化在企业管理中的有效运用,严守管理标准和提高运行效率。

具体地讲,也可以描述为五个方面:

1. 确保会计信息系统的作业符合法规

会计信息系统与手工会计系统一样,所处理的经济业务必须符合国家有关的法律、法令、方针、政策,符合有关部门颁布的各种规章制度、条例等,如现行的会计制度、财务制度等。因此,在设计会计信息系统的过程中以及系统运行阶段,必须建立适当的内部控制制度,确保系统及其所处理的经济业务合规合法。

2. 保证会计信息系统处理的数据正确无误

保证会计信息可靠、数据正确是会计信息系统内部控制的基本目标。为了保证系统处理数据的正确性,在系统设计过程中,要注意设计程序化控制,如平衡控制、合法性控制、总数相对控制、合理性检测、纠错检测、输入数据类型检测、顺序检验等。在系统运行过程中,要对数据输入环节进行严格的控制,确保输入数据的正确性。

3. 保证系统安全可靠

保证会计信息系统的安全可靠,是系统能够正常运行的前提和基础。因此,在会计信息系统正式投入运行之前,就需要考虑系统的安全性,通过建立严密完善的硬件、软件和数据安全措施,来保证系统的安全可靠。

4. 提高会计信息系统运行的效率

会计信息系统的运行效率在很大程度上取决于数据输入。因此,在系统输入设计环节,可采用适当的控制设计技术,提高系统输入的效率。例如,在会计电算化系统中,凭证编号由计算机自动生成,会计科目以编码的形式输入,规范摘要的格式,以便常用的摘要可用代码输入等。

5. 提高系统的可维护性

系统维护的工作不仅量大而且复杂。可维护性是指系统易理解、易修改和易扩充。为了达到这一控制目标,从系统开发工作一开始,就应该考虑到今后的维护工作。在系统开发过程中,必须对系统开发的每一个环节进行严格的管理与控制。

二、会计电算化内部控制系统的内容设计

(一)会计电算化内部控制系统的分类

会计电算化系统的内部控制一般包括两类,即一般控制和应用控制。它们均是计算

机应用于会计信息系统所产生的特殊控制,用来预防、发现和纠正系统中所发生的错误、舞弊和故障,使系统能正常运行。

(二) 会计电算化系统的一般控制设计

一般控制可以描述成以下内容:

1. 组织控制

(1) 信息部门与用户部门的职责分工

组织控制的一项任务就是要对不兼容的作业进行分工。所谓不兼容的作业,是指对交易的核准、交易的执行、交易的记录与资产的保管应加以分工。在信息化的企业中,通常由信息部门进行信息系统的开发建设与维护工作,业务部门与会计部门则应用计算机进行日常的业务信息处理与会计核算工作。信息部门的主要工作是提供相关的信息技术服务,不涉及业务的初始阶段和业务的授权。要严格对信息部门与用户部门的职责进行分工,最重要的是区分计算机操作与程序编写或维护的工作。这两种概念彼此间不兼容且不应合并,杜绝既是企业软件的开发维护人员又是业务或会计信息系统操作人员的现象。对应用系统的程序功能、数据结构以及运作方式有了解的人,如信息中心的系统分析师、应用程序设计师不能作为业务系统或会计系统的操作人员。

(2) 业务授权与访问控制

所有计算机系统处理的业务都应进行授权管理。要达到这个目的,就需要在业务的筹划、执行和计算机处理审核之间明确责任。只有这样才能保证检测出未经授权的业务。在企业中,对每一个有权向计算机提交业务的人都应列入权限管理控制,核定这些人授权批准的业务类型和业务数量,在信息系统中定义它们的操作权限。对于由计算机系统生成的业务,在提交计算机处理之前应通过审计和批准。

对日常计算机系统的操作访问的管理控制可采取以下措施:

① 加强计算机应用系统的人员操作管理。人作为计算机应用系统的主体,人员操作管理的重点是权限控制。系统管理员被赋予超级用户管理权限,主要负责系统硬、软件的管理维护和网络资源分配,操作人员应遵守权限,不得越权接触系统。系统程序员不得进行业务操作,以避免人为因素或操作不当给操作系统带来不必要的损失和风险。

② 建立计算机资源访问授权和身份认证制度。即计算机资源授权制度,明确每个用户的安全级别和身份标识,并分别定义具体的访问对象。

③ 日志审计制度和上机操作规程。即对运行系统的事件类型、用户身份、操作时间、系统参数和状态以及系统敏感资源进行实时监视和记录,并对日志文件定期进行安全检查和评估。制定上机操作规程,主要包括软硬件操作规程、作业运行规程和用机时间记录规程等。

④ 存取控制。即对系统资源进行分类管理,并根据用户级别,限制系统资源的共享和流动。

⑤ 特权管理。由于超级用户具有操作和管理系统全部资源的特权,因此,其特权一旦被盗用,将给系统造成重大危害。特权管理是由若干个管理员和操作员共同管理系统,使其具有完成其任务的最少特权,并相互制约,以提高系统的安全可靠性。

⑥ 建立安全稽核机制。对系统操作的事件类型、用户身份、操作时间、系统参数和状

态以及系统敏感资源进行实时监控和记录,进行必要的权限设置,以便能够对各种不同的权限进行用户识别和远程请求识别。

⑦ 设置安全检测预警系统。即实时寻找具有网络攻击特征和违反网络安全策略的数据流,实时响应和报警,阻断非法的网络连接,对事件涉及的主机实施进一步跟踪,创造一种漏洞检测与实时监控相结合的可持续改进的安全模式。

(3) 人事控制

健全的人事管理控制,不仅可以保证数据处理的质量,而且可以促进其他组织控制和作业功能的发挥。人事控制即是一种专门的、以人为对象的控制。它包括四个方面:

① 工作性质说明。工作性质说明主要用于各个职位权责的确定,对取得该职位的人员能力和素质提出明确的要求,并确定该职位与企业其他职位的关系。

② 人员的选择与培训。企业应有规范化的用人制度。人员的选择要有一定的标准,对于申请职位的人员,应考核其道德品质、工作能力、既有经验,评定其潜在能力;对于在岗者,应进行持续的定期考核、在职进修,提升其业务能力。

③ 对人行为的监督与评价。通过工作轮调,可以防止个人持续进行一项工作而产生弊端。

④ 人事管理办法制度化。应将人员工作纳入系统与作业程序中,使管理者有所遵循,不因人而异。

2. 系统开发控制

系统开发控制是一种预防性控制,目的是确保会计信息系统开发过程及其内容符合内部控制的要求,保证网络会计信息系统开发过程中各项活动的合法性和有效性。它应贯穿于系统规划、系统分析、系统设计、系统实施和系统运行测试与维护的各个阶段。其主要内容包括:

(1) 明确开发目标,制订项目管理计划,进行项目的可行性研究与分析。控制开发进度,监督开发质量,检查各功能模块设置的合理性及程序设计的可靠性,提高系统的可审性。

(2) 使用单位与稽核人员参与系统的需求分析。在信息需求分析阶段,信息系统的用户应参与信息系统的开发工作。通过开发人员与用户、稽核人员的沟通,使软件开发人员能深刻了解用户的需求,了解业务流程以及所采用的控制措施,并将控制措施嵌入应用系统中。用户在软件开发过程中的参与,将有效保障信息系统的质量,使开发的信息系统满足信息需求。

(3) 系统设计或软件设计的核收。软件开发人员、管理人员、使用者和稽核人员需要对信息系统开发全过程的每个阶段进行验收,适当的复核与核准包括技术层面的验收与输出层面的验收。技术层面的验收,即确认是否能满足软件运行的物理条件、程序制作是否符合标准。输出层面的验收,即检查系统是否能满足用户需求与控制要求。

(4) 系统测试控制。在软件编码完成后,应用系统首先需要进行完整性测试。应用系统的测试由软件开发人员、使用者、稽核人员共同参与,由技术人员负责执行应用系统的测试工作。它包括个别程序测试、关联程序测试、系统测试、先导测试、平行测试。

个别程序测试,是指测试软件开发人员编写程序的逻辑有效性。关联程序测试,是指测试一组逻辑上相关的程序组,了解数据在这些程序间传递的正确性。系统测试,是指对应用系统所有的程序联网进行测试。先导测试,是指用新系统处理过去的真实资料,并将输出的结果与原系统进行比较,找出存在的问题。平行测试,是指同步运行新旧两套系统,比较运行结果,最大限度地降低新系统正式投入使用的风险。

在检测过程中,系统开发人员检验整个系统的完整性,并对非法数据的容错能力、系统抗干扰能力和发生突发事件的应变能力以及系统遭遇破坏后的恢复能力进行重点测试。在完成这些工作后,由管理人员、使用者、系统开发人员做最后的验收工作,在确保无误的情况下,做好人员和设备等资源的整合配置以及初始数据的安全导入,保证新旧系统的转换有序进行。

在过去封闭式的会计信息系统环境下,传统的会计控制措施(制度)尚能发挥作用,因此系统开发者主要关心如何实现业务功能。但在网络环境下,会计信息系统的开发必须把会计控制功能全面融入系统逻辑模型中。在软件开发的前期,内审和风险管理人员要参与系统控制功能的研究与设计,包括前文和后文讨论的许多内外部控制措施,在系统中应当得到恰当的体现,并在软件开发及测试阶段加强监督,确保所有既定控制功能在系统中得以有效的实现。

总之,系统开发是个复杂的工程,要经过系统分析、功能设计、模块设计、程序编制、程序调试、系统并行运行和移植投入使用等阶段。各环节的开发质量和进度直接影响后面环节乃至整个系统的开发。系统开发前的可行性分析,开发过程的使用者参与,使用系统设计进度表和功能完工进度表控制进度,严格的调试和验收制度将有效保障信息系统的质量。

3. 信息系统维护控制

系统维护包括软件修改、代码结构修改等,涉及系统功能结构的调整、扩充和完善,其过程类似于系统开发,因此应建立维护审批制度、维护方法、维护内容测试、维护文档编制的规范化制度,维护用机、测试数据与营运机器、实际数据的分隔制度,源程序保管控制制度等。系统维护控制包括系统安装、修正、更新扩展、备份等各项工作。

4. 会计数据资源控制

各项处理应层层设防,严加防范。进入系统要设置基本口令,防止无关人员的非法进入。各个子系统各个模块也要设置相应的口令,防止无权人员的非法操作。对于特定的信息,哪些人可以读、哪些人可以改写、哪些人可以复制等,必须给予严格的规定。同时建立"操作日志",记录所有人员对系统的所有操作,包括操作时间、操作方式、查询和修改的数据等,系统一旦出现问题可据此找相关人员进行核查。

会计数据资源控制是整个系统控制的主要安全目标,以防止数据程序被修改、损毁和被病毒感染。对数据库系统安全的威胁主要来自两个方面:一是系统内外人员对数据库的非法访问;二是由于系统故障、误操作或人为破坏而造成数据库的物理损坏。针对上述风险,会计数据资源控制可采取以下主要措施:

(1)合理定义应用子模式。子模式是指全部数据资源中向某一特定用户或应用项目的一个数据子集。在网络环境下,为了限制合法用户式非法访问或非法访问者轻易获取全部会计数据资源,应根据不同的应用项目(功能)分别定义面向用户操作的数据界面,做到需要什么数据、用到什么数据,就开放什么数据。

(2)会计数据资源授权表制度。即明确定义每一用户对数据资源访问的范围和内容,并分别对数据库的查阅、修改、删除、插入等操作权限予以规定。

(3)数据备份和恢复制度。网络环境下的数据备份和恢复远比成批集中式处理环境要复杂,为保证系统恢复的有效性和一致性,建立业务日志文件(记录系统处理过程的文件)和检查点文件(作业内容信息能被记录下来,并可重新启动该作业的一个点)是必要的。

(4)进行文件资料控制。文件资料在开发过程中会形成一整套文件资料,主要包括:系统说明书、程序说明书、数据结构说明书、运行说明书等。为保证系统正常运行,上述资料必须由专人保管,使用时须经过批准并予以登记,修改时由专人审批复核并做好修改记录。

5. 硬件与系统软件控制

(1)硬件控制。信息系统的硬件以及支撑信息系统的网络通信基础设备在系统运行中可能会出现故障而造成信息系统运行中断,可见信息处理可靠度的提升依赖于硬件的控制。这些硬件控制通常由计算机硬件的厂商在出售前就设置在硬件的设备内。常见的控制方法有奇偶校验、溢出校验、有效性检查、设备自检、重复处理等方法。对硬件作业过程的控制包括:作业环境控制,如硬件对作业环境的温度、湿度、灰尘方面的要求;电源保护,如采用不中断电源;作业及应用程序的错误查核等,一旦硬件系统发生故障或有错误暴露出来,通常要求计算机系统管理人员立即予以记录并报告,请厂家或信息中心的维修人员来处理。

(2)系统软件控制。系统软件指一组执行系统管理、支持应用程序及控制等功能的软件,如操作系统、公用程序、程序管理软件、数据库管理系统等。它具有管理功能、应用程序支持功能和控制功能。其中,控制功能是由操作系统和某些公用程序执行的。控制功能主要包括:错误处置、程序保护、文件保护、安全保护等功能。

错误处置是操作系统能检测和纠正因硬件和软件问题引起的一些错误。典型的操作系统具有下列错误处置能力:读/写错误处理;记录长度检查;存储装置检查。

程序保护的目的是防止在处理过程中各种应用程序相互纠缠,保证在从程序库中调用程序时不发生错误,保证没有未经批准而对应用程序进行修改的现象发生。

文件保护的目的是防止未经批准使用或修改数据。这些数据既包括存放在内存又包括存放在外存的设备。文件控制措施包括内部文件标签检查、存储保护、内存清理、地址比较等。

安全保护是指计算机信息系统可能被人在未经许可的情况下使用,这时,系统软件可以在一定程度上防止这种情况发生。其方法是:(1)操作系统自动记录系统使用情况;(2)利用系统便用记录和系统活动分析共用程序,发现未经允许使用数据和程序的现象;(3)口令控制,设置口令来控制对系统的接触。

6. 计算中心控制

计算中心控制主要是对系统的物理环境及设备可靠性的控制,目标是确保系统设备能实时、连续地运转。主要包括两个方面的控制:

(1) 计算中心安全控制。包括中心物理位置、机房结构设置控制和接触控制等。接触控制的目的在于防止非经授权批准接近或使用计算机硬件、程序和数据等硬、软件资源,保护系统安全。常见措施有:①系统资源使用的限制。系统资源包括程序库、数据库、全部硬件设备以及所有相关文字和打印记录。这些资源只能由规定人员使用。为达到以上目的,可以将各种资源分派给专人保管,并做好使用记录报告,系统主管要经常检查使用报告。②工作环境保护。工作环境保护可分为对系统的自然资源进行控制、作业环境控制、备用设备控制。对系统的自然环境进行控制,包括机房温度、湿度以及防火、防磁、防尘控制;作业环境控制,包括对机房的工作人员实行定员控制和机房出入控制;备用设备控制,包括备用电源、水源控制。

(2) 群集系统控制。所谓群集系统实际上是一种针对网络环境下的多机备份制度,平时各服务器运行各自的应用项目,并保持系统和数据的共享联系,当一台服务器(或其他设备软件)发生故障时,群集系统中的另一台服务器会立即承担故障服务器的工作,并保证数据的连续性。对不间断运行要求很高的系统,一般要采取这一方法加以控制。

7. 网络控制

网络环境下的会计信息系统工程是一种分布式处理结构,计算机服务功能(工作站)分布于企业各业务应用部门,实行会计与业务协同处理。因此,计算中心对各工作站的控制由原来集中处理模式下的行政控制转变为间接业务控制。其主要内容包括:

第一,工作站点设置控制。即合理设置工作站点,并通过操作系统、数据库管理系统实现对各工作站的职责分工控制。

第二,内审制度。即设立内审组,监督和控制各工作站的日常运行。

第三,风险管理制度。即设立风险评估小组(可由系统分析员、内审人、主要用户组成),定期对系统进行风险评估、弱点分析,以不断完善会计控制体系。

第四,人事管理控制。即实行业务考核制度,对特殊企业(如金融企业等)的重要岗位可实行轮岗制度等。

(1) 工作站控制。工作站可以是单机点,也可以是分服务器站点,它是整个网络系统在某应用项目(如库存管理、成本控制等)下的一个用户界面。工作站既是系统日常应用处理(包括数据采集、处理和输出)的端点,也是潜在威胁系统安全的一个入口。工作站控制包括:

① 工作站内部控制。包括工作站物理环境控制、操作权限控制、系统存取控制、操作规程控制、故障处理控制等。

② 工作站对整个系统访问控制。根据最小特权原则,要严格控制工作站超权限的操作行为,这主要可通过计算中心的职责分工、授权控制与日常监控来实现。

③ 数据通信控制。工作站与计算机中心常位于不同建筑,甚至不同街区。因此在数据通信过程中,系统面临着因线路和设备故障导致数据丢失、毁坏的风险,以及人为拦

截、泄密的风险。为此,需要采取数据加密、回响检查、奇偶检查、备份控制等技术手段和管理措施进行控制。

(2)网络安全控制。网络安全控制包括:

① 硬件设备安全控制。硬件设备安全主要涉及计算机机房环境和设备的技术安全要求。应制定计算机机房和设备的管理制度、岗位职责和操作规程,严格禁止无关人员接触系统,专机专用;计算机机房应充分满足防火、防潮、防尘、防磁和防辐射及恒温等技术要求,关键性的硬件设备可采用双系统备份。

② 系统软件安全控制。严格控制系统软件的安装与修改,对系统软件进行定期的预防性检查,系统被破坏时,要求系统软件具备紧急响应、强制备份、快速重构和快速恢复的功能。

③ 会计信息安全控制。会计信息安全的基础是密码学。按照加密和解密算法所用的密码是否相同,可将密码分为对称密码体制和非对称密码体制。后者在信息安全管理方面得到了广泛的应用。如通信线路上的数据流加密,数据库中的数据文件加密,访问者的身份认证,数字签名等。除密码学之外,模式识别的方法也在网络信息安全方面得到应用。如指纹识别、面容识别在身份认证中具有很好的作用。

④ 系统入侵防范控制。为了防止非法用户对会计信息系统的入侵,应采取设置防火墙、身份认证和授权管理等安全技术,用以限制外界对主机操作系统的访问;用以隔开应用系统与外界访问区域之间的联系,限制外界穿过访问区域对网络应用系统服务器,尤其是对会计数据库系统的非法访问;加强原有的基于账户和口令的控制,提供授权访问控制和用户身份识别。

⑤ 交易安全控制。为了保证交易者的交易信息不被他人窃取或破译,主要应采取数字加密、数字认证等核心技术。

(三)会计电算化系统的应用控制设计

应用控制是具体的应用系统中用来预防、检测和更正错误,以及处置不法行为的内部控制措施。大部分应用控制措施在系统开发时可直接嵌入软件功能中。这些控制措施可分为三大类:

1. 输入控制

输入控制的目标是确保网络环境下数据采集的合法性、准确性和完整性;重点在于建立适当的授权和审批机制,并对输入数据的准确性进行校验,如总数控制校验、平衡校验、科目代码校验和逻辑关系测试等。常用的控制方法包括:建立科目名称与代码对照文件,以防止会计科目输错;设计科目代码校验,以保证会计科目代码输入的正确性;设立对应关系参照文件,用来判断对应账户是否发生错误;试算平衡控制,对每笔分录和借贷方进行平衡校验,防止输入金额出错;顺序检查法,防止凭证编号重复;二次输入法,将数据先后两次输入或同时由两人分别输入,经对比后确定输入是否正确等。

2. 处理控制

常用的控制措施包括:登账条件检验,即系统要有确认数据经复核后才能登账的控制能力;防错、纠错控制,即系统要有防止或及时发现在处理过程中数据丢失、重复或出错的控制措施;修改权限与修改痕迹控制,即对已入账的凭证,系统只能提供留有痕迹的控制和留有痕迹的更改功能,对已结账的凭证与账簿以及计算机内账簿生成的报表数据,系统不提供更改功能等。

3. 输出结果控制

常用的控制措施包括:控制只有具有相应权限的人才能执行输出操作,并要登记操作记录,从而达到限制接触输出信息的目的;打印输出的资料要进行登记,并按会计档案要求保管。

第四节 会计电算化信息系统维护与管理设计

会计信息系统投入运行后,为了保证系统的长期稳定运行,必须对会计信息系统的运行进行管理。

一、信息系统内部管理制度的设计

信息系统内部管理制度的设计包括岗位责任制的设计、会计信息系统操作制度的设计、计算机硬件和数据管理制度以及会计档案管理制度的设计。

(一)会计电算化岗位责任制设计

开展会计电算化,应根据工作需要,设计科学的会计电算化岗位责任制度,要明确每个工作岗位的职责范围,切实做到"事事有人管,人人有专责,办事有要求,工作有检查"。

会计电算化后的工作岗位可分为基本会计岗位和电算化会计岗位。前者包括会计主管、出纳、审核、稽核、档案管理等工作岗位。

在划分电算化会计岗位和工作职责时,可作如下设计:

(1)电算化主管。负责协调计算机及会计软件系统的运行工作,要求具备会计和计算机知识,以及相关的会计电算化组织管理的经验。电算化主管可由会计主管兼任,采用中小型计算机和计算机网络会计软件的单位,应设立此岗位。

(2)软件操作。负责输入记账凭证和原始凭证等会计数据,输出记账凭证、会计账簿、报表,并进行部分会计数据处理工作。此岗要求具备会计软件操作知识,达到会计电算化初级知识培训的水平,基本会计岗位的会计人员可兼任软件操作岗位的工作。

(3)审核记账。负责对输入计算机的会计数据(记账凭证和原始凭证等)进行审核,操作会计软件登记机内账簿,对打印输出的账簿、报表进行确认。此岗要求具备会计和计算机知识,达到会计电算化初级知识培训的水平,可由主管会计兼任。

(4)电算化维护。负责保证计算机硬件、软件的正常运行,管理机内会计数据。此岗要求具备计算机和会计知识,达到会计电算化中级知识培训的水平;采用大型、小型计算机和计算机网络会计软件的单位,应设立此岗,此岗位在大中型企业中应由专职人员担任。

(5)电算化审查。负责监督计算机及会计软件系统的运行,防止利用计算机进行舞弊。此岗要求具备会计和计算机知识,达到会计电算化中级知识培训的水平,可由会计稽核人员兼任;采用大型、小型计算机和大型会计软件的单位,可设立此岗。

（6）数据分析。负责对计算机内的会计数据进行分析。此岗要求具备计算机和会计知识,达到会计电算化中级知识培训的水平,可由主管会计兼任;采用大型、小型计算机和计算机网络会计软件的单位,可设立此岗。

以上仅对会计电算化岗位责任制设计了主要内容,在实施会计电算化过程中,可根据内部牵制制度的要求和工作需要,参照上述主要内容,进行适当的调整和设立必要的工作岗位。基本会计岗位和电算化会计岗位,可在保证会计数据安全的前提下交叉设置,各岗位人员要保持相对稳定。由本单位人员进行会计软件开发的,还可设立软件开发岗位。小型企事业单位设立电算化会计岗位,应根据实际需要,可对电算化会计岗位进行适当合并。

（二）会计电算化操作管理制度的设计

开展会计电算化,应根据工作的需要,设计切合实际情况的会计电算化操作管理制度。其主要内容如下：

（1）明确规定上机操作人员对会计软件的操作工作内容和权限,对操作密码要严格管理,指定专人定期更换密码,杜绝未经授权人员操作会计软件。

（2）预防已输入计算机的原始凭证和记账凭证等会计数据未经审核而登记机内账簿。

（3）操作人员离开机房前,应执行相应命令退出会计软件。

（4）根据本单位实际情况,由专人保存必要的上机操作记录,记录操作人、操作时间、操作内容、故障情况等内容。

（三）计算机硬件、软件和数据管理制度的设计

开展会计电算化,应根据工作的需要,设计必要的计算机硬件、软件和数据管理制度。其主要内容如下：

（1）保证机房设备安全和计算机正常运行是进行会计电算化的前提条件,要经常对有关设备进行保养,保持机房和设备的整洁,防止意外事故的发生。

（2）确保会计数据和会计软件的安全保密,防止对数据和软件的非法修改和删除;对磁性介质存放的数据要保存双备份。

（3）对正在使用的会计核算软件进行修改,对通用会计软件进行升级;在计算机硬件设备进行更换过程中,要保证实际会计数据的连续和安全,并由有关人员进行监督。

（4）健全计算机硬件和软件出现故障时进行排除的管理措施,保证会计数据的完整性。

（5）健全必要的防止计算机病毒的措施。

（四）电算化会计档案管理制度的设计

开展会计电算化,应根据工作的需要,设计必要的电算化会计档案管理制度。其主要内容如下：

（1）电算化会计档案,包括存储在计算机硬盘中的会计数据、以其他磁性介质或光

盘存储的会计数据和计算机打印出来的书面等形式的会计数据;会计数据是指记账凭证、会计账簿、会计报表(包括报表格式和计算公式)等数据。

(2) 电算化会计档案管理是重要的会计基础工作,要严格按照财政部有关规定的要求对会计档案进行管理,由专人负责。

(3) 对电算化会计档案管理要做好防磁、防火、防潮和防尘工作,重要会计档案应准备双份,存放在两个不同的地点。

(4) 采用磁性介质保存会计档案,要定期检查,定期进行复制,防止由于磁性介质损坏,而使会计档案丢失。

(5) 通用会计软件、定点开发会计软件、通用与定点开发相结合的会计软件的全套文档资源以及会计软件程序,视同会计档案保管,保管期截至该软件停止使用或有重大更改之后的5年。

二、会计信息系统的相关管理工作设计

会计信息系统的运行需要设计规范的运行管理制度,在正常运行出现问题的情况下,必须进行故障诊断并加以解决。

(一) 会计软件的数据备份与恢复制度设计

计算机会计信息系统中,对会计数据的管理是保证系统数据安全和可靠的重要方法。其中数据的备份和恢复是数据管理最主要的方面。

数据的备份是指将计算机硬盘上的数据备份到软盘或数据磁带上。

企业可建立以下会计系统备份制度:

(1) 每天关机前进行备份。备份时至少备份两份。而且,两份软盘应保存在不同地点。备份的软盘保留到下次系统运行时为止。备份软盘可以循环使用。每次备份是删除原有数据并将新数据拷贝到软盘上。

(2) 每次备份都在软盘标签上写明备份时间及责任人,以免恢复数据时发生错误。为此可设计标准格式的软盘标签以规范标注工作。

(3) 对于单机系统,凡具有数据输入或系统设置权限的人员都应该有数据备份权,以便进行完输入或设置后能够及时进行备份;对于网络系统,应设专人负责备份。

(4) 对各种交存和借阅的磁介质档案实行严格的登记和监督,并注意做好磁介质档案的防高温、防磁、防霉、防盗工作。

(5) 会计软件源程序和系统开发过程中形成的文档资料必须严格保管,借阅应进行登记,并严格控制借阅范围。一般情况下,系统操作人无权借阅。

(6) 对每日备份的机内数据资料的软磁盘或磁带实行专人保管并设立登记制度。

(7) 每年结账后将磁介质档案翻录成只读光盘进行保存。

(二) 会计软件应用的二次开发工作设计

商品化会计软件系统是会计软件公司根据大多数企业的应用模型而开发的通用性较强的会计软件。针对特殊行业或某个具有特殊需求的企业,会计软件公司有时需要对通用的商品化会计软件产品进行一些二次开发(或客户化),以满足用户的一些特殊需求。

对于大多数企业而言，一般可以通过调整业务处理流程来达到商品化会计软件的功能要求。由于进行二次开发需要一定的人员、时间与费用投入，而且开发能否取得成功也存在一定的风险性，此外还会给会计软件在未来的升级上带来问题，因此在决定是否一定需要进行二次开发时，应在二次开发与调整业务处理流程之间做好平衡。对确实需要进行二次开发的单位，需在会计软件开发商或咨询公司的指导下按以下步骤设计开发：

(1) 做好业务需求分析工作。

(2) 对二次开发进行系统设计。在进行系统设计时，需弄清会计软件产品中相关数据库的结构，以便与标准化软件产品之间能很好地衔接。

(3) 组织软件开发。从事二次开发的软件开发人员需要掌握已购买的商品化会计软件的开发平台或会计软件产品自身提供的开发工具。

(4) 系统测试。在完成二次开发后，应对开发出的功能进行仔细测试，只有通过测试才能投入正常使用。

(5) 操作培训。在二次开发完成并通过测试后，应对操作人员进行培训。

(6) 二次开发维护。企业完成二次开发工作并投入实际运行后，系统维护人员还需要对系统运行提供维护服务。

(三) 建立严格的防范计算机病毒侵害制度

计算机病毒是危害计算机信息系统的一种新手段，其传播泛滥的客观效果是危害或破坏计算机资源。

1. 计算机病毒简介

计算机病毒具有以下几个特点：寄生性、传染性、潜伏性、隐蔽性、可触发性。

计算机病毒根据病毒存在的媒体，可分为网络病毒、文件病毒、引导型病毒；根据病毒传染的方法，可分为驻留型病毒和非驻留型病毒；根据病毒破坏的能力，可分为无害型病毒、无危险型病毒、危险型病毒、非常危险型病毒；根据病毒的算法，可分为伴随型病毒、蠕虫型病毒、寄生型病毒和变型病毒。

2. 计算机病毒感染的具体表现

主要症状有：(1)病毒程序把自己或操作系统的一部分用坏簇隐藏起来，磁盘坏簇莫名其妙地增多；(2)病毒程序附加在可执行程序头尾或插在中间，使可执行程序容量增大；(3)病毒程序把自己的某个特殊标志作为标签，使接触到的磁盘出现特别标签；(4)病毒本身或其复制品不断侵占系统空间，使可用系统空间变小；(5)病毒程序的异常活动，造成异常的磁盘访问；(6)病毒程序附加或占用引导部分，使系统导引变慢；(7)丢失数据和程序；(8)中断向量发生变化；(9)打印出现问题；(10)死机现象增多；(11)生成不可见的表格文件或特定文件等。

3. 计算机病毒防范对策设计

(1) 应养成及时下载最新系统安全漏洞补丁的安全习惯，从根源上杜绝黑客利用系统漏洞攻击用户计算机的行为。同时，升级杀毒软件、开启病毒实时监控应成为每日防范病毒的必修课。

（2）定期做好重要资料的备份,以免造成重大损失。

（3）选择具备"网页防火墙"功能的杀毒软件,每天升级杀毒软件病毒库,定时对计算机进行病毒查杀,上网时开启杀毒软件。

（4）不要随便打开来源不明的 Excel 或 Word 文档,并且要及时升级病毒库,开启实时监控,以免受到病毒的侵害。

（5）上网浏览时,一定要开启杀毒软件的实时监控功能,以免受到病毒侵害。

（6）上网浏览时,不要随便点击不安全的陌生网站,避免病毒利用其他应用软件漏洞进行木马病毒传播。

（7）及时更新计算机的防病毒软件、安装防火墙,为操作系统及时安装补丁程序。

（8）在上网过程中要注意加强自我保护,避免访问非法网站,这些网站往往潜入了恶意代码,一旦用户打开其页面,即会被植入木马与病毒。

（9）利用 Windows Update 功能打全系统补丁,避免病毒以网页木马的方式入侵到系统中。

（10）将应用软件升级到最新版本,其中包括各种 IM 即时通信工具、下载工具、播放器软件、搜索工具条等。

【复习题】

1. 什么是会计电算化及会计电算化制度?
2. 会计电算化制度设计的要求是什么?
3. 简述会计电算化系统内部控制制度设计的内容。
4. 简述会计软件各子系统日常处理的设计。
5. 简述会计电算化系统内部控制系统设计的总目标和子目标。
6. 简述会计电算化内部控制系统的分类。
7. 会计电算化系统一般控制设计的内容有哪些?
8. 会计电算化系统应用控制设计的内容有哪些?
9. 简述会计信息系统内部管理制度的设计内容。
10. 在会计信息系统相关管理工作设计中,你认为哪方面的内容最重要?为什么?
11. 计算机感染病毒后的主要表现有哪些?计算机病毒的主要危害是什么?

【思考设计题】

1. 如何按企业规模设计会计电算化岗位?
2. 医院、高校实行会计电算化与企业有何不同?
3. 你认为会计软件二次开发的核心是什么?

第十一章　内部稽核设计

【本章导航】

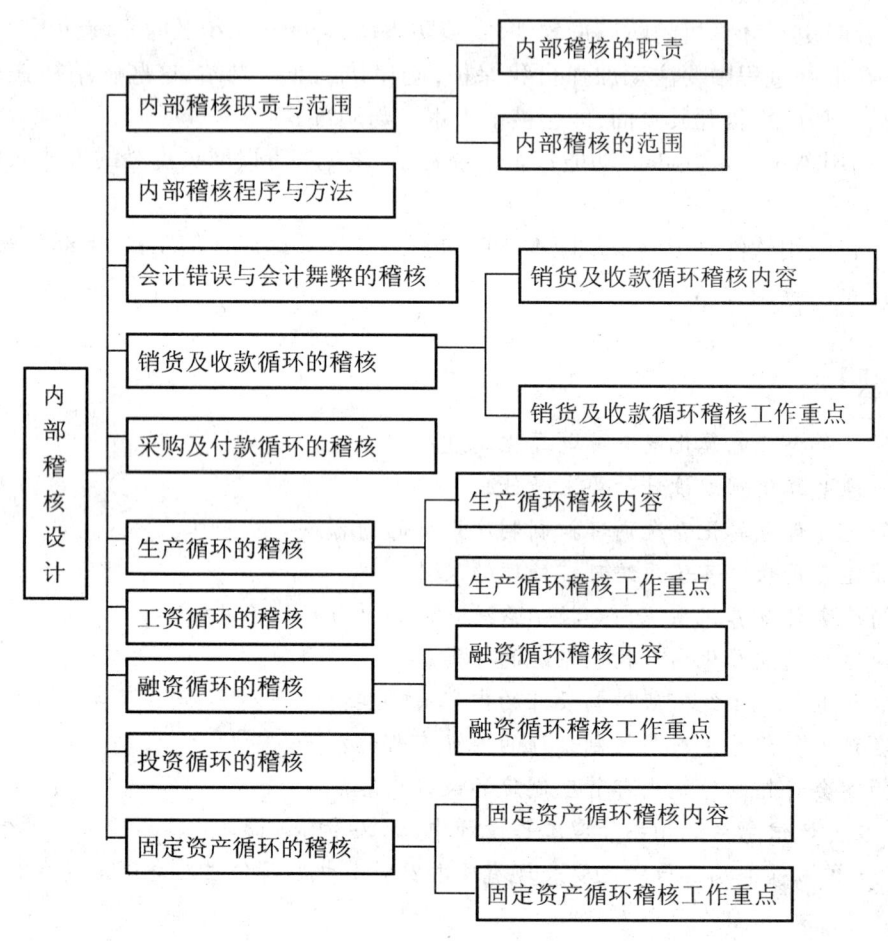

第十一章 内部稽核设计

【知识目标】

1. 了解内部稽核的职责与范围。
2. 明确内部稽核的基本程序与方法。
3. 熟悉会计错误与会计舞弊之异同。

【能力目标】

1. 能举例说明内部稽核的基本方法。
2. 能掌握主要交易或事项循环稽核的基本技能。

【导入案例】

请认真阅读以下案例并思考三个问题：
1. 司法会计鉴定报告、内部稽核报告、审计报告有何异同？
2. 本报告稽核的主要内容是什么？内部稽核与外部审计有何关系？
3. 在对本报告的描述中，你认为审计者应用了什么方法？这些方法能否在内部稽核中应用？

关于 A 公司出纳 B 挪用资金的司法会计鉴定报告（节选）

1. 鉴定对象简介

鉴定对象是××县××有色金属有限责任公司（以下简称 A 公司）原出纳××（以下简称 B）是否挪用资金、挪用资金的方式、挪用资金的时间及挪用资金的数额。

2. 鉴定过程及鉴定方法

（1）鉴定的起止时间

2011 年 7 月 11 日至 2011 年 7 月 12 日。

（2）鉴定主要操作程序

① 组成××等 4 人鉴定小组，制定鉴定方案；
② 听取相关人员介绍案情，明确鉴定目的；
③ 现场获取相关资料；
④ 收集其他相关资料；
⑤ 分析相关资料，得出相关结论。

（3）鉴定方法

首先对 A 公司提供的中国建设银行户名为 B、存折号码为 360011××××××的存折三页（时间为 2010 年 12 月 31 日至 2011 年 6 月 3 日）中的入账数额进行累加，减去已入公司账的数额和短信服务费，加上利息收入，再考虑该存折的期末余额和未入账尾数等因素，最后构成相关数据的勾稽关系。

3. 检材分析

（1）A 公司提供的中国建设银行户名为 B、存折号码为 360011××××××的存折三页(时间为 2010 年 12 月 31 日至 2011 年 6 月 13 日)中的入账数额是 2 399 939 元,其中 2011 年 4 月 16 日转存的 1 970 元属于误存,并于 2011 年 5 月 17 日如数现取,并不构成入账收入。

(2) A 公司提供的会计账簿、会计凭证、会计报表等会计资料中反映:

① 2011 年 3 月第 35 号记账凭证入账上述收入款项计 477 317.50 元;
② 2011 年 3 月第 44 号记账凭证入账上述收入款项计 524 039.58 元;
③ 2011 年 3 月第 105 号记账凭证入账上述收入款项计 87 789 元;
④ 2011 年 4 月第 21 号记账凭证入账上述收入款项计 839 980.62 元;
⑤ 2011 年 6 月第 23 号记账凭证入账上述收入款项计 204 468.60 元。

以上共计入账 2 133 595.30 元。

(3) 短信服务费共计 15 元。

(4) 利息收入 830.94 元。

(5) 依据以上因素应形成以下勾稽关系:

A 公司提供的中国建设银行户名为 B、存折号码为 360011×××××的存折余额 = 期间内相关收入入账数额 − 已进入公司账户数额 − 短信服务费 + 利息收入 = 2 399 939 − 2 133 595.30 − 15 + 830.94 = 267 159.64 元。

但存折实际余额是 1 159.64 元,两者差额为 267 159.64 − 1 159.64 = 266 000 元,与 B 于 2011 年 5 月 24 日出具的人民币 266 000 元欠条数额相符;从数额关系看,与 2011 年 2 月 12 日现取 150 000 元、2011 年 3 月 23 日现取 35 000 元、2011 年 3 月 30 日现取 10 000 元、2011 年 4 月 6 日现取 35 000 元、2011 年 5 月 16 日现取 36 000 元之和形成了勾稽关系;并与 A 公司出具的 B 挪用具体数额及时间说明一致。

4. 鉴定结论

(1) B 于 2011 年 2 月 12 日以现取方式挪用了 A 公司主营业务收入款项 150 000 元,至鉴定日期即 2011 年 7 月 11 日共计 5 个月;

(2) B 于 2011 年 3 月 23 日以现取方式挪用了 A 公司主营业务收入款项 35 000 元,至鉴定日期即 2011 年 7 月 11 日共计 3 个月又 18 天;

(3) B 于 2011 年 3 月 30 日以现取方式挪用了 A 公司主营业务收入款项 10 000 元,至鉴定日期即 2011 年 7 月 11 日共计 3 个月又 11 天;

(4) B 于 2011 年 4 月 6 日以现取方式挪用了 A 公司主营业务收入款项 35 000 元,至鉴定日期即 2011 年 7 月 11 日共计 3 个月又 5 天;

(5) B 于 2011 年 5 月 16 日以现取方式挪用了 A 公司主营业务收入款项 36 000 元,至鉴定日期即 2011 年 7 月 11 日共计 1 个月又 25 天。

资料来源:唐立新,原创于 2011 年 10 月。

第一节　内部稽核职责与范围

《会计法》第三十七条第一款规定:会计机构内部应当建立稽核制度。本款与第二款关于实行内部牵制的规定共同构成了我国会计内部控制的基本内容。

一、内部稽核职责

稽核是稽查和复核的简称。内部会计稽核工作是会计机构本身对于会计核算工作进行的一种自我检查或审核工作,其目的在于防止会计核算工作中出现的差错和有关人员的舞弊。通过稽核,对日常核算工作中出现的疏忽、错误等及时加以纠正或制止,可以提高会计核算工作的质量。内部稽核工作制度的主要内容,包括稽核工作的组织形成和具体分工,稽核工作的职责、权限,审核会计凭证和复核会计账簿、会计报表的方法。

稽核制度是会计机构内部的一种制度。从会计工作实际情况来看,会计稽核是会计工作的重要内容,加强会计稽核工作是做好会计核算工作的重要保证。所有国家机关、社会团体、事业单位、公司企业和其他组织,只要是《会计法》调整范围内的单位,设置会计机构或者在有关机构内设置会计人员,都要由会计机构负责人或者会计主管人员指定专人对本单位的会计凭证、会计账簿、会计报表及其他会计资料进行检查或审核,并使该项制度程序化和逐步完善。对个体商户,只要其按照有关规定建立了会计机构,也要建立会计稽核制度。会计机构内部稽核制度是内部控制制度的一种,按照我国财政部颁发的《会计人员工作制度》规定,会计机构内部应当建立会计稽核岗位,稽核人员根据各单位的实际情况可以是专职人员,也可以是兼职人员。因此,内部稽核,是由会计主管及会计人员依据会计法规进行的一种稽核。内部稽核的内容有计划审核和财务审核、全面稽核与重点稽核。计划审核,是指对计划与预算的制定、执行与控制所进行的审核;财务审核,是指对现金及其他财物的处理程序所进行的审核;全面稽核,一般是定期地对所有会计工作进行的稽核;重点稽核,是指不定期地根据需要对重点的会计工作内容进行的稽核。

内部稽核程序有事前复核和事后复核。所谓事前复核,是指事项入账前的审核,着重于收支的控制;所谓事后复核,是指事项入账后的审核,着重于凭证、账表的复核与工作绩效的查核。内部稽核按照稽核期间进行划分,可分为日常稽核和临时稽核。日常稽核,是指按照会计工作程式的需要所进行的经常稽核;临时稽核,是指按照特别需要所进行的非正式稽核。内部稽核的实施方式,一般是书面审核与实地抽查相结合,并应规定分层,划分办理的范围。

会计机构内部稽核工作的主要职责有以下几个方面:会计内部稽核应依照《会计法》、国家统一的会计制度及有关会计规章的规定办理;单位及附属机构实施内部稽核应由会计人员执行,未设会计人员的机构,应由指定兼办会计人员执行;单位附属机构日常会计事务的审核,由各机构会计人员负责初核,单位会计人员负责复核,内部审核人员负责抽查;单位本身日常会计事务的稽核,由单位会计人员负责初核,内部审计人员负责抽查等。

二、内部稽核范围

(一) 会计事务稽核

会计事务稽核主要包括对凭证、账簿、报表及有关会计事务处理程序的稽核。其主要内容如下：

（1）会计人员对于不合法的会计程序或会计文书，应敦促更正，不更正者，应拒绝办理，并报告上级主管。

（2）各单位的会计凭证，关系到现金、票据、证券收付的，非经会计主管或其授权人签名或盖章，不得执行。对外的收款收据，非经会计主管或其授权代签人签名或盖章，不得生效。

（3）会计人员审核原始凭证，发现有下列情形之一者，应拒绝签署：未注明支出或用途有关依据的；依照法律或习惯应有的主要书据缺少或形式不具备的；未经所发生事项的主管或主办人员签名或盖章的；未经经手人、验收人及保管人签名或盖章的，或应附收验收的证明而不附收的；未经主办事务人员签名或盖章所发生的账物增减、保管、转移的事项；书据上数字或文字有涂改痕迹而未以负责人员签名或盖章证明；书据上表示金额或数量的文字、号码不符的；其他与相关法规不相符的。

（4）会计人员审核记账凭证，应注意事项包括：是否根据合法的原始凭证而编制；会计科目、子目使用是否正确，有无误列；摘要栏记录事由是否简明扼要，并与相关原始凭证是否相符；金额是否与相关原始凭证所载金额相符；是否载明相关原始凭证种类、页数、号数、日期等。

（5）会计人员审核账簿，应注意事项包括：各类账簿记录的设置，是否与《会计法》及国家统一的会计制度的规定相符；各种账簿记录是否与记账凭证相符，各项账目登记是否完整；现金日记账每日收付总额及余额是否与总分类账及明细分类账现金科目当日收付及结余额相符，各明细账余额之和是否与总账相关科目余额相符；各种明细账是否按时登记，并按月与总分类账有关统制科目核对同，是否相符；账簿的登记、装订、保管及存放地点是否妥善；账簿是否按规定年限保管，销毁是否按规定办理手续。

（6）会计人员审核会计报表，应注意事项包括：会计报表的种类及格式，是否与《会计法》及国家统一的会计制度的规定相符，是否符合单位管理的需要；各种会计报表，是否根据会计记录编制，是否便于核对；会计报表的编报期限是否符合规定；会计报表所列数字的计算是否正确；会计报表所列数字或文字的更正是否符合规定；等等。

（7）会计人员审核期终结账，应注意事项包括：预收及预付款项与递延收益及递延费用时效到达或消失者，有无按期结转，预收及预付款项有无列账说明；应收及应付款项有无根据相关凭证计算列账，有无漏列情况；等等。

（二）经营预算稽核

经营预算稽核主要包括对预算收支估计、汇编及预算执行控制的稽核。其主要内容如下：

（1）会计人员审核经营预算的编制，应注意事项包括：经营部门提供预算年度的销货收入预测与单位营运目标是否相配合，与以往年度营业状况和今后发展趋势是否相一致；生产部门提供的预测产品数量是否与销货数量相配比；生产部门提供的耗用原料预测数是否与产品生产计划相协调，与过去原料耗用相比有无显著出入；采购原料计划是否根据存货政策及采购政策制定、价格预测是否合理；等等。

（2）会计人员审核经营预算的控制，应注意事项包括：年度预算核准后有无按季、月制订执行计划，有无进一步预测未来执行情况；有无按季、月进行实际数与预算数比较，其比较结果有无反馈给相关单位；有无认真研讨实际数与预算数之间的差异及其原因；有无针对存在的问题采取纠正的措施。

（3）会计人员审核资本预算的编制与执行，应注意事项包括：资本支出预算的个案建议有无通过充分的研究论证，成本与效益是否相适应，有无书面评估资料；资本支出建议是否适应单位长期发展需要，单位有无长期发展规划，个案建议有无纳入规划管理；资本支出预算有无有关部门审议及单位领导核准；资本年度支出预算核准后，有无按预期进度编制分期支付的计划；预算支出时有无严格的核准手续；是否严格控制资本支出预算的变更；年终有无对资本支出预算执行情况进行考核，针对存在的问题有无采取纠正行动。

（三）财务出纳稽核

财务出纳稽核包括对现金、银行存款、票据、证券等财务的日常处理手续及保管的稽核。其主要内容如下：

（1）现金、银行存款、票据及证券收付是否按照规定的程序办理；

（2）现金、银行存款、票据及证券收付是否根据凭证随时登记和完整登记；

（3）单位及其所属机构是否按限额库存现金，有无超额库存，有无现金闲置等现象；

（4）各单位备用金额是否适当，有无按期报销，有无妥善保管；

（5）有无在营业时间外收付款项的现象，如有，其处理手续是否完备严密，保管是否安全；

（6）现金、票据、证券实际结存额与账表是否相符，是否按期与银行对银行存款数进行调节；

（7）各单位预领的备用金，有无进行不定期检查，每次检查是否进行登记；

（8）现金、票据、证券等保管是否良好，有无进行不定期抽查，抽查后有无记录；

（9）现金等保管设备是否牢靠完善，钥匙及密码暗锁是否由指定人妥善保管，库房是否采取了防潮、防盗、防震及其他安全措施。

（四）财务变动稽核

财务变动稽核包括对购买、定制、营建及变卖财物处理程序的稽核。其主要内容如下：

（1）会计人员审查财物订购及款项是否符合计划进度及规定，是否进行了完整的登记，关系费用契约及采购、买卖合同等是否经会计人员事前审核及签章。

（2）会计人员审核购买、变卖财物及修缮工程时，应注意下列事项：财物购置、定制及修缮工程，有无预算及是否与所定的用途相符，数额是否在预算范围之内，事前有无办理申请及核准；日常应用的大批原物料及其他物品是否视存量及耗用情况申请采购与配发使用，经济采购量与存量控制制度是否适当，等等。

第二节 内部稽核程序与方法

一、内部稽核程序

内部稽核不同于内部审计或外部检查,内部稽核工作主要由会计人员或相关业务人员兼做,其主要稽核方式于作业处理过程之中,一般均由负责下一段业务处理的人员兼做上一段业务处理的稽核工作,以期即时稽核、即时纠正,达到自我牵制、自我控制的功效。

稽核要掌握最基本的三个步骤:一是要查明事实,二是要衡量是非,三是要得出结论。查明事实或澄清事实,即要了解被告稽核业务到底是如何处理的,从多方面搜集必要的证据评定、证实被稽核业务的本来面目。衡量是非,即要将查明的事实与其相关的制度、程序、标准、定额等进行比较,看其处理是否合法、正确与有效,有何不妥之处。得出结论,是指在分析比较结果的基础上,得出原因在何处、结果如何、怎样纠正等方面的结论。对于定期的、正规的稽核工作,还必须遵循稽核准备、稽核实施、稽核分析、稽核报告等四个方面的要求。

(一)稽核准备

稽核准备工作包括以下四个方面:一是要明确稽核的目的和范围;二是稽核前要搜集拟稽核项目的背景资料;三是针对拟稽核项目制定稽核方式,即明确具体项目的稽核目的、稽核内容、稽核顺序与抽查范围及程度;四是明确稽核人员及工作分配。

(二)稽核实施

稽核实施,主要是采用调查、检查等手段查明被稽核事项的真相,以明确症结所在。依稽核实施的工作内容进行划分,一般可分为制度稽核与作业稽核两类。

制度稽核的重点包括如下内容:例行作业是否有明文规定可遵循?现行规定是否合理?是否与单位政策一致?操作流程是否明确?是否贯彻了牵制原则?现有资源是否有效运用?现行规定是否因内外环境变化而加以修订?对现行业务处理是否适用?

作业稽核的重点包括如下内容:实际业务处理与制度规定是否一致?各项原始凭证与经办手续是否有案可循?作业方式是否前后一致?

(三)稽核分析

在查明事实真相的基础上进行分析研究,有助于得出正确的结论。分析时,稽核人员应注意对问题的全面了解和客观判断。分析研究工作的主要内容是:找出发生问题的所有因素,分析各因素彼此间的关系,决定各因素重要性的先后次序,研究所有可能解决方案,与相关人员沟通各种可能解决方案,选择最适当可行的方案。提出方案建议时,应站在管理者的客观立场,并考虑实务上的可操作性。

稽核人员在稽核实施与分析时,都要形成稽核过程的文件,即要编制稽核工作底稿。稽核工作底稿应收录和记录稽核工作的谋划;制度与作业检查及评价情况;稽核程序的执行、资料的汇集与结论的形成;稽核结果报告等。

（四）稽核报告

稽核人员于工作结束后,应尽快提出稽核报告。稽核报告是稽核人员将稽核过程中汇集的资料、查明的事实、获得的结论与建议,具体通知相关部门或最高管理层,以便相关部门及最高管理层进行处理,纠正和采取有效行动。

稽核报告的主要形式有两种:文字报告和口头报告。文字报告即书面报告,也就是正式报告,可以永久保存,也可避免疏忽和误解。口头报告则指一种非正式报告形式,多用于急于交换意见而采取行动时。口头报告使用灵活,但不利于长久保存和备查,完毕后还应补报文字报告。

稽核报告应力求客观、简明及具有建设性,编制时应遵守以下原则:正确性,即在形式上与内容上均力求正确无误;客观性,即叙述基于事实,判断力求客观;简要性,即简明扼要,通俗易懂;完整性,即资料完整,说明透彻,依据充分,内容明确;合理性和及时性。

稽核报告的内容与格式虽然因稽核的任务和目的不同而有所区别,但一份完整的报告,必须具备以下内容:(1)前言;(2)目的与范围;(3)稽核时间与过程;(4)查核结果,包括应有的作业标准、实际的作业情形、背离标准的差异、差异的影响、造成差异的原因;(5)改善建议。

稽核报告的编制过程,主要包括起草、初稿后协调及核定后发出。尤其是初稿后协调最为重要。初稿完成后,稽核人员应就报告内容的适当性、正确性和完整性,尤其是稽核结果,征询受查单位主管的意见,以表达稽核人员开诚布公的态度,并给予受查方澄清解释的机会,以避免猜忌误会。稽核报告的撰写者必须对报告的主题充分了解,充分保证报告内容绝对属实、客观、准确地表达应报告的内容,以避免误解;报告应叙明稽核的对象、范围、方法、所负的责任,稽核中的发现、结论与意见;报告应符合接受报告者的阅读能力。

二、内部稽核方法

内部稽核人员进行内部稽核时主要采用资料检查法和资产检查法,具体有审阅法、复核法、核对法、盘存法、函证法等。

（一）审阅法

审阅法是指通过有关书面资料进行仔细观察和阅读来取得证据的一种检查方法。通过审阅借以鉴别书面所反映的经济活动是否真实、正确、合法、合理及有效。审阅法不仅可以取得直接证据,也可以取得间接证据。运用审阅法应注意的技巧可参考审计方法。

（二）复核法

复核法,也称复算法或验算法,是指通过对有关数据指标进行重新计算,来验证其是否正确的一种查账技术。很多会计数据,都是通过一定的公式进行算术运算求得的,可能会因工作人员的疏漏,或受限于业务水平,或故意舞弊而造成数据失真。

1. 会计数据的复核

会计数据的复核,主要是指对有关资料提供的数据指标的复核。

(1) 在会计凭证方面需复核以下内容:①复核原始凭证上的数量、单位与金额的计算有无错误,涉及多个子项的原始凭证,注意复核其是否正确;对于自制的付款凭证如工资结算凭证,更应注意,以防有诈。②复核记账凭证所附原始凭证的金额合计是否正确。③复核记账凭证汇总表(科目汇总表)是否正确。④复核转账凭证上转记金额是否正确。⑤复核计算成本中有关费用的归集与分配以及单位成本的计算有无错误等。

(2) 在会计计账方面需复核以下内容:①复核资产负债表中的小计、合计数及总计数的计算是否正确;②复核损益表及其主营业务收支明细表、利润分配表中的利润总额、净利润及利润分配等有关数据的计算有无错误;③复核现金流量表中有关项目的计算、小计、合计数有无错误;④复核其他明细表有关栏和行的合计数,以及最后的总计数计算有无错误;⑤复核报表补充资料中有关指标的计算是否正确。

2. 其他数据的复核

其他数据的复核主要是对统计资料所提供的一些主要指标进行复核。如工作时间的复核,包括定额工作时间、计划工作时间、实际工作时间的复核。必要时,还应对有关预测、决策数据进行复核。

(三) 核对法

核对法,是指在书面资料的相关记录之间或是书面资料的记录与实物之间进行相互核对,以验证其是否相符的一种查账方法。按照复式记账原理,核算的结果、资料之间会形成一种相互制约关系。有关人员无意的工作差错或是故意的舞弊行为,都会使形成的制约关系失去平衡。因此,通过对以下相关资料之间的相互核对就能发现可能存在的种种问题:

(1) 会计资料之间的核对,即证证核对、账证核对、账表核对和表表核对。

(2) 会计资料与其他资料之间的核对,主要包括核对账单和核对其他原始记录。核对账单,即将有关账面记录与第三方的账单进行核对,查明相互是否一致,有无问题。如将单位的银行存款日记同银行的对账单进行核对等。核对其他原始记录,即将会计资料同其他原始记录进行相互核对,查明有无问题。

(3) 有关资料记录与实物的核对。其中,核对账面上的记录与实物之间是否相符,是核对的重要内容。核对时,应将有关盘点资料同其账面记录进行核对,或是拿实地盘点获得结果同其账面记录核对。

通过以上核对,能发现其中的差异所在。这些差异,有些还需要进一步审查。进行审查时,应分析判断差异产生的原因及后果,然后再实施更深程度的审查。

(四) 盘存法

盘存法,是指通过对有关财产物资的清点、计量来证实账面反映的财物是否确实存在的一种查账技术。按具体做法的不同,有直接盘存法和监督法两种。直接盘存法,是指查账人员在实施检查时,通过亲自盘点有关财物来证实有无问题的一种方法。监督法是指查账人员不亲自盘点,而是通过对有关盘点手续的观察和在场的监督,来证实有无问题的一种盘存法。盘存方法,可以用来证实财产物资的实有情况,并与会计记录比较,借以发现差异。

在具体运用盘存法时,应特别注意以下各点:

(1) 实物盘存一般采取预告检查方式,如有需要也可采取突击检查方式。如果实物存放分散,应同时盘点;若不能同时盘点,则未盘实物的保管,应在查账人员的监督下进行。

(2) 不能只清点实物数量,还应注意实物的所有权、质量等。

(3) 任何实质的白条都不能用来充抵库存实物。

(4) 在确定盘点小组的人选时,不能完全听任被查单位安排,以防串通合谋。

(5) 确定盘点结果时不要轻易作结论,尤其涉及个人的问题时更应谨慎从事。

(6) 若遇到检查日与结账日不一致,应进行必要调整。

(五) 函证法

函证法是指查账人员根据稽核的具体需要,设计出一定格式的函件并寄给有关单位和人员,根据对方的回答来获取某些资料,或对某一问题予以证实的一种检查方法。运用函证法时应注意的技巧可参考审计方法。

(六) 观察法

观察法是指检查人员通过实地观看来取得证据的一种技术方法。如检查人员对被查单位所处的外部环境和内部环境进行观察,借此取得环境证据;检查人员对被查人员行为过程进行观察,借以发现问题和证实问题,并取得行为证据;检查人员对被查财产物资进行观察,了解其存款、保管和使用状况,借以确定盘点重点、证实账簿记录,充实证据资料。观察法除用于对被查单位经营环境的了解以外,主要应用于内部控制制度的遵循测试和财产物资管理的调查,如有关业务的处理是否遵守了既定的程序,是否办理了应办的手续等。观察法常结合盘点法、询问法使用。

(七) 鉴定法

鉴定法,是指检查人员对于需要证实的经济活动、书面资料及财产物资超出稽核人员掌握的专业技术时,应另聘有关专家运用相应专业技术和知识加以鉴定证实的方法。如需要进行书面资料真伪的鉴定,实物性能、质量、估价的鉴定,经济活动是否合理的鉴定等,就有必要聘请有关专家进行。鉴定法主要应用于涉及较多专门技术问题的稽核领域,同时应用于一般稽核实务中难以辨别真伪的场合,如纠纷、造假事项等。

(八) 分析法

分析法是指通过对被稽核项目有关内容的对比和分解,从中找出各项目之间的差异及构成要素,以揭示其中的问题,为进一步检查提供线索的一种技术。稽核工作中采用的分析法主要有比较分析、平衡分析、科目分析和趋势分析等。比较分析方法是揭露问题的有效手段,如用来分析成本构成的合理性,核实某些资产计价的真实情况等。

(九) 推理法

推理法,是指稽核人员根据已经掌握的事实或线索,结合自身的经验并运用逻辑方法,来确定一种方案并推测实施后可能出现的结果的一种技术方法。推理法与分析、判断有着密切的联系,通常将其合称为"分析推理"或"判断推理",它是一种极为重要的稽核技术。推理法的应用,有利于把握检查的对象和选择最佳的检查方法。推理法的步骤是:提出恰当分析,进行合理推理,进行正确判断。

在具体应用推理时还应特别注意以下各点:分析、推理都应以已知的事实为依据;对于用来推理的基础资料,在运用推理之前应加以核实,以防推理出错;对于推理得出的结论,必须通过核实取证后才能加以运用;在运用推理时,应注意结合采用分析判断等方法。

(十) 询问法

询问法或称面询法,是指稽核人员针对某个或某些问题通过直接与有关人员进行面谈,以取得必要的资料从而对某一问题予以证实的一种检查技术方法。按询问对象的不同,询问法可分为对知情人的询问和对当事人的询问两种。对知情人的询问,是指通过找有关知晓某一问题具体情况的人员进行面谈,来获得证据或证实问题;对当事人的询问,是指通过找有关问题的直接负责人进行面谈,来获取资料或核实问题。因询问的方式不同,又可分为分别询问和集体询问两种。

在具体应用询问时,还应特别注意以下各点:应有两个以上的人在询问现场,以相互配合;对已列入计划的询问对象予以保密,对当事人的询问更应如此;询问时应认真做好询问记录,并在询问完毕后交被询问人审阅签名,以明确责任,防止口说无凭;对涉及多个当事人的询问,应分开同时进行,以防相互串通建立攻守同盟。

(十一) 调节法

调节法是指审查某一经济项目时,为了验证其数字是否正确,而对其中某些因素进行必要的增减调节,从而求得需要证实的数据的一种稽核方法。如在盘存法中,当材料、产品的盘存日与结账日不同时,应采用调节法;当银行存款账户余额和银行对账单所列余额不一致时,也应采用调节法。通过调节,往往还能揭示更深层次的问题。

第三节 会计错误与会计舞弊的稽核

会计机构的内部稽核,其根本目的是防止和减少会计错弊的发生,以避免财产损失和浪费。

会计错弊包括会计错误和会计舞弊两种含义。无论是会计错误,还是会计舞弊都是与会计原则、会计目的相悖的,都不利于会计职能的充分发挥。这类问题发生后,都会造成会计资料之间或会计资料与实际经济活动的不符。

一、会计错误

(一) 会计错误的含义及形成原因

所谓会计错误,是指账务上的记录、计算、整理、编表等工作,违反了真实性、合法性和适当性的原则,但不含任何不良企图,纯属非故意造成的会计过失。其所犯错误的轻重与下列几项因素有关:会计人员的素质高低;工作态度的好坏;内部控制程度是否健全。

（二）错误种类及其表现形式

1. 原理错误

原理错误是指运用会计原理不当造成的错误，即在会计凭证的填制、会计科目的设置、会计核算形式的选用、会计处理程序的设计等环节上出现的不符合会计原理、会计原则和法令、规章、制度规定的错误。

2. 记账错误

记账错误，包括以下几个方面：入账错误，即将应记入甲账户的账项误记入乙账户。过账错误，即从记账凭证过入总账和明细账所发生的种种错误。漏账错误，即会计处理中遗漏记账的无意差错。漏账错误主要有：全部漏账，即借贷双方都漏记账；部分漏账，即借贷一方漏记账。重账错误，即会计处理中重复记账的无意差错。重账错误主要有：全部重账，即借贷双方都重复记账；部分重账，即借贷一方重复记账。

3. 计算错误

计算错误是指会计处理中运算上的无意差错。此类错误表现在费用计算、成本计算、利润计算、基金计提、折旧计算以及库存商品材料计数和计价、金额计算等方面。计算错误主要有：四则运算错误，确定计量单位错误，选用计算方法错误，运用计算公式错误。

（三）会计错误的认定

从理论上讲，会计错误的后果可能掩盖某种事实，甚至影响财务状况的正确反映和资金的正确分配，但认定会计错误要掌握其基本特征。会计错误的特征主要有以下三个方面：

（1）会计错误观点的发生纯粹是一种经办人员专业能力不足、经验欠缺而导致的疏忽和过失的行为，没有任何不良企图。

（2）造成会计错误的原因很多，从其表现形式来看主要有：运用会计原理不当造成的错误，会计人员疏忽造成的错误，会计人员对有关法规不熟造成的错误，企业单位管理不当造成的错误。

（3）所发生的会计错误违反了真实性、合法性和适当性的原则，不能如实反映经济活动情况。所谓真实性，是指会计凭证的编制、账项的记录以及报表的编制，应与财务经济活动的实际情况完全一致。违反真实性的会计记录内容和计算，都属于会计错误。所谓合法性，是指会计记录和计算，不仅要求真实正确，而且所记录和计算结果，要符合法令、规章、制度的规定。如果违反法令规章制度的规定，也属于会计错误。所谓适当性，是指对经济业务的处理、记录都要符合各种经济活动、财务收支和管理的原则。不符合管理原则的，均属于错误的行为。

认定会计错误的主要依据有三个：其一，会计核算的各个环节中所作的会计处理以及通过会计核算所提供的会计资料，是否符合经济业务活动的客观事实；其二，会计核算和会计资料，是否符合会计原理；其三，所有经济活动和财务收支以及会计处理，是否完全符合规定的程序和方法，是否符合《会计法》和国家统一的会计制度。

二、会计舞弊

(一) 会计舞弊的含义和特征

会计舞弊是指在生产经营和管理活动中,利用业务上的处理技巧和其他非法手段为个人或单位谋求不正当的利益。会计舞弊的主要特征有:(1)行为人都有不良的,而且是故意的行为。(2)行为人经过事先预谋、精心策划,运用公开或隐蔽的非法手段作弊,一般难以察觉。(3)使国家或单位遭受经济损失。(4)行为人一般是单位内部人员,在一般情况下他们多是利用权力或职务方便进行的。

(二) 会计舞弊的种类

会计舞弊的种类可以从不同的角度进行分类。从主体进行划分,舞弊行为可以分成个人舞弊和单位舞弊。

1. 个人舞弊

个人舞弊是指企事业单位职工和管理人员,利用账务上的处理技巧或者经济上的某些漏洞,采取掩盖事实真相的种种手段,以达到变公共财物为私人占有的违法性舞弊行为。这种弊端主要表现为贪污和盗窃。它们的产生可以归结为两个方面:一是内部控制制度的缺陷,二是舞弊者的思想堕落。

常见的个人舞弊的表现形态可分成以下两个方面:

(1) 贪污货币资金的舞弊行为。其手法有:①截留现金收入,据为己有;②收入现金不开收据,窃为己有;③侵吞代扣款项,私扣手续费;④虚报冒领工资、资金;⑤伪造发票、收据,虚报费用;⑥涂改原始凭证,加大票据金额;⑦重复报销、假公济私等。

(2) 窃取财产物资的舞弊行为。其手法有:①涂改领料单据,侵吞财物;②利用制度漏洞,直接窃取商品物资;③套购倒卖,坐地分赃;④以物易物,私分侵吞;⑤虚报缺失,私自盗卖报损部分;⑥监守自盗;⑦库存盘盈,隐匿不报,变卖贪污。

2. 单位舞弊

单位舞弊是指企事业单位领导人为了本单位及其成员的利益,授意有关经办人员,利用不正当或非法手段,损失国家和其他单位利益的违纪性舞弊行为。单位舞弊主要表现为"真账假算",虚假反映。它们的产生可归结为三个方面:一是会计控制软弱,会计人员不敢坚持原则;二是单位内部没有建立对其负责人及其管理人员的行为约束机制;三是单位领导人及其管理人员沽名钓誉,认识上存在缺陷。

单位舞弊的种类很多,但其表现形态主要有以下几个方面:①收入不入账,私设"小金库";②挤占和虚列成本;③乱列营业外支出;④隐瞒、截留应上缴的税金和利润;⑤虚饰赢利能力,隐瞒亏损;⑥利用存货左右盈亏;⑦违反规定,将全民所有财产转让给集体,或者将预算内资金划转为预算外资金;⑧严重违反国家财务开支规定,挥霍浪费国家财产物资。

(三) 衡量会计舞弊的标准

会计错误和会计舞弊是两个既相互联系又有区别的概念。在实际的经济活动中,会计错误与会计舞弊往往交织在一起,但是又各有其不同的特征。它们的主要区别有:

1. 动机不同

发生会计舞弊的行为人总是出自蓄意的不良企图而进行违法违纪行为。会计错误的行为人则是因为专业能力不足、业务不熟、疏忽大意或过于自信而造成过失行为,主观上没有任何不良企图。其本质的区别:一个是有意,一个是无意;一个是故意,一个是过失。

2. 手段不同

发生会计舞弊的行为人经过事先的预谋和策划,所采取的手段大多是冒领、窃取、伪装、粉饰,通常是在账务上作弊而在会计上以做假账来掩饰其舞弊的事实;会计错误发生没有掩饰伪装,一般是因为计算不准,数字多记、漏记、少记或者运用会计原理不当,对有关会计制度、法规不熟悉而发生的失误过错,只是无意地违反了规定的程序和基本原则。

3. 结果不同

发生会计舞弊的行为人有所企图,是为了行为人的个人利益或者单位及其成员的利益,其结果会使国家或经济单位遭受经济损失;错误造成的后果会歪曲某种事实,甚至带来损失,但其本人或单位并没有从主观上得到不应有的益处。

通过分析会计错误和会计舞弊的区别,我们可得出衡量会计舞弊的标准。从会计舞弊发生的影响来分析,衡量会计舞弊的标准可以归纳为下列三项:(1)公共财产是否受到损失。由于账务上的造假使公共财产遭受损失的,即属于会计舞弊。(2)是否蒙蔽真相,欺骗国家。由于掩饰真实情况,在会计上造假记录,使国家或单位受害的,即属于会计舞弊。(3)是否利用职权牟取私利。凡是利用自己的职权牟取私利,造成会计记录失实的,即属于会计舞弊。

三、主要经济业务处理中会计错弊现象举例

1. 库存现金业务

库存现金业务处理中主要的会计错弊有:白条充抵现金库存;从销售收入中"坐支"现金;任意扩大现金开支范围和不遵守现金开支规定;建立账外"小金库",公款私存;利用本单位账户为其他单位套取现金;个人长期借款、挪用现金不予归还;多收少记、少支多记、有收不记、无支乱记等。

2. 银行存款业务

银行存款业务处理中主要的会计错弊有:收款不入账,套取转移资金,建立"小金库";虚列购物及劳务费支付,化公为私;长期不对账,转移、挪用资金;出借账户、支票、付款委托书等,从中牟利;逃汇、套汇、私自买卖外汇、倒买倒卖外汇、私自境外存款等;外汇核算和汇总不准确、不规范,外汇折算存在随意性等。

3. 交易性金融资产业务

交易性金融资产业务处理中主要的会计错弊有:投资资金来源不当,如用国家专项储备物资进行投资等;对外投资是假,转移资金是真;用公款进行私人投资活动,收益被私分;交易性金融资产计价方法、入账时间错误,收益确认不准确、账务处理不正确;投资收益不入账,形成账外资金、"小金库",期末并入"本年利润"中等。

4. 应收账款及预付货款业务

应收账款及预付货款业务处理中主要的会计错弊有：利用应收账款项目虚增销售额；转移已经收回的应收账款挪作他用；计提坏账准备的计算不准确，或有意利用坏账准备计提或虚设坏账损失，调节企业损益；预付货款合理并有合同依据，但实际预付数额大于约定数额，在所购货物收到时又未相应扣除多付部分等。

5. 应收票据业务

应收票据业务处理中主要的会计错弊有：应收票据管理不严，未建"备查簿"，到期票据已结清未入账；将票据转让或冲抵"应付账款"后未进行账务处理，形成虚假债权债务；应收票据取得、转让、贴现等账务处理不正确，特别是未将差额计入财务费用等。

6. 材料业务

材料业务处理中主要的会计错弊有：材料出、入库手续不严，未经严格的计量和质检，造成账实不符；货款早已付清，材料长时间收不到，从中挪用资金，或材料虽已入库，但采购人员没有交回发票单据，单位长期挂账；将专项工程、职员生活福利设施建设用料计入生产经营用料，造成企业生产成本不实；为调节企业盈余，完成承包指标或隐瞒赢利，利用多摊或少摊材料成本差异调节成本，或直接将生产材料挂账，不计入成本；材料、产品等保管不善，造成损失浪费等。

7. 长期投资业务

长期投资业务处理中主要的会计错弊有：长期投资的资金来源不正当；以长期投资方式转移企业资金，使国有资产出现"体外"循环，不被企业控制，长期为企业"地下经济"服务；长期投资计价不正确或没有包括投资手续费、佣金等费用支付，或将含有已宣告发放但尚未支付的股利或应计利息计入投资成本，待实际收取这部分利息或股利时转作他用或被私分；在股票投资中混淆成本与权益核算方法；根据完成承包指标的需要，用投资收益调节盈余等。

8. 无形资产业务

无形资产业务处理中主要的会计错弊有：

首先，是取得、计价方面容易发生的会计舞弊手段。例如，将不能确认为取得无形资产而发生的支出，而是全部计入无形资产价值；未将购买无形资产时有关部门收取的相关费用计入无形资产而发生的支出，而是全部计入无形资产价值；未将购买无形资产时有关部门收取的相关费用计入无形资产价值，而是直接计入期间费用；自创无形资产失败后，将费用从生产成本中转出做无形资产；非专利技术和商誉，在没有经过法定评估机构评估的情况下，擅自资本化并列入无形资产；有意利用虚设无形资产来调节企业损益，导致企业经营成果不实。

其次，是转让业务中容易发生的会计错弊手段。例如，混淆无形资产使用权转让和所有权转让；出让无形资产使用权和所有权后，不再进行无形资产摊销或继续摊销无形资产，或购入无形资产所有权后，将资产价值一次计入期间费用，没有实行摊销；转让无形资产账务不正确，不符合会计制度规定，如转让收入没有计入其他业务收入，而是冲减生产成本；取得无形资产的支出没有计入资产（取得所有权）、研发支出、销售费用等，而是计入其他资产或成本价值；借无形资产转让而转移企业资金，化公为私，挪作他用等。

最后,是投资、摊销业务中容易发生的会计错弊手段。例如,用无形资产所有权进行投资,没有相应减少无形资产或增加相应的对外投资,而是账面继续保留无形资产并摊销其价值;将用无形资产使用权进行对外投资的无形资产虚减,虚增对外投资;接受投资方取得无形资产使用权后没有相应增加无形资产、实收资本,或误将取得无形资产使用权计入无形资产;无形资产不平均,按受益期限平均摊销账务处理不正确,或由于虚增无形资产而使摊销不实。

9. 固定资产业务

固定资产业务处理中主要的会计错弊有:固定资产认定不正确、记录不完整,混淆了固定资产和低值易耗品,漏记后长期形成账外资产;固定资产不能进行正确分类,管理混乱;没有健全的固定资产购进、自建、管理、报废等项制度,造成损失浪费、效率低;任意改变折旧方法,以调节盈亏;借委托加工或联营之机无偿转移固定资产,从中牟利;不能正确计算在建工程、安装工程价值,导致固定资产价值不实,甚至造成虚增虚减现象。

10. 流动负债业务

流动负债业务处理中主要的会计错弊有:利用"应付账款"虚构债务,如截留单位收入、联营单位或下属单位缴入的利润及各种盘盈,长期挂账或用于不正当支付;利用"预收账款"转移单位收入或藏留单位收入,或为其他单位转移资金;企业因非商品交易而采用商业票据结算方式;将因无资金支付到期应付票据的罚息,计入成本费用;企业改变短期借款用途,用于购置固定资产投资建设、股票、债券交易等投资活动中;用户短期借款弥补亏损、充抵收入,隐瞒企业经营真相等。

11. 非流动负债业务

非流动负债业务处理中主要的会计错弊有:企业改变长期借款用途;利用长期借款利息和有关费用在固定资产价值和当期损益间分配,造成企业无力还本付息;有意拖延长期借款本息不予归还,或因借款投资决策失误,造成企业无力还本付息;没有经过国家有关部门批准,擅自发行债券,或以集资名义发行企业内部债券,为职工谋取非法利益等。

12. 所有者权益业务

所有者权益业务处理中主要的会计错弊有:在主权登记、清算、评估中不按规定计算国家投资份额,借机侵占国家资产;投资资本计价不准,造成实收资本不实;注册后抽回投资资本;企业误计或有意利用汇率调节以外币投资实收资本等。

13. 成本费用业务

成本费用业务处理中主要的会计错弊有:将非生产部门发生的费用计入产品成本,或把产品生产费用在营业外和在建工程项目中列支;车间领用原材料过多,没有及时退库而大量积压在车间,成本核算时将多领材料计入产品成本;乱挤乱摊成本,将应计入成本的费用不计入成本;虚减产品成本,将应计入成本的费用不计入成本等。

14. 企业损益业务

企业损益业务处理中主要的会计错弊有:不能正确确认销售收入,有意虚增或虚减销售收入;发生的销售退货、折让和折扣等账务处理不正确,没有冲减当期销售收入,退货形成账外物资;产品销售成本结转不实,或计价方法前后不一致,产品成本差异结转不正确;产品销售税金计算不正确,或计税依据不准,造成偷漏或多交税收;没有将出口退税等冲减产品销售税金,而挪作他用;将应属于产品销售收入的销售额计入其他收入,从而漏缴或少缴流转税等。

第四节 销货及收款循环的稽核

一、销货及收款循环稽核内容

销货及收款循环稽核内容主要分为两个方面:一是对有关制度规程的稽核,二是对主要作业的稽核。

对销货及收款循环制度规程方面的稽核,主要是查明单位有无制定合理的职能目标、产品发展原则、产品发展程序、产品管理责任、销售政策、行销协调、预算编制与执行、销售方式与市场研究等。

对销货及收款循环作业方面的稽核有以下七个方面:一是要稽核产品销售策略的研究与制定,如企业有无书面的产品销售策略说明;总经理与行销部门经理是否重视此策略的拟定;现有的产品销售策略是否切实、合理;对主要策略有无定期修正;对需求的变迁、产品技术的革新、竞争对手的措施、产业动向等市场资料是否进行了积极的搜集和整理,其充分程度如何。二是稽核产品的设计与推广情况,如产品设计单位的效能如何;企业各项职能能否积极配合;产品设计、发展、市场预测与实际推广能否密切配合;产品设计及发展的规划程序是否适当拟定;产品设计发展规划的作业效能如何。三是稽核产品管理情况,如企业有无促进产品产销配合、增进获利能力的具体程序;产品管理是否发挥预期效果;产品管理内部作业有无效率,如组织职权是否明确恰当、有无合适的报告系统、督导及管理是否充分等。四是稽核销售的推广与广告情况,如有无协调一切销售推广活动而设立的组织;目标是否合理;经营预算是否恰当;向外采购或制作广告是否有效办理;有无评价和检查各项推广计划、方案及程序;推广部门内部作业的效能如何;与广告代理商的关系如何;是否考虑到特殊推广的需要等。五是稽核供销活动,如稽核花销计划的范围;在企业自行花销的情况下,有无既定的程序;在通过代理商、批发商及其他中介机构情况下,其合约中所规定的双方的主要权利义务是否适当,是否能遵循以顾客利益为重的观点等。六是稽核销售处理情况,如稽核销售组织的人员设置情况,人员分工与人员了解产品知识的程度以及逐级授权情况;稽查一切支持批发商的作业,评价独立应付供销的特殊困难;稽核主要地区营业机构的作业。七是稽核顾客支持情况,如客户对单位产品的意见是否充分及时地反映给有关部门;企业是否以充足、优质的商品供应客户;售前与售后服务计划是否充分与落实等。

二、销货及收款循环稽核工作重点

销货及收款循环稽核工作主要从七个方面进行:
1. 授信作业

授信作业稽核重点:有无搜集和整理有关客户授信资料,并注明其财务及信用状况;

有无设卡详细登记有关赊账情况,是否有超过授信额度的情况发生;对客户授信总额的拟定,是否充分考虑其信用、保证与抵押额度;对于信用不良或曾遭退票不良记录的客户或保证人,是否变更交易形态;抵押权设定有无取得合法的权利证明材料;赊销客户是否填妥保证契约书,是否至少每年重新办理对保工作,并由第三者每半年对保一次。

2. 售价作业

售价作业稽核重点:底价确定是否考虑成本及市价或同业参考价,下浮是否合理;售价低于底价是否获得批准;售价低于底价的理由是否充分;实际收款的单价与确定的售价是否相符;应收账款对账单所载收款内容有无异常,如有差异,其原因是否合理。

3. 发票作业

发票作业稽核重点:查核已出货的送货单是否均已开出发票;送货单未附发票者,是否在预收货款时均已开出发票;发票中所填品名、数量与订单、出货单中的内容是否相符;发票存根联与客户收执联是否一致;检查有无预开发票(未收款)而虚列销售收入的情况;检查作废发票是否全联保管,作废理由是否适当。

4. 客户投诉处理作业

客户投诉处理作业稽核重点:客户投诉处理案件发生时,业务部门是否填写"客户投诉处理问题处理报告",并通知有关部门协助调查,以确定责任归属;客户投诉处理案件是否按规定期限进行处理;客户投诉责任确定后,是否按规定进行行政处分或罚扣奖金等;对客户申诉事件,是否迅速处理并予以答复;客户所提意见是否进行分类统计、分析并对照检查,作为工作改进的参考。

5. 销货折让及退回作业

销货折让及退回作业稽核重点:核对签呈、销货折让申请单、发票影本、客诉问题处理报告、销货退回折让证明单等是否与账上记录金额相符;收款通知单所载折让、折扣是否属实,是否经相关主管审核批准;检查何类客户退货较多,有无特殊原因;退货是否按规定登账,是否按规定扣绩效奖金或销货报酬;检查退货原因,理赔是否合理,有无批准程序,对于退货理赔事件有无检讨改进。

6. 销货收入与应收账款作业

销货收入与应收账款作业稽核重点:核对各月发票所载营业收入与账簿记录是否相符;将现销与库存现金明细账、银行存款明细账核对,将赊销与应收账款明细账核对,看其是否相符;出货单、销货发票是否连续编号,有无跳号、重号现象,有无更改、涂销现象,如有,是否经过正当批准,出货单与统一发票内容是否一致;编制应收账款账龄分析表,并就超过规定期限尚未收回的列明债务人、金额及未收回原因等,以助追查;核对应收账款明细账、总分类账及有关原始凭证,看其内容是否相符;查明呆账原因及呆账冲销是否办理了批准手续,冲销金额及事实是否经查证属实;因销货退回及折让所发生的应收账款减少是否经主管审核批准,并分析退货及折让发生的原因。

7. 销货成本及毛利作业

销货成本及毛利作业稽核重点:检查直接原材料耗用数量、耗用率,并与计划及上期比较,看其有无升降,并查明升降原因;检查直接人工耗用情况、间接费用分摊情况,并与计划及上期比较,看其有无升降,并查明升降原因;查明各项推销成本的归属,并与计划及上期比较,看其有无升降,并分析其原因;分别计算主要产品、主要销售地区的毛利率,并与计划及上期比较,看其有无升降,并分析其原因。

第五节 采购及付款循环的稽核

一、采购及付款循环稽核内容

采购及付款循环稽核内容主要包括制度规程方面的稽核和采购授权方面的稽核。

制度规程方面的稽核,主要是查明单位有无制定合理的供应商关系准则、比较的要求、采购来源的符合度、互惠原则、授权(批准)采购的阶层、职务上的禁止行为、订单追踪控制、不合规程序事项处理等。

采购授权方面的稽核,首先要检查授权采购程序是否适当,如谁发请购单,谁审核项目、规格及数量,应用何种表单,实际成本价超出预算价如何处理,如何应付采购中的变动等。其次,要检查在实际采购中程序是否得到遵循,有无偏差,原因何在,责任在谁;检查既定的程序是否恰当;特殊采购是如何核准的。

采购方面对内部作业的稽核,主要是指对一般事项和供应商的稽核。对一般事项的稽核,主要是检查设备是否充分;内部作业是否按规定进行,有无偏差,原因何在,有何纠正行动;各类内部记录与档案是否充分、完备并妥善保管;整个采购循环(请购—核准—任务分配—采购—催询—收货)是否在适当的控制之下进行,采购是否能适时办理;采购表单是否适当,是否做到妥善保管;作业效率如何等。对供应商的稽核,主要是检查有关供应商资料是否充分,其供应能力如何;对新供应商的开发是否充分有效;如何保持与供应商之间的亲密关系;对供应商的财务能力是否了解或进行过调查;对供应商的定价、发货及货品质量有无调查;如何进行竞价和议价等。

采购方面关于特殊项目稽核的内容主要是:一切政策与既定程序的准确性;各个步骤时间掌握的合理性;采购处理是否以追求企业最大利益为目的;采购工作是否充分发挥了集体精神;过分紧急订单的内容、次数与原因;零星或分散采购集中的可行性;未授权项目的采购情况;价格预约的必要性;内部记录与相关程序的效率;采购人员能力综合评价等。

二、采购及付款循环稽核工作重点

1. 采购预算作业

采购预算作业稽核重点:采购预算的编制是否与销售、生产计划相配合,是否考虑存货政策及采购政策;是否考虑存量管制,如是否考虑安全存量、最低或最高存量、请购点、经济批量等因素,是否按常备与非常备及 A、B、C 分类编制预算;实际情况是否与预算相符,有无严格控制,采购是否根据生产用料及库存等情况作灵活调整;是否分析导致实际采购与预算之间的量差与价差的原因,有无作适当调整。

2. 请购作业

请购作业稽核重点：各种类别的材料、商品是否由负责请购的部门填制"请购单"，按核决权限呈准后，再送采购部门办理；请购单是否连续编号，空白及作废的请购单是否妥善地加以保存；请购单内容填列是否详实，是否经过权责主管核签后方作为采购依据；请购单上所填货品规格、数量等若有变更，有无经有关单位批准同意；紧急采购是否经常发生，其理由是否正当。

3. 采购作业

采购作业稽核重点：查明采购人员是否选择最有利于节约成本的方式进行采购；各种采购作业是否按规定的期限采购，如有变更，是否按有关规定通知请购部门；除特殊情况外，同种商品、材料是否在三家以上单位采购；单位是否建立供应商档案，其资料是否齐全和不断更新；检查个案采购工作，如询价单、报价单、订单是否齐全，是否前后一致，是否按规定程序办理；在订购单或合同中，货品名称、规格、单位、数量、总价、交货期限、交货地点、包装、运输方法、运费、付款方法、验收、保险等是否完备，内容是否合法；有无完整的市场调查资料，每次询价有无记录；办理比价、议价、招标是否符合单价规定等。

4. 验收作业

验收作业稽核重点：采购单位是否同使用单位、验收单位及有关部门共同验收；有关技术部门是否指派专门技术人员负责验收；短交是否以补足为原则，超交是否以退回为原则；检验不符标准但尚可使用，是否予以扣款，无法使用者是否退回；分批收取有无收足，如遇补缺、瑕疵、破损有无立即处理；仓库门卫是否记录进货事项；检验人员是否依据进货发票上的品名、货号、数量、单价逐一点检，并将实收情况登录入库单；检验人员验收时，遇有商品不符、标签不合的情况，是否作适当处理；对于送货退出事项，是否按规定开立退货单，交检验人员或门卫，检视其品名、数量是否一致。

5. 不履行合约或罚款作业

不履行合约或罚款作业稽核重点：查明延期交货者是否按合同规定罚款；所交货品的质量及规格与合同不符，如因急需已验收使用，事先是否经主管认可，是否进行了扣款或减价处理；如因检验不合格退回更换，或因故申请延期交货，事先是否报请有关主管同意，并确定逾期和其他处理办法；因厂商违约另行采购，而超出原采购损失部分，其差额应由原定合同厂商负担，如未付款者是否办理扣款；供应商发生违约或索赔事件，是否登入厂商资料卡以免事件重复发生；对逾期已久未交货的合同是否逐项查核；违约扣款是否列账，或有无变价相抵消其他科目。

6. 仓储管理作业

仓储管理作业稽核重点：商品、原物料的储存是否依类别分存各库，各库是否分别设仓，各仓是否分别设架并分格编号，编号是否清晰、是否有规律、是否有利于便捷收货或发货；库房安全措施是否完善，如承载量是否合适，有无加锁，消防设施是否足够，温度、湿度能否调节，易燃、易爆物料是否隔离保管，有无安全警示标语，有无办妥足够保险等；厂商交运商品时，是否核对送货单、发票、装箱单等单据并与请购单内容核对后办理收货手续；交货数量超过或未达购量部分是否作妥当处理；厂商送货是否即时进行质量检验并办理验收手续；所有领料是否均根据正式核准的领料单办理；领料异常时是否查明原因，对于已领料未办手续者或已办手续未领料者有无追踪控制。

7. 付款作业

付款作业稽核重点：会计部门是否按规定审查采购付款的所有凭证；国内采购是否在办妥验收手续后，检齐有关凭证送会计部门审核，编制传票付款；国外采购是否根据报关资料办理结汇手续；交期延误或质量不符的采购，是否按合同规定予以扣款或罚款；出纳付款是否根据会计部门填制的传票签发支票，签发支票是否划线，并在发票人签章处加盖"禁止背书转让"戳记；预付购料款部分，应核对传票与原始凭证、请购单、合同书、进口报关单等是否相符；有关银行结汇、海关报关、支付保险公司和运输单位等预付款项，与规定是否相符，支付标准是否适当，计费方式是否合理；对于无支付标准的各种报关费用，是否依权责先报准支付；预付费用入账、转销、收回及调整时所应付的原始凭证是否经核准，内容是否正常，挂账较久或转销金额与原列金额不符留存尾数尚未冲销者，应查明原因；依据应付账款明细表核对明细账、总账是否相符；依据应付账款明细表观察本期冲销情形，如有久欠未还或性质不明者，应查明原因；调阅原始文件、合同、凭证，查证应付账款余额是否正确，必要时发函向卖方查证积欠金额；查阅有无收料后经检验合格、已发领用单位使用而仍未列账及付款等情形，如有，应查明原因。

8. 投保作业

投保作业稽核重点：投保范围、投保申请、续保、灾害索赔等，有无依规定办理；进口物品的投保是否依规定办理，保费是否正确计算；除事先呈准免保项目外，商品、原材料、在产品、产成品等是否依公司规定办理投保，投保手续是否完备，金额是否足够，保费计算是否正确。

第六节 生产循环的稽核

一、生产循环稽核内容

生产循环稽核内容包括以下四个方面：一是对生产循环制度及规程的稽核，二是对生产项目决定及生产规划的稽核，三是对生产作业的稽核，四是对其他活动的稽核。

对生产循环制度及规程的稽核，主要是查明单位有无制定合理的制度与规程，如单位有无制定生产规划、制造流程、资源筹划、制造通知单接受方式、作业处理的控制、生产记录、质量管理等制度与规程。

对生产项目决定及生产规划的稽核有两个方面。一是要查明生产部门扮演的角色，如生产部门自行研究改良生产方式的努力程度如何；生产部门协助管理层拟定产能开发的程度如何；生产部门介入长远规划的程度如何；在生产设备、人力资源、生产成本的规划方面，生产部门的意见如何；生产计划是否由所有有关单位参与制订，关于生产计划的可行性，生产部门有无最后决定权。二是对已定项目生产规划的稽核，如查明各项决策是否有充分的资料依据;查明设备与资财的准备情况,选择设备是否考虑产能、维护保养、作业效能、成本等问题,资财与设备有关计划是否妥善安排并控制执行;查明原料应如何处理;查明生产计划控制情况,生产计划安排是否透明,决定生产所需资源及申请配备供应的程序是否适宜,工作分配的程序与内部授权执行的情况是否令人满意,控制生产状况的系统是否良好。

对生产作业的稽核在六个方面要查明。一是要查明原材料的利用情况,如原材料的收取与备用情况是否令人满意;原材料加工中有无过度的损耗与浪费;废料是否按最有利途径处理;原材料是否按照领料单中的规定使用。二是查明人工的利用情况,如人员的选择、训练是否适合所需的工作;闲余时间是否过多,原因何在;生产延误是否过度,原因何在;监管工作是否充分适当;员工情绪是否饱满,情绪低落原因何在。三是查明后勤服务是否适当充分,如原料处理、光线、温度调节、餐饮设备、休闲设备等是否齐全与及时提供,后勤服务有无过度延误情况等。四是查明生产管制情况,如既定管制制度是否得到严格执行,阻碍执行的原因何在;不同产品的生产能否协调,能否有利于设备和人工的充分利用,如不能,原因何在;生产进度是否符合计划安排,如有偏离,原因何在。五是查明产品检验情况,如产品检验程序是否恰当,是否认真执行检验程序。六是查明报告及成本控制情况,如评价与审核各生产部门不同管理层的报告内容范围是否恰当,差异分析是否适当,发出时效是否良好、是否着重于可控制成本,汇总程度是否符合需要,指导对象是否明确等;查明各类报告可用作管理依据的程度,是否及时反映,有无偏差原因分析,有无改正行动建议等。

对其他活动的稽核在三个方面要查明。一是查明工厂维护情况,如查明是否可根据需要即时提供服务,有无适当的预防性维护计划,有无衡量保养成本的标准,与维护部门是否保持密切的联系与合作。二是查明废物控制情况,如负责废物管理控制的单位组织是否适当,废物管理问题是否受到管理当局的重视,对废物控制问题有无研究、有无适时检查与处理,目前废物处理方式有何不利之处。三是查明企业安全情况,即查明有无负责安全的组织,有无安全计划,安全计划与作业单位是否密切配合,安全计划与训练及管理是否配合,高级管理人员对安全工作是否重视与支持。

稽核人员除了对上述事项稽核外,还要对生产通知(制造单)的处理及成本报告进行直接测试。对生产通知单处理测试的办法是,就使用的生产通知单选取具有代表性的样本,查对实际使用情况,并核对下述各步骤的生产时间与产品质量:生产通知单填发的基础,生产部门接受的方式,决定所需的资料,所需资料的申请,所需资料的验收与检验,决定使用的机器及其他内部分工,对生产指令的发布,生产、查验、发货。对成本报告测试的方法是,选择适当的内部成本报告,查核实用程度,应注意:报告资料的正确性,发出的时效性,根据报告资料采取的措施与行动等。

二、生产循环稽核工作重点

1. 生产计划作业

生产计划作业稽核重点内容:查核生产计划的编制是否与营业计划、生产能量、存货政策及人员配置情况相配合;除年度生产计划外,为实际控制生产进度,是否按月编制生产进度表,对于原物料进厂、生产排程、交货期限等是否作了适当的安排;因意外事故导致原订生产计划无法实施时,有否即时报请修正,并与营业、采购仓储等部门密切联系,配合修正相关计划;生产计划说明书是否由生产部门编制。

2. 制度规程管理

制度规程管理稽核重点内容:制度规程管理的机能包括制造标准的设定、生产前准备及制造命令单的审核、制度规程管制及生产记录、生产进度追踪及交货期异常反应、生产异常反应处理、成品缴库处理;核对生产计划进度表、生产日报表、成品缴库单等资料,了解生产部门各制度规程与生产进度是否相符;实际生产进度如与预定计划及进度不符,有否及时反映并作必要调整;为确保产品质量,在制度规程管理过程中有否取样检查并记录,必要时作适当调整;各制度规程规划中订有操作标准者,对于作业方法及时间是否切实执行;成品缴库是否经验收合格;对于正在进行的制造产品如因客户要求变更,有无进行良好的控制并由营业部门及时通知生产部门修正;制造设备及人力的利用是否注意经常分析研究,设法提高效率,节省人力;工厂环境卫生,安全维护,废气、废水的排放,噪音的防止,有否经常注意并设法改善。

3. 质量管理

质量管理稽核重点内容:质量管理的范围包括规范管理、材料检验、制度规程质量管理、成品出厂前质量检查、产品质量确认、质量异常分析及改善、客户投诉处理;核对质量管理月报表、质量检查报告表、客户申诉案件处理等资料,与质量检查规范允收、拒收标准是否相符;质量检查是否分为制造部门自主检查与技术部门抽样检查,自主检查是否以全部检查为原则,抽样检查是否具有随机性能,样本可靠性是否足以代表总体;对于质量管理,自主检查与其他部门检查能否达到牵制的目的,两者差异过大时,是否作适当的复查,并检讨检验方式是否合理;质量管理绩效是否列入绩效考核指标并作为奖罚依据;技术部门是否依操作随时抽检制造部门自主检查情形,如有差异,是否即时通知更正或检讨修订标准;分析质量不良原因,除立即请作业人员改善外,是否采取行动分析原因并防止日后发生类似情形。

4. 设备保养

设备保养稽核重点内容:生产设备的保养单位应确实负起保养责任,从设备资料卡、定期检修周期表、保养记录卡的设立到年(月份)保养计划表、设备专案改善提报表的编制,均应依规办理;为维护设备、提高生产能力,有否配合计划及生产进度,编制年度及各月设备保养计划;有否建立分级保养制度,一级保养由使用部门每日按保养手册作例行性保养,二级保养由保养部门排定日程作定期保养,三级保养请技术专家作专门性的修理保养;保养所使用的人力及材料,有否设立记录卡详细登记;实际使用与标准如有差异,有否分析原因,检讨缺失,研究改进,并列为人员考核奖罚的依据。

5. 安全卫生作业

安全卫生作业稽核重点内容:生产安全各项作业是否遵照有关规定办理,工作安全应有的各项装备是否充分配置,管理是否妥善,各项防范设备的配置与维护检查是否切实有效;意外灾害的防范措施是否积极妥善,工伤事故的认定与处理是否符合有关规定;空气污染、水污染、噪音等的测定及防范措施是否确实依有关规定办理;各项防范设施是否定期检查并善加修护使用;对职业病的调查、预防、处理是否积极注意。

6. 呆废料作业

呆废料作业稽核重点内容:呆废料的划分认定标准是否适当,分类代号是否正确,是否故意将良好材料与呆废料混列,呆废料的等级及数量有无经呆废料处理专案小组检验验定;超过3个月未动用或用量未达平均库存25%者,是否列印材料滞存明细表并作适当处理;与材料盘点表核对,呆废料有否列为盘损,并签请专案处理;对于生产过程中所产生的废料、损耗率,与以往年度比较是否正常,与同业比较是否偏高,是否分析原因并检讨改进;呆废料的变卖是否经报准后办理,估价是否合理,底价估定及标售等手续是否妥当,缴款程序是否符合规定;查核有否利用损耗率以少报多、企图领取自用者,因尾数、磅差或自然损耗所引起的损耗是否正常;对于呆废料是否研究或利用生产技术进行加工回收、整修等,以作更有效的利用。

7. 生产成本作业

生产成本作业稽核重点内容:查核领料单是否按照规定程序办理,每项材料领用总数及其单位用量与标准或与预算成本相差部分应作差异分析,如已有差异分析资料的,应查核是否合理;领用直接材料与所制造产品应有直接密切的关系,如其所领材料的质量与产品不相称,应注意核算;查核直接材料、间接材料成本的计算是否符合成本会计的规定;查核每日人工记录及工作日报表记载是否真实完备;查核实际耗用单位工时及人工成本与标准单位工时及人工成本间有无重大出入;直接人工及间接人工核算是否合理正确,人工成本的计算是否符合成本会计的规定;生产部门因从事生产所发生的除原料及直接人工以外的制造成本,以及厂务部门所发生的成本,是否均属于制造费用;查核制造费用内容是否均与制造产品发生关联,分摊方法及比例是否合理;制造费用实支数是否均在预算范围内,有无特殊情形,分析其原因;制造费用的报支是否依照会计制度规定程序办理,服务部门费用的分摊是否合理。

8. 生产绩效

生产绩效稽核重点内容:生产日报表、成品检查日报表是否依规定确实编制,并分送相关部门、人员;生产异常报告表是否依规定按时呈报并迅速采取补救措施,查核各单位生产异常现象是否偏高;各项生产绩效标准是否由负责单位确定,若有不合适的,应加以修订;个人绩效奖金是否按规定计算核发,奖金计算是否合理,是否具有激励作用;罚扣及代扣项目是否按规定办理。

第七节　工资循环的稽核

一、工资循环稽核内容

工资循环稽核与人事管理稽核很难划分,其稽核内容:一是对人事、工资循环制度与规程的稽核，二是对人事规划及发展的稽核，三是对现有人事行政的稽核。

对人事、工资循环制度与规程的稽核，主要查明单位有无人力资源规划，招聘政策及程序如何，有无培训政策与计划，有无职务说明、分析及评估，有无报酬政策等。

对人事规划及发展的稽核有三个方面。一是稽核人力规划情况，如稽核与计划人力需求的政策及程序是否合理，各级管理人员参与制定的程度如何；稽核人力资源现状与未来发展程度，与目标比较现在或未来的困难何在。二是稽核聘用及挑选人员情况，如人员招聘是集中办理还是各部门自办，有无重复或不协调之处，各类招聘方式是否遵循了既定程序，有无建立人员招聘记录档案，用人单位参与程度如何，用人单位对新增人员满意程度如何。三是稽核培训教育情况，如详细的培训计划，有关部门参与程度如何，实际训练情况如何；用人单位是否满意训练成果，若不满意原因何在；受训人员对训练过程意见如何，若不满意原因何在。

对现有人事行政的稽核有十个方面。一是稽核职务分析与说明情况，如职务设置原则是否适当，要求条件是否合宜，职务分类是否恰当；各职务职责是否明确；对各职务职责是否根据环境变化而不断修订。二是稽核报酬给予情况，如员工平均工资水平是否合理；各职务间的工资差距是否适当，是否体现了公平原则，员工实际享受的薪资是否与职务类别相适应；员工对现行职务分类与待遇规定有无不满，原因何在。三是稽核绩效衡量情况，如有无制定绩效考核制度；考核政策与程序是否合理，考核是否定期进行，考核结果是否向上级管理层报告，考核结果是否与被考核人沟通，被考核人对考核的公允性有无意见，考核结果能否使下属受到激励及有益于工作改进；每次考核资料是否建档保存，并作为今后拟定人力资源发展规划的依据。四是稽核调职、升迁及解聘等人事变动情况，如查核人事变动之际用人单位与人事部门有无充分协调，变动前职位后补人选是否已妥善考虑；各单位大幅度增员或裁员是否与人事部门协调；人事部门对扩充与裁员的适当性有无考核。五是稽核人事记录与报表情况，如人事记录设计是否妥当，并妥善保管；员工个人档案是否随时更新；有关变动，如调职、升迁、功过增添、薪资调整、留用、解职等，是否随时记录反映；人事报表内容能否提供多方面控制所需情报，报表使用人是否满意。六是稽核人员指导情况，如每一位员工是否有明确的询问、请教对象；承担指导工作的人员是否合格，职工反应如何；管理层是否了解下属曾发生的困难及解决的情况。七是稽核职工福利情况，如有无研究并制订职工福利计划，是否掌握竞争对手的福利情报；各项福利活动方案执行是否合理有效，有无值得改进之处；员工对福利待遇满意程度如何；对员工福利待遇情况是否经常检查并改进。八是稽核服务提供情况，如稽查由人事部门所提供的职工公益服务是否是最佳选择，人事部门是否具备提供此类服务的能力与条件，服务质量及职工利用程度如何，是否经济，员工反应如何。九是稽核员工安全与伤害赔偿情况，如稽查员工作业安全的保护设施是否充分，在员工工作分配上是否从年龄、性别、健康等方面考虑易于遭受伤害的因素，采取预防事故的措施是否令人满意，监督管理安全等事务是否落实有效，员工伤害赔偿工作是否按规定办理，是否经常进行安全检查工作。十是稽核人事关系状况，如稽查人事部门与员工是否保持良好的人事关系，是否遵守人事合同的规定，对各种纠纷处理是否得当等。

二、工资循环稽核工作重点

1. 任用作业

任用作业稽核重点：人员招聘、试用及正式任用是否按规定手续申请核准后办理；招聘时是否采用登报、介绍等不同方式，并经面试、职前训练、试用阶段，试用合格后报准正式任用；新进人员若有触犯人事管理规则重要情况之一的，均不得聘用；员工凡经聘用的须填具合同后方能报到；人员工资待遇是否与单位规定标准相符。

2. 工作时间作业

（1）上班时间的稽核重点：①是否按时上班，且按规定打卡，有无迟到、旷工的情况；②忘记打卡时所填写的出勤签认单是否属实，是否依核准权限呈核；③迟到与旷工是否依照规定惩罚并扣罚薪资；④查核在办公及营业时间内，各部门员工是否有不请假外出，或公务外出单未经主管核签，或填写不确实的情形。

（2）下班时间的稽核重点：①是否按时下班，有无早退情形；②早退是否依照规定惩罚，并扣罚薪资。

（3）轮流人员交班的稽核重点：①是否在接班人员未到达工作岗位时即先离开；②因接班延长工作时间，有无按规定给付加班费；③是否每周轮流一次。

（4）加班时间的稽核重点：①查核各单位加班时，是否均有加班申请单，且经权责主管核准；②查核加班时数偏高的单位是否有异常现象；③员工加班时数有无超过规定的标准，加班费是否按规定计算给付。

3. 请假作业

（1）各项请假的稽核重点：①请假的类别、期限、应缴附证件及薪资计算，是否按人事管理规则的规定办理；②员工请假是否均于事前填妥请假单，并找妥职务代理人，且依核决权限呈核后，送人事考勤部门备查。

（2）特别休假的稽核重点：①是否按规定给予员工应休的特别休假；②全年所有特别休假天数是否按月排定，应休未休者是否作适当处理。

（3）员工凡在一个月内未请假，亦未迟到、早退、旷工者，是否依规定核发全勤奖金，并列入年终考勤资料。

4. 训练作业

训练作业稽核重点：新进人员依单位规定给予适当的职前训练；职前训练能否使新进人员了解单位的沿革、组织架构、企业文化、经营方针、有关规章并熟悉工作环境；在职训练是否依人事管理规则的规定办理；查核年度训练计划并调查实施情形是否与预定计划相符；教育训练经费预算编列是否满足实际需要，训练经费使用是否经济有效；各种不同性质的训练，如职前训练、在职训练、干部教育及储备干部教育或其他必要的训练，是否依实际需要并纳入训练计划；查核各项训练的实施效果并研究分析其优缺点。

5. 考绩作业

考绩作业稽核重点：各部门主管为办理员工平时考核，对员工日常特殊言行、工作表现有无适当记录,有无定期送请上级主管核阅;各部门主管为办理员工年终考核是否制定有员工考核办法,现行考核办法是否公平合理;调查一般员工对单位考核办法的反应,研究分析现行办法的优缺点;绩效奖金的发放是否理。

6. 奖惩作业

奖惩作业稽核重点:各部门主管申请奖励员工是否依规定签报,是否均具充分条件及佐证,是否定期发布;各部门主管申请惩罚员工是否依规定签报,是否经过慎重审议,考虑各项因素后作适当决定;调查现行奖惩办法的优缺点,调查一般员工对现行办法的反应;统计历年来奖惩的增减趋势并分析奖惩中以何类情况最为常见;奖惩时是否给当事人申诉的机会。

7. 晋升作业

晋升作业稽核重点:查核最近晋升人员是否确实属绩效优异,有无具体事实证明其能胜任较高职务;报请晋升人员是否符合单位晋级应具备条件,是否按规定程序报请核定并依权责发布;查核现行晋级办法是否确实有鼓励作用,有助于单位提拔优秀人才,提高员工士气。

8. 辞职作业

辞职作业稽核重点:调查员工提出辞职是否经过直属主管的谈话、挽留无效后,始予同意;查核员工辞职的主要理由,是否受外在因素或内在因素的影响;查核员工辞职的历年统计资料并观察发展趋势;查核员工辞职是否在规定时间内提出。

9. 辞退作业

辞退作业稽核重点:查核员工辞退的条件是否符合规定,是否因业务性质变更有减少劳力的必要,有无适当的工作可供安置;查核是否按员工服务年资事先提出辞退的预告;查核辞退费计发标准是否符合规定。

10. 留职停薪作业

留职停薪作业稽核重点:查核员工留职停薪的申请是否符合范围;查核员工是否经核准且办妥工作移交与离职手续;查核员工复职的申请是否按规定办理;查核复职人员的年资计算是否依规定办理。

11. 调职作业

调职作业稽核重点:查核员工调职情形是否确为工作需要,是否经权责主管核准;查核员工调职后,对于新任职务是否能够胜任,对互调单位工作有无重大的影响。

12. 退休抚恤金作业

退休抚恤金作业稽核重点:查核员工退休办理情形,其退休条件如病退、限龄退休等是否符合法律规定;退休金给付的计算是否符合法律规定;退休基金的提拨、保管、交付是否依规定办理;职业灾害补偿金是否从优给付,是否按期支付。

13. 工资发放作业

工资发放作业稽核重点:查核员工工资表、底薪、职务加给、加班费、各项津贴是否均依规定标准计发;迟到、早退、请假、旷工及违反单位各项规定的应扣款是否依规定扣薪;工资是否如期发放;员工因故未领的薪资有无作适当处理。

14. 代扣款处理作业

代扣款处理作业稽核重点：代扣员工薪资所得税是否按期代扣并逐期报缴；代扣劳保费及各项基金等的计算是否正确、是否按规定登账或报缴；员工因迟到、早退、请假、旷工及违反单位各项规定应扣罚款项是否在工资项下一次或分次扣款；其他代扣款是否依法代扣并报缴。

15. 薪工记录作业

薪工记录作业稽核重点：查核员工有否设置永久性的人事资料，记载是否完备，有关员工起薪日期、金额、晋升日期、调薪金额、职务加给、其他津贴等是否有详细记载；查核员工动态资料，如新进人员的录用起薪、调动、退休、资遣等有否随时登记，内容是否正确；抽查各月份薪资清册内容是否与人事记录所载相符，薪资清册金额小计及合计各数计算是否正确，与会计明细账及总账核对是否符合；员工加班的申请、核准以及加班费的核发，是否依照规定办理，查核加班是否有异常情形；福利组织稽核包括会议记录调阅、福利金的提取及入账情况、福利金使用及记录情况、福利金结存情况等。各项福利措施，如餐厅、宿舍、交通工具、技能训练、进修，以及其他休闲活动是否分别举办，了解员工对各项福利措施的利用率及满意程度。

第八节　融资循环的稽核

一、融资循环稽核内容

要掌握融资循环稽核，首先要了解财务的稽核。如欲对财务会计进行稽核，必须了解以下事项：会计科目表与科目说明；账簿组织与记录说明；财务控制政策及程序，包括主要作业循环控制程序；普通会计与成本会计簿记方法；其他相关控制制度。财务稽核的主要内容，包括规程制度、日常作业活动、管理规划、资本支出规划与控制、资金需求测定与筹措、税务处理、保险事务、定价抉择八个方面。

1. 规程制度

规程制度稽核内容包括：会计政策，财务报告，利润分析，资金调度，预算，利润规划，资本支出决策，资金筹措，税务处理，保险，定价政策，与有关职能的协调关系，政策及程序执行偏差的处理等。

2. 日常作业活动

日常作业活动稽核内容包括：

（1）财务基本控制稽核。主要查核各项作业内部牵制是否完备，查核既定政策及程序的正确性。

（2）会计政策稽核。一是分析政策制定的依据是否充分，有无经过认真研究和充分协调。二是评价与检查政策的内容，包括信用关系的建立与评价、产品成本计算、收益性支出与资本性支出的划分、资本折旧与折耗、费用预提与摊销、税务处理、应计费用的调整、准备提列、分支机构间往来的会计处理及其他。

（3）报表分析稽核。稽查并评价所有定期会计报表，如报表编制能否满足阅表人的需要，是否易于了解和运用，报表是否正确与完备，报表是否着重于对未来的预测和分析；稽核报表数字分析与解释的适当性。

（4）利润分析稽核。稽核利润分析的目标是否适当；是否提供一些非数量资料，以弥补利润分析本身的不足；是否利用弹性预算，研究与分析费用定额；是否运用各种辅助分析方式，帮助管理层更好地了解；分析作业是否充分有效，并不断研究改进。

（5）资金调度稽核。稽核管理层是否重视资金调度工作并委派干练的主管负责，资金运用步骤是否适当，对资金流程是否定期分析，现金预测是否通知各有关部门参考，现金短缺的弥补筹措规划是否迅速、有效。

3. 管理规划

管理规划稽核内容包括：

（1）年度预算稽核。最高管理层是否下达年度预算的目标与支持规划的设计，其指示要点与支持行动如何；预算编制的办理与管理的负责部门，其组织地位是否合宜；组织系统是否便于预算规划的进行；是否充分强调预算规划功能；预算编拟、汇总、审议的程序是否恰当；财务单位是否通过历史资料的提供、经验及技术的指导，协助各单位编拟预算；预算资料的表达是否配合会计账务处理，以便将预算与实际情况进行定期比较；预算是否采用全体参与原则，并为执行单位所接受；评核预算执行中报告系统的运用程度，能否促使主管采取必要的控制或改正行动。

（2）利润规划稽核。运用上述稽核重点，评估利润规划制度；利润规划是否与年度预算相配合；利润规划是否与前期相配合，前期规划执行的得失是否作为本期的参考。

4. 资本支出规划与控制

资本支出规划与控制稽核内容包括：

（1）资本支出预算稽核。稽核资本支出事先有无预算，未纳入预算的资本支出是否无编入预算的必要；资本支出预算编拟与处理的方式、程序是否恰当。

（2）资本支出方案的控制稽核。稽核有无适当合理的方法以分配核定金额，方案的执行、审查、控制是否依既定程序办理。

（3）资本成本与效益稽核。运用何种方法调整未来的折现价值，其方法是否适用；计量方法的评核结果是否与管理层密切协调。

5. 资本需求测定与筹措

资本需求测定与筹措稽核内容包括：

（1）短期资金需求稽核。短期资金需求预测是否与一切业务部门密切联系，是否谋求最低的需求量；资金筹措方法是否经过认真研究和选择，是否能有效执行；短期资金需求是否与长期资金需求配合调度。

（2）长期资金需求稽核。长期资金需求是否顾及各项资本支出预算，需求资金的筹措方法是否经过认真研究和选择，是否能有效执行。

6. 税务处理

税务处理稽核内容包括：

(1) 政策稽核。税务处理政策与重大决策是否合法合规，是否与各职能部门充分联系，事前的税务预测与研究是否充分。

(2) 作业效率稽核。税务处理是否由适当单位、称职人员负责，纳税申报是否适当，缴纳日期是否按规定执行，税务处理的计算与记录是否正确和完整。

7. 保险事务

保险事务稽核内容包括：

(1) 政策稽核。稽核保险计划是否有利于降低损失几率，是否定期检查计划执行情况。

(2) 执行效率稽核。稽核对保险的范围和金额的议定是否合宜，保险会计处理是否恰当，索赔是否迅速有效，是否致力于降低损失几率和降低保险成本的研究与规划。

8. 定价抉择

定价抉择稽核内容包括：

(1) 定价政策稽核。稽核有无合理的定价程序，财务部门介入程度如何，定价抉择依据的成本与收益估计方法是否正确，行销与财务部门沟通是否充分。

(2) 执行控制稽核。稽核有无编制和送达价目表的程序，标准价格控制的适当性如何，对价格偏差控制是否有效。

二、融资循环稽核工作重点

(一) 公积金与盈余作业稽核重点

公积金与盈余作业稽核重点如下：

(1) 核对表列数与明细分类账、总账是否相符。

(2) 编制盈余及公积金明细表与总账核对，并分析其变动情形。

(3) 各项公积金提成数是否符合法律规定。

(4) 调阅原始凭证，检查公积金的使用情形，是否依原指定用途使用，以及是否已达到原特定目的。

(5) 若有提列特别公积金，其特定目的已完成时，是否转销或做其他用途，注意其转销或做他用的利弊得失。

(6) 查明应课税的公积金收入有无未列入所得申报。

(7) 与本期损益、前期损益、长期借款、公司债务及特定用途等有关科目相互勾稽。

(8) 所得税暂缴申报、改正估计金额是否适当，结算申报金额计算是否正确，支付所得税凭证与实付是否相符。

(9) 未分配盈余经分配后，其累积数有无超过规定。

(10) 年度盈余是否依照公司章程规定执行。

(11) 下列各项是否转入资本公积金科目：①溢价发行的股价；②受领捐赠财产；③处理固定资产盈余的溢价；④资产重估增值；⑤因股本有关交易所增加的股东权益。

（12）法定公积金及资本公积金是否供弥补亏损及增加资本之用。

（13）查核资产重估增值的计算，是否与有关规定相符。

（二）股本作业稽核重点

股本作业稽核重点如下：

（1）是否仍用未发行的股本。

（2）股票的签证是否委托指定的金融机构办理。

（3）下列各项股务的办理，是否委托指定的金融机构进行，并签订合约：①股票的过户、质权的设定或削减；②股东或质权人及其法定代理人的姓名、地址及印鉴等的登记或变更登记；③股东及其他关系人就股务关系的申请或报告的受理；④股东名簿及附属账册的编制与管理；⑤关于股票（包括权利凭证）的保管、换发、交付及签证；⑥股东会召开通知书或股东会出席证的寄发，股东会出席通知书或委托书的收受与统计，以及其他对于股东的通知或报告的寄送；⑦关于股利的计算、发放及代扣税金；⑧关于股份的统计，以及依法令或契约应向主管机构、证券交易所或签证机构提出报告、资料的编制；⑨关于新股发行、股本减少、股份分割与合并事项；⑩其他有关事项。

（4）是否适时刊登公告及通知股东下列各项事宜：①召开股东会时，股东会召开日期、停止过户日期、盈余分配内容、配息基准日；②增资配股时，配股基准日、停止过户日期、缴款期限及代收股款机构、配股内容；③增资股票制作及发放，交付股票日期，股票发放及上市日期。

（5）股务单位是否按期限将下列资料公开备查：①每月董事、监事、经理及持有股份达股份总额一定比例以上的股东股权变动表；②董事、监事、经理及持有股份达股份总额一定比例以上的股东办理质权设定公告通知书；③董事、监事、经理及持有股份达股份总额一定比例以上的股东质权撤销副本；④其他经证监会或有关机构规定应予公告的事项。

（三）股务作业稽核重点

股务作业稽核重点如下：

（1）查阅股东名簿，抽查办理更换印鉴、股票过户、股票挂失、质权设定、股票遗失补发、户籍或通信地址变更等理由及办理时效。

（2）抽查股息发放的相关凭证及应付未发的原因。

（3）查核现行股息发放办法与实际办理情形，并指出应行改善之处。

（4）公司办理增资案，应调阅主管机关及董事会暨股东会核准增资文件。

（5）空白股票的保管、填发程序是否安全妥当，空白股票应实地盘点并与印制厂商文件核对是否相符。

（6）本期内若无盈余可供分派股利时，由公积金项下发放股利，是否符合《公司法》的规定，以及是否报经证券主管机关核准。

（四）背书保证作业稽核重点

背书保证作业稽核重点如下：

（1）以公司名义对其他公司的背书保证金额，以及对单一企业的背书保证金额，是否依公司背书保证作业程序的规定办理且报经董事会决议通过,并将办理情形及有关事项报请股东会备查。

(2) 个别保证是否由被保证公司提出申请函经董事长核准后办理,财务部是否设立背书保证事项登记簿并由专人保管。

(3) 申请背书保证的公司,有下列情况时是否仍接受办理:①其所签的背书保证金额已超过规定限额;②有借款不良或债务纠纷记录者;③资本额低于资产总额40%者。

(4) 公司的背书保证余额,是否依规定格式内容并同营业额按月公告,并函证监管会备查。

(五) 短期借款作业稽核重点

短期借款作业稽核重点如下:

(1) 款项收付的日期、账户、金额是否与账载数相符。
(2) 利率或代扣税款计算是否正确。
(3) 对账单的回收次数是否合理、经收单位是否合适。
(4) 银行对账单与各账户余额核对,如有不符,应加以调节;经调节后仍不符的,应查明原因。
(5) 分析借款的利弊得失及其对举债经营与财务调度的影响。
(6) 到期的短期借款应依约偿付本息,如有延期情形应追查原因。
(7) 短期借款的举借及偿还手续是否符合规定。
(8) 借款若为有担保品者,其收据应妥为保管,债务清偿时应办理涂销登记或收回质押品。
(9) 查核短期借款有无用作长期性的支出,以免影响公司的短期偿债能力。

(六) 中长期借款作业稽核重点

中长期借款作业稽核重点如下:

(1) 调阅原始凭证、合约、会计凭证与账列数是否相符,借款日期、期限、利率、偿还日期、担保情形、限制条件等有无不符。
(2) 贷款利息是否办理扣缴,期末应付利息是否列支。
(3) 若有约定应提偿债金者有无提列,基金的运用是否合乎规定。
(4) 将于一年内偿付的中、长期借款是否转列流动负债。
(5) 与银行贷款、利息支出等有关科目相互勾稽。
(6) 借款如系指定用途的,是否依规定使用,有无移供他用。
(7) 借款合约如订明抵押事项,应注意产权提供文件及登记是否确实被控制,还款时有无及时收回。
(8) 借款到期应偿还时,若财务状况显著衰退且有偿债困难时应及早提出,以求解决。

(七) 现金作业稽核重点

现金作业稽核重点如下:

(1) 索取前一日的现金及银行存款日报表,以及至检查前已执行收付而未登账的收支传票,编制调节表。

(2) 盘点出纳全部现金,核对调节表是否相符。

(3) 核对每日所收款项是否全部存入银行。

(4) 查核有无私用借款欠条。

(5) 查核银行往来调节表上调节的各事项期后入账情形及期后对账单。

(6) 查核暂借款的额度是否合理,有否逾期未报销的情形。

(八) 票据作业稽核重点

票据作业稽核重点如下:核对收款报告单与应收票据明细表并与总账、明细账核对;核对库存票据、已使用票据及购入票据是否相符;检查票据登记与保管情况;票据开立是否依据已核准的会计传票。

(九) 备用金作业稽核重点

备用金作业稽核重点如下:

(1) 查明公司现有领用备用金的单位、保管人姓名,核定备用金用途以及领用金额。

(2) 盘点各保管备用金人员有无结余现金及现有未报销单据金额,查明两者之和是否与核定备用金额相符,如有不符,应查明原因。

(3) 查核未报销单是否均为最近付款而尚未办理报销手续者,如有付款日久而延迟不报销者,应特别注意查核其未报销原因。

(4) 查明未报销单据是否均经保管人编列清单凭以查核,所有单据是否经主管单位负责人核准,已付的单据其支用性质或金额限度是否超过备用金的规定范围。

(5) 查明备用金每月报销次数及金额,目前核定领用金额能否供正常周转,金额是否过大。

(6) 会计单位审核备用金时,对所送单据是否逐笔审核后加盖日期戳,以防重复报销。

(7) 备用金保管存放处所是否安全。

(十) 财务报表作业稽核重点

财务报表作业稽核重点如下:

(1) 财务报表中资产、负债、股东权益、收入、费用各科目的分类及表达是否正确、适当。

(2) 应收账款是否均为应收销货客户所欠账款,非因正常而发生的其他应收款项是否分开列示。

(3) 固定资产为供营业长期使用的资产,各种不同种类的固定资产是否按其性质正确分开列示。

(4) 已无使用价值的固定资产是否按账面值转列其他资产予以处理或变卖,无变卖价值者是否经主管单位核准后冲销。

(5) 因持有有价证券而取得股票股利或资本公积金转增资所配发的股票者,是否依有价证券的类别分别注明所增加的股数,并按加权平均法计算每股平均单位成本。

(6) 存货中原料、物资、在产品、产成品及进货成品是否在财务报表中分别表达,如系瑕疵品、过时品、废品或已不适用部分,是否依净变现价值评价,并承认跌价损失,于存货项下减除。

(7) 固定资产是否依使用年限按期提列折旧费用。

(8) 折旧或摊销的计算是否保持前后一致,有修正变更必要者,有无客观依据及充分理由并在财务报表中作充分的表达。

(9) 资本支出与收益支出的划分,是否根据确定的原则前后保持一致。

(10) 牵涉外币交易发生的兑换损益是否列为营业外收支,并依财务会计准则的规定办理。

(11) 为促销产品而列支的广告费支出,其未来经济效益难以确定者,是否列作当期费用。

(12) 利息支出如何列账,如采用利息资本化作业,其要件是否符合一般公认会计原则。

(13) 应收账款是否按期提列备抵坏账,有否分析应收账款的账龄,应提列备抵坏账的百分比或金额是否适当。

(14) 对于或有负债及承诺是否依估计金额列账,金额无法估计者,是否在财务报表附注中揭露其性质及估计金额或说明无法合理估计的事实。

(15) 所得税是否预估列账、补缴或退回税款,是否列作当期损益,预估暂缴、改正估计与结算申报是否依对公司最有利的方法处理。

(十一) 会计财务处理作业稽核重点

会计财务处理作业稽核重点如下:查核会计事务的处理有无违法会计制度及一般公认会计原则;会计科目的应用是否适当、与会计制度的规定是否符合;查核会计凭证、簿记、报告的设置是否符合会计制度的规定;过渡科目及记账项是否及时清理;各项递延费用的摊销、递延收益的转列是否按期转账。

(十二) 一般费用报销作业稽核重点

一般费用报销作业稽核重点如下:

(1) 查明有关应付费用的原始单据、凭证、核对账列应付费用的内容及金额是否相符。

(2) 依应付费用明细表的内容,就本期发生的增减变化较大者予以详查,有无多列或少列;为确定余额的正确性,必要时发函求证。

(3) 如有逾法定或规定付款期限而尚未支付的费用,应查明未付原因。

(4) 年度终了后至结账日止应付费用的支付情形是否正常,是否查明未付原因。

(5) 调阅原始凭证及核准文件,查明预付费用是否均经核准备案,原始凭证所列金额是否与账列相符。

(6) 有无属于当期费用而未冲转仍列预付费用,查明其未及时冲转的原因。

(7) 各项费用的报支应查核原始凭证的内容、金额是否正常,是否经过核准程序,与列账金额、事由是否相符。

(8) 会计单位是否依规定确实审核各单位报支的费用。

(十三) 营业外收支作业稽核重点

营业外收支作业稽核重点如下:

（1）外币折合部分应抽查汇兑损益的原始凭证，核对按当时外币与本币换算发生的金额是否正确，其认列是否依外币换算的会计处理准则规定办理。

（2）其他收益如有金额较大而性质特殊的，应调阅原案查明详情及计算金额是否正确。

（3）根据长短期合约及明细表，查核利息计算是否正确，贷款利息是否按照约定支付。

（4）其他损失如有金额较大而性质特殊的，应调阅原案查明详情及计算金额是否正确。

（十四）福利费管理作业稽核重点

福利费管理作业稽核重点如下：查核福利费收支账目、原始凭证、收支日期、金额与规定是否符合；福利费提列、结余、保管及运用是否合适。

（十五）税收及规费作业稽核重点

税收及规费作业稽核重点如下：查核税单收据与传票明细账是否相符；符合条例的税收减免项目，是否依照规定办理；查明滞纳金或罚款的支出有无过失责任。

（十六）凭证作业稽核重点

凭证作业稽核重点如下：

（1）调阅外来原始凭证，查核数据有无错误，是否经有关人员签章，与法律规定及会计制度的规定是否相符。

（2）查核记账凭证所用会计科目是否适当，摘要说明是否完备，是否根据合法的原始凭证编造，内容是否与原始凭证相符，记载是否齐全，有无计算、书写错误而未依规定更正情形。

（3）收支传票经出纳单位执行收付款后，是否在传票及原始凭证上加盖或付讫章。

（4）凭证是否以系统方式归档，指定专人保管，并依法定期限保存。

（十七）所有者权益作业稽核重点

所有者权益作业稽核重点如下：

（1）核算股东股本在本期内增减变动情形。

（2）核算已付及未付股息是否与原列应付股息种类相符。

（3）抽查已付股息的股东是否与股东名册所载的姓名相符。

（4）如有盈余，是否依《公司法》及公司章程提列公积金，配发股东利息、董监事酬金、员工红利等。

（5）公司在本期如办理增资，应调阅主管机关核准增资的文件。

（6）查核股东更换印鉴、股票过户、挂失等是否依照有关规定办理。

（7）久未领取的股息，应查核其原因。

（8）资本公积是否仅用于增资或弥补亏损。

（9）若有空白股票，应作实地盘点，并确定其保管是否安全妥当。

（十八）印鉴及支票使用作业稽核重点

印鉴及支票使用作业稽核重点如下：

（1）查核支票印鉴是否由有关主管共同签章,其内容牵制是否合理有效,实务中有无不便。

（2）支票开立后,是否送有关主管亲自核阅并加盖印章,或由他人代为保管加盖印章。

（3）作废的支票是否注明作废并按全联保管,同时查核发票作废的理由。

（4）空白支票与已用支票的编号是否前后衔接;盘点未用支票,编号有无跳漏,领用张数有无短缺。

（5）票据及银行账户的印鉴式样是否通过批准备案。

（6）是否有预开空白支票的情形。

第九节　投资循环的稽核

单位投资工作与融资工作一样,是单位财务工作的重要内容,为了避免与第八节的内容重复,本节主要说明投资循环稽核工作的重点。

（一）投资评估作业稽核重点

投资评估作业稽核重点如下:(1)所有投资活动是否依权责主管核准后办理;(2)股权投资总额与作业程序是否符合《公司法》的规定;(3)长期投资是否经过评估及效益分析;(4)短期投资是否具有变现性及流动性;(5)其他。

（二）买卖作业稽核重点

买卖作业稽核重点如下:(1)各项投资的取得与处分是否依规定程序核准后办理;(2)购买各项金融产品是否经过比价、询价过程;(3)购入的有价证券,是否经会计记录详细内容;(4)中途解约或到期,出纳是否将相关资料转会计入账;(5)处分所得款项是否如期缴交财务部;(6)复核证券交易损益,核对出售证券成交单、交易完税凭证及所得税申报资料;(7)其他。

（三）保管、异动作业稽核重点

保管、异动作业稽核重点如下:(1)有价证券存入、借出、返还、领出是否有随时登记保管物品的异动;(2)逾期未返还的,经管人员是否进行过追查;(3)经管人员追回有价证券时,是否将此情况呈报;(4)是否按期收回本金、领取利息或股息;(5)是否到期未向金融机构领回本金;(6)各项有价证券是否有专人分别管理;(7)其他。

（四）盘点、抵押作业稽核重点

盘点、抵押作业稽核重点如下:(1)是否按规定办理有价证券盘点作业;(2)盘点差异时,是否将情况反映给主管并加以改善;(3)有价证券若须抵押,是否获准后按规定办理,应查核质押单位签收证明并查核贷放款合同;(4)抵押解除时,是否办理抵押注销并将资料分送相关单位;(5)实地盘点手存证券并检验所有权是否确属公司;(6)其他。

（五）申报、公告作业稽核重点

申报、公告作业稽核重点如下:(1)各项投资的取得与处分是否按规定进行公告;(2)投资股权超过标准者是否按规定公告、申报抄送或聘请专家评估;(3)其他。

(六) 会计处理作业稽核重点

会计处理作业稽核重点如下:(1)有价证券应视作现金,其保管及入账应由不同人员担任;(2)有价证券的记录是否确实;(3)有价证券取得的法定权益手续是否完备;(4)期末评价是否正确;(5)长短期投资科目划分是否适当;(6)是否按长期股权投资会计处理准则处理投资财务;(7)取得有价证券明细表与会计明细账核对是否相符;(8)查核账载进出总额并与当期证券买卖情形印证;(9)确定结账日有价证券的市场;(10)其他。

第十节 固定资产循环的稽核

一、固定资产循环稽核内容

对固定资产循环稽核,最主要的是稽核单位整体的财产管理状况,即要稽核财产管理的组织状况、资本性支出管理状况、工程建设状况、财产管理控制状况、财产管理效能等。

(一) 稽核财产管理的组织状况

对财产管理的组织状况,主要稽核:单位如何有组织地从事财产需求的研究,单位有无制定财产管理政策及程序,单位有无专设的建设单位,单位有无明细的财产记录,单位有无明确的财产管理人员职务说明书,单位对建造活动的控制、财产的收验、财产变动的授权、财产保管与维护、折旧政策与程序等是否有效,单位对财产有无计划管理及其效果如何等。

(二) 稽核资本性支出管理状况

对资本性支出管理状况,主要稽核:对资本性支出是否制订适当的、可行的计划;是否制定具体的实施方案,其批准程序是否合理;方案执行有无严格控制、有无记录、有无结果报告,是否有效;有无超时间、超经费预算的情况;有无随意变更计划方案的现象,如有,原因何在。

(三) 稽核工程建设状况

对工程建设状况,主要稽核:委托外部工程决策程序如何,如何选择建设单位,合同条款考虑得是否充分;如何控制工程进度、工程支出与工程质量;对违约工程及未达到质量标准的工程如何进行处理;如何控制在建工程;建设合同变更有无正当理由,如何追究违约责任等。

(四) 稽核财产管理控制状况

对财产管理控制状况,主要稽核:设备是否妥善保管以免损坏,是否仔细考虑过维护成本;安全措施是否完备,是否权衡过风险程度与成本支出;各项设备添置是否均求其发挥最大效能,各项设备有无使用不当之处;各项设备是否皆经编号管理或钉牌识别;各项财产增、减变动及结存记录是否正确;财产转移、报废是否依适当程序办理;财产外借有无控制程序,如有无记录、到期是否收回、是否收取租金、损坏是否赔偿等;各项财产记录是否由第三者定期进行盘查核对;是否定期或不定期地进行财产清点,清点中发现的差异是否认真处理。

（五）稽核财产管理效能

对财产管理效能，主要稽核：财产管理政策中是否强调需求应谨慎决定，设备购置是否依其重要性决定批准程序，维护与管制各类资产的政策及程序是否完备；各种设备是否充分地发挥了其效能，有无设备不足而影响生产力、有无设备过剩而造成浪费的现象；资产管理人员的能力是否符合职责的需要，其工作效率与效果是否令人满意。通过上述稽核，以明确在设备利用上有无重大困难及如何解决，效能与效率是否尚待增进及如何增进。

二、固定资产循环稽核工作重点

（一）固定资产取得及折旧作业稽核重点

（1）查核固定资产的取得是否依规定程序办理，并填制固定资产验收单及固定资产登记卡。

（2）查核资本支出与费用支出的分割是否正确。

（3）查核折旧计算是否正确，前后是否一致，有无固定资产已出售或报废但仍计提折旧的现象。

（4）其他。

（二）固定资产修理及维护作业稽核重点

（1）查核有无将资本支出列为费用支出，或将费用支出列为资本支出。

（2）查核有无将某项大修工程预算移作他项财产的修护费用。

（3）分析各部门、各项设备的修理维护费用的异常之处，并追查原因。

（4）其他。

（三）固定资产报废、出售作业稽核重点

（1）固定资产报废、出售时，是否填写固定资产减损单，是否说明理由及资产使用情形、目前价值等，并予呈准后办理。

（2）未达原定使用年限而予以报废者，虽经负责人核准，仍应分析其原因。

（3）因盗窃或灾害而报损的资产，应查核有无失职疏忽之责以及如何防范。

（4）其他。

（四）固定资产抵押出租或出借作业稽核重点

（1）固定资产若需抵押，是否填财物抵押申请单，并予呈准后办理。

（2）抵押权解除后，财务部是否主动向有关单位办理注销申请并将资料分送资产管理部门。

（3）固定资产在公司内相互转移时，移出部门是否填写固定资产调拨单，并予呈准后办理。

（4）固定资产拟出租或外借时，是否已签呈详述理由，并予呈准后办理；应收租金是否依合约规定按时收款，金额是否相符。

（5）其他。

（五）闲置固定资产作业稽核重点

（1）闲置固定资产范围界定是否符合规定。

(2) 固定资产发生闲置时,使用部门是否详细填写闲置固定资产处理表,并会同相关部门经呈准后办理。

(3) 会计单位是否将闲置固定资产转入非营业资产。

(4) 其他。

(六) 工程作业稽核重点

(1) 工程发包是否均依核准程序办理,并填具请购单,有无事先编列预算,是否均为业务需要,发包申请内容是否具体完整。

(2) 抽查工程个案,核对委托申请书、设计图、工程施工说明书、预算明细表等文件是否相符,有否配合工程预算进行。

(3) 核对工程自招标、比价、发包至订约过程中,有关资料是否与原预算配合。

(4) 合约内容是否与开标内容相符,有关合约条款及罚则是否适当、合理。

(5) 发包工程款的支付是否依约核付,账列预付工程款、未完工程等科目明细账、总账是否相符。

(6) 查核完工决算与工程预算有无差异,如有差异,查明原因。

(7) 查阅监工日志,其记录内容与有关资料是否相符,监工报告是否经确定检验后填报,对于达约或异常情况,是否随即据实报告。

(8) 工程验收是否由各有关单位按合同办理,检验不合格者是否通知补办或依约罚款。

(9) 工程完工后,对投资效益是否进行追踪分析并与原预算比较。

(10) 其他。

(七) 投保作业稽核重点

(1) 固定资产的投保范围、投保申请、续保、灾害索赔等,有无依规定办理。

(2) 进口固定资产的投保是否依规定办理,保费是否正确计算。

(3) 固定资产是否依单位规定办理投保,投保手续是否完备,金额是否足够,保费计算是否正确。

(4) 其他。

【复习题】

1. 什么是内部稽核?内部稽核和内部审计是否是一回事?
2. 内部稽核有哪些方面的职责?内部稽核包括哪些范围?
3. 内部稽核程序和方法包括哪些内容?
4. 什么是会计错误?什么是会计舞弊?两者有何区别?
5. 如何进行会计错误和会计舞弊的稽核?
6. 销货及收款循环作业中应稽核哪些内容?
7. 采购及收款循环作业中应稽核哪些内容?
8. 生产循环作业中应稽核哪些内容?
9. 工资循环作业中应稽核哪些内容?

10. 融资循环作业中应稽核哪些内容?
11. 固定资产循环作业中应稽核哪些内容?
12. 投资循环稽核的重点工作有哪些?

【思考设计题】

请利用所掌握的稽核理论对下面的案例中有关会计制度设计的内容进行点评。

一、公司简介

SHJX进出口(集团)有限公司是经有关部门批准组建的大型企业集团。集团公司以进出口贸易为主,以国内贸易、实业投资、服务贸易为辅,以经营机电仪商品为主,兼营非机电仪商品。

集团公司的前身是创立于1961年的SHJX进出口公司。几十年的经营为集团公司积累了一批外贸人才、销售网络和拳头商品。1995年9月集团公司成立,同时组建了跨地区、跨行业、由多家企业参股的SHJX进出口(集团)股份有限公司,大力扩展进出口业务。另外,在资产投资、工程承包、劳务输出、仓储运输等方面,均有进一步的发展。

公司成立以来,其规模和实力得到了提高,在全国机械进出口企业中一直名列第一。集团公司将一如既往地遵循"服务第一、顾客至上、重视质量、交货及时"的宗旨,不断发展海内外业务,使集团公司迅速朝着国际化、集团化、实力化方向发展。

二、企业组织结构

SHJX进出口(集团)有限公司从1992年起建立了众多子公司,在1995年又成立了股份有限公司,其组织结构如下:

(一)董事会

董事会由董事长、副董事长、常务董事各1名及董事2名组成。其主要职能是对公司总体发展规划及重大事宜作出决策。

(二)行政领导

行政领导由总裁1名、副总裁2名及总工程师、副总会计师各1名组成。其地位与董事会相当,但两者职能不同。前者着重于公司日常行政事务的管理,而后者着重于公司经营事务的决策和管理。其中,副总会计师要履行以下六个方面的职责:

1. 组织编制和执行预算、财务收支计划及信贷计划,拟定资金筹措和使用方案。
2. 组织建立、健全经济核算制度,强化成本管理,进行经济活动分析。
3. 实行会计监督,严格维护财经纪律。
4. 协助总裁对重大问题作出决策。
5. 参与重大经济技术方案的制定和重大经济项目的研究、审查。
6. 负责集团公司本部和所属全资子公司财务机构的设置和会计人员的配备,对会计人员职务的设置和聘任提出方案;组织会计人员业务培训和考核。

(三)SHJX进出口股份有限公司

下属9个分公司是:船舶公司、技术成套工程公司、机电公司、电子仪器公司、工具公司、贸易发展公司、进口一部、进口二部、油料分公司。

（四）直属子公司

8个直属子公司是：浦东有限公司、上海申东有限公司、宇东贸易有限公司、商务促进公司、实业有限公司、国际货运有限公司、上海时美物业有限公司、上海对外经济进修学院。

（五）直属部门

10个直属部门分别为：总裁办公室、财务部、人事部、审计室、海外投资开发部、国内投资开发部、企业策划部、计算机部、行政办公室、信息研究中心。

三、内部控制制度

（一）内部的管理制度

该公司设置了副总会计师一职，对财务会计方针政策的制定执行进行管理和控制；对集团下属公司实行了会计委派制。下属公司的财务主管由集团董事会提名，经下属公司同意，最后由集团人事部任命。财务主管在任职期间，直接对董事会负责，工资、福利及奖金等级别也由集团公司统一确定。为了将所得与业绩挂钩，财务主管的奖金是在确定的级别和集团下属公司平均奖金水平的基础上，根据业绩评定而上下浮动的。集团公司实行委派制后，提高了会计参与管理决策的功能，加强了对下属公司的控制和监督，取得了一定成效，在建立、健全公司的现代企业制度的工作中迈出了探索性的一步。

（二）内部的会计控制

该集团公司财务部在现金报销复核、银行未达账和工资管理等三个方面加强控制和监督。

在现金报销时，由一人负责报销并填制原始手工凭证，一人将有关内容输入计算机产生机制凭证，还有一人负责复核工作。通过这样的岗位分工达到牵制作用。

该公司对银行未达账的处理相当重视。财务部定期逐笔核对银行存款日记账和银行提供的"银行对账单"，严格核对未达账款特别是银行已付款而企业尚未入账的款项。与此同时，也加强对支票与印鉴的管理，开支票和盖印鉴的工作分别由两人承担。通过一系列措施减少财务人员私开支票、提走款项而利用银行未达账作掩护的可能。

对于工资管理的加强。各下属公司独立经营，但工资奖金的计算和发放由集团公司财务部全权负责。财务部根据各下属公司的经营业绩综合评价，按一定的标准在基数基础上上下浮动，计算得出并直接通过牡丹卡发放。同时，对具体数额也加强复核，防止差错和舞弊的发生。

（三）内部的审计控制

集团公司的审计室承担了评价内部控制有效性的任务。审计室对公司员工离岗、领导调整进行审计，对业务合规、合法性进行审计。通过这些工作评价管理人员的素质和经验能否胜任控制职能以及控制的目标能否实现。

集团公司财务部每年到下属公司进行1—2次的检查，通过内部复核对下属公司财务部进行监督考核。

（四）内部的成本控制

集团公司对成本的控制主要体现在压缩运输、仓储成本上。业务员在接到订单后按交货日期去工厂提货并直接交货，而不是先将货物运到公司仓库储藏后再发货付运，这样便做到了"零库存"，从而减少了运输及仓储成本。

通过以上四个方面，集团公司健全了企业内部控制制度，以更适应现代企业制度的要求。

（五）公司面临的一些问题

由于SHJX进出口（集团）有限公司是以对外贸易为主的大型集团企业，因此在此次金融危机中也受到了较大的冲击。

首先，公司在对外贸易中偏重于出口，因人民币升值等因素，在国际市场上，价格竞争明显处于劣势，因而出口量下降。

其次，一直以来，公司以出口"料重工轻"的产品为主，产品缺乏特色，而且产品的附加值及科技含量都不高，所以在经济危机中，这种弊端显露无遗。

最后，除了受到国际经济环境的影响，近年来国内不断涌现的中小型贸易公司也对该集团公司造成了一定的威胁。这些中小公司的内部管理费用较低，在对外贸易中利用转手差价获取利润，遇到危机也能灵活调整贸易商品结构，开拓新市场。

四、会计制度

（一）会计凭证

公司的会计凭证包括原始凭证和记账凭证两部分。

1. 原始凭证

（1）自制原始凭证。该公司的自制原始凭证包括入库单、商品领用单、商品溢缺报告单、商品更正报告单、出库单、费用报销单等。

（2）外来原始凭证。该公司的外来原始凭证包括发票、增值税专用发票、收货确认书、须收国内货款通知单、出口货物报关单、出口收汇核销单、出口货物缴款书等。其中，增值税专用发票、出口货物报关单、出口收汇核销单及出口货物缴款书等四种单证是出口退税时的必要凭证。

2. 记账凭证

该公司由于全面实行会计电算化，因此以机制记账凭证代替了手工记账凭证。机制记账凭证包括现金收入凭证、现金付出凭证、银行收入凭证、银行付出凭证及转账凭证等五种。

记账凭证的要素包括抬头、凭证名称、日期、凭证编号、科目名称、业务摘要、序号、借方发生额、贷方发生额、合计数、附件数及主管人、复核人、电脑输入/制单人的签章等。

以上凭证要素填写的内容均由电脑打印，而且财务软件会自动为凭证进行编号，这就要求财会人员定期打印出机制凭证，并且装订成册，编号存档。

（二）会计账户

该公司有以下各类账户：

1. 资产类账户

（1）流动资产：包括现金、银行存款等各种存款、短期投资与应收及预付款、存货等。

(2) 固定资产:分为经营性和非经营性账户,有在建工程支出(包括工程设备、材料、专用物资等)、预付工程价款、未完工程支出、固定资产清理等。

(3) 无形资产、递延资产及其他资产。

2. 负债类账户

负债类账户包括短期借款、应付票据、应付账款等。

3. 所有者权益类账户

该类账户包括实收资本、资本公积等。

4. 成本类账户

由于该公司是外贸进出口公司,只管买卖,不管生产,因此没有生产成本。其销售产品的成本就是商品进价成本。

5. 损益类账户

该类账户包括主营业务收入、主营业务成本、营业费用、主营业务税金及附加等。

另外,该公司各类账户的编号采用数字编号,有一套完整的编码系统。比如:现金,其账户编号为101000;"银行存款——中国银行",其账户编号为1020100;"管理费用——邮电费",其账户编号为55105025;等等。

(三) 会计账簿和账务处理程序

由于该公司会计电算化程度较高,从而没有订本式、活页式之类的账簿。若按照传统的做法,账簿需要会计人员根据记账凭证登录,而现在,随着经济业务的输入,凭证、账簿连同报表都一并完成。

1. 银行日记账管理

(1) 企业与银行间发生的各项收付业务,都必须按照会计手续填制和取得银行的各种结算凭证,作为银行收付的书面证明。同时,必须指定人员审核签证,方可入账。

(2) 银行日记账的输入,必须按照业务发生的先后逐日逐笔按顺序输入,便于查核和了解银行存款的收支动态。当日事,当日毕。

(3) 每月月初,当发生银行余额与账面余额不符时,必须根据银行的对账单,与企业银行日记账进行核对,发现未达款项应及时编制银行未达款项的调节表。对发生银行已入账而企业未入账的,要积极联系,取得银行结算凭证。对企业已入账而银行未入账的,要及时落实和联系,做到银行余款和企业日记账余额相符。

(4) 为了防止记账发生差错或笔误,正确掌握银行账的实际金额,必须按期对银行账进行核对。由于该公司业务繁多,必须加强银行结算凭证的管理。对银行取得的结算凭证,要先登记,后具体落实到会计人员,防止因银行结算凭证的遗失而造成银行未达款项。

2. 现金出纳及日记账管理

(1) 企业的一切现金收支都必须有专人审核签字的完整会计凭证作为依据,及时登记账簿,对现金做到每天按时清点,收支清楚,手续完备,账存和实存相符,及时与总账核对余额。

(2) 对企业向银行提取的现金,要签现金支票,必须有经理批准签章并以支票存根作为提取的证明。收进职工缴款等现金，出纳人员需开出现金收款收据，副联作为收款证明。核对货币支票和原始凭证。

（3）任何部门和个人，均不得擅自出具收款凭证或用白条收取款项，一切货币收入都要入账，应加强监督，防止出现"小金库"。

（4）在输入现金日记账的过程中，必须检查每一笔收支业务是否符合现金管理制度，是否违反国家政策和超过开支限额的标准，伪造、涂改单据、虚报冒领等非法行为，应及时报请领导处理。记账应做到认真、仔细，账面清洁。

（5）出纳人员在收付现金后，必须在原始凭证上加盖"收讫"或"付讫"的戳记和出纳员的私章，表示款项已经实际收付，合格后的收付款凭证方能登记现金日记账。

（6）为了解企业每日现金收支动态和进行日常分析，为安排货币收支提供资料，现金日记账的收入栏和支出栏，必须按业务发生的先后逐日逐笔按顺序记账。每日加计收付总数，结算当日库存现金余额。

（7）做到每天对现金进行清点，把余额控制在规定限额以内，结余现金放在保险箱内。对借款人员的备用金及时督促报销。

（8）严格遵守现金管理的暂行条例，不得用转账凭证套取现金和互相借用现金，不采取转账结算购置国家规定的专项控制商品。

（四）结账汇总和会计报表

该公司以日历年度作为会计年度，在每月月末出具母公司及下属公司各自的资产负债表、损益表、财务状况变动表、利润分配表、商品销售利润明细表等各类报表。同时，在每年年末母公司财务部还要出具各类合并报表。当然，这些报表也是由电脑打印的，同时附上文字说明和分析，装订成册，归类存档。

（五）会计档案管理

这里的会计档案是指会计凭证、会计账簿、会计报表和财务文件等的归档资料，它是记录和反映经济业务的重要史料和证据。对于会计档案的管理，该公司有专门的规定：

（1）财务部、各子公司要指定专人负责会计档案的管理工作。在会计核算年度，岗位核算人员负责本岗核算的会计资料的整理、装订、保管、立卷，会计年度终了后应把有关档案移交给专门的档案管理人员。

（2）本单位人员调阅会计档案，要经财务负责人同意；外单位调阅会计档案，要有正式介绍信，经总会计师或单位负责人批准。而且，调阅人员不得将会计档案携带外出，如需要复制，要经单位领导同意。

（3）会计人员工作调动或因故离职，必须与接管人员办理会计档案、材料的移交手续，没有办理移交手续的不得离职。

另外，对于各类会计档案的保管年限也有具体规定。

（六）流动资产

（1）流动资产包括现金、各种存款、短期投资、应收及预付款、存货等。

（2）有现金的各子公司应当建立、健全现金的内部控制，严格执行国务院颁发的《现金管理暂行条例》，在规定的范围内使用现金。"现金日记账"要做到日清月结，账款相符，严禁公款私存，严禁以"白条"抵库。

（3）各子公司应当建立、健全各种存款的内部控制，要严格遵守《银行结算办法》中规定的结算纪律；每月必须编制银行存款未达账调节表；严禁出租、出借银行账户；未经财务部门批准，职能部门及业务部门不得单独在银行开户；严禁签发空头支票或空白支票；各子公司对外付款必须经会计主管审核，报该公司总经理批准方可办理。

（4）各子公司必须服从集团公司内部资金调配，灵活有效地运筹与调配资金，提高资金融通的能力。

（5）应收及预付款项包括应收票据、应收账款、应收出口退税、预付货款、待摊费用等。每月应及时清理应收及预付款项，年终编制财务报表前必须进行彻底清理；对逾期应收国内及国外账款需重点清理，查明原因，分清责任，清理结果必须有文字报告，并积极催收，及时处理；同时，针对存在的问题，制定措施，防止前清后欠。严格控制预付货款。超过100万元的预付款需由财务部和总会计师审批。不包括大型成套设备项目合同规定的进度付款。

（6）各子公司必须于半年末预提坏账准备金，于年末再按年末应收账款余额的5%清算，计入当期费用。坏账的核销按规定程序报批。

（7）存货指在经营过程中为销售、耗用而储备的商品、材料物资、低值易耗品、包装物等。各种存货取得时应当按实际成本核算；销售或领用时，可根据实际情况，选择使用个别计价法。根据各子公司的商品流转计划搞好进、销、存，综合平衡，严把进货关，做到进、销对路，保持适度合理库存，防止滞销积压；加强收购价的管理和监督，积极降低收购价格。

（8）存货应当定期或不定期盘点，年度终了前必须进行一次全面盘点清查。对于盘盈、盘亏及毁损、报废的存货应及时查明原因，分情况处理；盘盈的存货，冲减管理费用；盘亏和毁损的存货，扣除过失人或保险公司赔款和残料价值后计入管理费用；存货毁损属于非常损失的部分，扣除保险公司赔款和残料价值后，计入营业外支出。

（9）各子公司必须于半年末预提商品削价准备金，年末再按库存商品余额的5%清算，计入当期商品销售成本。商品削价准备金专项用于弥补商品削价损失（指商品削价低于进价的损失）。使用时按规定程序申请报批，批准后作抵扣削价商品的进价处理。

（10）根据年度计划各级公司应本着节约、合理原则，购置必需的低值易耗品，如属专控商品的，需报集团公司财务部审核同意后，上报有关部门办理控办手续，禁止盲目购买。会计核算必须通过"低值易耗品"科目。低值易耗品摊销实行一次摊销法。各子公司须加强对低值易耗品实物的管理，做到领用有手续，保管有专人，责任要明确。

（七）固定资产

1. 固定资产的定义

固定资产是指使用年限在1年以上的房屋、建筑物、机器、设备、器具、工具等。不属于经营主要设备的物品，单价在2 000元以上，并且使用年限超过2年的，也应作为固定资产。

2. 固定资产的计价原则

购入的固定资产，以购入价加应负担的运输、装卸、安装调试、保险等费用计价，国外购入的还包括进口税金。

自制、自建的固定资产，应按建造过程中的实际净支出计价。

在原有固定资产基础上进行改建、扩建的，按固定资产原值，加上改扩建发生的实际净支出计价。

投资者投入的固定资产，按评估确认价值或按合同、协议约定的价格计价。

以融资租赁方式租入的固定资产，按租赁协议规定的价款加上应负担的运输、装卸、保险等费用计价。

接受捐赠、从境外调入或引进的固定资产，以所附单据确定的金额加上应负担的运输费、保险费、安装调试费、缴纳的税金等计价；无所附单据的，按照同类固定资产市场价格计价。

盘盈的固定资产，按照同类固定资产的重置完全价值计价。

购建固定资产缴纳的固定资产投资方向调节税、耕地占用税计入固定资产的价值。

3. 在建工程支出

在建工程支出是指为购建固定资产或固定资产进行技术改造在尚未交付使用前发生的支出，包括工程设备、材料等专用物资、预付工程价款、未完工程支出等。在建工程支出按实际成本计价。应做好工程的预、决算工作，以堵漏增效。

在建工程完工前因试营业发生的营业收支，计入当期损益。

在建工程发生报废或毁损，在扣除残料价值和过失人或保险公司的赔款后的净损失，计入未完工程支出。单项工程报废或毁损的净损失，在筹建期间发生的，计入开办费；在投入使用后发生的，计入营业外支出。

4. 严格控制固定资产投资

根据年度计划购置固定资产，要本着节约、合理的原则，做到购置有手续、资金有落实。严格执行固定资产购置报批办法，防止盲目购置，杜绝闲置、浪费等现象。

5. 固定资产折旧的计提

下列固定资产计提折旧：(1)房屋和建筑物。(2)在用的机器设备、仪器仪表、运输工具。(3)季节性停用、修理停用的设备，融资租入和以经营租赁方式租出的固定资产。

下列固定资产不计提折旧：(1)未使用、不需用的机器设备。(2)以经营租赁方式租入的固定资产。(3)在建工程项目交付使用前的固定资产。(4)已提足折旧继续使用的固定资产。(5)未提足折旧提前报废的固定资产。(6)国家规定不计提折旧的其他固定资产。

6. 固定资产的折旧方法

固定资产的折旧方法采用平均年限法，即直线法。固定资产的应提折旧额，按照固定资产的原值、预计残值率和分类年折旧率计算。固定资产的预计残值率，按分类定为固定资产原值的3%—5%。固定资产的折旧方法和折旧年限一经确定，不得随意变更。

各子公司应加强固定资产实物的管理，做到建立卡片登记，领用有手续，保管有专人,责任须明确。对固定资产购置有偿转让、出租、变卖、抵押、对外投资以及报废等,须经集团公司领导批准后,方可办理。

(八)投资管理

1. 投资目的

(1)建立新的利润增长点,增强集团公司发展后劲。

(2)拓展经营领域,实施多元化战略,避免经营单一风险。

(3)支持配合进出口主营业务,提高集团公司综合经济效益。

2. 投资方向

(1)效益型:以直接经济效益为根本目的,兼顾促进进出口业务的间接效益投资的返利率在3—5年收回全部本金和利息,最少年利润率不低于20%。

(2)规模型:组建后的经济实体必须要有一定的出口规模;每年出口创汇不低于100万美元;返利率不低于银行贷款利率。

(3)技术型:开发的新产品规模和经济效益一时虽达不到要求,但从长远利益看有利于调整集团公司出口产品结构,提高出口产品档次,加快出口产品的升级换代;有利于扩大出口创汇规模;有利于不断提高经济效益。

(4)集中型:所选择的投资项目应相对集中在几个相关的行业,避免产品过于分散,金额过于偏小,以充分利用规模经营,取得行业竞争优势。

3. 投资管理原则

(1)本着谁立项、谁管理、谁担风险、谁享有的原则。

(2)经济效益第一。

(3)责、权、利相统一。

4. 投资审批权

投资审批权属集团公司董事会。

(九)营业收入、利润及其分配

(1)企业一般应当在发出商品、提供劳务时收讫价款或取得收取货款的凭证后,确认营业收入的实现。主营业务收入,包括商品销售收入、代购代销业务收入等。其他业务收入,包括材料物资的销售收入、出售固定资产收入、无形资产转让收入、废旧物资出售收入、储运业务收入等。

(2)各子公司应按进口合同规定及时清理催收各种佣金,纳入本单位盈亏。

(3)各子公司应加强对外支付佣金的审核工作,必须严格按合同规定,提供有效单证。

(4)利润总额包括营业利润、投资净收益、汇兑损益、营业外收支净额以及国家补贴收入。各子公司按年度考核指标分解落实、监督、检查进度。

(5)各子公司应采取切实可行的措施按年度返利计划加强催收投资收益,及时入账,不得转让他处,截留收益。

(6)各子公司一般不得对外提供任何形式的赞助及捐赠。若确需提供,必须以总公司名义,不论金额大小,均须报集团公司总裁或总会计师批准。

(7) 各子公司缴纳所得税后的利润,按下列顺序分配:①被没收的财物损失、支付违反税法的滞纳金和罚款。②弥补超过期限规定的所得税税前利润、抵补用税后利润弥补的亏损。③按税后利润扣除前两项后的10%提取法定盈余公积金。④提取公益金。⑤向投资者分配利润。

(十) 成本和费用

1. 商品进价成本

商品进价成本分为国内购进商品成本和国外购进商品成本。

国内购进商品成本包括进价、增值税和各项费用。

国外购进商品成本包括进价、进口税金、购进价差,委托代理进口的还包括支付给受托单位的有关费用。

购进商品发生的购进折扣、退回和折让及经确认的索赔收入冲减商品进价成本。发生的能直接认定的进口佣金调整商品进价成本。

2. 商品流通费

商品流通费包括经营费用、管理费用和财务费用。

对管理费的说明如下:

(1) 业务招待费应是各子公司为业务经营的合理需要而支付的费用。

(2) 国内外差旅费的开支要本着勤俭节约的原则:临时出国标准参照财政部、外交部的有关规定;国内出差按集团公司制定的差旅费标准执行。

(3) 各子公司费用报销须报会计主管审核后,报公司总(副总)经理批准。

(4) 财会人员有义务对不合理的开支项目提出异议,并向上级主管部门汇报。

(5) 低值易耗品摊销实行一次摊销法。

(6) 修理费用一律计入当期管理费用,不采取分摊和预提办法。

(十一) 工资结算

该企业通过完整地记录、核算"工资结算凭证",并以此作为依据,以货币形式支付劳动报酬,体现"按劳分配"的原则。

工资结算凭证包括:(1) 应发工资,如计时工资、工龄工资、职务工资和各种津贴。(2) 应扣项目,如房租、住房公积金、养老金和医疗报销费用。(3) 实发工资,即应发工资减去应扣项目的差额。

各子公司应通过"应付工资"科目正确核算应付职工的工资总额,包括各种工资、奖金、津贴、补贴等。要严格执行集团公司制定的考核方案,正确核算,先算后用,奖勤罚懒,略有结余,不得超发。

主要参考资料

[1] 熊恒昌.会计制度设计(第二版)[M].北京:中国财政经济出版社,1999.
[2] 于长春.会计制度设计(理论·实务·案例·习题)[M].北京:首都经济贸易大学出版社,2003.
[3] 李凤鸣.会计制度设计[M].上海:复旦大学出版社,2008.
[4] 张爱民.财务制度设计[M].上海:上海社会科学院出版社,2000.
[5] 吴国萍.会计制度设计[M].长春:吉林教育出版社,1998.
[6] 中华人民共和国财政部.企业会计制度(2001)[M].北京:经济科学出版社,2001.
[7] 中华人民共和国财政部.小企业会计制度[M].北京:经济科学出版社,2004.
[8] 中华人民共和国财政部.企业会计准则(2006)[M].北京:经济科学出版社,2006.
[9] 中华人民共和国财政部.注册会计师独立审计准则[M].北京:经济科学出版社,2006.
[10] 唐立新.管理会计[M].天津:天津大学出版社,2010.
[11] 唐立新.企业内部控制评价的百分制法[M].北京:冶金工业出版社,2011.
[12] 刘锦辉.浅谈商业银行的"会计流程"再造规则[J].财会通讯,2009(1).
[13] 刘高常,唐立新.会计制度设计案例教学关键因素分析[J].中国管理信息化,2009(20).
[14] 宋艳敏,韩素芬,李惠.《会计制度设计》案例教学的创新[J].商业会计,2011(6).
[15] 唐立新,陈申万等.小型企业内部控制制度设计的探讨[J].中国乡镇企业会计,2008(7).
[16] 唐立新.工科院校会计专业《会计制度设计》特色教材建设的思考[J].中国乡镇企业会计,2011(9).
[17] 《中华人民共和国会计法》.
[18] 《会计基础工作规范》(中华人民共和国财政部颁发).

教师反馈及教辅申请表

　　北京大学出版社本着"教材优先、学术为本"的出版宗旨，竭诚为广大高等院校师生服务。为更有针对性地提供服务，请您认真填写以下表格并经系主任签字盖章后寄回，我们将按照您填写的联系方式免费向您提供相应教辅资料，以及在本书内容更新后及时与您联系邮寄样书等事宜。

书名		书号	978-7-301-	作者	
您的姓名				职称职务	
校/院/系					
您所讲授的课程名称					
每学期学生人数	_____人_____年级			学时	
您准备何时用此书授课					
您的联系地址					
邮政编码			联系电话（必填）		
E-mail（必填）			QQ		
您对本书的建议：				系主任签字 盖章	

我们的联系方式：

北京大学出版社经济与管理图书事业部

北京市海淀区成府路 205 号，100871

联系人：徐冰

电话：010-62767312 / 62757146

传真：010-62556201

电子邮件：em_pup@126.com　　em@pup.cn

Q Q：5520 63295

新浪微博：@北京大学出版社经管图书

网址：http://www.pup.cn